Labor-Management Relations

勞資關係

丁志達◎編著

國家圖書館出版品預行編目資料

勞資關係 / 丁志達編著. --初版. -- 新北市：
揚智文化, 20011.06
面； 公分. -- （管理叢書；20）

ISBN 978-986-298-001-9 (平裝)

1.勞資關係

556.6　　　　　　　　　　　　　100007961

勞資關係

編 著 者 / 丁志達
出 版 者 / 揚智文化事業股份有限公司
發 行 人 / 葉忠賢
總 編 輯 / 閻富萍
特約執編 / 鄭美珠
地　　址 / 新北市深坑區北深路三段 260 號 8 樓
電　　話 / (02)8662-6826
傳　　真 / (02)2664-7633
網　　址 / http://www.ycrc.com.tw
 E-mail　 / service@ycrc.com.tw
印　　刷 / 鼎易印刷事業股份有限公司
 ISBN　 / 978-986-298-001-9
初版一刷 / 2011 年 6 月
定　　價 / 新台幣 600 元

序

法令滋彰，盜賊多有。

——《道德經》治國章第五十七·老子

　　勞資關係之良窳，乃為企業經營成敗之關鍵。由於勞資關係除了涉及經濟因素，亦涉及社會因素，如何營建和諧之勞資關係，不但考驗經營者之理念與智慧，亦挑戰人力資源管理工作者之專業能力。

　　營建勞資關係的和諧，肇始於雇主與勞工雙方必須遵守政府所依法頒布的勞動法規的規範，各盡其責，在勞動法規架構下，雇主再斟酌獨特的企業文化、產品的獲利率、聘用勞工的素質、公司所在地的交通便利性等考量因素後，提供高於最低的勞動條件來吸引人才、留住人才；而勞工也衡量自己的「才華」，要不要在這個「框架」下「拚命」奉獻或「拂袖」而去。所以，勞資關係就像是一支「溫度計」，「高溫」或「低溫」都是一種警訊，雇主必須透過「定時」的員工工作滿意度調查，並建構「不定時」資訊回饋系統的「申訴管道」來探求「民瘼」，恢復生機。

　　本書旨在為企業界在上述課題上，提供策略上的正確指導方向與實務上的具體作法，以期在勞資關係的互動上，獲得事半功倍之效。在結構的編排上，本書共分十四單元，闡述有關勞資關係的實務要領。先從「勞資關係策略」（第一章）論述起，再切入「企業文化與勞資倫理」（第二章）、「勞動契約與工作規則」（第三章）、「就業歧視與性騷擾防治」（第四章）、「工資待遇與社會保險」（第五章）、「勞工安全與健康管理」（第六章）、「心理契約與參與管理」（第七章）、「內部行銷與獎懲制度」（第八章）、「企業變革與人力精簡」（第九章）、「工會與團體協約」（第十章）、「勞資爭議處理」（第十一章）、「全球化與勞資

關係」（第十二章）、「勞資爭議案例」（第十三章），以「著名企業勞資和諧典範」（第十四章）作爲結語。

　　本書體系完整，敘述詳明，圖表、範例多達200餘種，可現學現用。本人深信本書的參考應用價值頗高，堪爲企業界人力資源管理人士難得的工具書，亦適合於大專院校人資、勞工系所採用爲相關課程的教科書，效益必鉅。

　　近年來，本人承蒙中華民國勞資關係協進會王樹倫組長、呂佳興副組長的邀約，在該協進會定期開設勞資關係爲主題的系列課程，效果顯著，口碑甚佳，乃使本人不揣譾陋，編撰本書，藉資貢獻。本人對王組長、呂副組長的提攜與鼓勵，深爲感激。

　　本書承蒙揚智文化事業公司慨允協助出版，在本書付梓之際，謹向葉總經理忠賢、閻總編輯富萍暨全體工作同仁敬致衷心的謝忱。又，台南科技大學應用外文系助理教授王志峯博士、丁經岳律師、內人林專女士、詹宜穎小姐、丁經芸小姐等人對本書資料的蒐集與整理，提供協助，在此表達誠摯的謝意。

　　由於本人學識與經驗的侷限，本書疏誤之處，在所難免，尚請方家不吝賜教是幸。

丁志達　謹識

目　錄

表目錄

圖目錄

範例目錄

法規目錄

第一章

勞資關係策略

> 皮之不存，毛將安傅？
>
> ——《左傳》·僖公十四年

　　勞資關係是工業社會的產物，沒有工業革命的發生，便沒有勞資關係的存在，而勞資關係在觀念上和本質上，又隨著經濟發展的不同階段而演變，雇主與勞工之間的分界會愈來愈模糊，這也形成了勞資關係成為人力資源管理上最重要一環的原因。

　　處理勞資關係的問題，應從人性面入手，也就是如何加強勞資之間的關係，以提高企業經營的效能，維持勞資和諧，以達永續經營的目的。

第一節　勞資關係的研究

　　所謂勞資關係，係指勞工與雇主之間的權利與義務，及其有關的事項而言。這種關係肇始於企業聘用勞工後，勞資關係自然就產生了。

一、名詞解釋

　　勞資關係的學者及實務界人士，對雇主與勞工之間的網絡互動關係，以不同的名詞加以表達，雖然每個名詞涉及的內涵大同小異，但也各有其強調的重點。

(一)工業關係（**Industrial Relations**）

　　工業關係是使用最早的名詞，所謂工業關係之研究偏向於重視集體勞動關係之過程與結果。此一趨勢之形成，與西方工業先進國家自十八世紀以來之工業化的歷程有關。在大量生產模式（**Mass Production**）下，勞工以集體意志之展現，透過集體協商等方式取得與雇主間之平衡關係（潘世偉，2005）。

　　工業關係一詞的使用，反應了傳統製造業中工會組織率高的體力勞動者與雇主之間的關係。早期的勞資關係就發生在這種以製造業為主的工業關係系統之中，所以「工業關係」與「勞資關係」並不加以嚴格區分，

被視為同一概念，也有相同的內涵。

(二)勞工關係（**Labor Relations**）

　　它係探討管理者和勞工組織之間的互動，以及影響這兩種組織互動的環境因素，重點是工會組織、集體協商的過程、團體協約的執行、勞資爭議的處理、以及相關的政府政策和立法。所以，「勞工關係」是一種狹義的「工業關係」或「勞資關係」，因為集體協商的過程只是工業關係過程中的一部分。不過，也有學者將「勞工關係」與「工業關係」視為同義詞。

(三)勞資關係（**Employee-Employer Relations**）

　　勞資關係是指企業和勞工、勞工與勞工之間的相互聯繫和影響，這種聯繫和影響，是由企業的願景、戰略和實際的營運過程中的管理和結果帶來的。

　　廣義上講，勞資關係管理是在企業整個人力資源管理體系中，各級管理人員和人力資源職能管理人員，透過擬訂和實施各項人力資源政策和管理行為，以及其他的管理溝通手段，調節企業和勞工、勞工與勞工之間的相互聯繫和影響，從而實現組織的目標。

　　狹義上講，勞資關係管理就是企業和勞工的溝通管理，這種溝通更多採用柔性的、激勵性的、非強制的手段，從而提高員工滿意度，支援組織其他管理目標的實現，其主要職責是：協調勞工與公司、勞工與勞工之間的關係，引導建立積極向上的工作環境。

(四)員工關係（**Employee Relations**）

　　1980年代以來，由於主要工業國家中工會力量沒落，工會組織率下降，許多企業強力排除工會的生存空間，例如高科技產業。因此，所謂的「員工關係」一詞開始廣為流行，雖然它與「工業關係」或「勞資關係」一詞常交互使用，但是在涵義上，「員工關係」指成立工會組織率低的白領勞工及服務業、商業勞工與雇主之間的關係；而勞雇關係（Employment Relations）所強調的是受僱者與雇主之間的關係，此時的受僱者可能有工會，也可能沒有工會，一些不主張或不贊同工會組織的學

者，通常喜歡使用此一名詞，避免使用「工業關係」或「勞工關係」（衛民、許繼峰編著，1999：4-7）。

由於傳統以勞力爲生產主體製造業的沒落，轉型到以科技取代人力操作的生產模式，工業界開始大量錄用「知識份子」取代「藍領階級」，而第三產業（服務業）的興起，在這種情況下，「工業關係」的用詞似乎有所侷限，但「員工關係」一詞又未被政府所頒布的法規中所引用，所以本書的論述乃以「勞資關係」這個名詞作爲主軸，以利對照「勞動法規」條文時，避免造成不必要的困擾與混淆不清。

此外，在企業界通常稱受僱者爲「員工」、「從業人員」、「同仁」等稱謂，但是在「勞動法規」中，不時出現「工人」、「勞工」、「受僱者」、「勞方」的字眼，這些稱謂在本書中都將被視爲「同義名詞」，而「雇主」、「資方」、「經營者」、「事業單位」、「企業」、「公司」等名詞也不予加以嚴格統一稱謂，如果引用「勞動法規」時，依照其原文加以引述，別無他意。

二、勞資關係的理論

勞資關係成爲獨特的研究領域是近一百年來的事，其中牽涉到的對象有勞工、雇主、工會，以及影響三者互動的政府（**表1-1**）。

表1-1　三個階層的勞資關係活動

階層	雇主	工會	政府
長期策略與決策制度	·商業策略 ·投資策略 ·人力資源策略	·政治策略 ·代表策略 ·組織策略	·總體經濟與社會政策
集體協商與人事政策	·人事策略 ·協商策略	·集體協商策略	·勞工法與行政
工作場所與個人組織關係	·領導風格 ·勞工參與 ·工作設計與工作組織	·協商執行 ·勞工參與 ·工作設計與工作組織	·勞動基準 ·勞工參與 ·個人權益

資料來源：Kochan, Katz & McKersie (1986)；引自：李漢雄（2000），《人力資源策略管理》（*Strategic Management of Human Resources*），揚智文化，頁324。

英國學者大衛‧范亨（David Farnham）及約翰‧平洛特（John Pimlott）將勞資關係的理論思潮歸納成如下五個主要領域。

(一)單元論（Unitary Theory）

單元論的基本假設是認為，一家企業組織均屬於某一個共同之目的而存在之整合的且和諧的總體，為共同目的而存在，衝突是不必要的。在勞工與雇主目標一致的情況下，二者之間並沒有利益的衝突，彼此共同合作，為增加生產、提高獲利率及每位勞工均能獲得高薪酬之目標而努力。

就雇主而言，對所屬勞工應予以家長式之照顧、關懷，並有溝通管道使其知悉公司政策；至於員工則應對組織及雇主效忠，並共同解決公司面臨的問題。所以，工會則是被視為組織的非法入侵者。

(二)多元論（Pluralism Theory）

勞資關係的多元論導源於政治的多元論，它認為一家企業組織體中存在著許多利益不同之群體，彼此透過群體間之協商與妥協，達成勞資關係之暫時性穩定。

工會被視為是合法的代表勞工的利益團體，團體協約則是規範與解決勞資衝突之制度化工具。透過集體協商，也就是談判、讓步與妥協的過程，以解決勞資雙方的衝突，所以需要建立協商的過程與機構。

(三)馬克思理論（Marxist Theory）

馬克思理論認為階級衝突是社會變革的來源，主要係由社會中經濟權力分配的差異所致，其中主要為擁有資本者與提供勞動者之間的差異。因此，勞資雙方的衝突永遠是資本主義的基本特性，兩者均欲維持或擴張他們在經濟權力結構上相對的位置，以爭取「剩餘價值」的分配，此種衝突會繼續不斷和不可避免的。

勞資間之衝突對立，終將導致階級戰爭，而形成無產階級專政的共產社會。但由於階級衝突與工業衝突並不完全一致，將資本家與勞工階級二分法，過於簡單地解釋一般社會之階級結構，故除了共產主義社會，西方社會中馬克思理論未曾成為勞資關係之主流過（黃英忠、曹國雄、黃同圳、張火燦、王秉鈞，1998：280-283）。

(四)社會行動論（Social Action Theory）

社會行動論認為，重視個人的主觀意識，同時顧及他人及社會文化的因素，如果僅檢視行動者可觀察的行為或忽略了情境對行動的意向或價值，就易造成偏差或誤解。在勞資關係的衝突上，社會行動論者認為是可以解決的，因衝突並非敵對不可，在意識型態上是可以相互共存的，合作即是解決問題的方法，此可透過團體協商的方式來達成。

此一理論雖突顯個別行動者在勞資關係中自主意識之重要性，但卻忽略了個人達成目標之能力受客觀環境所限之事實。

(五)系統論（Systems Theory）

系統論認為勞資關係乃雇主、勞工（工會）及政府等三群行動者，在一個共識下因應環境而制訂規則的制度。

美國學者鄧洛普（John T. Dunlop）在1958年出版的《勞資關係系統》（*Industrial Relations Systems*）一書中認為，勞資關係的系統不是社會經濟系統的一部分，而是與之分開和獨特的次級系統，但與經濟和政治系統有部分的重疊和交互作用。一個勞資關係系統是由四個相互關係的基本要素所組成：行動者、情境、意識（指將勞資關係系統結合在一起的）以及導引行動者的法則。

就勞資關係系統的過程而言，在輸入部分，包括行動者、情境和意識；在轉換過程中，可採用團體協商、仲裁等方式；在輸出部分，則是形成法則。最後尚須將共同制定的法則再回饋到輸入和轉換過程予以修正或檢討。

上述說明了五種與勞資關係有關的類型。由於每種類型對人類的行為有不同的假設，一種理論無法解釋勞資關係的所有現象，故應綜合各種類型，以其對複雜的勞資關係有較多的瞭解，應用時宜多方審慎的考量，以免受限於理論架構而窒礙難行（張火燦，1995：9-12）。

勞資關係是從雇主與勞工雙方的觀點去探討兩者之間的問題。雇主與勞工各有不同的目標，這些目標有些是相同的，有些是互相衝突的，是故，勞資雙方必須在「法」的基礎上，尋求溝通與化解，以維持和諧的勞資關係，企業才得以永續發展。

第二節 勞動法規的法源

　　就勞動法之性質而言，勞資關係涉及的法規範圍頗廣，有國際法及國內法；有公法及私法；有《民法》、《商法》、《刑法》、《行政法》等實體法規，也有《民事訴訟法》、《刑事訴訟法》、《行政訴訟法》等程序法規。此外，其存在的法源（形式）亦以多樣性而表現其特徵。

　　勞動法的直接法源，包括憲法、法律、法規命令及行政解釋等；間接法源，包括團體協約、勞動契約、工作規則、雇主指揮權、法理、勞動習慣、勞動判例及學說等。直接法源為具有國家意思之非「自治法源」，間接法源為具有勞資雙方意思之「自治法源」，在勞資爭議處理上，不同法源之依據及適用，往往導致各種爭議實例之處理，皆有不同之效果（徐卿廉，2001：34）。

(一)國際法

　　所謂構成一個國家的勞資關係之法源的國際法，乃指該國家所批准的《國際勞工公約》而言。我國批准之《國際勞工公約》包括「結社權公約」、「男女勞工同工同酬公約」、「意外事故之防護公約」等十七件國際勞工組織（International Labor Organization, ILO）勞動公約，而成為我國勞動法之重要國際法法源（**表1-2**）。

表1-2　我國批准之國際勞工組織（ILO）公約一覽表

編號	公約名稱	通過日期	批准日期
NO.11	結社權（農業）公約	1921	1924/02/09
NO.105	廢止強迫勞工公約	1957	1959/01/23
NO.100	男女勞工同工同酬公約	1951	1958/03/01
NO.81	勞工檢查公約	1961	1961/09/26
NO.26	創設訂定最低工資機構公約	1928	1930/02/20
NO.14	工業工人每週應有一日休息公約	1921	1934/02/09
NO.27	標明航運重包裹公約	1931	1935/04/15
NO.32	意外事故之防護公約	1931	1935/04/15
NO.19	外國工人與本國工人災害賠償應受同等待遇公約	1935	1943/02/09

（續）表1-2　我國批准之國際勞工組織（ILO）公約一覽表

編號	公約名稱	通過日期	批准日期
NO.45	禁止僱用婦女於一切礦場地下工作公約	1935	1936/10/10
NO.59	最低年齡工業修正公約	1937	1939/2/20
NO.107	獨立國家內土著及其他部落與半部落人口之保護與融合之公約	1957	1962/09/10
NO.22	海員僱傭契約公約	1926	1936/10/10
NO.07	規定海上僱用兒童最低年齡公約	1920	1936/10/10
NO.15	限制僱用火夫或扒炭之最低年齡公約	1921	1936/10/10
NO.16	僱用海上之幼兒及兒童強制體格檢查公約	1921	1936/10/10
NO.23	遣送海員回國公約	1926	1934/10/10

資料來源：內政部編印，《國際勞工公約及建議書》。

　　《國際勞工公約》是國際勞工標準，以公約（International Labor Convention）或建議書（International Labor Recommendation）形式由國際勞工大會通過。公約需要得到各國政府的批准，批准公約的成員國應保證實施公約的條款和規定。建議書不需要批准，僅作為各國制訂勞工政策時的參考，其涉及範圍比公約要寬廣或內容更具體。

(二)憲法

　　憲法的拉丁文是Constituio，為組織或結構的意思。中文的「憲法」一詞很早就出現於春秋時期（西元前770年～西元前476年）左丘明編撰的《國語・晉語九》：「賞善罰奸，國之憲法也。」然而，現代的「憲法」的概念是從西方傳入（始自1919年德國的《威瑪憲法》），它為一國立國的根本大法，許多國家在《憲法》中即載明勞動立法的根據、程序及勞動者基本權益應受到之保障（**法規1-1**）。

(三)法律

　　勞資關係最主要之法源自屬法律。所謂法律乃指經過立法院通過，總統公布者而言。該兩項手續即為法律成立的要件，缺一即不成為法律。《中央法規標準法》第2條規定：「法律得定名為法、律、條例或通則。」例如《勞動基準法》（簡稱《勞基法》）、《職工福利金條例》等，但尚無命名為「律」、「通則」者。

法規1-1	《憲法》保障勞動者基本權益的條文
條文	內容
第7條	中華民國人民，無分男女、宗教、種族、階級、黨派、在法律上一律平等。
第14條	人民有集會及結社之自由。
第15條	人民之生存權、工作權及財產權，應予保障。
第152條	人民具有工作能力者，國家應予以適當之工作機會。
第153條	國家為改良勞工及農民之生活，增進其生產技能，應制定保護勞工及農民之法律，實施保護勞工及農民之政策。婦女兒童從事勞動者，應按其年齡及身體狀態，予以特別之保護。
第154條	勞資雙方應本協調合作原則，發展生產事業。勞資糾紛之調解與仲裁，以法律定之。
第155條	國家為謀社會福利，應實施社會保險制度。人民之老弱殘廢，無力生活，及受非常災害者，國家應予以適當之扶助與救濟。
第156條	國家為奠定民族生存發展之基礎，應保護母性，並實施婦女兒童福利政策。
第157條	國家為增進民族健康，應普遍推行衛生保健事業及公醫制度。
第171條	法律與憲法牴觸者無效。

資料來源：《中華民國憲法》（中華民國36年12月25日施行）。

(四)命令

我國勞動關係之法源，目前以「命令」為最多。所謂「命令」係指行政機關依據有關法律之委任而公布或行政機關為執行法律，基於本身之權限所公布者。《中央法規標準法》第3條規定：「各機關發布之命令，得依其性質，稱規程、規則、細則、辦法、綱要、標準或準則。」例如《勞動基準法施行細則》（簡稱《勞基法施行細則》）、《職工福利委員會組織規程》、《勞工請假規則》、《勞資會議實施辦法》、《精密作業勞工視機能保護設施標準》、《勞工保險被保險人因執行職務而致傷病審查準則》等。

(五)工作規則

它係規定勞工在生產秩序（服務過程）中提供勞務的行為規範，例

如工作時間之安排、工資之發放、休息及休假之排定、獎懲之方式等事項的規定。依照《勞動基準法》第九章「工作規則」的規定，工作規則須報請主管機關核備後並公開揭示之。

(六)團體協約

它係指雇主或有法人資格之雇主團體，與勞動者組織（通常是工會），以締結有關勞動關係及相關事項為目的所簽訂之書面契約。

(七)勞動契約

勞動契約之締結係勞動關係之成立要件，由個別勞動者與雇主之間所訂的契約，但勞動契約係諾成契約，原則上，不以書面訂定為必要，口頭約定即可（契約的成立，僅需當事人雙方表意一致，不以標的物的交付為成立要件），不以書面為必要。

(八)解釋

它包括司法解釋及行政解釋二種。前者指司法院大法官會議對於法律所為之解釋；行政解釋乃指上級行政機關對於下級行政機關所做的解釋。

(九)判例

它乃指法院對於具有訴訟案件所下的判決，日後遇有同樣或類似案件發生而涉訟時，各級法院推事往往據該判例以為本案判決之參考或準繩。

(十)社會習慣

《民法》第2條：「民事所適用之習慣，以不背於公共秩序或善良風俗者為限。」社會習慣未經明文制定，而為社會一般心理所承認為人類社會生活上之意思及利益之強要規範者為習慣法。在勞資關係範圍內亦有不少慣行行為決定權益之依據，尤其在解釋雇方之指示權時極為重要。

(十一)法理

《民法》第1條：「民事，法律所未規定者，依習慣；無習慣者，依

法理。」法理者，係自法律根本精神演繹而得之法律一般原則或條理。勞資關係有關法理，更需以社會正義為其最高指導原則，故法理亦為解釋勞資關係有關法律問題之重要法源（陳繼盛，1981：7-11）。

《勞動基準法》第1條開宗明義的指出：「為規定勞動條件最低標準，保障勞工權益，加強勞雇關係，促進社會與經濟發展，特制定本法。」所以，雇主唯有守法、守紀，懂法而不避法，才能趨吉避凶，維持和諧的勞資關係。

第三節　勞工法體系

勞工法的內容有勞動關係、勞動基準、勞工保險、就業安全、勞工福利、勞工教育、勞工組織、勞工參與及勞資爭議等，面對這眾多個別立法的勞工法律給予體系化的整理，得以各該法規是以個別勞動者為立法的出發點，或是集體勞動者為立法的出發點而區別為兩大類，一為個別勞動法，一為集體勞動法。

一、個別勞動法

以個別勞動者作為立法出發點者為個別勞工法，其內容又可分為勞動關係法及勞工保護法。

(一)勞動關係法

勞動關係法是以勞動關係的成立、勞動關係的內容及勞動關係的終結為規範內容，規定私人之間的權利義務，是屬於私法的領域，若有違反勞動關係法的規定時，也只發生私法上的法律效果。

(二)勞工保護法

勞工保護法是就勞動關係中必須以國家干預的項目為規範的內容，如工資、工時、安全衛生、職業災害、女工、童工等保護規定。勞工保護法既有國家干預其間，課雇主作為或不作為的公法上義務，是屬於公法的範圍，若有違反公法上的義務，國家行政機關自可給予處罰、取締或強制

處分。

二、集體勞動法

　　以集體勞動法為立法之出發點者是屬於集體勞動法，其內容有工會組織、團體協約、勞工參與及勞資爭議處理四大部分。

(一)工會組織

　　工會是勞動者私人之間的團體組織，加入與否勞動者應有自由選擇之權。工會組織是以爭取勞動者有關勞動條件的改善為主要目的，是屬純經濟性目的，而且工會應具有獨立自主的地位，以期能爭取較高的勞動條件改善勞工的生活。

(二)團體協約

　　勞動關係本質仍是私法關係，私法自律是根本原則，經由勞動者的工會組織與雇主立於平等地位談判，以突破勞動契約之弊端，是團體協約立法的前提；同時為保障團體協約被履行，給予團體協約較高的效力，即法規性效力，而此一法規性效力不僅對當事人，即協約關係人也有拘束力。

(三)勞工參與

　　近代一般民法係以所有權絕對作為主要原則之一，在所有權絕對不容侵犯的原則下，生產財所有者即是企業經營權，但是一個企業的營運必須有勞力與資財的配合。因此勞動者對企業的營運應有參與意見的機會，這也正是所有權絕對原則邁向所有權社會化的另一表現。

(四)勞資爭議處理

　　勞資爭議以爭議事項的性質加以區分，有權利事項的爭議和調整事項的爭議。權利事項的爭議是勞資雙方當事人基於法令的規定主張權利存否，以法規適用之當否為其對象的爭議，法律適用問題是爭議的主要內容，應由司法機關以現行法令之適用而予以審判。調整事項之爭議，以勞

資雙方當事人就有關將來勞動條件的調整為爭議對象，通常與集體勞動者的利害有關，以勞資團體為交涉當事人，並以《勞資爭議處理法》中所規定的程序處理，行政機關在勞資爭議處理過程中仍為次要地位。

個別勞動法與集體勞動法雖彼此內容不同，但二者關係密切。當勞動契約是勞動者勞動條件決定的唯一方式時，通常不利於勞動者，國家公權力介入勞動條件的決定時，勞動者的勞動條件僅有一個起碼的保障，在最低勞動條件之上又如何提升勞動條件，則有賴勞動者團結，以團體協商方式凝聚而成的無限拉力（行政院勞工委員會彙編，1990：11-15）。

 # 第四節　勞動基準之概念

西元1919年，第一次世界大戰後的巴黎和會，「勞動基準」觀念正式被提出，同年6月28日各國簽訂的《凡爾賽和約》（The Versailles Peace Treaty）將「勞動基準」列入第十三章第二節內，定名為「一般原則」。

「勞動基準」就是勞資雙方對提供勞務時，就勞務提供的種種事項所為的約定，這些「勞動基準」是維持人類正常生活所必須的要件。

一、勞工政策

政策是執行行動的指引，它是一個人、團體或政府為因應所處環境之變化，所擬訂的一種行動計畫。

勞工政策（Labour Policy）最初見於十九世紀中葉德國舊歷史學派經濟學者的著作中。十九世紀八〇年代以後，德國社會政策學派興起，勞工政策成為社會政策之主要內容，從此勞工政策一詞，在其他各國也日漸流行起來，至今不但已應用日廣，而且各國都已發展出相當完善的勞工政策，使許多勞工問題獲得相當程度的解決（林大鈞，1994：1）。

勞工政策乃是國家為謀社會及經濟之發展，國民福祉之增進，在勞工問題方面所制定的政策性基本主張和施政方針。而一個國家勞工政策的設計，其目的在於將勞工視為經濟上的弱者加以保護，以增加他們的所得與福利，其基本勞工政策的來源，主要包括憲法、執政黨的政策和政府施

政方針與綱要而定。勞工政策並非一成不變，它係隨著各國經濟成長、社會安定及政治民主的進展而蛻變（**表1-3**）。

我國的勞工政策，基本上有下列幾項要點：

1.維護勞工合理的權益。
2.增進勞工生活的福祉。
3.維持穩定和諧的勞資關係。
4.維持生產秩序的安定。
5.提升勞動生產力。
6.促進經濟與社會的發展。

表1-3　勞工政策定義

學者	勞工政策定義
馬超俊	凡政府為著國民經濟之圓滿發展，及社會全體福利之增進，對勞動階級所行之一切措施而言。其直接目的，係發揮最大可能的勞動生產力，及保障勞工福利；其最終目的則為促進國民經濟之發達，及確保全體人民福利之增進。
陸京士	為整個國家政策的一部分。為共同達到維持整個國家的利益為目的，在互惠平等的勞資協調原則之下，使一切生產利益，為社會所共享的有效行為，均屬之。
汪曉滄	為政府對於現在社會上廣大的被僱者，關於他們的就業、失業、轉業、訓練、勞動條件、生活安全、勞資關係上，直接的或間接的加以約制，以達到全部人民生活改善與提高目的之計畫或策略。簡言之，勞工政策就是政府對於被僱者加以保護和指導，達到政府理想目標的一種計畫。
陳國鈞	它是指一個國家對於勞工制定的各項主張。國家基於各方面的需要才制定各種政策。勞工政策的制定，乃國家為解決勞工方面許多問題，亦即整個國家重要政策的一種。同時，它和別種政策一樣，是基於國家政治體制、社會制度、經濟組織各項的進展而形成，它亦無不隨著空間、時間不同而變異。
劉昆祥	它是國家或政府對於勞工所制定的各種主張，既可因時間和空間的因素而有所變更；復可因經濟成長和社會發展的程度而有所差異；更可因政治體制和社會政策的實質而有所不同，但其主旨在處理或解決勞工問題，這一目標則殆屬一致。
陳繼盛	它指政府為國民經濟之發展及社會福利之增進，對勞動者有關問題所採取之施政方針。
林大鈞	它是政府謀求妥善處理勞工問題所採行之基本原則或施政方針。

資料來源：林大鈞（1994），《勞工政策與勞工法論》，華泰書局出版，頁2-3；製表：丁志達。

　　行政院勞工委員會（勞委會）以平等、人性、安全、尊嚴的四大施政理念為核心，努力透過勞方、資方、政府對話，與民間團體及地方政府建立夥伴關係，逐一落實勞工政策，以追求勞工、企業及社會三方面均衡發展，提升勞動生活品質及福祉（**範例1-1**）。

二、《勞動基準法》的立法

　　《勞動基準法》係依據《憲法》第153條：「國家為改良勞工及農民之生活，增進其生產技能，應制定保護勞工及農民之法律，實施保護勞工及農民之政策」的規定而制定。它以國家立法的方式，規定勞動條件的最低標準。勞動條件為勞工受僱從事工作，對勞資雙方有關工資、工時、休息、休假、童工、女工、退休、安全衛生、職業傷害補償、勞工福利、傷病醫療、死亡撫卹及其他相關事項的種種約定，為維持勞動者保持正常生

範例1-1

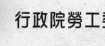

行政院勞工委員會施政理念

平等（Equity）
所有勞動者享有平等機會，透過勞動生產獲取適當所得並實現自我，應消除職場上基於性別、種族、年齡、身心障礙等歧視，衡平勞資不對等地位，促進雙方對話協商，並提供弱勢者成長發展機會。

人性（Humanity）
打造人性化工作環境及友善職場，從勞動中發展自我，平衡家庭與工作生活，滿足勞動者不同層次之需求。

安全（Security）
建構就業安全及職場安全衛生，提供勞動者及家屬社會保障，預防職業及社會風險，安定勞動者生活，社會穩定和諧。

尊嚴（Dignity）
保障勞動人權，尊重勞動者係勞動政策之主體及客體，更是經濟發展的功臣，提供勞動者發聲管道，參與社會對話，活出有尊嚴的勞動生活。

資料來源：編輯部（2009），〈勞委會施政理念的故事〉，《台灣勞工季刊》第17期（2009/03），頁130。

活必需之要件（**附錄1**）。

基於「契約自由」的原則，勞動條件的高低，由勞工與雇主自行約定即可，但其前提應該是勞工與雇主雙方都能站在平等的立場來簽約，否則，可能出現有不合理的勞動條件。逐年以來，各國皆以表現國家及權力的方法形式，介入原本屬於私法領域的勞資關係中去，訂定勞動條件的最低標準，並要求勞資雙方所約定的勞動條件不得低於此一標準，這是《勞動基準法》立法的因素。

我國的《勞動基準法》是在1984年8月1日正式實施，為我國勞動立法體系樹立了一個重要里程碑，凡是《勞動基準法》適用範圍的各行各業勞工，都會受到《勞動基準法》規定條文上應有的保障（**表1-4**）。

三、《勞動基準法》之性質

《勞動基準法》本身就是一部規定雇主義務的法律，至於規範勞資雙方的權利與義務，是屬於勞動契約法部分；勞動契約法強調平等的法律原則、勞資倫理的觀點，是屬於純司法性質的法律（編輯室，〈勞動條件的規範：陳繼盛談勞基法的基本認識〉，《工業雜誌》第225期，頁17）。

表1-4　《勞動基準法》綱目與條文數

章名別	綱目	條文數
第一章	總則	第1～8條
第二章	勞動契約	第9～20條
第三章	工資	第21～29條
第四章	工作時間、休息、休假	第30～43條（增訂第30-1條）
第五章	童工、女工	第44～52條
第六章	退休	第53～58條
第七章	職業災害補償	第59～63條
第八章	技術生	第64～69條
第九章	工作規則	第70～71條
第十章	監督與檢查	第72～74條
第十一章	罰則	第75～82條
第十二章	附則	第83～86條（增訂第84-1條、第84-2條）
合計十二章八十六條		

資料來源：《勞動基準法》（民國98年04月22日修正）；製表：丁志達。

　　《勞動基準法》在勞工法上係屬個別勞動者之保護立法，乃就勞動關係中必須以國家干預之項目爲其規範內容之勞工法規，其性質屬於公法之範圍，以保護勞工爲目的，課雇主以作爲或不作爲之公法上義務，違反公法上之義務，國家行政機關可予處罰、取締或爲強制處分。

　　《勞動基準法》雖如前述唯一保護勞動者之公法，但有時亦能產生一定的私法效果，例如訂定勞動契約時，其契約內容違反《勞動基準法》最低勞動條件之規定者，該部分之內容即無效，而直接以《勞動基準法》有關規定取代之（洪瑞清，1999：14）。

 # 第五節　勞資和諧之道

　　任何工業社會的勞資關係，勢必存在著潛在的衝突和抗爭關係，然而過激烈的勞資抗爭，不僅勞資雙方同蒙其害，而且社會大眾也必須支付因之所產生的社會成本。爲了避免「魚蚌相爭，漁翁得利」的現象發生，雇主與勞工必須謹守雙方各自的分寸，「合者兩利，分者雙敗」的古訓，建立勞資和諧的倫理觀。

一、雇主方面

　　企業經營乃是如何活化人才，藉著掌握人的工作意願並給予關懷，才能使其在工作上發揮其能力或引導其做事的心情，保有長久企業競爭的優勢。

1. 遵守勞動法規，妥善照顧勞工生活，以「己所不欲勿施於人」的胸襟，在任用、晉升、遷調、敘薪、獎金、福利、安全、醫療衛生、退休、撫卹、進修、康樂等方面，設立勞工久任、上進、勤勉的制度，杜絕跳槽、楚才晉用的後遺症。
2. 觀念上，千萬不要將勞工當作只是生產過程中的資源或是工具，應將勞工視爲事業上的夥伴關係，只是彼此對企業貢獻的方式有所不同而已。

3.重視勞工福利。依法提撥職工福利金，改善勞工生活；依法提撥退休金，使勞工老有所養；勞保、健保投保薪資依實申報，使殘障、傷病勞工能得到合理的補償與照顧；推行分紅入股、股票期權制度，使勞資雙方共享成果。

4.重視與勞工的對等關係。「君之視臣如手足，則臣視君如腹心。」使勞資雙方在對等的地位上，追求相互之間的滿足，提升勞工參與層次，加強勞工對雇主的認同感。

5.擴大職業及技能訓練。實施工作豐富化，讓勞工對工作產生興趣，減少工作壓迫感。

6.藉口不景氣而裁員是行不得的。不景氣的來臨不得歸罪勞工，雇主應堅持風雨同舟、和衷共濟的立場和勞工一起臥薪嘗膽，度過難關。

7.注重及加強安全衛生設施，改善工作環境，兼顧社會責任，減少環境污染。

8.提供健康的工作環境及防止職業傷害或疾病，除符合政府法令要求外，應制定明確的職業安全衛生政策或方針，並清楚告知每位勞工遵守。

9.雇主不要著眼短期的利潤，應有長遠的眼光，重視長遠發展，奠定企業發展的根基，本著「企業良心」去制定及執行各項企業決策，以負責任的態度去經營事業，是雇主最起碼應守住的本分。

10.對企業經營者而言，勞工不再是「變動成本」而是「長期投資」，人力資源管理也就顯得格外重要，用人政策與考核制度必須予以重視，這是企業永續發展必然趨勢。

11.處理勞資關係必須客觀、審慎和有耐心的做通盤之考量，以免治絲益棼，徒增紛擾（**表1-5**）。

二、勞工方面

勞工在職場上工作，必須要有如下的體認，勞資雙方才能共蒙其利。

表1-5　勞資關係從業人員的職責

・勞動關係管理。
・員工組織的活動和協調。
・建立和推廣企業文化和人性化管理。
・加強和保證內外部溝通管道的暢通無阻（縱向與橫向的溝通協調）。
・及時接待、處理員工申訴。
・為員工提供有關福利、法律和心理方面的諮詢服務。
・職業災害的預防。
・及時處理各種意外事件。
・及時處理員工獎勵和懲罰。
・員工離職面談及手續辦理。
・各項公司內部及活動後的調查、員工滿意度活動的組織。
・員工關係診斷和企業管理制度規章的稽核。
・績效考核、員工自我評量以及隨機面談，即時調整「無效人力」。
・建立完整員工個人或團體特殊表現獎勵制度。
・熟悉勞動法規（已公布的勞動法規、擬修正中的法規）。
・員工個案處理兼顧情理法。

資料來源：丁志達（2000），「勞資關係改善之策略與方法研習班」講義，中華企業管理發展中心編印。

1.勞工應承認企業追求利潤過程中所負擔的風險，有了這一觀念，則勞工就不致於無視企業的困難，一個勁地要求改善勞動條件，甚至不惜犧牲企業的發展前景，單為眼前的暫時利益著想。

2.體認企業經營的良窳，與勞工具有切身的利害感，「覆巢之下無完卵」，有爭氣的勞工，才有爭氣的企業。

3.培養敬業精神及職業道德，認眞工作，不要抱著「我們不過為賺錢而做事，企業遭遇到的困難是老闆的事。」須知工作是生活的一部分，也是極具重要意義的一部分，不得存有「混日子」想法，縱使日子給你混過去了，但你的「青春歲月」也消失無蹤影了。

4.不要見樹不見林，只要企業有前景，別家用略高的薪資、福利來挖角，也不要跳槽他去，「滾動之石不生苔」，把眼光放遠，利己利人。

5.隨時充實自己技能知識，以「活到老，學到老」的終身學習精神來適應多元化的社會，以及日新月異的科技發明，不被時代轉動的巨

輪淘汰，並培養業餘的興趣，以適應退休後的生活。

6.勞工應不斷追求新知，提高自己的知能，表現在工作上使勞動生產力提高，不但可以獲得主管及同事的賞識與尊重，並可在待遇及升遷上得到報償。

7.遵守工作規則，按時上下班，不遲到、不早退，有守法的勞工，也才有守法的雇主（丁志達，1985：24-25）。

人事互動變化萬千，《勞動基準法》無法完整涵蓋，尤其牽涉勞資權益，法律又沒有規定的灰色地帶，更要格外留心。所以，勞資雙方必須體認情感交流與合作無間的重要，使雙方在法、理、情都能兼籌並顧的基礎之上，互信、互助、互諒，建立休戚與共的生命共同體，共謀事業之永續發展（**表1-6**）。

表1-6 影響勞資關係和諧之人力資源策略類型

策略類型	策略目的	策略方法
參與策略	・提高生產力 ・提高工作生活品質 ・增加互動	・勞資會議 ・參與各種委員會 ・工作團隊
團結策略	・增加員工忠誠度 ・吸引員工 ・降低流動率	・就業安全 ・員工入股制 ・利潤分享 ・內部晉升 ・市場領導給付
減少磨擦策略	・減少勞資對立氣氛 ・降低爭議發生	・正式溝通 ・申訴制度 ・流動人事部門 ・管理者傾聽
多元主義策略	・取得共識 ・促進溝通	・集體協商 ・簽訂團體協約
投資策略	・提高生產力 ・激勵員工 ・提振士氣 ・增加認同感	・教育訓練
公平報償策略	・減少爭議 ・激勵員工	・績效基礎給付 ・調薪公式化

（續）表1-6　影響勞資關係和諧之人力資源策略類型

策略類型	策略目的	策略方法
安全工作環境策略	・減少事故降低成本 ・增加員工向心力	・定期員工健康檢查 ・定期保養檢查設備與環境
機會主義策略	・減低成本	・不主動採取任何措施

資料來源：周建次（1998），〈勞資合作對工業關係績效影響之研究〉，中正大學勞工
　　　　　研究所碩士論文；引自：李漢雄（2000），《人力資源策略管理》，揚智文
　　　　　化，頁322。

結　語

　　勞資關係的複雜度，在於它不僅是經濟問題，同時也是社會與政治
問題。處理妥當，就是和諧，處理不妥當，就是對立。妥當與否影響企業
的穩定與發展至鉅，建立健全的勞資關係，維持勞資和諧及永續生存，是
值得勞雇雙方共同重視的問題。

第二章

企業文化與勞資倫理

> 道不同，則不相為謀。
>
> ——《史記·老莊申韓列傳》

美國《財星雜誌》每年都做「最受歡迎」企業大調查。前些年，他們在調查完成後，曾經整理出一項結論：「越來越多的企業更加關注的是：企業不能只靠數字而活，有一件事讓這些頂級企業在大調查中脫穎而出的是：他們堅韌的企業文化。」（張文隆，2010：200）而遵守企業倫理，使相關各方面得到應得的利益，維持和諧依存的關係，是企業為了永續發展，最妥當的經營之道。

第一節　企業文化架構

企業文化可分為精神層（價值觀、信念和行為準則）、制度層（企業的各類管理制度）和物質層（企業的形象）三個層次。企業想要穩定健全發展，擴大經營版圖，並確保競爭力與維持機動性，吸引更多優秀的人才共同奮鬥，勢必要有優良且具有彈性的企業文化（圖2-1）。

一、企業願景的定義

《願景》（*Hoover's Vision: Original Thinking for Business Success*）一書作者葛瑞·胡佛（Gray Hoover）說：「偉大的企業之所以成功，是因為企業的領袖能夠看到別人所看不到的東西，提出別人所提不出的問題，然後制定自己的方針，將洞察力與策略相結合，描繪出具有鮮明特點的企業藍圖，那就是願景。」所以，願景概括了企業的未來目標、使命及核心價值，是企業經營哲學中最核心的內容，是企業最終希望實現的圖景。它就像燈塔一樣，始終為企業指明前進的方向，指導著企業的經營策略、產品技術、薪酬體系甚至商品的擺放等所有細節，是企業的靈魂，讓它成為企業所有經營活動的行動綱領。

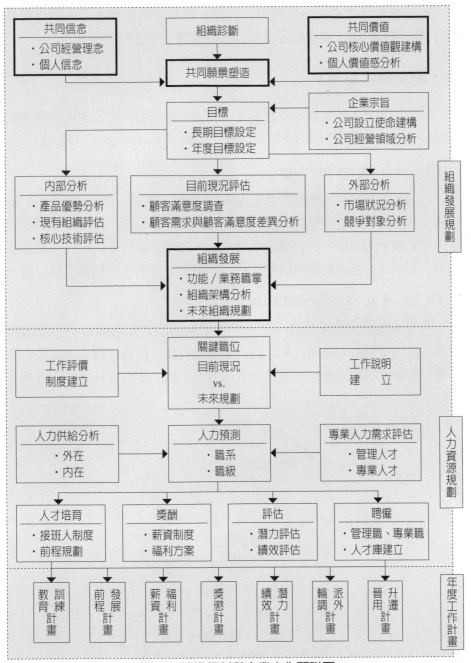

圖2-1　組織規劃與企業文化關聯圖

資料來源：精策管理顧問公司。

　　好的願景描述必須內容簡單、具體，而且能夠振奮人心，因為願景內容若是難以記憶，就會很容易被遺忘，發揮不出它的功能。

二、願景概念架構

　　美國史丹佛大學保拉司（Jerry I. Porras）教授與企業管理專家科林斯（James C. Collins）提出一套願景的概念架構（Framework）（**圖2-2**）。

(一)核心理念（**Core Ideology**）

　　它是由組織的核心價值（Core Value）與核心志向（Core Purpose）所構成。核心價值乃是一個組織最基本且持久奉行的信念，即使這些價值演變成不利競爭的因素，仍會繼續奉行不渝，企業文化就是已經內化的核心價值；至於核心志向是指組織存在的根本理由，也就是通稱的組織目標。

(二)盼望的未來（**Envisioned Future**）

　　它是由兩個因素所構成。首先企業必須確認若干大膽且高瞻遠矚的目標，然後清楚說明達成這些目標對企業會有什麼意義。而上述這些大膽又具有高瞻遠矚的目標，必須是企業在今後十至三十年可以達成的目標，

圖2-2　願景圖示

資料來源：陳清彬、賴才棱、曾節貞（2000），〈願景之建構〉，《台糖通訊》107卷3期，頁12。

而不是畫餅充飢、海市蜃樓,否則今天的答案往往變成明天的問題。例如亨利・福特(Henry Ford)擬定「汽車全民化」的目標,然後向每位員工,甚至全世界宣稱「當我們達成目標時……每個人都會有一部車,屆時在公路上將再也看不到馬匹的蹤跡了。」這就是多麼大膽的目標,多麼活潑生動的未來描述(陳清彬、賴才棱、曾節貞,2000:12-13)。

華特迪士尼公司(Walt Disney Company)的成功法則就是「夢想」、「信念」、「果敢」、「實踐」八字訣,人稱「華特魔法」。他認為把夢想變成信念,下定決心貫徹實行,企業一定會成功,這就是願景的具體例證(**圖2-3**)。

三、使命宣言

在商業紛亂的商業環境中,使命明確了「公司在經營什麼」,或者「公司的經營定位是什麼」,這就決定了「我們經營什麼」,還決定著公

一致的營運方向、顧客忠誠度
與供應商維持良好的關係、全心投入的員工
有效率的流程、有趣的工作環境

圖2-3 夢想・信念・果敢和實踐

資料來源:Bill Capodagli & Lynn Jackson著,謝佳慧譯,《願景管理——成功企業的夢想、信念、果敢與實踐》(*The Disney Way- Harnessing The Management Secrets of Disney in Your Company*)。

司在資源配置方面的努力方向，激發了員工有明確的奮鬥目標，鼓舞員工行動的熱切渴望，它就像強力的磁石的吸力，吸引著員工跟著往前走，從而影響企業戰略如何實施，企業如何建立產品的差異化，瞭解核心競爭力是什麼，以及如何進行品牌建設等（銳智，2006：152）。

使命宣言（Mission Statement）則是企業的座右銘或標語口號，而且是最能清楚地把企業的目標、理想、行為、文化及策略呈現出來的。實務上，貫徹企業使命宣言的公司，在許多方面都是企業界的龍頭，例如：奇異電器（General Electric, GE）、英特爾（Intel）、國際商業機器（International Business Machines Corporation, IBM）等等（**範例2-1**）。

四、企業價值觀

價值觀是企業最基本而且永久的根本基礎。價值觀主要描述企業在追求願景的過程中企業的日常行動。主導企業行為的價值觀，一般包括：企業成員要如何對待彼此，企業希望如何對待顧客、供應商，以及企業會遵守那些規範。當企業在建立願景的過程中，把價值觀當作核心，那麼價值觀就會成為幫助員工邁向願景的行動指南（**範例2-2**）。

範例2-1

星巴克（Starbucks）使命宣言

- ·提供完善工作環境，創造互相尊重，互相信任的工作氣氛。
- ·將多樣化作為經營的重要原則。
- ·在咖啡產品購入，烘焙和保鮮運送過程中採用最高的質量標準。
- ·隨時隨地用熱情的服務使顧客滿意。
- ·積極回饋我們的社區和環境。
- ·利潤的增長是公司不斷發展的動力和泉源。

資料來源：星巴克公司（Starbucks Coffee Company）網站：http://www.starbucks.com.hk/zh-hk/_About+Starbucks/mission+statement.htm

範例2-2

共同的價值觀（QSC & V）

　　麥當勞公司的工作信條為：品質（Quality）、服務（Service）、清潔（Cleanliness）、價值（Value），這也是該公司企業文化的總體。

　　麥當勞公司對員工施予在職教育訓練，將QSC & V的觀念深植人心，而每一項作業都依照此一理念加以明確規定，諸如：選購上好的精瘦牛肉；出納員應面帶微笑注視每一位顧客等等。

　　這種明確的工作理念與要求，使得麥當勞公司的員工已經與QSC & V的企業文化融合為一體，而使它能以有限的主管人數，在全世界成功地經營數千家的連鎖速食店。

　　這種使員工心悅誠服而全心投入工作的精神，並不是靠管理控制的體系，而是由建立一套共同的價值觀而達成的。

資料來源：英國雅特楊資深管理顧問師群著（1989），《管理者手冊》（*The Managers Handbook*），中華企業管理發展中心出版，頁25。

　　一家企業實際的企業文化，可以從企業的價值觀、管理風格、預算分配、經營方針、策略重點、人事政策、辦公室裝潢（布置）、文化網絡（即資訊傳遞的方式），以及對客戶的態度，甚至於可以從一張便條紙上「見微知著」地體驗出來。譬如說，國際商業機器公司（IBM）的大家長式的企業文化，只要員工在工作上就必須要全力以赴，做出成績（貢獻），相對的，IBM也不吝嗇的提供優渥的薪水與豐厚的福利好好地來回報、照顧這些員工；蘋果電腦公司（Apple Inc.），這家在很短的時間裡急速成長的企業，則具有前瞻未來、樂觀進取的文化，它將自己比喻為牧童大衛（David），以智取勝，居然能夠打倒腓力士族（Philistines）巨人哥利亞（Gloria）（英國雅特楊資深管理顧問師群著，1989：24）。

　　一家企業對外公開的簡介、年報或者有關宣傳檔，通常會對公司的經營宗旨、政策、社會責任和績效極力加以美化，使外人得到深刻而美好

的「企業形象」。但是,這些成文的價值觀,是否真正深植於公司上下全
體員工心中?還是企業刻意製造出來的和諧「勞資關係」的假象?這就要
檢視企業是否「言過其實」。例如某企業對外可能公開聲稱,該企業特別
注重勞工的福利,這時就必須去察看企業福利措施的項目,例如宿舍、餐
廳、康樂設備及工作環境整潔的情況,便可證實「所言不虛」(**表2-1**)。

五、企業目標

　　企業目標是企業凝聚力的核心。目標指的是企業在達成願景前的階
段性成就描述。例如在西元2012年成為台灣最大的化妝品銷售公司,西元
2017年成為亞洲地區最大的化妝品銷售公司;2012年營業目標為十億元,
2017年營業目標為十五億元等等(**範例2-3**)。

六、經營理念

　　經營理念是指企業經營者應有之基本信念,亦即經營者以其崇高之
人生觀和道德觀作為基礎所賴以建立之一套健全的思想體系。
　　企業之經營,最重要者莫過於管理合理化之追求,而事在人為,欲
求管理之合理化,又須從「人」本身正心、誠意的功夫做起。企業之興衰
成敗端視成員風氣之良窳,而成員風氣之良窳又繫於企業經營者之理念,

表2-1　你是否瞭解自己公司的文化?

- ・員工流動率高不高?
- ・公司是否有行動快捷、爭取業績的氣氛?
- ・重要的決策由高階主管來決定,或是中階主管可以作主?
- ・組織制度已經定型,還是仍具有相當的彈性?
- ・行銷策略為何?是要領先同業?還是老二主義?或是獨專一門?
- ・經營策略是採取研究發展導向呢?還是行銷導向呢?
- ・是否採用輕鬆而親切的管理作風?
- ・組織結構是否為傳統的階層式?
- ・是否採取系統化的管理方式?
- ・是否以產品為導向?是否重視品質?
- ・是否具有樂觀進取的工作態度,與展望未來的積極精神?

資料來源:英國雅特楊資深管理顧問師群著(1989),《管理者手冊》(*The Managers*
　　　　　Handbook),中華企業管理發展中心出版,頁24。

阿爾卡特（Alcatel）公司的目標

　　阿爾卡特（Alcatel）公司的目標是為通訊界的參與者，建立價值觀以服務不同的夥伴。

對客戶	Alcatel提供合乎成本效益與創新的產品，以滿足客戶通訊的需求。
對員工	Alcatel獎勵員工卓越的工作表現，與提供最具吸引力的職業生涯發展的機會。
對股東	Alcatel提供極具市場競爭性的財務績效。
對國際社會	Alcatel對每個有Alcatel通訊系統服務的國家，提供經濟發展的積極貢獻。

　　為了達成這些目標，Alcatel的雄心是在財務表現、市場占有率、創新與服務上均為世界第一。

資料來源：The Alcatel Way (Building and delivering value in communications systems)；引自：台灣國際標準電子公司。

及其領導統御方法（**範例2-4**）。

七、企業箴言

　　企業箴言（Corporate Motto）對一家成功的企業而言，是非常重要的。它所傳達的不只是「企業文化」中的價值部分，它更告訴員工：「我們就是這樣的人」。

　　企業箴言不只是精神標語（Slogan），它所涵蓋的是企業的經營哲學和處理事情的原則，其重點有：

1.它必須傳達並提升企業的中心思想。例如固特異輪胎橡膠公司（Goodyear Tire & Rubber Company）的「維護公司的信譽」。

2.它必須訴諸於感性而非理性。例如美國工程軍團的「如果我們能馬

願景與經營理念

我們的願景：

做一個全球最有聲譽
以服務為導向
並替客戶創造最大利益的
專業積體電路製造服務公司
因而成為獲利最高的
一流半導體企業

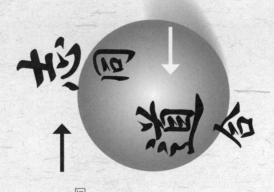

我們的經營理念：

1. 堅持高度職業道德。
2. 專注於「專業積體電路製造服務」本業。
3. 放眼世界市場，國際化經營。
4. 注意長期策略，追求永續經營。
5. 客戶是我們的夥伴。
6. 品質是我們工作與服務的原則。
7. 鼓勵在各方面的創新，確保高度企業活力。
8. 營造具挑戰性、有樂趣的工作環境。
9. 建立開放型管理模式。
10. 兼顧員工福利與股東權益，盡力回饋社會。

資料來源：台灣積體電路製造公司（TSMC）；引自：劉博民（1999），《1999年高科技人力資源發展研討會論文集：高科技產業人力資源激勵／制度與措施》，行政院勞工委員會編印，頁94。

上處理所有困難的事，那就沒有什麼不能處理的事了」。

3. 它不能大聲疾呼，直接要求員工要對公司忠誠，要提高生產力，要注意品質管制等，這樣非但不能打動員工的心，更可能引起反感。例如日本有一句諺語說：「把釘子釘好」就是這個作用，因為，「如果你看到有一根釘子沒有釘好，你不能掉頭就走，即使那不是你的工作，但是品管是全公司的事，所以把釘子釘好！」對於一家重視品管的企業而言，這句箴言勝過千言萬語。

4. 它必須保持一點神秘感，它必須讓員工覺得這是企業內的秘密，而不是外面到處可以聽得到的，這樣不但比較容易讓員工接受，更能凝聚企業的精神。例如對早期基督徒而言，「魚」這個圖像，經過拉丁文解釋，代表耶穌基督救世主，它是涵義深遠，卻又簡單明瞭的符號（**範例2-5**）。

範例2-5

企業箴言

企業名稱	企業箴言	涵義
凱特皮勒（Caterpillar）機械公司	二十四小時內零件換修服務遍及世界每個角落	標出公司對顧客服務的摯誠。
李奧伯內（Leo Burnett）廣告公司	做大廣告	表示公司致力追求卓越的意念。
杜邦（Du Pont）公司	為更好的生活製造更好的化學產品	標出該公司最特出的信念，即利用化工創造新產品。
西爾斯（Sears）公司	物美價廉	標出該公司為美國中產階級大量供應商品的決心。
羅絲（Rouse）公司	為人類創造最佳的環境	標出該公司的主要關注在於發展健康愉快的住家環境，而不僅僅是建造小社區。
戴那（DANA）公司	生產力靠人來提高	要求公司每個部門的員工貢獻意見和熱忱，來支持公司以成本和品質可靠致勝的競爭策略。
雀普（Chubb）保險公司	優越的保險	標出公司致力在這一重要的行業中，出類拔萃。

資料來源：Terrence E. Deal & Allan A. Kennedy著，江玲譯（1987），《塑造企業文化：企業傑出的動力》（*Corporate Cultures*），經濟與生活出版，頁32-33。

八、規章制度

「國有國法，家有家規」，一家企業良好的運作也需要一定的制度來維持，如果沒有有效的制度來約束企業和員工雙方的行為，那麼使命和願景的存在也就不能奏效（**附錄2**）。

制度，一方面來說，在企業範圍內有一定程度的強制力與約束力，從另一個角度來說，制度的存在也激勵了員工規範自己的行為，朝著有利於自身的方向發展，這同時也為公司創造了利益和價值。例如：在星巴克（Starbucks）咖啡店內，不能抽菸，員工上班時，不能使用香水，其目的就是不破壞店內飄逸著純粹而濃郁的咖啡香味（張希，2005：65-66）。

第二節　企業文化內涵

企業文化是在企業成長過程中逐漸累積而成的，會受到企業創辦者和管理階層對企業的發展目標、經營理念、管理哲學等影響，並透過企業內部長期推動而獲得員工的認同，而在一定範圍內形成共識（**範例2-6**）。

範例2-6

群策群力的阿爾卡特文化（The Alcatel Way）

分層負責與團隊行動	全世界每個當地的組織均負責其事業的營運。由於將責任授權予最適合的組織，也使各個當地組織因而更具有因應能力。如此，各組織既能務實，且富彈性。而各個組織的營運成果也以阿爾卡特（Alcatel）整體企業為主，對各個產品組織的政策負責。Alcatel的團隊行動，包含了支援整個集團最佳利益的決策。Alcatel成功的主要因素在於各個公司間能夠充分溝通與相互信賴。
承諾與坦誠	Alcatel開明的管理風格是信賴、尊重、授權與分層負責。所有的員工均承諾滿足客戶要求和完成預定目標。減低官僚繁瑣，使Alcatel保持凡事精簡，並且強調面對面溝通。如此使Alcatel的員工均能夠有效的、平易的、坦誠的與不同國籍、不同文化的同僚共事。

夥伴與領導者	對Alcatel的客戶、協力廠商及其他通訊界的參與者而言，Alcatel是提供成果共享與學習的最佳夥伴。由於扮演夥伴的角色，Alcatel強調充分溝通、信賴與合作。Alcatel專業化的技術、研究，以及整體產業觀，均使我們居於領導者的地位。我們不僅符合也引導市場的需求與趨勢，並且在我們經營的產業中，繼續保持領先。因而，我們持續不斷投資在研究上，以期掌握核心事業現在與未來的技術。
本土化與全球化	在全世界每個Alcatel事業營運的國家中，Alcatel均在人員、產品及政策上本土化。所有各個當地組織，皆為世界性Alcatel集團的一份子。 我們堅信，發展共同的標準，跨國性的產品與富有彈性及跨國性職業生涯發展的遠景，使得各個當地組織的利益均能與Alcatel集團整體利益密切結合。
成就與獎勵	Alcatel對其所屬員工卓越的工作表現，均予以肯定的獎勵。同時，也在公司內提供富有挑戰性的發展機會，以期使員工能有最佳的表現，來證明個人的能力與專業的價值。 這種強調工作表現、成長與進步，而摒除保護及維持現狀的激勵氣氛，使Alcatel員工在工作時，極易受到振奮及具挑戰性。

資料來源：The Alcatel Way (Building and delivering value in communications systems)；引自：台灣國際標準電子公司。

一、企業文化的內涵

企業文化是一種無形的凝聚力，更可以成為在工作上的爆發力。成功的企業無一例外，都具有強烈的凝聚力，而失敗的企業也無一例外，都有不同程度的離心力。沒有自己特色的企業文化，不可能真正打動員工的心，只有能夠在員工內心發生共鳴的企業文化，才是真正成功的企業文化（陳少傑，2005：1）。

企業文化的內涵，包括下列幾項：

1.企業文化是一個公司的價值觀，這些價值觀會成為員工活動、意見、行為的規範（**表2-2**）。

2.企業文化是一套指導員工非正式的行為法則，而且是眾人所樂意接受的。

表2-2　企業文化的定義、作用與功能

企業文化的定義	企業文化代表一家公司的價值觀，此價值觀將成為公司員工活動、意見及行為的規範。
企業文化的作用	・它能界定公司角色的扮演，使其有別於其他公司。 ・它讓公司之員工自覺身分的確定，認定自我。 ・它使員工對公司的認同和承諾、對公司利益的追求大於個人利益的追求或個人主觀的信念。 ・它提供了企業員工的行為標準，提高社會系統的穩定。 ・它擔任了澄清疑惑和控制的機制，規範公司員工的態度和行為。
企業文化的功能	・協助發展員工對企業基本使命與策略的理解。 ・界定企業的主要目標與次目標。 ・瞭解達成各項目標的方法與手段。 ・衡量邁向目標的進度。 ・使目標達成而需採行的糾正性行為。 ・為企業員工發展一套共通的語言。 ・形成企業員工的共識。 ・建立友誼的準則。 ・辨認獎懲的準則。 ・對新發生而未解釋事件賦予意義的一種意識型態。

資料來源：蔡蒔菁（2000），《商業倫理——概念與應用》，新文京開發出版，頁140-141。

3. 企業文化是透過價值、儀式、英雄人物及符號來顯示。公司歷史、管理實務均會影響組織文化的形成。

4. 企業文化是組織學習去解決外部適應及內部整合問題時所發展的基本假設，因運行有效，而傳授給新成員，作為遇到相關問題時認知、思考及感覺的正確方法。

5. 企業文化是共有的價值觀，行為模式、習俗、象徵、態度及處理事務規範方法之混合物，可與其他公司有所區別。

6. 企業文化是組織內成員所共有之共同行事方式，所謂共同行事方式是指組織所重視之特質的集合。

7. 企業文化是人們遵從與涵蓋的價值、報償、生涯發展、忠誠度、權力、參與、領導、溝通及創新的一系列規範與價值。

8. 企業文化是一種組織的觀念，它包含了工作如何被完成及人們如何被遴選、發展、管理與報償。

9.企業文化是組織成員所學習的共同典範與行為之系統，並且成為他
們做事的方法（**圖2-4**）。

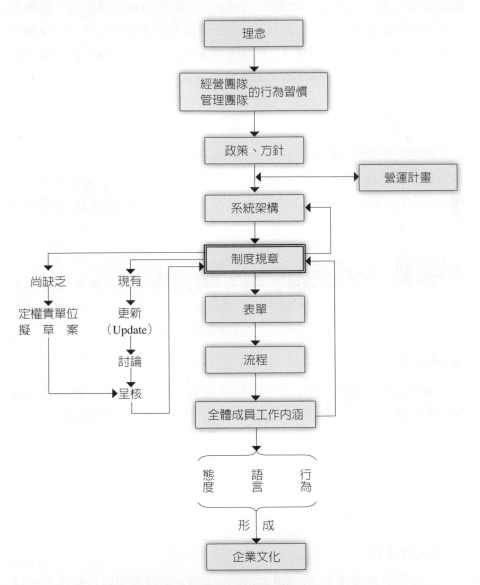

圖2-4　如何塑造企業文化

資料來源：王素芸（2004），「企業文化塑造與員工諮商」講義，中國生產力編印，頁
13。

　　凡是擁有堅固企業文化的企業，即使遇到重大的挫折，依然能夠重新站起來，否則即使一時風光，遇到打擊之後就很難再有振作機會。例如德州儀器（TI）、國際商業機器（IBM）、惠普（HP）等企業，能夠在營運跌到谷底後重新振作，擁有長遠的企業文化是主要原因之一；反觀王安電腦（WANG），卻因為缺乏相關要素失敗之後，便一蹶不振，再也難以重回昔日風光（張忠謀主講，王任琦、羅宏旭、郭秋鈴整理，1998）。

二、企業文化的要素

　　哈佛大學教授泰倫斯‧迪爾（Terrence E. Deal）和麥肯錫顧問公司顧問艾倫‧甘迺迪（Allan A. Kennedy）在合著的《塑造企業文化：企業傑出的動力》（*Corporate Cultures*）一書裡，臚列出企業文化的五大要素，茲摘錄如下：

(一)企業環境

　　每家公司因產品、競爭者、顧客、技術以及政府的影響等等的不同，而在市場上面臨不同的情況。公司的營運環境決定這家公司應選擇哪一種特長才能成功，並因而牽動了公司整體的企業文化。

(二)價值觀

　　價值觀以具體的字眼向員工說明「成功」的定義——「假如我這樣做，我也會成功」，因而在公司裡面立下了成就的標準（**範例2-7**）。

(三)英雄人物

　　由英雄人物所透露出的價值觀，會為其他員工樹立具體的楷模。基本上，英雄人物對員工的意義是：「只要如此這般，你也可以在此出人頭地」。

(四)儀式與典禮

　　這些是公司日常生活中固定的例行活動。主管會利用這個機會向員工灌輸公司的教條（信念），並用明顯有力的例子向員工昭示其中的宗旨與意義。

範例2-7

林肯電子「持續性價值」的經驗

林肯電子和其他企業相較下，其與眾不同的特質如下：

・主管和員工之間的信任容量大。
・主管和員工之間以正式和非正式的溝通建立信任。
・客戶服務是員工與主管的經濟安全基礎。
・持續性的員工發展，以及品質和生產力的改善是管理重要的一環。

以家長式（Paternalistic）的方式經營，持續的聘用不是一種獎品而是員工應得的，它完全建立在員工的努力之上。

・公司的管理體系符合實際的人性需求。
・品質和生產力是獎勵員工的基礎。除了勞苦的分擔，員工也同時分享了公司的收穫。
・管理者為公司的成長負責，並持續提供好工作給有建設力又值得信賴的人。

林肯電子的成就，就是建立在這些原則和實務之上。

資料來源：John Wiley & Sons, 2000，約瑟夫・馬可西拉羅（Joseph Maciariello），
《持續價值：百年老店林肯電子的經驗》（*Lasting Value: Lessons form a Century of Agility at Lincoln Electric*）；引自：Douglas McGregor, Gary Heil, Warren Bennis, & Deborah C. Stephens著，陸康莉譯（2002），《麥葛瑞格人性管理經典》（*Douglas McGregor, Revisited*），商周出版，頁63。

(五)文化網

這雖然不是一個機構中的正式組織，但卻是機構裡主要的溝通與傳播樞紐，公司的價值觀和英雄事蹟也都靠這條管道來傳播。

以上是企業文化的五大要素，藉由內部行銷的持續努力，就能有效地在組織內部建構起和諧的勞資關係與服務文化（Terrence E. Deal & Allan A. Kennedy著，江玲譯，1987：18-20）。

三、企業文化與勞資關係

　　企業內員工與雇主的關係是一連串學習、適應、溝通、協商、衝突與合作的過程。如果一家企業的文化廣為員工所接受，勞資之間必然能形成共識，這種共識是協商與合作的基石，更可以減少勞資關係的衝突次數與程度。

　　企業文化影響員工與員工之間相處融洽的程度，以及員工與工作環境之間的親近感。如果受僱的員工強烈認同某些價值，對工作程式與企業目標有相當的共識，自然容易協調，使摩擦的可能性降低；如果受僱員工認同企業經營的理念，自然協助管理人員共同建立並維護一個安全舒適的環境，對工作場所的機具設備使用也會細心（**表2-3**）。

表2-3　優質的辦公室文化特質

- 管理階層願意傾聽。
- 管理階層重視旁人的意見。
- 管理階層受人信任。
- 管理階層是好的指導者。
- 管理階層與他人溝通良好。
- 經理人會以身作則。
- 人們會尊重別人。
- 做最好而不是最大的。
- 管理階層可以讓每一個人表現到極致。
- 我們的表現是高標準的。
- 專業人員的素質很高。
- 絕對是高水準的客戶服務。
- 人們會竭盡所能做到成功。
- 我們會討論策略目標而不是財務目標。
- 我們會投資未來。
- 酬勞制度是公平的。
- 貢獻最多的人會得到獎勵。
- 熱忱與士氣很高。
- 員工對工作投入而且忠誠。
- 員工全力奉獻。

資料來源：David H. Maister著，江麗美譯（2003），《企業文化獲利報告：什麼樣的企業文化最有競爭力》，經濟新潮社出版，頁51-56。

　　一位員工與企業文化之間的關係，在最初的階段是初步瞭解和選擇某一企業文化，成為企業一員之後，必須學習和適應該企業文化，一旦假以時日，接納且適應該文化後，員工會承擔傳承和發揚企業文化的任務與企業結合成一體。例如：凌志（Lexus）以「專注品質，近乎苛求」作為企業價值，就容易吸引認同品質的人才。因此該公司的工程師可以測試上百千次的實驗，只為了讓汽車關門時的聲音聽起來好聽，也就不足為奇了（黃麗秋，2010：20）。

　　假如在適應與學習的階段不能成功接納企業文化，那麼，他可能會轉換工作，尋找一處適合自己的企業文化；也許轉換工作有困難，只好維持原狀，這很可能是勞資爭議與生產力低落的隱形殺手；個性積極的員工，可能提出修正或改變企業文化的建議（**圖2-5**）。

　　總之，對企業而言，面對教育程度愈來愈高的員工，面對服務業世紀的來臨，企業文化顯然已成為吸引員工、留住員工和讓員工充分發揮的關鍵因素，企業一定得審慎規劃自己的企業文化，利用溝通和訓練的措施，匯集企業內個別成員的力量，從而達成企業的目標，讓企業文化深植於每位員工的行為中，而不斷的延續下去，使勞資雙方利益均霑，這應是現階段勞資關係與企業文化間正確的互動過程（衛民、許繼峰編著，1999：137-142）。

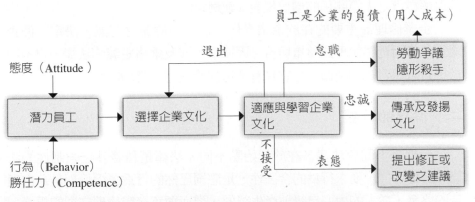

圖2-5　企業文化與員工認同企業理念關聯圖

資料來源：丁志達（2009），「推進人力『成本』轉化為人力『資本』」講義，廈門正航軟件公司編印。

第三節　倫理的定義與分類

　　企業為因應與競爭者、員工、客戶之間的關係改變，社會需要的不只是法律，還有倫理。在美國評斷行為，不但是不能「違法」（Illegal），而且不能「不合情理」（Improper），要譴責某種行為，總是把兩個字平行使用的。倫理跟法治對社會都很重要（張忠謀，2000：33-34）。

一、倫理的定義

　　「倫理」一詞的英文字是Ethics，拉丁字是Ethica，它是源自希臘字根「ethos」（ethikos），原意是指風俗、習慣，廣義的解釋，包括社會的一切規範、慣例、制度、典章、行為標準、良知的表現與法律的基礎。在《韋氏大辭典》（*Merriam-Webster's Collegiate Dictionary*）上，將其定義為「是要符合道德標準或是依專業行為的行為標準」。而我國的《辭源》對「倫」字的解釋為：「倫常也，如君臣、父子、夫婦、昆弟、朋友為五倫」，而「理」字本指「玉的紋理」，引申為有條理或分明的意思，傳統中國古籍之《陶朱公商訓》中亦有許多現今企業倫理的觀念。簡言之，「倫」是指人際關係，「理」是指價值規範，合起來講，「倫理」一詞的簡單解釋就是人際關係的價值規範（**範例2-8**）。

　　企業倫理最重要的在於企業責任，而責任觀念之有無，決定一個企業經營者對企業倫理的尊重與否。因倫理不涉及嚴格定義的法律，也不同於絕對善惡對錯的道德，但它具有著重規範之意（**圖2-6**）。

二、倫理的分類

　　倫理是不同於法律，在於起始點不同。法律是藉著外在強制性的法條（公權力），要求行為的合法性，是懲罰已然的行為；而倫理是藉由理智的啟發，從人的內心自覺地產生認同，進而願意接受倫理守則的規範，做到自我約束的目的。舉例來說，醫生憑其醫師執照行醫，這是合於法律的；但是一位合法的醫生可能缺乏醫德，小病當大病醫治下藥，即使不受

範例2-8

陶朱公商訓

- 生意要勤快，懶惰則百事廢。
- 議價要訂明，含糊則爭執多。
- 貨物要整理，散漫則查點難。
- 期銀要約定，延遲則信用失。
- 用度要節儉，奢侈則錢財竭。
- 賒欠要證人，濫欠則血本虧。
- 用人要方正，詭譎則受其累。
- 錢帳要謹慎，糊塗則弊端生。

- 接納要謙和，躁暴則交易少。
- 帳目要稽查，懶怠則資本滯。
- 出納要謹慎，大意則錯漏多。
- 臨事要盡責，委託則受害大。
- 買賣要隨時，拖延則良機失。
- 優劣要分清，苟且則必糊塗。
- 貨物要面驗，濫收則售價低。
- 主心要鎮定，妄作則誤事多。

資料來源：《陶朱公商訓》。

圖2-6　企業與其利害關係人倫理關係圖

資料來源：曾致誠（1996），〈企業倫理規範之研究——以銀行業為例〉，私立東海大
　　　　　學管理研究所碩士論文，頁12。

法律制裁，也會遭受患者或社會輿論譴責。

倫理就是人倫關係，仁愛、道德、天下為公的儒家哲學的精神，就是勞資倫理的基礎。它可分為「內部倫理」與「外部倫理」兩類。

(一)內部倫理

內部倫理主要指的是勞資倫理（員工福利、員工生活的照顧、勞資關係等）、工作倫理（服從、守紀、競業、保密、誠信、廉潔）、經營倫理（遵守競爭規範、重視多數人的福利），促成彼此相互尊重，敬業樂群，共同創造利益分享。舉例而言，企業用人是否有種族、性別、年齡的歧視；企業是否侵害員工隱私、員工對企業是否忠誠等等。企業與員工之間的問題，通常透過諮商、協調結果，訂定內部規章，由雙方互相約束，所以，內部倫理通常較不會產生重大問題（**範例2-9**）。

範例2-9

軟體工程倫理守則及專業常規

對象	倫理守則
對社會大眾	軟體工程的行為應以公眾利益為依歸。
對客戶及雇主	在符合公眾利益的前提下，以客戶及雇主的最大利益為依歸。
對產品	軟體工程師應確保其產品及相關之修改，盡可能符合最高的專業標準。
對判斷	軟體工程師在專業判斷上應保持完整性及獨立性。
對管理	軟體工程的經理或領導人，應贊助並推廣以符合倫理的方式，管理軟體的開發與維護。
對專業	軟體工程師應推動專業的完整與信譽，以符合公眾的利益。
對同事	應公平對待並支持他們的同事。
對自己	應參與專業執行的終身學習，並推廣以合於倫理的方式執行專業。

說明：
軟體工程師承諾將軟體的分析、制訂規則、設計、開發、測試及維護等工作，視同有利及值得尊重的專業，基於軟體工程師對社會大眾的健康、安全及福祉所做的承諾，他們將遵守上述八大原則。

資料來源：IEEE/ACM；引自：蔡蒔菁（2007），《商業倫理——概念與應用》，新文京出版，頁134。

(二)外部倫理

外部倫理主要指的是客戶倫理（誠信、服務、不圖謀不當的利益）、社會倫理（不危害社會、不浪費社會資源）、社會公益（社會慈善及回饋）、遵守信用、品質保證。舉例而言，企業在生產產品時是否浪費公共資源、商品行銷是否有不當的促銷行為、財會報表是否有虛假偽造等等。

外部倫理因為涉及組織規模、市場區隔、消費者的不同對象，所以常導致企業私利與倫理公義之間之衝突與如何抉擇等重大爭議。尤其是現今社會對企業期待日益升高，企業除應對其利益關係群（Stakeholders）負倫理責任外，更應對社會之經濟成長、社會安定及生態環境保護等負責，至少也應不致成為其成就之障礙。此時，這一方面的企業倫理就是一般所稱之企業社會責任（Corporate Social Responsibility）。因此，企業倫理實際上也就是企業整體風險管理（Enterprise Risk Management, ERM）之一環（**表2-4**）。

表2-4　企業倫理問題剖析

項目	問題
勞資倫理	1.公司主管是否會要求屬下從事不當行為（欺瞞、貪污）。 2.員工是否體諒公司處境，不會提出不合理的要求。 3.公司主管是否能夠容忍員工的不同意見，異中求同。 4.有關員工升遷、賞罰的資訊，公司是否公開，無黑箱作業。 5.員工是否覺得公司在用人方面唯才適用，無人情包袱及派系問題。 6.員工是否覺得公司的政策不會歧視女性及弱勢員工。 7.公司是否有一套穩定理性的僱傭政策，不會突然裁員。 8.員工是否覺得公司贊助員工福利組織，關心員工福利。 9.員工是否覺得公司重視員工身體、心理健康。 10.公司是否重視工作場所的安全舒適。 11.員工是否覺得公司願意花錢作員工技能的養成及訓練。
工作倫理	12.公司對員工的私生活是否關心。 13.主管是否均能公私分明，尊重員工的私人時間、空間。 14.公司員工之間是否會有性騷擾事件。 15.品德不佳的員工是否在公司不易生存。 16.公司是否鼓勵員工誠實、守法行為。 17.員工是否都會確保公司業務、技術及管理上的機密。 18.公司員工是否會假公濟私，公物私用。

（續）表2-4　企業倫理問題剖析

項目	問題
工作倫理	19.公司高階主管是否言行一致，有好操守。 20.員工對於公司物品（文具、水電）是否都很珍惜，不會浪費。 21.員工是否能清楚自己在組織扮演的角色，不爭功，不諉過。 22.員工是否忠誠履行約僱合約，不會為己利而害公利。 23.員工是否都有守法、守時的精神。 24.公司是否重視員工私人資料的隱密，不會隨意洩露。
經營倫理	25.員工是否相信能力表現好的人，在公司升遷上的機會較大。 26.公司是否會以打擊同業作為公司行銷目標或政策。 27.公司經營者是否很重視公司的經營道德。 28.公司是否很重視永續經營，不會強調短期利潤。 29.公司是否不輕易向其他公司挖角。 30.公司是否會採取不正當手段探聽競爭對手的商業機密。 31.公司是否會以不正當手段（給回扣、內線交易）從事商業競爭。 32.公司是否會利用政商關係從事不當圖謀公司私利。 33.公司經營者是否會假公濟私，圖利少數股東。 34.公司是否有對一些大股東利益輸送之事。 35.公司是否會以不合法手段取得營運資金。 36.公司是否會苛扣員工應得的福利（休假、加班費等）。 37.公司是否會因業績不好而裁員。
客戶倫理	38.公司是否對經銷商的利益十分照顧。 39.公司是否注重產品品質，不會偷工減料。 40.公司是否重視客戶服務。 41.公司是否會做不實廣告，誤導消費者。 42.公司是否生產一些危害顧客或社會大眾的產品或勞務。 43.公司的產品訊息是否確實，是否充分揭露，不會刻意隱瞞不利情報。 44.公司銷售產品時，是否會告知消費者不實資訊，誤導其選擇決策。 45.公司銷售目標訂定是否合理，對銷售人員是否造成強大的心理壓力。
社會倫理	46.公司是否尊重他人智慧財產權。 47.公司財務是否健全。 48.公司採購人員是否會向廠商索取回扣。 49.公司的財務是否透明，資訊是否公開，不會有損及社會大眾利益之事情。 50.公司產品的價格是否公道，而且不會哄抬售價，以增加利潤。 51.公司的採購程序是否嚴謹，不會有舞弊事項。 52.公司資金運用是否用投機的方式，致企業於高經營的風險危機中。 53.公司是否重視環境，不會製造污染、噪音、公害。 54.公司是否願意投資於環境設施的改善。 55.公司是否會逃漏各種稅捐。 56.公司是否重視經營理念、道德觀的宣導。 57.公司是否尊重工會組織，有誠意解決勞資問題。

（續）表2-4　企業倫理問題剖析

項目	問題
社會公益	58.公司是否願意在金錢、物資、時間各方面鼓勵員工積極參與社區服務工作。 59.公司是否積極參與社會公益活動。 60.公司是否會將利潤與員工、社會大眾共享。

資料來源：余坤東撰（1995/06），〈企業倫理認知的研究〉，國立臺灣大學商學研究所
　　　　博士論文，頁205-208。

　　企業倫理的功用，可使企業體生存發展達成永續經營，對社會資源
利益共用。優質的企業倫理，將使社會一片祥和，彼此互相分享，取之社
會，回饋社會。

第四節　企業倫理範疇

　　企業倫理的範疇，除了勞資雙方的工作與獎酬的對應責任外，尚包
含雇主對員工的照顧義務，與勞動者對雇主的忠誠義務（**範例2-10**）。

範例2-10

統一集團的企業倫理

對國家
　1.配合政府的經濟政策，投資對國家發展有利的事業。
　2.善盡納稅人的義務，不漏稅以充裕國家建設的財源。
　3.不仿冒，不官商勾結，不使用不正當的經營手段。

對同業
　1.可以說自己的好話，但不可說同業的壞話。
　2.不挖角，人才要自己培養，自己人朝夕相處，產生感情，因此不容易被人挖角。
　3.同業之間光明磊落競爭，以符合正派經營的原則。

對股東與員工
　1.股東投入的是資本，應確保股東的權益，使其得到應獲得的報酬。
　2.員工投入的是青春，青春一去不復返，照顧員工是經營者最大的責任。

> **對顧客**
> 1. 本著「三好一公道」的原則，以實際行動服務社會大眾。
> 2. 堅守良心道德，不製造有害健康的食品。
> 3. 不偷工減料，欺騙顧客，不聯合壟斷，哄抬物價。
> 4. 不做不實宣傳，瞭解顧客的需要，提供顧客需要的產品和服務。
>
> **對社會**
> 1. 不製造公害污染環境。
> 2. 盈餘再投資，為社會創造財富，增加就業。
> 3. 設立「健康快樂開創委員會」，下設社會福利基金會、兒童才藝促進中心、消費者服務中心、出版服務中心，以回饋社會。
>
> 資料來源：孫震（2002），〈三好一公道〉，《經濟日報》（2002/08/12）；引自：《統一企業》第29卷第9期（2002/09/01），頁24-25。

一、企業倫理的範圍

西方學者亞其・卡諾（Archie Carroll）界定出企業倫理（Business Ethics）的範圍，包括個人、組織、專業團體、社會群體、國際等方面。

(一)個人方面

它指的是個人的責任，及解釋個人擁有的倫理動機與倫理標準（**表2-5**）。

表2-5　輔導人員倫理守則

> ・認清自己的角色、功能與社會責任，必要時得予轉介。
> ・認清自己的專業能力、經驗限制及價值觀。
> ・對自己的專業修養應與時俱進，不斷充實。
> ・應有敬業樂觀之專業服務精神，並維持最高之專業水準。
> ・尊重並維護當事人的基本權益。
> ・與當事人建立並維持專業與信任的關係。
> ・保障當事人的隱私權。
> ・讓當事人瞭解諮商的性質與限制。
> ・妥善運用各種諮商資料。
> ・對自己的行為負責，並保證服務不被誤用。

資料來源：中華汽車工業公司。

(二)組織方面

它指的是組織必須檢查流程與公司政策、明文規定的道德律令後再作決策。

(三)專業團體方面

它指的是該專業團體的章程或道德律令作為準則方針。

(四)社會群體方面

它指出如法律、典範、習慣、傳統文化等所賦予的合法性，以及道德可接受的行為。企業倫理的基本原則是公平、無欺，企業若在公平的原則下追求自己的經濟利益，就能同時達到社會公益。

(五)國際方面

它指的是各國的法律、風俗文化及宗教信仰等（吳成豐，2002：26）。

二、企業倫理的內涵

企業倫理乃指規範企業與員工之間的關係，包括企業與環境的關係、企業與相關組織間以及企業員工間的關係（**表2-6**）。

表2-6　企業倫理守則的規範

類別	倫理守則
公眾	・對社會和人們的福利有所貢獻。 ・避免傷害到別人。 ・要誠實且值得信賴。 ・要公平而沒有歧視的行為。 ・尊重財產權。 ・保障智慧財產權。 ・在授權下才能使用電腦及通訊的資源。 ・尊重他人的隱私權。 ・尊重使用者的機密。 ・瞭解及遵守現存與專業相關的法令。 ・對電腦系統的衝擊有完整的瞭解及詳細的評估（包括風險分析）。 ・增進社會大眾對電腦計算及其結果的瞭解。

（續）表2-6　企業倫理守則的規範

類別	倫理守則
雇主	・尊重機密。 ・對電腦系統的衝擊有完整的瞭解及詳細的評估（包括風險分析）。 ・與他人分享智識。 ・不可誤用職權。 ・不可揭露機密資訊。
顧客	・尊重機密。 ・對電腦系統的衝擊有完整的瞭解及詳細的評估（包括風險分析）。 ・尊重契約、同意書及指定的責任。
同僚	・尊重同事。同事和自己達成成功的權利一樣重要。 ・對專業知識的貢獻。
專業組織	・支持並鼓勵倫理守則。 ・同意在守則被違反時提出行動來糾正。 ・維持競爭力。 ・給予他人應有的信任。 ・不可濫用別人的財產權。
專業	・努力於專業工作的程序及產品上，以達到最高品質。 ・取得並維持專業能力。 ・接受並提供合適的專業評論。
違反懲處	・警告、停職或終止會員資格。 ・清楚的處置。

參考資料：五大IS組織（ACM、DPMA、CIPS、BCS、CCP）之倫理守則；引自：賴文智等著（2001），《網路事業經營必讀》，元照出版。

　　企業倫理內涵，包括了下列幾項：

(一)勞資倫理

　　勞資倫理的範圍，包括員工福利、員工生活照顧、勞資關係、組織的人事法規、教育訓練、人力資源管理、升遷、輪調、薪酬、僱用歧視議題等等。

(二)工作倫理

　　員工在工作上表現出來的服務、敬業、守紀、保密、誠信、廉潔、服從、協同合作的義務，這就構成「敬業」的精神，也是「工作倫理」的最高表現（表2-7）。

表2-7　臨時工讀生打工須知（宴會部）

- ‧服裝儀容要整齊清潔。男生應穿黑皮鞋、黑襪子；女生應穿黑皮鞋及膚色絲襪，長髮者需將頭髮綁起來。
- ‧登記打工時，不可無故缺席。
- ‧上班時間要準時，若有特殊情況需事先報備。
- ‧禁止使用客用電梯，上、下班時一律經過警衛室並接受檢查。
- ‧禁止在飯店內抽菸。
- ‧穿著服裝時，禁止使用客用洗手間。
- ‧服務客人時，禁止食用食物或飲料。
- ‧禁止攜帶任何公司物品或客人物品離開飯店。
- ‧禁止攜帶剩菜和飲料回去。
- ‧宴會廳有客人時，禁止聚會聊天。
- ‧客人需要任何物品或資訊時，如果不清楚請通知領班處理。
- ‧物歸原處，保持宴會廳環境整齊、清潔。
- ‧宴會結束後，儘快將現場處理乾淨。

資料來源：許順旺（2000），《宴會管理：理論與實務》（*Banquet Management: Theory and Practice*），揚智文化出版，頁38-39。

(三)經營倫理

　　經營倫理的範圍，包括組織決策者應該遵守競爭與經營規範、重視各方利益與福利、組織資訊的公開透明、倫理決策情境、組織文化、公司治理、危機與風險管理、組織管理者的領導風格、組織績效測量的相關議題等等。

(四)客戶倫理

　　客戶倫理範圍，包括組織對待顧客應該秉持誠信、服務、不圖謀不當利益，以及消費者隱私權的保障、產品的廣告行銷、產品市場調查、顧客投訴議題與消費者權益保護等等。

(五)社會倫理

　　社會倫理的範圍，包括不危害社會、不浪費社會資源、考量社會中多方利害關係人的權益、產品的品質及安全、組織跟社區的互動關係等議題。例如從事營利事業不能違背社會善良風俗，不能賺「不義」之財，不能趁火打劫，這是「社會倫理」的規範。

(六)社會公義

社會公義的範圍，包括對社會慈善贊助與回饋、環境保護、企業的永續能力、企業的社會責任、企業的公民精神、企業社會資本的建立與ISO14001環保標準的探討。

(七)其他

其他類別的範圍，包括整體社會制度的變遷與沿革、整體國情文化對倫理觀的探討，企業倫理跨國、跨文化的比較與研究等研究議題（徐木蘭、張國偉，2006：176-179）。

合乎倫理行為乃是符合個人與所屬團體成員合意訂定的原理、規定或標準的相容作為。國內外各專業團體的倫理制度，例如律師、醫師、會計師等，大都已經自行研訂適用之倫理守則及規範來遵守（**表2-8**）。

表2-8　常見工程倫理課題分類表

對象	常見之工程倫理課題
個人	因循苟且問題、公物私用問題、違建問題、執照（借）問題、身分衝突問題。
專業	對職業忠誠問題、智慧財產權問題、勝任問題、隱私權問題、業務機密問題、永續發展。
同僚	主管之領導問題、部屬之服從問題、群己利益衝突問題、爭功諉過問題。
雇主／組織	對雇主之忠誠問題、兼差問題、文件簽署問題、虛報及謊報問題、銀行超貸問題、侵占問題。
業主／客戶	人情壓力問題、綁標問題、利益輸送問題、貪瀆問題、機密或底價洩露問題、合約簽署問題、據實申報問題、據實陳述問題、業務保密、智財權歸屬。
承包商	一般贈與餽贈問題、回扣之收受問題、圍標問題、搶標問題、工程安全問題、工程品質問題、惡性倒閉問題、合約問題。
人文社會	黑道介入問題、民代施壓問題、利益團體施壓問題、不法檢舉問題、歧視問題、共謀公安、社會秩序。
自然環境	工程污染問題、生態失衡問題、資源損耗問題。

資料來源：行政院公共工程委員會編（2007），《工程倫理手冊》，行政院公共工程委員會出版，頁5-6。

三、工作倫理的內涵

　　工作倫理係指勞動者對勞動（工作）及相關群體所抱持的看法、態度等的一組價值體系，是對勞動者的道德規範（**範例2-11**）。

範例2-11

不良勞動倫理項目

- 利用賣場中操作收銀機之機會，因見自己之親朋好友光臨，為示友好，於結帳時少算一些。
- 公務車之司機，每日利用該公務車載送自己之家人上學或採買等。
- 為避免上班遲到影響考績，委託或員工間相互協力代為打卡或簽到。
- 盜取企業秘密轉售他人獲利。
- 利用職務收取回扣、期約利益等。
- 僅為出一口氣，而將企業之秘密轉之他人者。
- 利用工作時間兼辦自己事務。
- 資深工作人員對於新進人員之不予協助。
- 員工不循正常管道，越級上報。
- 對於本為份內所應做之工作，推給其他共同工作的同事去做。
- 遇有升遷職缺時，於事業單位內即易有不具名之攻擊信函。
- 對於非自己完成之工作，謊稱其一己之力完成者。
- 到銀行排隊存提款時，但見行員與行員聊天，處理作業緩慢。
- 交通運輸業如飛機、火車等服務人員，對旅客之態度傲慢。
- 計程車司機載送客人時之繞道或強迫他人與其共同收聽廣播。
- 公車司機雖見乘客於站牌招手，但仍過站不停或視而未見，或在駕駛中無故緊急煞車。
- 零售之服務人員，以消費者之外表穿著，即予以評量有無購買能力，若經其評定無購買能力者，及不予於搭理。

資料來源：丁志達（2011），「人力資源管理制度規劃與執行技巧研習班」講義，中國生產力中心中區服務處。

工作倫理的內涵，包括下列數項：

(一)服從的義務

勞動者在工作上應服從上級主管合理的指揮督導，至於超越勞動關係範圍以外之事情，並無服從之義務，而勞務給付時間外亦無服從之義務（**範例2-12**）。

(二)守紀的義務

勞動者有義務服從並遵守公司所制訂之規範（工作規則），以及勞資雙方書面約定事項（團體協約、勞動契約）。

(三)敬業的義務

勞動者對其所從事之工作應有負責及榮譽的態度和行為（勤奮、專心於工作崗位），例如出勤的義務、勤奮的義務及專精的義務等（**範例2-13**）。

範例2-12

日本帝國大飯店守則

親切、禮貌、迅速	這三件是既老又新的吾人座右銘。
合作	各從業員不管屬於哪一部門，同時也是大飯店全體之一的成員。請持有和衷、合作觀念，達成完全服務。
禮儀	禮儀是內心之表現，也是大飯店之品味，請對客人相互做出正確禮儀。
保健	請努力維持各自衛生，促進健康。
清潔是大飯店的生命	當然要注意館內衛生，也要注意自己身邊的清靜。
節約	一張紙都不可以浪費，也禁止作為自己利用。
研究	除了各自的工作外，客人的趣味、嗜好等，請好好研究。
記憶	客人的臉及姓名，盡力快速記憶起來。
謹慎	不可在客人面前說笑及凝視客人裝扮。
感謝	請永遠不要忘記「謝謝」這一句感謝話。

資料來源：日本帝國大飯店守則；引自：李明水（1997），《現代企業倫理學》，景文工商專科學校出版。

範例2-13

「準時」是做人的基本道理

統合開發公司城市生活俱樂部台南成功分部中西餐廳開幕，我關係企業相關同仁皆被獲邀參加……。唯美中不足的是，獲邀貴賓少數幾位，或許臨時有事或其他原因未有赴宴。宴席時間、地點、邀請卡明訂晚上六時，寫得非常清楚，可是仍有部分同仁姍姍來遲，準時開宴？稍後？讓主辦單位非常為難。

我統一集團企業文化，對時間觀念向來極為重視，無論開會、赴宴或與人約會均非常準時，這是禮貌，也是做人基本道理。當晚宴席，據主辦單位統合公司告稱，每一獲邀貴賓均事先以電話聯絡確認，很遺憾的是仍有不告缺席者。禮貌上如不能參加，照理應事先電話聯絡；可能遲到者，也應通知主辦單位，例如途中塞車，或臨時有事無法準時，可能會慢幾分鐘等等，如此，主辦單位方能掌握席場的秩序，也才不會對來賓有所失禮。

以上這些瑣事，相信大家都知道，可是往往卻不去注意它。你是統一集團重要幹部，今後類此情形但願不再發生，以身作則，藉以改善本集團不準時的陋習，則幸甚。……

資料來源：張肇斌轉述、王麗楨整理（2000），〈高清愿總裁語重心長：「準時」是做人的基本道理〉，《統一企業》第27卷第5期（2000/05），頁5。

(四)保密的義務

勞動者在就職中獲悉之雇主營業上或製造上之秘密有保守之義務（不洩露公司營運機密，以維護公司利益）。例如研發人員不得洩露其因受僱期間所知之秘密，此一義務在勞動契約解除後仍應遵守。

(五)謹慎的義務

勞動者受僱之後，應盡一切注意義務，並盡其體能、知能，全力對

受託之生財器具謹慎、節約使用。

(六)廉潔的義務

除薪酬外，勞動者在工作範圍內所獲得的一切財物利益均應返還於雇主。

(七)誠信的義務

勞動者對於勞動契約應依誠信原則完整履行（不欺下瞞上；履行勞動契約）。例如訂約時，不得為虛偽之意思表示、完整履行勞動契約、非經同意不得兼職、不隨意終止契約、契約結束時業務移交、契約結束後不得違反競業禁止等，當為誠信義務之重要內涵。

(八)協同的義務

勞動者有義務與同事相互協調合作、發揮團隊精神，以促進事業之發展，並謀求職場之和諧，個人不得有孤意獨行或自私自利之行為。

(九)服務的義務

勞動者應以服務的精神善待顧客。勞動者有義務對顧客做必要的說明、指導，並誠信交付勞務或貨品，縱或交易未能成交，亦應保持和諧，是一種「禮」的表現（方翊倫，1986：91-92）。

第五節　電腦倫理規範

由於電腦與網路的出現，吸引了大部分人的注意力，每個人都把注意力集中在專業技術與新的科技及新的應用上，而稀釋了它對社會、倫理的影響，因而延伸了許多問題的出現（**表2-9**）。

資訊及其資訊系統是每家企業非常重要的企業資產。企業的競爭力、收益性及受人尊重的企業形象，都依賴在資訊以及其支援的資訊架構上。每一位員工都有責任負責保護這些資產，避免未經授權的揭露這些資訊，也要確保其正確性及完整性，以利企業永續發展（**範例2-14**）。

表2-9　電腦倫理十誡

1.不可使用電腦傷害他人。
2.不可干擾他人在電腦上的工作。
3.不可窺探他人的電腦檔案。
4.不可用電腦去偷竊。
5.不可用電腦做偽證。
6.不可使用或抄寫未付錢的軟體。
7.未經授權,不可使用他人的電腦資源。
8.不可侵占他人的智慧成果。
9.在設計程式之前,先衡量其對社會的影響。
10.使用電腦時必須表現出對他人的尊重與體諒。

資料來源:美國電機及電子工程協會(The Institute of Electrical and Electronics Engineers, IEEE);美國電腦協會(Association for Computing Machinery, AMC);引自:蔡蒔菁(2007),《商業倫理——概念與應用》,新文京出版,頁131。

範例2-14

美國電腦協會會員倫理及專業守則

一般道德守則

・對社會及人類福祉做出貢獻。
・避免傷害他人。
・誠實並可信賴。
・公平而不歧視他人。
・尊重產權,包括版權及專利權。
・重視智慧財產權。
・尊重他人的隱密。
・保守秘密。

特殊的專業責任

・在專業工作的過程及結果上致力達到最高的品質、效能與自尊。
・獲得並保持專業能力。
・知道並尊重有關於專業工作的法律。
・接受並提供適當的專業檢討。
・對電腦系統的影響及其可能之風險,給予廣泛且完整深入的評估。
・尊重合約協議及受託付的責任。
・增進大眾對電腦及其後果之瞭解。
・只有在被授權的情況下,才可存取電腦及通訊上的資源。

組織領導守則

- 明白組織成員的社會責任，並鼓勵完全接受這些責任。
- 適當管理，建立資訊系統之人力與資源，以增進工作生活的品質。
- 知道並支持適當且合法的使用組織之電腦及通訊資源。
- 確認系統符合使用者及其影響者的需求。
- 清楚並支持以下政策：對電腦系統的使用者及相關者保護其自尊。
- 為組織成員製造機會，以學習電腦系統的原則與極限。

施行守則

- 擁護並推廣守則之原則。
- 若有違反視同放棄會員資格。

資料來源：美國電腦協會（AMC）；引自：蔡蒔菁（2000），《商業倫理——概念與應用》，新文京出版，頁160-161。

一、電腦倫理的定義

電腦倫理（Computer Ethics）意指使用電腦的規範，用來管理電腦及資訊系統使用的道德指引方針。假若大家不遵守「電腦倫理」，除了電腦容易損壞外，更嚴重地會發生電腦病毒、電腦犯罪等事件。而電腦倫理的規範標準是基於道德與法律，藉著人們對於不道德的行為，會形成良心的不安及輿論的批判來約束，加上透過多數人理性同意且具有強制力的法律來加以制裁，應能達到減低電腦犯罪率的目標（**範例2-15**）。

二、電子郵件使用原則

在科技應用盛行的今日，企業很難掌握勞工一切的行為。雇主若是不經勞工同意，直接監看電子郵件，就是侵犯隱私權，員工可以反過來控告雇主。所以，雇主想監看電子郵件，一定要事先和勞工簽署合約或同意書，寫明必要時可以為了公司權益，不定時監看電子郵件（陳珮馨，2008）。

安泰人壽公司（ING）的「業務人員個人資訊安全聲明書」，特別提出為確保公司與個人資訊安全，在使用電子郵件時，需注意與遵守下列事項：

範例2-15

網路傳播暨信件管理辦法

- 下載傳送MP3、遊戲軟體、ICQ、股市交易，非和個人工作有關的交易行為被查獲者，將記申誡。
- 在上班時間利用線上股市交易系統，非經授權將公司資訊傳給非相關職務的員工被查獲者，將記小過。
- 非經授權將機密文件傳授給非相關職務的員工；瀏覽、收發或傳送色情網站資訊；傳送誹謗、恐嚇、攻擊、侮辱他人名譽的電子郵件者，將被記大過。
- 利用公司網路販賣毒品、武器或是惡意散播病毒，惡意入侵公司網路主機系統；未經授權將機密文件傳送給公司以外的其他人，將被處以免職。

資料來源：威盛電子公司；引自：《聯合報》（2001/07/07）暨《經濟日報》（2001/07/07）綜合報導。

1.電子郵件有可能被有心人士攔截及閱讀，甚至更改。

2.電子郵件可能被作為散布電腦病毒、木馬程式的途徑。

3.傳送電子郵件時，請再三確認收件者是否正確。

4.不要透過電子郵件、網路傳送機密或敏感的資訊。在傳送資訊時，請確保資訊不含有任何病毒。請記得使用電子郵件系統傳送資訊時是無法確保任何的機密安全的。

5.避免使用其他人的電子郵件來傳送或接收電子郵件，以免個人資料外洩。

6.避免利用電子郵件來發連鎖信、笑話或猥褻內容或轉寄含有種族歧視、色情等內容的電子郵件。若收到含有這些內容的電子郵件，或收到來路不明的電子郵件時，請立即將它刪除。

7.請不要直接打開電子郵件的附加檔，選擇將檔案儲存在電腦上，利用掃毒軟體掃毒後，確認沒有問題再開啓這些檔案。

8.在電子郵件內的資訊也能是有約束的合約之一，可以在法庭上視為證據的一種。

9.在上網時，你也應該遵守一般在電話上或書寫上應有的禮節，使用合宜的語言及禮儀。

所以，每位在職員工（含約聘人員）都需要簽署一份「個人資訊安全聲明書」，以保護企業的資訊及其資訊系統不會被未經授權的存取（**範例2-16**）。

範例2-16

資訊系統使用切結書

單位： 部處 科課室
立書人姓名： 員工代號：

一、立書人為財團法人○○○先生醫藥基金會附設○○紀念醫院（以下簡稱「本院」）之員工，茲聲明業已詳細閱讀並充分瞭解本院之「資訊安全管理辦法」、「資訊系統使用規範書」及本同意書之規定內容，並同意確實遵守資訊使用規範書及本同意書之規定：

A.保護本院及○○集團機密資料之協議

　1.立書人同意絕不以任何非法方式刺探、竊取或盜用任何本院或○○集團之機密資料（包括病人資料、醫院營運狀況相關資料、醫院採購報價資料及醫院員工相關資料或院方指定為機密文件之資料等）（以下簡稱「機密資料」）。

　2.立書人同意於接觸機密資料時，不得將資料洩漏於與業務不相關之人。

　3.立書人同意接觸機密資料時，不得任意複製，如經適當授權而複製資料亦應對相關資料妥善保管。

　4.立書人同意不擅自下載屬於本院或○○集團之任何系統或應用軟體執行程式（Executive Program）、原始程式碼（Source Code）或資料庫（Database）。

B.保護智慧財產權之協議

　1.立書人同意不下載（Download）、安裝（Install）盜版或其他非法軟體於本院或其私人所有之設備上。

　2.立書人同意不利用本院或其私人所有之設備非法重製軟體。

　3.立書人同意不發表或散布侵害他人智慧財產權之文字、圖片或任何形式之檔案。

　4.立書人同意不攜帶具有非法軟體之資訊設備（包括但不限於筆記型電腦等）進入本院。

C.保護軟硬體與網路之協議

　1.立書人同意對本院提供之資訊設備善盡保管與維護之責任。

2.立書人同意不對本院資訊設備之硬體、軟體及網路設定擅自變更。

3.立書人同意依醫院方規定設置電腦保護機制（例如：安裝防毒軟體並定期更新）。

4.立書人同意在院內使用個人電腦時亦應遵守本院有關資訊安全之規範。

5.立書人同意在有威脅本院資訊系統正常運作之虞時，依權責單位之要求作改善。

D.維護Internet善良風俗環境之協議

1.立書人同意不利用本院網際網路（Internet）資源及電子郵件系統傳送或散布任何不實、不雅、猥褻、不法、具威脅性、攻擊性、誹謗性或種族歧視之文字、圖片或任何形式之檔案。

2.立書人同意無論是在上班或非上班時間均不得存取與執行業務無關或政治、有道德疑慮等不適當之網站（包括但不限於色情網站、販賣盜版軟體網站、遊戲網站或恐怖組織網站等）。

3.立書人同意不利用任何網路資源進行惡意干擾、入侵、散布電腦病毒或破壞本院或他人之任何設備、服務或網站。

4.立書人同意不冒用他人身分傳送或散布任何消息。

E.其他

除上述約定外，立書人並願確實遵守本院「資訊安全管理辦法」、「資訊使用規範書」及相關法令規定或網路規範。

二、立書人瞭解違反本同意書或「資訊使用規範書」之規定，將依本院訂定之獎懲辦法受到「免職」、「記過」、「申誡」或「罰扣」之處分，立書人願接受本院所給予之處分，如因立書人之行為致損害本院或他人之權益者，立書人應負全部之法律責任。

三、本同意書之解釋與適用，以及與本同意書有關之爭議，均應以中華民國法律為準據法，並以台灣○○地方法院為第一審管轄法院。

　　　　　　　此致

財團法人○○○先生醫藥基金會附設○○紀念醫院

立書人：　　　　　　　　　　簽章

身分證字號：| | | | | | | | | | |

戶籍地址：

聯絡電話：

中華民國　　　　　年　　　　　月　　　　　日

資料來源：財團法人○○○先生醫藥基金會附設○○紀念醫院。

結 語

　　西方諺語說：「好的倫理就是好的經營。」（Good ethics is good business.）在台積電裡，對於企業文化的認同是任用高階主管時，少數、必須、一定要具備的條件之一，若無法認同公司的企業文化及價值觀，並且在經營管理落實執行，即使有再優秀的能力，都無法成為台積電的核心份子（張忠謀主講，王任琦、羅宏旭、郭秋鈴整理，1998）。

第三章

勞動契約與工作規則

> 美國憲法第一修正案，45個字。主禱文，66個字。林肯的蓋提斯堡演說，286個字。獨立宣言有1,322個字，然而美國政府對於買賣高麗菜的規定卻有26,911個字。
>
> ——《國家評論雜誌》（*National Review*）

勞動關係中，規範勞資雙方間之權利義務者，除《憲法》條文的為其間接依據外，其為直接依據且居於中心地位者，計有勞動法令、團體協約、勞動契約以及工作規則等。惟因團體協約在我國並未被普遍施行，實際上規範勞資間之權益仍落在勞動契約與工作規則上，而在實務上，企業間往往多以工作規則之方式取代勞動契約，所以，《勞動基準法》中對勞動契約及工作規則均加以規範。

第一節　勞動契約概述

勞資關係之最基層法律結構係僱傭契約，即一方為他方服勞務，與他方給付報酬的約定。僱傭契約在《民法》有條文來規範，但《民法》上個人自由主義之僱傭契約不足規範複雜的勞動關係，勞工法乃應運而生，發展成為獨立的法律領域，而以勞動契約及團體協約為主要內容（**法規 3-1**）。

法規3-1	《民法》對僱傭約定的條文
條文	內容
第482條	稱僱傭者，謂當事人約定，一方於一定或不定之期限內為他方服勞務，他方給付報酬之契約。
第483條	如依情形，非受報酬即不服勞務者，視為允與報酬。未定報酬額者，按照價目表所定給付之；無價目表者，按照習慣給付。
第483-1條	受僱人服勞務，其生命、身體、健康有受危害之虞者，僱用人應按其情形為必要之預防。

（續）法規3-1	《民法》對僱傭約定的條文
第484條	僱用人非經受僱人同意，不得將其勞務請求權讓與第三人。受僱人非經僱用人同意，不得使第三人代服勞務。
第485條	受僱人明示或默示保證其有特種技能時，如無此種技能時，僱用人得終止契約。
第486條	報酬應依約定之期限給付之；無約定者，依習慣；無約定亦無習慣者，依左列之規定： 一、報酬分期計算者，應於每期屆滿時給付之。 二、報酬非分期計算者，應於勞務完畢時給付之。
第487條	僱用人受領勞務遲延者，受僱人無補服勞務之義務，仍得請求報酬。但受僱人因不服勞務所減省之費用，或轉向他處服勞務所取得，或故意怠於取得之利益，僱用人得由報酬額內扣除之。
第487-1條	受僱人服勞務，因非可歸責於自己之事由，致受損害者，得向僱用人請求賠償。 前項損害之發生，如別有應負責任之人時，僱用人對於該應負責者，有求償權。
第488條	僱傭定有期限者，其僱傭關係，於期限屆滿時消滅。 僱傭未定期限，亦不能依勞務之性質或目的定其期限者，各當事人得隨時終止契約。但有利於受僱人之習慣者，從其習慣。
第489條	當事人之一方，遇有重大事由，其僱傭契約，縱定有期限，仍得於期限屆滿前終止之。 前項事由，如因當事人一方之過失而生者，他方得向其請求損害賠償。

資料來源：《民法》第二編債第二章各種之債第七節「僱傭」（民國99年05月26日修正）。

一、勞動契約之類別

　　勞動契約是由僱傭關係演進而來。《勞動基準法》第2條第六款對勞動契約用辭的定義為：「謂約定勞雇關係之契約」。

　　勞動契約分為「定期契約」及「不定期契約」兩種。所謂定期契約，係在契約中明白訂定一定的期限，期滿即終止僱傭關係。在《勞動基準法》條文中，規定臨時性、短期性、季節性及特定性工作得為定期契約；有繼續性工作應為不定期契約（**法規3-2**）。

法規3-2　定期契約的種類認定

類別	說明
臨時性工作	它係指無法預期之非繼續性工作，其工作期間在六個月以內者。
短期性工作	它係指可預期於六個月內完成之非繼續性工作。
季節性工作	它係指受季節性原料、材料來源或市場銷售影響之非繼續性工作，其工作期間在九個月以內者。
特定性工作	它係指可在特定期間完成之非繼續性工作。其工作期間超過一年者，應報請主管機關核備。

資料來源：《勞動基準法施行細則》第6條（民國98年02月27日修正）。

二、勞動契約約定的事項

依據《勞動基準法施行細則》第7條規定，勞動契約應依《勞動基準法》有關規定約定（**法規3-3**）。

法規3-3　勞動契約約定的事項

一、工作場所及應從事之工作有關事項。

二、工作開始及終止之時間、休息時間、休假、例假、請假及輪班制之換班有關事項。

三、工資之議定、調整、計算、結算及給付之日期與方法有關事項。

四、有關勞動契約之訂定、終止及退休有關事項。

五、資遣費、退休金及其他津貼、獎金有關事項。

六、勞工應負擔之膳宿費、工作用具費有關事項。

七、安全衛生有關事項。

八、勞工教育、訓練有關事項。

九、福利有關事項。

一○、災害補償及一般傷病補助有關事項。

一一、應遵守之紀律有關事項。

一二、獎懲有關事項。

一三、其他勞資權利義務有關事項。

資料來源：《勞動基準法施行細則》第7條（民國98年02月27日修正）。

勞動契約為非要式契約。勞工不論是否與雇主訂立書面勞動契約，皆無損原有勞動關係之存在，勞資雙方仍應繼續履行原有勞動契約之內容。所以，事業單位與勞工所簽訂之勞動契約，不需報經主管機關核准，惟該項契約應不得違背《勞動基準法》及有關法令之規定（**表3-1**）。

三、簽訂勞動契約注意事項

勞動契約的內容，雖然是勞資雙方簽訂，但不代表雇主可以任意妄為，仍要把握「合理」的原則，訂定可行有效的契約，以免過度嚴苛違反法令，一旦被告上法院，還是有可能會被判定無效。所以，勞資雙方在簽訂勞動契約時，應注意以下幾點：

1. 受僱者是否真有特殊能力保證，若有，則在雇主的立場，為了維護契約的利益，則必須在契約的內容中有所約定。
2. 訂定固定期限的勞動契約，在期限屆滿後失其契約效力；而訂定不定期契約，只要不具備終止契約的事由，契約就繼續生效，即雇主不能單方面終止契約關係，所以公司在僱用員工時，要訂立妥當的契約內容。
3. 受僱者本身行為有無涉及違法方面的事務。有時受僱者為了私人利益而做出損及公司形象的行為，則受僱者所應負的責任，也要在契約中訂定清楚（**範例3-1**）。

表3-1　勞動契約之終止規定

勞基法條文	第11條	第12條	第14條	第15條
性質	裁員解僱	懲戒解僱	被迫解僱	自願解僱
權利主體	雇主		勞工	
理由	經濟上理由	可歸責勞工	可歸責雇主	勞工個人原因
須否預告	有預告義務	無預告義務	無預告義務	有預告義務
是否發資遣費	有資遣費	無資遣費	有資遣費	無資遣費
效力	契約消滅			

資料來源：古茂松（2003），「大量解僱勞工保護法宣導會：勞工梯次」講義，行政院勞工委員會主辦，頁2。

範例3-1

機師跳槽大陸　法院判賠133萬元

　　長榮航空前機師曹○耀，三年多前被大陸航空業重金挖角擔任副機長，長榮航空以他提前離職，訴請賠償訓練費和違約金，桃園地院2010年11月22日判曹○耀賠償一百三十三萬元新台幣。

　　桃園地院調查，曹○耀2003年元月參加長榮航空的「自學飛航人員訓練」，並簽約受訓一年後、取得機師檢定證和完成航路訓練，至少應在長榮服務七年，若未滿七年即請辭，必須賠償違約金和訓練費。

　　長榮航空向法院指出，曹○耀服務五年半後，被大陸上海揚子江快運航空公司，以月薪九千多美元的高薪挖角，請辭後赴大陸擔任副機長。

　　長榮指出，曹○耀是經過長榮航空訓練後才具備飛747的條件，卻提前二年半解約，應賠償長榮違約金和訓練費共四百多萬元。

　　曹○耀在法院審理時表示，他在美國就有兩年半的民航機駕駛經驗，並非未受過訓、完全沒有經驗的機師。他訓練時間比本國籍機師縮短一年，服務年限應該是四年而非七年，長榮未充分揭露資訊，讓他誤簽合約。他赴大陸任副機長的薪資是美金七千元，不是九千餘元，他並非貪圖高薪跳槽，不應該賠償長榮。

　　法官認定長榮航空培訓曹○耀花費不貲，讓曹○耀從飛小型螺旋槳飛機晉升到飛波音747客機，長榮要求服務滿七年是合理要求，且曹○耀曾擔任螺旋槳飛機的駕駛員，應知各航空公司的飛行員受訓後要綁服務年限的規定，仍願返台參與長榮的培訓，還簽下服務合約，卻提前片面解約離職，轉赴大陸任副機師，判他敗訴。

資料來源：呂開瑞，〈機師跳槽大陸　法院判賠133萬元〉，《聯合報》（2010/11/23 A11版）。

4.受僱人對於公司秘密保護的責任也應在契約中訂定權責，才能讓受僱者負起守密的義務。

5.在契約簽訂時，應要求受僱者附帶遵守公司工作規則，因為工作規則是另外加以制定，受僱者負有一個義務來遵守公司工作規則的規定。

　　在簽訂勞動契約時，應同時確立運用職務保證的制度，要求員工提供一位「保證人」，此保證人為其職務保證，在受僱人發生損害公司利益

行為時，「保證人」能負起損害賠償責任。

　　站在雇主的立場，為了協調勞資關係，最好在發生僱傭關係時，能明確的訂立彼此的權利義務關係，對其他有關勞資問題的處理，也較不會產生激烈化的傾向（李永然，1989：166-173）。

 # 第二節　人事保證制度

　　人事保證（又稱職務保證或員工保證），是一種因職務關係或其他人事關係所為的一種特殊保證。很多雇主在勞工任職時，除了要求員工簽訂一份勞動契約外，另外，也會要求員工尋覓保證人簽訂一份「人事保證」（保證契約書）。當員工因疏忽、盜竊公物或其他不法行為而造成公司損失時，事業單位就會依「人事保證書」的內容，要求保證人負連帶賠償責任。

一、人事保證制度

　　人事保證制度在我國已行之有年，依《民法》第二編債第二四節之一人事保證第756-1條的定義為：「稱人事保證者，謂當事人約定，一方於他方之受僱人將來因職務上之行為而應對他方為損害賠償時，由其代負賠償責任之契約。」此項保證契約依同條第2項規定，應於書面為之，故屬要式行為，也就是必須具備法律所規定的形式，才能發生效力。

　　保證人有先訴抗辯權，此抗辯權不得預先拋棄，且賠償責任先依法律或契約之約定，倘皆未約定時，賠償金額以賠償事故發生時，受僱人當年可得報酬之總額為限。同時，僱用人對保證人之請求權，因二年期間不行使而消滅（**法規3-4**）。

法規3-4　人事保證
第756-1條（人事保證之定義）
稱人事保證者，謂當事人約定，一方於他方之受僱人將來因職務上之行為而應對他方為損害賠償時，由其代負賠償責任之契約。
前項契約，應以書面為之。

（續）法規3-4　人事保證

第756-2條（保證人之賠償責任）

人事保證之保證人，以僱用人不能依他項方法受賠償者為限，負其責任。

保證人依前項規定負賠償責任時，除法律另有規定或契約另有訂定外，其賠償金額以賠償事故發生時，受僱人當年可得報酬之總額為限。

第756-3條（人事保證之期間）

人事保證約定之期間，不得逾三年。逾三年者，縮短為三年。

前項期間，當事人得更新之。

人事保證未定期間者，自成立之日起有效期間為三年。

第756-4條（保證人之終止權）

人事保證未定期間者，保證人得隨時終止契約。

前項終止契約，應於三個月前通知僱用人。但當事人約定較短之期間者，從其約定。

第756-5條（僱用人負通知義務之特殊事由）

有左列情形之一者，僱用人應即通知保證人：

一、僱用人依法得終止僱傭契約，而其終止事由有發生保證人責任之虞者。

二、受僱人因職務上之行為而應對僱用人負損害賠償責任，並經僱用人向受僱人行使權利者。

三、僱用人變更受僱人之職務或任職時間、地點，致加重保證人責任或使其難於注意者。

保證人受前項通知者，得終止契約。保證人知有前項各款情形者，亦同。

第756-6條（減免保證人賠償金額）

有左列情形之一者，法院得減輕保證人之賠償金額或免除之：

一、有前條第一項各款之情形而僱用人不即通知保證人者。

二、僱用人對受僱人之選任或監督有疏懈者。

第756-7條（人事保證契約之消滅）

人事保證關係因左列事由而消滅：

一、保證之期間屆滿。

二、保證人死亡、破產或喪失行為能力。

三、受僱人死亡、破產或喪失行為能力。

四、受僱人之僱傭關係消滅。

第756-8條（請求權之時效）

僱用人對保證人之請求權，因二年間不行使而消滅。

第756-9條（人事保證之準用）

人事保證，除本節有規定者外，準用關於保證之規定。

資料來源：《民法》第二編債第二四節之一「人事保證」（民國99年05月26日修正）。

二、制定「人事保證書」注意事項

企業在制定「人事保證書」時，須注意下列事項，以免造成爾後與保證人的訴訟爭端。

1. 在用人上，企業要從人品及道德上擇優錄用員工。一旦員工有任何舞弊、虧空公款讓公司受害，企業須先向員工提出告訴追討，在確認員工不能清償時，才能向保證人提出告訴。

2. 新進員工應於覓妥保證人後，始准開始上班。

3. 保證人須具有正當職業並經審核通過者。

4. 被保證人三等親以內之血親及配偶不得為保證人。

5. 每一員工以一位保證人保證之，但經辦業務特殊者，得要求覓妥二位保證人連帶保證之。

6. 保證責任應於保證書訂定之（**範例3-2**）。

7. 保證人原登記事項如有變更或其他變故時，應由保證人或被保證人以掛號信函通知人事單位。

8. 保證人遇意外事件或經認為不適任時，被保證人應另覓合格之保證人，在未覓妥新保證人之前，原保證人不得解除原保證責任。

9. 員工換保或解職時，經過半年查明並無保證書中各項應負之責任時，始得發還其保證書。

10. 雇主除非不能以其他方式獲得賠償時，才可要求保證人負賠償責任。

11. 保證人的制度，不再是無限保證，保證人不是作保一輩子，在保證時間屆滿三年，或職務調動時，企業應要求被保證人重新填報新保證人（綜合報導，1999）。

勞動法令中並沒有規定人事保證的規範，公司只有在僱用經手財務人員、接觸貨款較多的業務人員或高科技人員，才需要有保證人，但保證人在事由發生時，不見得付得起連帶賠償責任的金額，所以雇主用人要「慎於始」，不能再將賠償責任完全依賴保證人的制度，而是要採用購買保險方式來保障企業的權益。

範例3-2

人事保證書格式

保證書人＿＿＿＿＿＿今保證＿＿＿＿＿＿在○○紀念醫院
＿＿＿＿＿＿部／處＿＿＿＿＿科／課／室，擔任＿＿＿＿＿職務，服務
期間內，恪遵法令規章，謹慎服務，如發生虧欠款項或毀損財物或其他有損
貴院利益之行為，保證人願負連帶賠償責任，絕不推卸，並願放棄先訴抗辯權，
且經雙方同意以○○地方法院為第一審管轄法院，恐口無憑特立此書為據。
此 致
○○紀念醫院
被保證人：＿＿＿＿＿＿＿＿＿＿（請務必簽名蓋章）
具保證人：＿＿＿＿＿＿＿＿＿＿（請務必簽名蓋章）
與被保證人關係：＿＿＿＿＿＿＿
職　　業：＿＿＿＿＿＿＿＿＿
身分證字號：＿＿＿＿＿＿＿＿
電話：（H）＿＿＿＿＿＿＿（O）＿＿＿＿＿＿＿
手機：＿＿＿＿＿＿＿＿＿＿
地址：□□□　　縣　　市區　　街　　巷
　　　　　市　　鄉鎮　　路　　段　　弄　　號　　樓
中華民國　　年　　月　　日

資料來源：○○紀念醫院。

第三節　競業禁止條款

　　競業禁止條款牽涉勞工的工作權、生存權，很容易引起勞資爭議。
何謂「競業性」的工作，也常是各有各的解釋，因為關於競業禁止條款的
效力，《勞動基準法》並沒有規範，所以效力如何，都是在個案發生後交
由法院來判斷。競業禁止條款的訴訟個案中，大部分產生在科技產業，至
於房屋仲介業、補習教育界、食品業，媒體業等都是屬於零星的個案，而
法院的判決書所論斷的見解亦未完全一致，因而在實務上即引起是否違反
《憲法》上保障工作權、生存權之強制規定，而為《民法》上違反公序良

俗之無效的法律行為的爭議問題。

一、競業禁止條款意義

　　員工在職期間受到競業條款的拘束是有法律依據的，為尊重《民法》契約自由原則，只要當事人雙方互相約定，競業禁止條款的契約就會成立。然而，競業禁止的爭議多半發生在離職之後，法雖無明文規定，但如果因為限制太嚴而影響到離職者的生存權及工作權，就會被法院認定為無效（**附錄3**）。

二、在職及離職後的競業禁止

　　競業，顧名思義，是「與同業競爭」之意。雇主為了保護自身權益，避免其他競爭事業單位惡意挖角或員工惡意跳槽，削弱原雇主之競爭力，企業會採取一些防範措施，而簽訂競業禁止條款只是一種法律手段。

　　受僱者受競業禁止約定的限制，可分為在職期間與離職後兩種樣態。茲分述如下：

(一)在職期間的競業禁止

　　《公司法》規定董事、監察人及經理人在職期間競業禁止，但現行勞工法令並無任何法律約束，而由企業與員工自行約定。

　　勞僱關係存續期間，勞工除有提供勞務的義務外，尚有忠誠、慎勤之義務，亦即勞工應保守公司的秘密及不得兼職或為競業行為的義務。雖法律未明文禁止勞工之兼職行為，因此勞工利用下班時間兼差，賺取外快，如未損害雇主之利益，原則上並未違反法令之規定。但是如果勞工在雇主之競爭對手處兼差，或利用下班時間經營與雇主競爭之事業，則可能危害到雇主事業的競爭力，故雇主常透過勞動契約或工作規則，限制勞工在職期間之兼職或競業行為，勞工如有違反約定或規定之情事，可能受到一定程度之處分，其情節嚴重者甚至構成懲戒解僱事由。

(二)離職後之競業禁止

　　勞工對雇主負有守密及不爲競業之義務，於勞動契約終了後即告終止，雇主如欲再保護其營業上之利益或競爭上之優勢時，須於勞動契約另爲特別約定，常見的方式爲限制勞工離職後之就業自由，明定離職後一定期間內不得從事與雇主相同或類似之工作，違者應賠償一定數額之違約金的約定，這種約定稱爲「離職後之競業禁止」（行政院勞工委員會勞資關係處編印，2003：6-7）。

　　離職後員工之競業行爲，是否具有顯著背信性或顯著的違反誠信原則，房屋仲介業有一個著名的案例，即離職員工竊取、盜拷原雇主的客戶名單及營業資料，並於原來的商圈開設另一家房屋仲介公司，被原公司提起刑事背信、業務侵占等告訴（**範例3-3**）。

三、競業禁止條款的衡量準則

　　離職後之競業禁止條款，是否能被法院判斷競業條款是否合理有效，下列幾項原則可作爲判斷的依據（**範例3-4**）。

範例3-3

競業禁止判決案例

　　永○房屋仲介公司張○○等十人，離職後合組公司加盟中○房屋，與永○房屋形成競爭局面，永○房屋控告該十人背信、業務侵占等罪名，經台北地方法院初審判決離職員工應以離職前年薪二倍，賠償永○房屋公司。

　　永○房屋公司初審獲勝之原因有：

一、營業秘密的認定

　　法官認爲，舉凡管理、銷售、生產、市場、人事、財物等各項業務內容對於同業而言都是秘密，法官扣查「同業」的「成交記錄表」、「買方客戶記錄表」、「賣方追蹤客戶資料」、「客服統計月報表」之證物，視爲具有營業秘密的價值。

二、勞動契約規定權利清楚

　　員工在受僱期間所創作、開發、知悉、客戶資料、產權調查等資料，都應採

取必要措施維持，除非經公司書面同意，不得洩漏、告知、交付或交於第三人，或對外發表，或為自己或第三人使用、利用。否則，將被公司終止勞動契約，並需給付公司最近一年薪資總額的二倍，作為懲罰性違約金。

三、證據充分

　　法官從離職員工加盟的公司銷售個案中調查發現，有多數案件是來自永○房屋公司，而且有成交獲利的個案，法官依此確認有經濟效益。

四、損害賠償違約金額

單位：新台幣／元

姓名	損害賠償違約金	姓名	損害賠償違約金
張○○	96萬元	鄭○○	139萬元
梁○○	214萬元	陳○○	326萬元
陳○○	131萬元	吳○○	310萬元
蘇○○	68萬元	王○○	452萬元
李○○	286萬元	楊○○	57萬元

製表：丁志達。

範例3-4

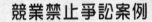

競業禁止爭訟案例

- 1988年，全友科技公司指控六名曾參與影像掃描器（Scanner）的研發離職員工，因於先後離職後，旋即另組力捷電腦公司，並生產影像掃描器與全友科技競爭，侵害全友科技特有技術，結果法院判定全友科技敗訴。
- 2000年，聯電指控離職員工前往投靠的矽統科技公司，侵害專利及營業秘密，最後聯電以戰逼和的策略成功，後來更入主矽統科技，讓矽統科技成為聯電集團的一員。
- 2002年，華新科技公司及其關係企業瑞鷹科技公司挖角被動元件領導廠商國巨公司併購的飛利浦廠員工，國巨乃控告華新科技公司及瑞鷹科技公司違約、侵權及違反《公平交易法》，雙方因假扣押事件共提了30億元的擔保金給法院，後來和解收場。
- 2002年，台灣積體電路製造股份有限公司離職員工洩密，攜帶了機密的晶圓製程計畫跳槽到中芯國際集成電路公司，台積電控告中芯國際侵害其多項專利權及非法竊取商業秘密。最後雙方和解，中芯國際支付1.75億美元專利授權和解金給台積電。

資料來源：方裕盛（2006），〈競業禁止條款　保護智財權的撒手鐧〉，《經濟日報》企管副刊（2006/04/07 A14版）。

(一)雇主有無法律上利益應受保護之必要

　　雇主需有依競業禁止特約保護之利益存在，亦即雇主的營業秘密確有保護之必要。所謂值得保護的利益，可能包括雇主原有的知識、有保護必要的營業秘密、特殊的訓練培育計畫、特殊的方法、能力、技藝、機密資訊、機密的客戶名單（資料）、特殊知識、獨特不尋常的服務等（**範例3-5**）。

(二)勞工擔任之職務或職位

　　企業簽訂競業禁止條款的目的，在於保障營業秘密，勞工因職務而有機會接觸公司的營業機密、參與公司技術研發，雇主才能簽訂競業條

範例3-5

賣仿冒皮包

　　法國名牌包愛馬仕（Hermes）前專櫃女售貨員李○○，出售四個進口仿冒愛馬仕皮包，遭智慧財產法院判決應賠償愛馬仕公司兩億五千六百二十五萬元，並登報道歉。

　　李○○曾是台灣愛馬仕公司的店員，手中握有重要客戶名單，五年前離職時帶走客戶資料，向客戶兜售仿冒的鱷魚皮柏金（Birkin）包、Haut à Courroie包。刑事部分，二審依詐欺罪維持「六月徒刑，得易科罰金，緩刑三年」的一審判決。

　　智慧財產法院庭長李得灶表示，被侵權的業者依法可向出售或製造仿冒品的人，求償被仿冒商品價值的五百至一千五百倍。李○○將四個仿冒包共賣了兩百零五萬元，平均單價五十一萬二千五百元，法官以最少的五百倍計算，判賠兩億五千六百二十五萬元。

　　法院判決指出，九十三年十二月間，李○○在法國購買與愛馬仕商標相似的牛皮銀釦橘色、棕色皮包各一個，冒充是愛馬仕皮包，放在蔡姓女子的服飾店寄賣，蔡女以二十六萬元、二十二萬五千元出售。九十四年六月，李○○再從義大利買進Hermes Birkin綠色、粉紅色鱷魚皮包各一，冒充愛馬仕皮包，以每只各八十萬元、合計一百六十萬元價格放在陳姓女子的皮包公司寄賣，陳以總價一百八十萬元賣出。

　　愛馬仕表示，幸好VIP查察有異，將皮包送回愛馬仕店內鑑定，才揭穿李○○的犯行。

資料來源：許聲胤、劉峻谷、陶福媛、林敬殷，〈賣仿愛馬仕包 判賠2.5億〉，《聯合報》（2009/04/10）A1版。

款。職位屬於普通技能的勞工，如一般行政人員或總機小姐，其所擔任的職務並不涉及核心業務，則無限制競業的必要。例如台北法院90年度勞訴字第42號判決，法院審酌被告勞工於原告公司所擔任之職務為資深工程師，其從事工作時，顯有機會接觸公司所有之電子相關技術資料。

(三)限制之期間、區域、職業活動範圍是否合理

限制競業的範圍不能無限上綱，使離職員工走投無路，就會被法院判為無效。例如期間（應明定競業禁止之起訖時間及期限，目前較為常見且為法院所接受的期限為二年以下）、區域（應明訂競業禁止之行政區域，並以企業的營業領域、範圍為限，且不得構成勞工就業及擇業權利的不公平障礙；至於雇主尚未開拓的市場，或將來可能發展的區域，基於自由競爭的原則，不應該受到任何限制）、職業活動範圍（指員工離職後不得從事的工作或業務，以及指定對原事業單位具有競爭性的行業，如特定產業或職業），且該限制應無逾越合理範圍，即在社會一般觀念及商業習慣尚可認為合理適當範圍，不會嚴重限制當事人的工作權，以及不會危及受限制當事人的經濟生存能力。例如台北地院89年度勞訴字第76號判決，認為勞資雙方約定之競業禁止條款，禁止勞工任職之區域遍及中華民國境內，且期間二年內無法利用其原有之專業技術，亦無提供補償，其限制已有逾越合理範圍。

(四)代償給付的原則

勞工離職後，可能因為遵守競業禁止條款而蒙受工作上、經濟上的損失，雇主對其提供的補償措施就稱之為「代償措施」。很多公司會用「契約自由」的原則，勞雇雙方既然已經約定競業禁止條款，如果該項約定未違反法律強制約定或善良風俗，就屬有效，勞工不可事後反悔來擴大競業禁止的範圍，但又以「法無明文」為由，處處規避代償措施。依現有法院判決來看，沒有提供代償措施的企業，在進入司法程序時很難有勝算。例如台中法院90年度訴字第212號判決，兩造當事人簽訂機密切結書，約定離職後三年內不得從事與糕餅或派相關之行業，期間顯然過長，且原告並未對被告不為競業行為之損失加以補償，對於被告之生存權造成重大影響，已超越合理禁止之範疇。

(五)應本契約自由及誠信原則約定

簽訂競業禁止約定應本於契約自由原則，雇主不得以強迫或脅迫手段，強制勞工一定要簽訂，或利用勞工急於求職之意願，任意要求勞工簽訂競業禁止約定。

(六)違約金是否合理

事業單位固然可以與勞工約定違約金多寡，但應需考量違約金的額度與競業禁止期間之長短二者間之相關性，並應與是否提供勞工代償措施作適度衡量，意即如果雇主已提供代償措施，勞工仍恣意違約，即可視為情節重大，其違約金自可從高考量，如果未提供代償措施或代償措施金額過低，則勞工違約之可責性即已降低，從而其給付違約金之正當性必受質疑，故為避免對勞工之工作權造成過度限制或侵害，違約金金額應依一般客觀事實、勞工違約當時的社會經濟狀況及當事人可能受損情形來斟酌（行政院勞工委員會勞資關係處編印，2003：7-12）。

如果勞工離職原因可歸責於雇主，例如因遭資遣而離職，競業禁止契約將形同無效；雇主也不得強迫、脅迫或利用勞工急於求職心態要求簽訂競業禁止契約（**範例3-6**）。

範例3-6

保密及智慧財產權合約書

立合約書人　　　　　　　　　　　　（以下簡稱甲方）
　　　　○○○股份有限公司　　　　（以下簡稱乙方）
　　緣甲方受僱於乙方，為乙方服務。雙方就有關保護智慧財產權及營業秘密之事項，已於員工之「承諾書」及「員工工作規則」作原則性的約定。為使甲方有所遵循，爰就細則部分訂定下列條款，俾共同遵行：

第一章　保密及智慧財產權

第一條：定義
　　　　本合約所稱「營業秘密」係指甲方於受僱期間為乙方服務而接觸（包括

創作、開發、收集、持有、知悉等），不論有無經乙方標示「機密」、「限閱」或其他同義字之一切管理上、營業上、技術上或生產上尚未對外公開或未解除機密之秘密，而不論其是否

(A)乙方所自行開發

(B)以書面為之

(C)已完成或需再修改

(D)可申請專利、商標、著作等權利

包括：

一、生產方法、行銷技巧、採購資料、定價、政策、估價程序、財務資料、顧客資料、供應商、經銷商之資料、管理上之辦法規定及資料及其他與乙方營業活動及方式有關之資料。

二、各發展階段之電腦軟體及所有相關文件。

三、發現、概念、構想、構圖、產品規格、流程圖、流程以及專門技術（Know-How）指表現於書面或各種形態媒體者。

四、乙方依約或法令對第三人負有保密責任之第三人之營業秘密。

第二條：權利歸屬

雙方同意甲方於受僱期間，於職務上在乙方之企劃下，所產生或創作之構想、概念、發現、發明、改良、公式、程序、著作或營業秘密等，無論有無取得專利權、商標專用權、著作權、半導體光罩權，其相關權利與利益均歸乙方所有。甲乙雙方並約定甲方在乙方之企劃下所完成職務上著作以乙方為著作人。

第三條：告知義務

一、甲方於簽訂本合約時，應告知乙方其於簽訂本合約前所擁有之各項發明、專利、著作或專門技術（Know-How），以及對於他人所負法令上或契約上不得使用、洩漏或交付有關營業秘密或工業、智慧財產權之義務。甲方如對他人負有於一定期間或一定工作領域不得為特定行為之義務者，亦應一併告知乙方。

二、甲方於受僱期間，於職務上在乙方之企劃下，如有任何第二條所述各項權利或利益產生或創作時，甲方應立即告知乙方。

第四條：協助義務

如乙方就第二條各項權利或利益有於國內外註冊、登選之必要時，甲方應於受僱期間及離職後六個月內全力協助乙方完成。

第五條：文件所有權

甲方於職務上持有之一切記載或含有營業秘密之文件、磁帶、軟碟、硬碟、圖表或其他媒體等各種資料之所有權，皆歸乙方所有，甲方於離職或於乙方請求時，應立即交還乙方其指定之人並辦妥相關手續。

第六條：保密義務

一、甲方應採取必要措施維護其於受僱期間所接觸之營業秘密以保持其機密性，除因其職務上業務範圍內需要，並按照公司規定之正當合理使用外，非經乙方事前書面同意，不得洩漏、告知、交付或移轉予第三人，或對業外發表、出版，並且不得自行利用。

甲方之保密義務及除為乙方之利益與目標外不得使用營業秘密之義務，於下列情形不適用之：

1. 乙方之營業秘密，為甲方於接觸前已知悉者。
2. 乙方之營業秘密，於甲方接觸時，已屬眾所周知者。
3. 乙方之營業秘密，於甲方接觸後，非因甲方之原因，而經出版或以其他方式成為眾所周知者。
4. 乙方之營業秘密，為甲方得自對該資料有合法持有權之第三人而該第三人對資料原始所有人未負任何保密之義務。

二、甲方離職後仍應依前項規定遵守保密義務。

第二章　電腦軟體之使用

第七條：合法使用電腦軟體

一、甲方於使用操作乙方之電腦時，應絕對遵守著作權法之規定，不使用非合法著作權之軟體，不從事重製、仿冒等侵害他人電腦著作權之行為。

二、甲方未經電腦軟體著作權人之授權，絕對不使用乙方之磁碟片去重製電腦軟體。

第八條：查禁仿冒電腦軟體

一、甲方之工作場所範圍內，不放置、收藏無著作權之電腦磁碟片。

二、甲方發現所操作使用之電腦上有疑似未經乙方許可之電腦軟體，或有他人在使用無著作權之電腦軟體，應立即向乙方之相關主管報告，以利乙方研判及採取消除行動。

三、甲方應依照乙方之規定定期或不定期檢查並做檢查記錄，以確保單位內使用之電腦沒有不合法之軟體。如有他人借用電腦硬碟時必須登記，用完後並需檢查。但電腦軟體不得借用。

四、如因電腦沒有檢查記錄，而發現違反情事，甲方應自負其責。

第九條：電腦軟體資料之保密

甲方不得將乙方之電腦及套裝軟體有關資料洩漏於無關之人。

第三章　罰則及其他

第十條：損害賠償責任

一、甲方如有違反本約之任一條款，應賠償乙方因此所受之任何損失（包括乙方因甲方行為應賠償第三人者）。

二、甲方於業務上使用乙方所提供之軟體，若違反著作權法而受到損害，應由乙方賠償甲方之一切損失。

第十一條：合意管轄

關於本合約或因本合約而引起之糾紛，雙方應先盡可能依誠信原則解決，如有訴訟之必要，雙方同意以台灣台北地方法院為第一審管轄法院。

第十二條：簽署

一、本合約雙方於簽署前業已仔細審閱此合約之內容，並完全瞭解此合約之規定。

```
二、本合約書正本一式兩份，由甲乙雙方各執一份為憑。
            立合約書人：
            甲方：                              （簽章）
            身分證號碼：
            地址：
            乙方：○○○股份有限公司
                    董事長
            地址：
中華民國        年        月        日
```

資料來源：某宅配通公司。

第四節　工作規則的訂定

　　《勞動基準法》第70條規定，雇主僱用勞工人數在三十人以上者，應依其事業性質，就勞工法令規定以及勞資約定的事項等訂立工作規則，報請主管機關核備後並公開揭示之。同法第71條亦規定，工作規則違反法令之強制或禁止規定或其他有關該事業適用之團體協約規定者，無效。違反此項公法上義務者，依同法第79條規定處二千元以上二萬元以下罰鍰（觸犯行政法規的處罰）。是故，工作規則的訂定可以明確規範勞工的權利義務，維護生產作業秩序、企業紀律，它關係著勞資關係的和諧與企業的成長。

一、訂立工作規則的內容

　　事業單位於僱用勞工人數滿三十人時，即應依其事業性質、法令、勞資協議及既有的人事管理制度，就《勞動基準法》第70條規定的內容訂立工作規則，於三十日內報請主管機關核備後並公開揭示之（**法規3-5**）。

　　《勞動基準法》第70條僅規定其內容，但並未規定何者為絕對必要，或何者為相對必要，所以工作規則中即使漏列若干內容，也不會影響其效力，但事業單位向主管機關報核時，將被退回修正。雇主認為有必要時，得分別就相關的款項另訂單項工作規則。

法規3-5　訂立工作規則的內容

一、工作時間、休息、休假、國定紀念日、特別休假及繼續性工作之輪班方法。

二、工資之標準、計算方法及發放日期。

三、延長工作時間。

四、津貼及獎金。

五、應遵守之紀律。

六、考勤、請假、獎懲及升遷。

七、受僱、解僱、資遣、離職及退休。

八、災害傷病補償及撫卹。

九、福利措施。

十、勞雇雙方應遵守勞工安全衛生規定。

十一、勞雇雙方溝通意見加強合作之方法。

十二、其他。

資料來源：《勞動基準法》第70條（民國98年04月22日修正）。

二、工作規則的功能

企業訂定工作規則，約有下列三項的功能：

1. 對雇主（企業）而言，工作規則可以建立企業經營秩序，促進提高經營效率，和諧勞雇關係，並提高勞工之向心力與忠誠心。

2. 對勞工而言，工作規則可以排除雇主任意作為，對各項勞動條件具有補助及指引團體協約的作用。

3. 對政府而言，政府可依據工作規則實施有效監督，以確保《勞動基準法》所規定的最低勞動條件，予以澈底實施（張曉春，1987：221）。

三、訂立工作規則應注意事項

工作規則是雇主基於其對企業之統制權而單方訂定的，並不需要得到員工同意。但是在制定工作規則時，須注意下列事項，以免造成勞資關

係的惡質化。

1. 工作規則違反法令之強制或禁止規定或其他有關該事業適用之團體協約規定者無效。
2. 工作規則文字應淺顯確定，使用名詞應與《勞動基準法》一致。
3. 依勞動條件明示原則，其內容宜依照《勞動基準法》第70條規定力求完整，確無必要之條款得免列入。
4. 本於勞資協調合作之基本精神訂定。
5. 勞工如對工作規則內容提出異議，應妥為處理。
6. 事業單位可參照主管機關提供的「工作規則」範本參考外，應視實際需要酌為增減，但其增減內容不得違反規定（**附錄4**）。
7. 事業單位原有之勞動條件優於主管機關提供的「工作規則」範本規定者，仍應從其原有規定。
8. 僱用童工、女工之事業單位應訂立有關保護條款。
9. 工作規則應向當地主管機關報備，但事業場所分散於各地者，於訂立適用於事業單位全部勞工之工作規則時，該工作規則應向事業主體所在地之主管機關報備。事業單位所訂之工作規則如適用於分散各地場所（分支機構）之全部勞工時，於報核時應視事業場所所屬縣市之數量一併加送。且於函件中敘明事業場所名稱、地址電話，由事業主體所在地之主管機關會同各場所之當地主管機關審核。
10. 送審工作規則時應備文件有：申請函乙份、工作規則（視事業場所所屬縣市之數量）、營利事業登記證，並在工作規則封面加蓋公司及負責人印信。

　　基於勞資協調合作之基本精神，使勞工樂於遵守工作規則，事業單位也能執行順利，事業單位除必須瞭解工作規則之訂立及變更程序外，亦應針對企業本身的經營狀況、行業特性、經營理念、企業文化以及既定的人事管理規章等，通盤檢討，訂立一套適法、適用，勞資互惠的工作規則，報請當地主管機關依法核備，俾能運作得宜，協助事業單位穩定成長（**附錄5**）。

　　工作規則訂得如何周全，員工守則訂得如何完備，所有該設想的勞

動條件都想到了，可是雇主如果忽略了程序性的問題，「事前」不宣導，「事中」不溝通，「事後」不疏導，制度、規章的推行將事倍功半，阻力重重。

 # 第五節　員工手冊的編寫

　　員工手冊，就是能夠讓員工快速瞭解公司企業文化，並能規範員工日常行為的小冊子，對任何企業而言，都是不可缺少的管理工具（**附錄6**）。

一、編寫員工手冊的目的

　　制訂一本員工手冊的主要目的，是讓員工對公司的企業文化及公司對員工的要求與希望有一個清晰的瞭解。員工手冊將告訴員工，公司對他們有哪些期望，以及他們能夠期望公司為他們做些什麼。員工手冊將明確指出：公司的經營理念上和在功能上希望以何種方式運作。譬如：

> 「我們公司是一家工具製造公司，沒有工會組織。公司方面能夠直接與員工溝通，就如大家是一個家庭的成員一樣，我們為此而自豪。我們認為自己並不需要一個第三方來為我們進行溝通，我們將盡力維持這一現狀。」

　　解釋公司的運作方式是員工手冊的另一目的。要撰寫公司的員工手冊時，需要包含哪些訊息，最好的方法之一就是徵求每日都與部屬接觸的主管之意見，就能根據他們對公司需要的認識，為員工手冊制訂出一份框架性的目錄表（Susan L. Brock, Sally R. Cabbell著，孫經緯譯，2001：11-12）。

二、編寫員工手冊的功能

　　一般而言，企業編寫員工手冊有兩項基本功能：一是使剛進入公司的「試用期員工」能夠快速瞭解公司的歷史、文化、運作模式、員工管理

政策、日常行為規範等，快速成長為公司的「正式員工」；二是規範員工的日常行為，強化行業或公司的特殊要求，提升公司整體的運作效率。

　　如果能夠有效地發揮員工手冊的功效，一方面可以縮減培訓成本與員工管理成本，另一方面還可以促使員工降低工作失誤率與事故率，從而提高員工的工作效率與效果（陳興華，2008：38-55）。

　　員工手冊並沒有固定的格式可以放諸天下，一體適用的版本。每一本員工手冊的風格應該反映自己企業的經營理念、組織政策和組織結構而定。一本生澀引用法條的員工手冊，是引不起員工的閱讀興致，只有能確切反應組織文化、淺顯易懂、簡明、扼要的文字描述，才能得到員工的信任（**表3-2**）。

三、編寫員工手冊的步驟

　　根據《如何編寫員工須知》（*Writing a Human Resources Manual*）乙書作者蘇珊‧布羅克（Susan L. Brock）和薩莉‧卡貝爾（Sally R. Cabbell）指出，編寫員工手冊的步驟有：

1. 準備一份條目清單，列入你認為必要的一切條目。
2. 準備一份問卷，以便從組織中的主管和經理那裡獲得信息。
3. 與主管們交流，以大綱形式列出交流結果。
4. 把大綱修改為目錄。
5. 為目錄中每項條目收集全部的公司書面政策。
6. 以第一人稱為員工手冊編寫詳細的政策條文的概要。
7. 書寫目錄中所有條目的概要。
8. 請公司總經理撰寫一份致辭和公司理念的簡介。
9. 設計建議表和收據表。
10. 設計員工手冊封面。
11. 設計幾本樣稿。
12. 組織一個專門小組，請他們檢驗員工手冊的有效性。
13. 修改並把最後的樣稿交法律顧問審閱。
14. 整理最後版本，然後複印。

表3-2 員工手冊中常見的標題

曠職 (Absenteeism)	偽造紀錄 (Falsification of Records)	懷孕 (Pregnancy)
工作均等免際歧視 (Affirmative Action)	打鬥 (Fighting)	政策變更 (Policy Changes)
酒精反藥物政策 (Alcohol and Drug Policy)	火災/程序 (Fires/ Procedures)	試用 (Probation)
運動 (Athletics)	賭博 (Gambling)	升遷 (Promotion and Transfer)
汽車 (Automobiles)	申訴 (Grievances)	紀錄 (Records)
補助 (Benefits)	殘障 (Handicapped)	裁員和試召優職 (Reduction of Workforce and Recall)
休息 (Breaks)	健康/問題 (Health/ Problems)	再僱用 (Rehires)
布告欄 (Bulletin Boards)	僱用政策 (Hiring Policy)	辭職/契約期滿 (Resignation/ Termination)
業務餽贈 (Business Gifts)	休假日 (Holidays)	行為規範 (Rules of Conduct)
員工身分的變動 (Change in Employee Status)	識別證 (Identification)	安全規範 (Safety Rules)
公司背景、組織及目標 (Company Background, Organization and Objectives)	生病 (Illness)	資歷與權利 (Seniority Rights)
公司設備 (Company Facilities)	受傷 (Injuries)	抽菸 (Smoking)
公司對內刊物 (Company House Organ)	違抗 (Insubordination)	請願法 (Solicitation Laws)
公司現行規範及未來規範 (Company Rules and Future Rules)	面談 (Interviewing)	臨時僱用 (Temporary Employment)
公司財產 (Company Property)	工作更換 (Job Change)	威脅 (Threats)
訴怨程序 (Complaint Procedure)	工作評估 (Job Evaluation)	打卡 (Time Cards)
管制物質 (Controlled Substances)	工作要求 (Job Bidding)	訓練和教育 (Training and Education)
矯正程序 (Corrective Procedures)	遲到 (Lateness)	調職 (Transfers)
禮貌 (Courtesy)	請假 (Leave of Absence)	試用期 (Trial Period)
成本控制 (Cost Control)	怠職 (Loafing)	人事改組 (Turnover)
信用合作社 (Credit Union)	貯藏室 (Lockers)	制服 (Uniforms)
降職 (Demotion)	兼差 (Moonlighting)	非工會工廠中的工會關係 (Union Affiliation in Non-union Shops)
紀律 (Discipline)	士氣 (Morale)	工會集體交涉協定 (Union Collective Bargaining Agreement)
衣著規範 (Dress Code)	對外活動 (Outside Activities)	假期 (Vacations)
緊急程序 (Emergency Procedures)	加班 (Overtime)	訪客/推銷員 (Visitors/ Vendors)
求職申請 (Employment Applica-opportunities)	與工會達成的協議 (Packages)	工資 (Wages)
	停車 (Parking)	
	績效考核 (Performance Review)	
	獎金 (Perks)	

資料來源：Thomas S. Pavone, Jr撰文，洪家蓉譯 (1988)，〈經營管理的六法全書——員工手冊〉，《現代管理雜誌》第142期 (1988/11/15)，頁74。

15.將員工手冊發給員工閱讀（Susan L. Brock, Sally R. Cabbell著，孫經緯譯，2001：62）。

員工手冊是聯繫勞資關係的重要工具，也應該獲得公司上下成員一致的支持，同時員工能從中得到各種指導。

四、編寫員工手冊注意事項

為了要保證員工手冊的內容準確、完整，所以在編寫員工手冊時，要注意下列幾項重點：

1.員工手冊告訴員工公司創辦的使命、願景、沿革、成長及未來計畫之產品或服務。
2.員工手冊要確實反應組織文化，才能受到員工的信任。
3.員工手冊應包括人事政策、公司規定及員工福利的詳細描述與解釋。
4.員工手冊要詳細說明考核標準、懲戒和申訴程序等細節，向員工保證能獲得公司公平合理的待遇，而且應該讓員工知道有權利要求公平的指示。
5.為了激勵士氣，員工手冊要告訴員工他們是勞苦功高的一群，是受到尊重的，所有反映的意見會受到重視。
6.員工手冊應明白地宣示，這只是一份敘述公司各項政策的文件的簡要本，不是一項契約，以免在勞資爭議的勞工法庭上，勞工以員工手冊的文字作為佐證，而忽略原有公司訂定制度規章立法的原文。
7.員工手冊中要保留一頁篇幅說明：雖然雇主和員工之間的關係運作以本手冊中記載的政策和規定為準繩，但在必要時，雇主有權利修改、廢止、增加新的規定，或在不違法下，不依照慣例實行。
8.員工手冊的用字遣詞要格外謹慎，避免無謂的各說各話，例如「離職」與「開除」，在法律上，是截然不同的用詞，「開除」員工必然造成員工控告企業違法而要求索賠。
9.當編撰員工手冊時，必須參考現行最新公布的勞動法規，使員工手冊能保持時效性與合法性。

10.員工手冊要公告周知，以便全體員工都能看到並閱讀它。

11.由於員工手冊的資料容易更動，所以，目前員工手冊亦可放在企業內部網站，提供員工隨時進入網站瀏覽，但如果作業員較多的傳統製造業或服務業，員工手冊仍以印製書面資料發給員工爲宜，以免員工一旦違規時，以未曾閱讀過員工手冊爲由，控告公司未事先告知的義務。

12.員工手冊分發前要舉辦一系列的講解指導與宣導；員工手冊發給員工後，應給予充分時間閱讀，並要求員工簽署一份認同書，以示員工已閱讀過這本手冊，並瞭解內容，同時也確知這本手冊只是一份敘述公司政策的文件，不是一項契約。

13.把員工手冊作爲新進人員入職時的培訓課程之一，並要求新進員工簽署一份認同書，表示已經閱讀過員工手冊或參加過員工手冊宣導會，此資料應放入其個人的人事檔案中備查。

14.在員工手冊最後一頁附上一份建議表，鼓勵員工獻計獻策，以便作爲未來進一步修改和增刪手冊的參考。

15.至少每年要檢討一次現行的員工手冊內容，如有必要，對其進行修訂，並把新的法律條款和員工的合理建議納入其內。

　　員工手冊可加強員工對於公司政策整體性和公平性的信任，減少誤解的產生，激勵士氣，並增加生產力。因此，一本審慎撰寫的員工手冊，輔以一份由勞資雙方共同簽署的勞動契約，對於促進良好的勞資關係必將有所助益（Thomas S. Pavone, Jr撰文，洪家瑩譯，1989：75）。

 # 結　語

　　勞動契約原則上無需以書面訂定，可依口頭約定，默示的意思表示或事實上之行爲而成立，故勞動契約係不要式契約，但雙方當事人的特別約定以書面爲勞動契約成立之要件。工作規則可以補強勞動契約規定的不足，維持「團體紀律」的準繩，所以，勞動契約與工作規則對勞資關係的和諧，是兩項不可或缺的管理有效工具與文件。

第四章
就業歧視與性騷擾防治

> 人人生而自由，在尊嚴和權利上一律平等。
> ——世界人權宣言（The Universal Declaration of Human Rights）

　　1998年，國際勞工組織（International Labor Organization, ILO）頒訂了《國際核心勞動基準》（Core Labor Standards）作為各國勞動政策與立法的準則，無論經濟發展程度高低，均應尊重該項基準，以符合文明社會對工作者之勞動人權保障的理念。在《國際核心勞動基準》所包含的四大核心（團結、協商及爭議權；禁止就業歧視；禁止強迫勞動；禁止童工）基準中，「禁止就業歧視」是其中一項重要的核心基準，而禁止就業歧視能成為核心基準，是因為它顯彰的是西方自由啓蒙運動以來所珍惜的「平等」的價值（劉梅君，2006：1）。

第一節　就業歧視類型

　　所謂的「就業歧視」是指求職人在求職的過程中，或受僱者在就業時不能享有平等的工作機會與薪資、配置、升遷、訓練機會等就業安全保障的平等待遇。為了讓每一個人有公平參與經濟生活的機會，雇主在用人選擇上，應以工作性質、需求及員工工作能力為選擇依歸，若非如此，而依據雇主個人的偏好或刻板印象（Stereotype）、傳統角色的認知決定用人，或是選擇用人的形式、條件上雖然看似平等，但對不同員工卻造成實質效果的不平等，也就違反了國民就業機會均等的原則，而有就業歧視的狀況產生。

　　然而，企業用人的考慮因素很多，可能與求職者或員工認知上有很大差距，所以所謂就業歧視的成立，也就需要公正客觀的第三者來認定（圖4-1）。

一、就業歧視類別

　　「工作權」是《憲法》保障人民的基本權利，而保護求職者或是受

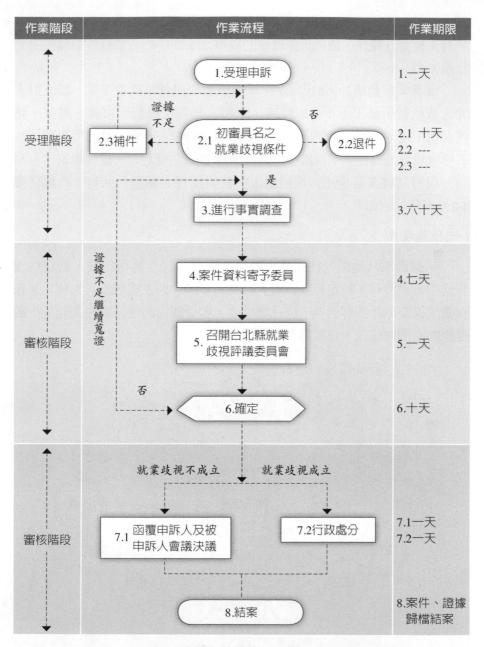

圖4-1 政府機關辦理就業歧視申訴案件標準作業流程圖

資料來源:台北縣政府勞工局編印(2010),《防制就業歧視案例實錄8》,頁97。

僱者免於就業歧視，亦屬勞資關係上重要的一環；受僱勞工不應由於本身具有某種身分條件，造成工作機會的取得、工作中的勞動條件被雇主集體歧視。

《就業服務法》第5條規定：「為保障國民就業機會平等，雇主對求職人或所僱用員工，不得以種族、階級、語言、思想、宗教、黨派、籍貫、出生地、性別、性傾向、年齡、婚姻、容貌、五官、身心障礙或以往工會會員身分為由，予以歧視；其他法律有明文規定者，從其規定。」

現行《就業服務法》規範制止的就業歧視之類型一共有十六種（圖4-2）。茲說明如下：

(一)種族歧視

一個國家（地區）往往是由數個不同種（民）族所組成，而這些種族當中，總會有某特定種族占總人口的大多數，即主要種族（人種）。在台灣地區閩南語族群居多，但在職場上，較受矚目的種族歧視問題是少數種族的台灣原住民，在就業上容易受到歧視。

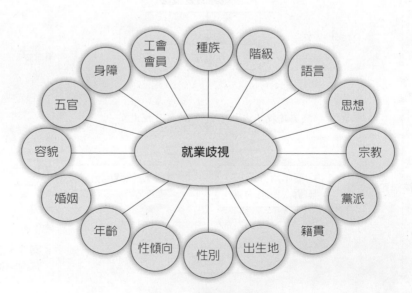

圖4-2　就業歧視類別

資料來源：行政院勞工委員會職業訓練局（2010），《雇主防制就業歧視遵循手冊》，頁3。

(二)階級歧視

　　階級歧視禁止係源自於《憲法》第7條規定：「中華民國人民，無分男女、宗教、種族、階級、黨派，在法律上一律平等。」《憲法》所指的階級乃為「勞資階級」，而《就業服務法》並未對「階級」一詞作相關規定，它係指求職者或受僱人因「貧富、身分、財產、知識水準高低、職位區隔等遭受就業歧視。」基本上，目前的社會並無所謂的「階級制度」存在的歧視，「白手起家」比比皆是。

(三)語言歧視

　　每個國家（地區）都有官方語言，但除了官方語言外，往往還有許多地方語言。《就業服務法》第5條的字面上的意義，係指雇主不得因對某種地方語言（例如台語、客家話）的偏見或偏好，而對會使用某種語言的求職者或受僱者在就業上給予差別待遇。如果電視台在招募台語節目主持人時，設定「台語流利」的條件，因為此種條件限制與該工作的有效執行有密切關係，雇主這樣的要求就不會違法。

(四)思想歧視

　　《就業服務法》並未對「思想」做定義性規定，其他相關法律亦無類似之規定。所謂「思想」應指「意識型態」（譬如右派思想、左派思想、統派思想、獨派思想、三民主義思想及共產主義思想等），而對與其不同意識型態的求職者或受僱者在就業上給予差別待遇。

(五)宗教歧視

　　宗教問題在很多國家一直是個嚴重的問題，因宗教信仰的不同而產生紛爭，甚而發生戰爭。「宗教歧視」指的是「雇主因為對特定宗教的偏見，而在就業上給予求職者或受僱人不同的待遇。」在我國，宗教信仰一向十分自由，因宗教信仰不同而造成的就業歧視並不多見。

(六)黨派歧視

　　《就業服務法》並未對「黨派」作定義性的規定，但依字面上的意

思,所謂「黨派」應指「政黨」而言。黨派歧視的禁止,應是禁止雇主因對某個政黨的偏見或偏好,而以之作為僱用措施的標準,進而對是否歸屬於某一政黨之求職者或受僱者在就業上給予差別待遇。

(七)籍貫歧視

我國的籍貫歧視,相當於美國的「原國籍歧視(祖籍)」,係指個人祖先的原來國籍而言。籍貫歧視的禁止應在於禁止雇主因對某一省籍的偏見或偏好,而以之作為僱用措施的標準,進而對是否歸屬於某一省籍之求職者或受僱者在就業上給予差別待遇。

(八)出生地歧視

《就業服務法》將「出生地」納入雇主在運用各式大眾傳播媒體之招聘人才啓事時,禁止的就業歧視項目之一,而應以求職者之工作經歷及能力等條件,作為進用人員之考量。

(九)性別歧視

依據現有就業歧視案例,有90%以上都是屬於性別歧視案件。所謂「性別歧視」係指「雇主因為對特定性別的偏好或偏見,而在就業上,給予求職者或受僱者不同的待遇。」禁止性別歧視之精神,在於性別乃個人與生俱來所無法改變的特質。就業職場上普遍存在的性別歧視案例有「同工不同酬」、「單身條款」、「結婚、懷孕及生產解僱(退職)」、「招募、僱用、配置、訓練、升遷等差別待遇」、「工作場所性騷擾」等。性別歧視非僅及於女性,男性也可能面臨性別歧視問題(**表4-1**)。

(十)性傾向歧視

性傾向的定義,包括同性戀、異性戀、雙性戀及跨性別的傾向。過去幾十年來,性傾向(主要是指同性練者)的歧視日益受到國際組織的關注,《就業服務法》將「性傾向」列入反歧視之一,已成為就業人權保障的指標性立法。

(十一)年齡歧視

就業年齡歧視與年齡刻板印象有密不可分的關係,在年齡刻板印象

表4-1　公司（機關、團體）符合《性別工作平等法》規定自行檢視表

項次	法定項目	符合規定	尚待改善
1	招募、甄試、進用措施不因性別或性傾向而有差別待遇		
2	分發、配置措施不因性別或性傾向而有差別待遇		
3	考績規定不因性別或性傾向而有差別待遇		
4	升遷規定不因性別或性傾向而有差別待遇		
5	舉辦或提供教育、訓練或其他類似活動，不因性別或性傾向而有差別待遇		
6	提供各項福利措施，不因性別或性傾向而有差別待遇		
7	薪資給付規定，不因性別或性傾向而有差別待遇		
8	退休、資遣、離職及解僱規定，不因性別或性傾向而有差別待遇		
9	工作規則、勞動契約或團體協約等未規定，員工因結婚、懷孕、分娩或育兒情形時須自行離職或留職停薪，或以相關理由予以解僱		
10	已訂有性騷擾防治措施、申訴及懲戒辦法，並公開揭示（受僱者30人以上之公司、機關請填列）		
11	已訂定性騷擾事件申訴協調處理機制		
12	請假規則已納入生理假、產假、陪產假之規定及請假處理程序		
13	已訂定育嬰留職停薪（包括復職）、哺乳時間、育兒工時調整之規定及請假處理程序		
14	已訂定家庭照顧假之規定及請假處理程序（受僱者5人以上之公司、機關、團體請填列）		
15	已設置托兒設施或提供適當之托兒措施（受僱者250人以上之公司、機關、團體請填列）		
項次	**建議項目**	**建置完成**	**尚待規劃**
1	已設置哺集乳室空間與設施		
2	已針對主管階層規劃《性別工作平等法》說明、實施防治及處理職場性騷擾之教育訓練		
3	已針對員工規劃《性別工作平等法》說明、實施防治及處理職場性騷擾之教育訓練		
4	其他落實性別工作平等之積極措施：		

資料來源：台北縣政府勞工局編印（2010），《防制就業歧視案例實錄8》，頁100。

的影響下，中高齡者常被認為較年輕勞動者「不具可僱用性」，因而年齡因素一直是中高齡者就業的一大困境。2009年4月22日修正的《勞動基準法》第54條規定，勞工非年滿六十五歲者，雇主尚不得強制其退休。

(十二)婚姻歧視

依其字面意義應是禁止雇主因求職者或受僱者的「婚姻狀況」而給予差別待遇。例如，雇主因求職人已婚而拒絕予以僱用，過去國內普遍存在的「單身條款」即是一個明顯的例子（**表4-2**）。

表4-2　兩性工作平等法問與答

問：《性別工作平等法》有關產假之規定為何？
答：一、雇主於女性受僱者分娩（二十週以上；參勞委會91年10月22日勞動三字第091005077號函）前後，應使其停止工作，給予產假八星期。妊娠三個月以上（二十週以內；參勞委會91年10月22日勞動三字第091005077號函）流產者，應使其停止工作，給予產假四星期。妊娠兩個月以上未滿三個月流產者，應使其停止工作，給予產假一星期。妊娠未滿兩個月流產者，應使其停止工作，給予產假五日。 二、產假期間薪資之計算，依《勞動基準法》第50條規定，產假八星期與產假四星期之產假，受僱工作在六個月以上者，停止工作期間工資照給；未滿六個月者減半發給。但《性別工作平等法》規定之一星期及五日之產假，因《勞動基準法》並無相關之規定，故雇主無給付薪資之義務（參勞委會91年7月10日勞動三字第0910035173號函）。 三、產假期間之計算，應依曆連續計算，該期間內如遇星期假日、紀念日、勞動節日及其他中央主管機關規定應放假之日，均包括在內無庸加以扣除（行政院勞工委員會（79）臺勞動三字第01425號函）。
問：關於《勞動基準法》第50條產假規定疑義
答：查勞動基準法第五十條規定，勞工分娩前後，應停止工作，給予產假八星期（即五十六天），女工如於產前四週請產假亦屬適當，如勞資雙方協商決定，妊娠期間女性員工得於產前分次請產假，亦無不可。 另現行法令並無產前檢查假之規定，勞工如需產前檢查，可以請特別休假或以事、病假方式處理。（民國88年01月18日行政院勞工委員會88台勞動三字第000246號）
問：「分娩」與「流產」之定義
答：《勞動基準法》第50條及《性別工作平等法》第15條所稱「分娩」與「流產」，依醫學上之定義，妊娠二十週以上產出胎兒為「分娩」，妊娠二十週以下產出胎兒為「流產」。（行政院勞工委員會91台勞動三字第0910055077號）
問：女工懷孕期間如確有《勞動基準法》第**12**條或第**11**條之情事時，雇主得否終止契約。
答：一、查《勞動基準法》第13條規定：「勞工在第50條規定之停止工作期間……雇主不得終止契約」，其所謂「停止工作期間」係指同法第50條所定之女工產

（續）表4-2　兩性工作平等法問與答

假期間，亦即女工分娩「前後」，給與產假八星期之期間。至非於該段停止工作期間，事業單位或勞工如確有同法第11條、第12條所定各款情事之一者，雇主固得依法終止契約，惟不得有《就業服務法》第5條所定就業歧視之情事；而其如係依法資遣時，並應依同法第34條第1項規定，於勞工離職之七日前，列冊向當地主管機關及公立就業服務機構通報。

二、女工懷孕期間，因生理上變化，得依《勞動基準法》第51條規定，申請改調較為輕易之工作，雇主不得以不能勝任工作為由，依同法第11條第5項規定終止勞動契約。倘因懷孕身體不適致違反勞動契約或工作規則之規定時，雇主尚不得濫用解僱權，逕用同法第12條第4款終止勞動契約。

（民國90年03月08日行政院勞工委員會90台勞資三字第0006580號）

資料來源：台北市政府勞工局編印（2008），〈兩性工作平等之懷孕歧視篇〉文宣資料。

(十三)容貌歧視

《就業服務法》並未對「容貌」作定義性規定，從字面上的意思看來，容貌歧視應是指「個人的臉型相貌美醜、端正、體格胖瘦、身材高矮與是否有殘缺等外在條件，而給予其不同的待遇」而言。

(十四)五官歧視

《就業服務法》並未對「五官」作定義性規定，從文義來解釋，五官歧視應是指「產生因求職者或受僱人眼、鼻、嘴、耳及眉毛的長相而給予不同的待遇。」（潘秀菊，2006：12-15）。

(十五)身心殘障歧視

《就業服務法》並未對「身心殘障」作定義性規定，而依《身心障礙者權益保障法》第5條對身心殘障之定義，是指神經系統、精神、心智功能、言語溝通與功能或其他身體上的構造與功能有偏離（不正常）或喪失而影響日常生活活動，並領有身心障礙證明者屬之。而因身心障礙，於招聘過程或僱用上受到不公平或差別待遇即身心障礙歧視。

(十六)以往工會會員身分歧視

若求職者或受僱者曾加入工會為會員，而在招聘過程或僱用期間受到不公平或差別待遇，即為「以往工會會員身分歧視」（台北縣政府勞工

局編印，2010）。

二、就業年齡歧視

在招募方面，雇主對求職者的年齡歧視行為，可能有下列兩種情形：

(一)直接歧視

所謂直接歧視，係指雇主直接限制求職者之年齡，例如雇主在招募廣告中直接明白地限制求職者必須在三十五歲以下。雇主此種行為原則上構成就業年齡歧視，除非雇主能提出合法之抗辯。

(二)間接歧視

所謂間接歧視，係指雇主於招募時並未在求職者的年齡上設限，而是採取表面上中性的招募措施，但該項措施會負面影響特定年齡層的求職者。舉例而言，雇主在招募時，限制求職者不得有老花眼，此項要求雖未限制求職者的年齡，但畢竟有老花眼問題者多為中高齡者，故此項要求表面上雖是中性，但由於其負面影響中高齡者的就業機會，若雇主無法提出合法抗辯，該項招募措施即違反《就業服務法》第5條第1項之規定（鄭津津，2008：6-7）。

因此，有些徵人啟事明白限制應徵者的條件，譬如「限男性」、「限女性」、「容貌秀麗」、「身高一六〇公分以上」、「台語流利」等等，如該項限制應徵條件與工作本身或業務營運需求無關，求職者卻因而無法得到一個公平競爭的機會，一經提請各縣市政府勞工行政單位或就業歧視評議委員會認定有就業歧視事實，即可依《就業服務法》第65條規定，處新臺幣三十萬元以上一百五十萬元以下罰鍰。受僱者如需進一步爭取因為就業歧視所造成的經濟損失，可以依據《民法》上的僱傭契約要求給付薪水，或依其侵權行為規定請求非財產上的損害賠償（**範例4-1**）。

範例4-1

空服限身高　罰華航30萬

2010年，華航招募九十二名空服員，吸引八千多人報考，錄取率僅1.15%；不過，由於招考簡章明定「男須170公分以上，女160公分以上」，可能涉違反《就業服務法》，已被勞委會「盯」上。

華航2010年招考空服員，起薪超過五萬元，報考者須大學畢業、多益成績550分以上，且有身高限制，因此資格門檻「刷」掉了三千多人，另五千人可參加初試。

但《就業服務法》規定，雇主不可以容貌及五官限制僱用資格，華航招考消息見報後，勞委會主動介入瞭解，並請北市勞工局發函要求華航說明。（資料來源：蔡惠萍、莊琇閔，〈華航空服限身高　勞委會：恐違法〉，《聯合報》（2010/05/18A6版））

中華航空日前招募空服員在報名資格上註明「限制身高女性160公分以上、男性170公分以上」，遭批有身高歧視之嫌，北市府勞工局認定華航招募條件違反《就業服務法》，但念在初犯，只罰30萬元。

華航公關處長劉國芊表示，對身高設限，是因空服員服勤時舉手須碰到置物櫃，為服務旅客並顧及安全，非身高歧視，勞工局要求不得在招募資格中載明，華航也依規定拿掉相關文字，將爭取再向勞工局說明。（資料來源：黃驛淵、陳俍任，〈空服限身高　罰華航30萬〉，《聯合報》（2010/06/19 A6版））

為了避免爭議，華航今年（2010）取消過去量身高的程序，改以脫鞋伸手測量能夠摸到的高度取代，在牆壁上貼著高度最低的波音737-800型客機上方行李箱高度標示，考生能夠摸到這個高度就算過關。（資料來源：陳嘉寧，〈華航招考　摸高取代量身高〉，《聯合報》（2010/05/21 A8版））

整理：丁志達。

第二節　性別歧視禁止

　　《性別工作平等法》的範疇可以分為「性別歧視的禁止」、「性騷擾之防治」及「促進工作平等措施」三種。例如，雇主面試時詢問求職者有沒有結婚、懷孕、小孩等無關工作能力的問題，就有性別歧視嫌疑，所以公司必須從人事錄用、考績、升遷等通盤檢討，只要跟工作無關的問題與性別限制，就要避免；性騷擾之防治則重視雇主對員工性騷擾的行為，有沒有事前制定防治辦法、補救措施、明確且具規模的申訴管道等，取決於雇主「有沒有善盡防治的義務」；為使女性在職場上的發展不受到諸如育嬰、家庭照顧等的限制，《性別工作平等法》設有「促進工作平等措施」專章來保護。雖然《性別工作平等法》處罰的是行政罰鍰，但雇主在民事上有連帶賠償責任，且性騷擾若太過火，還可能觸犯猥褻、強制罪、妨害風化等罪（**表4-3**）。

一、性別歧視的類別

　　在招募方面，雇主對求職者的性別歧視行為，分為下列兩種類別：

表4-3　性別歧視禁止

內容		重點	法條	罰則
不得因性別或性傾向有不公平待遇	就業前的保護	招募、考試、甄試、進用和分發，求職者或受僱者享有平等之機會。	第7條	雇主違反第7條至第10條、第11條第1項、第2項或第13條第1項後段、第2項規定者，處新臺幣十萬元以上五十萬元以下罰鍰（第38-1條）。
	就業後的保護	配置、考績、升遷、薪資、教育訓練、福利措施、退休、資遣、離職、解僱，不得因性別或性傾向而有差別待遇。	第7～11條	
	單身條款之禁止	不得規定或事先約定結婚、懷孕、分娩或育兒應行離職或留職停薪；亦不得予以解僱。	第11條	
	防制性騷擾行為	雇主應防制性騷擾行為之發生。僱用三十人以上雇主，應訂定性騷擾防治措施、申訴及懲戒辦法，並在工作場所公開揭示。	第13條	

資料來源：《性別工作平等法》（民國97年11月26日修正）；引自：台北縣政府勞工局編印（2008），《性別工作平等法宣導手冊》，頁2。

(一)直接歧視

直接歧視是指任何人與另一個不同性別、不同婚姻狀況或沒有懷孕的人比較，該人得到較差的待遇。例如，雇主因為想聘用另一性別的人而不聘用有懷孕的人，便是性別歧視（**範例4-2**）。

(二)間接歧視

間接歧視是指向所有人一律施以劃一的條件或要求，但實際上並無充分理由需要加上該等條件或要求，而這樣的做法亦對某性別、婚姻狀況的人及懷孕婦女不利。例如，某一懷孕女性而不能超時工作，其雇主因而加以懲罰。假如雇主不能提出充分理由證明需要超時工作，雇主的作法便屬間接歧視（**法規4-1**）。

範例4-2

職場歧視　懷孕最大宗

台北縣勞工局長高寶華指出，職場中最常見的就業歧視類型以懷孕、年齡及身心障礙最常見，勞工局民國96年接到111件就業歧視申訴案、民國97年84件、民國98年1至9月58件，都以懷孕遭歧視最多，分別有62件、44件及33件，約占各年總申訴案件五成以上，均居就業歧視案件之首。

高寶華說，若婦女因懷孕遭雇主減薪、資遣或不予錄用，申訴後查證屬實，將依違反《性別工作平等法》裁罰企業或雇主新台幣十萬元至五十萬元。另雇主以年齡作為招聘員工條件，或以年齡過大為由資遣員工，或是不願僱用身心障礙員工，經申訴後查證屬實，也將依違反《就業服務法》裁罰雇主三十萬元至一百五十萬元。

資料來源：孟祥傑（2009），〈職場歧視　懷孕最大宗〉，《聯合報》（2009/10/22 B北縣基隆版）。

法規4-1	性別歧視禁止規定
條文	內容
第7條	雇主對求職者或受僱者之招募、甄試、進用、分發、配置、考績或升遷等,不得因性別或性傾向而有差別待遇。但工作性質僅適合特定性別者,不在此限。
第8條	雇主為受僱者舉辦或提供教育、訓練或其他類似活動,不得因性別或性傾向而有差別待遇。
第9條	雇主為受僱者舉辦或提供各項福利措施,不得因性別或性傾向而有差別待遇。
第10條	雇主對受僱者薪資之給付,不得因性別或性傾向而有差別待遇;其工作或價值相同者,應給付同等薪資。但基於年資、獎懲、績效或其他非因性別或性傾向因素之正當理由者,不在此限。 雇主不得以降低其他受僱者薪資之方式,規避前項之規定。
第11條	雇主對受僱者之退休、資遣、離職及解僱,不得因性別或性傾向而有差別待遇。 工作規則、勞動契約或團體協約,不得規定或事先約定受僱者有結婚、懷孕、分娩或育兒之情事時,應行離職或留職停薪;亦不得以其為解僱之理由。 違反前二項規定者,其規定或約定無效;勞動契約之終止不生效力。

資料來源:《性別工作平等法》第二章性別歧視之禁止(民國97年11月26日修正)。

二、懷孕保障就業權

懷孕歧視一直以來都是工作職場上重要的問題。《性別工作平等法》第11條第2項規定:「工作規則、勞動契約或團體協約,不得規定或事先約定受僱者有結婚、懷孕、分娩或育兒之情事時,應行離職或留職停薪;亦不得以其為解僱之理由。」至此,以往實務上發生的「禁孕條款」有具體的法律禁止了(**表4-4**)。

表4-4　勞工請假規定

假別	申請資格	日數	工資計算	附註
婚假	本人結婚	婚假8日	工資照給	
喪假	父母、養父母、繼父母、配偶喪亡	喪假8日	工資照給	左列所稱之祖父母或配偶之祖父母均含母之父母
	祖父母、子女、配偶之父母、配偶之養父母或繼父母喪亡	喪假6日		
	兄弟姊妹、配偶之祖父母喪亡	喪假3日		
普通傷病假	未住院者	1年內合計不得超過30日	普通傷病假1年內未超過30日部分,工資折半發給,其領有勞工保險普通傷病給付未達工資半數者,由事業單位補足	普通傷病假超過前述期限,經以事假或特別休假抵充後仍未痊癒者,得申請留職停薪。留職停薪期間以1年為限。逾期仍未癒者得予資遣,其符合退休要件者,應發給退休金。 逾期未癒者得予資遣,其符合退休要件者,應發給退休金。 逾期未癒者得予資遣,其符合退休要件者,應發給退休金。 逾期未癒者得予資遣,其符合退休要件者,應發給退休金。 逾期未癒者得予資遣,其符合退休要件者,應發給退休金。 逾期未癒者得予資遣,其符合退休要件者,應發給退休金。
	住院者	2年內合計不得超過1年		
	未住院傷病假與住院傷病假 經醫師診斷,罹患癌症(含原位癌)採門診方式治療或懷孕期間需安胎休養者,其治療或休養期間,併入住院傷病假計算	2年內合計不得超過1年		
事假	勞工因有事故必須親自處理者	1年內合計不得超過14日	事假期間不給工資	
公假	依法令規定應給予公假者	視實際需要給假	工資照給	
公傷病假	因職業災害而致殘廢、傷害或疾病	治療、休養期間,視實際需要給假	按原領工資數額補償	

（續）表4-4　勞工請假規定

假別	申請資格	日數	工資計算	附註
特別休假	於事業單位繼續工作滿一定期間	依特別休假規定給假	工資照給	
生理假	女性勞工因生理日致工作有困難	每月得請1日，請假日數併入病假計算	依病假規定辦理	普通傷病假1年內合計未超過30日部分，工資折半發給
產假	女性勞工分娩	8星期	工作在6個月以上者，產假期間工資照給；未滿6個月者減半發給	「分娩」與「流產」，依醫學上之定義，妊娠20週以上產出胎兒為「分娩」，妊娠20週以下產出胎兒為「流產」
	妊娠3個月以上流產	4星期		
	妊娠2-3個月流產	1星期	勞工選擇請產假者不給薪；請普通傷病假、事假及特別休假者，依相關規定辦理。	
	妊娠未滿2個月流產	5日		
陪產假	男性勞工之配偶分娩	3日	薪資照給	於分娩日前後共5日中，擇3日休假；遇假日不另給假
哺乳時間	子女未滿1歲須受僱者親自哺乳	每日2次，每次30分鐘	哺乳時間視為工作時間	應有親自哺乳之事實
育嬰留職停薪	1.勞工任職滿1年 2.撫育未滿3歲子女	1.至少6個月最多2年。 2.同時撫育子女2人以上者，其育嬰留職停薪期間應合併計算，最長以最幼子女受撫育2年為限。	無薪	1.勞工勞健保繼續享有（可延遲3年繳納），事業單位不需負擔保費。 2.不適用配偶未就業者，但有正當理由者不在此限。
家庭照顧假	家庭成員預防接種、發生嚴重疾病或其他重大事故	全年以7日為限，請假日數併入事假計算	依事假規定辦理	不適用配偶未就業者，但有正當理由者不在此限

備註：
1.事業單位不得因勞工請特別休假、婚假、喪假、公傷病假、公假或產假時，扣發全勤獎金。另不因勞工提出申請生理假、陪產假或家庭照顧假時拒絕其請求，且不影響其

（續）表4-4 勞工請假規定

全勤獎金、考績或為其他不利之處分。

2.勞工請假時，應於事前親自以口頭或書面敘明請假理由及日數。但遇有急病或緊急事故，得委託他人代辦請假手續。辦理請假手續時，事業單位得要求勞工提出有關證明文件。
3.勞工請事假、普通傷病假、婚假、喪假，除延長假期在1個月以上者外，如遇例假、紀念日、勞動節日及其他由中央主管機關規定應放假之日，應不計入請假期內。
4.全年總日數的計算，均自當年度1月1日起至12月31日止。

備註：本表所列為《勞動基準法》及相關法令所定最低勞動條件基準，事業單位如有優於法令者，從其規定。

資料來源：新北市政府勞工局網站：http://www.labor.ntpc.gov.tw/_file/1075/SG/37008/D.html.

(一)懷孕歧視的類型

懷孕歧視的類型，大致可以歸納為以下幾種類型：

◆求職遭拒

雇主因求職者懷孕而拒絕予於僱用。

◆禁孕條款

雇主在僱用受僱者時，要求受僱者切結，若有懷孕之情事即行離職或辦理留職停薪，此為「禁孕條款」，又稱「單身條款」。

◆假調動真逼退

雇主因受僱者懷孕而予以調動，調動後之工作與受僱者之能力不符，造成受僱者無法勝任，自行離職。

◆不當解僱

雇主以受僱者因懷孕身心不適，而影響其工作表現，給予受僱者較差之考績，並以「工作不能勝任」或其他事項為由解僱懷孕之受僱者。

◆刻板印象

受僱者並未因懷孕影響其工作表現與效率，雇主純粹因個人觀念好惡或一般社會對懷孕婦女的刻板印象，而認為僱用懷孕婦女會造成企業形

象損失，間接使消費者流失（台北市政府勞工局編印，2008）。

(二)成立懷孕歧視的類型

如果以歧視成立或不成立的原因而言，成立懷孕歧視的案例，大致可以歸納為以下幾種類型：

◆差別對待的歧視（**Disparate Treatment Discrimination**）

在這類型的懷孕歧視，雇主對於兩位具有相同或類似工作能力、效率、表現的員工，只因為其中一位發生「懷孕、生產或其他相關聯的醫療狀況」的事實，就因此對其採取不利的不平等待遇。

這類型的懷孕歧視案件，由於雇主所採取的歧視措施屬於表面不平等的差別對待行為，除非懷孕情事屬於該行業或工作的「真實職業資格」，否則在法律上幾乎都很難站得住腳。一般而言，性別因素在極少數情形也許還有可能構成「真實職業資格」，例如招募男、女性模特兒或演員時的性別限制。但是懷孕這項因素，比起一般的性別因素，其實更難符合真實職業資格的要求。

◆混合動機的歧視（**Mixed Motive Discrimination**）

它指出雇主在做成某項有關僱用或勞動關係的決定時，同時含有合法與不合法的動機。合法的動機，例如員工本身的工作效率、態度及其他確實影響工作表現的因素；不合法的動機，就是將不涉及真實職業資格的懷孕因素列入考慮。由於這類型的歧視混雜了兩種不同的動機，在實務上往往增加事實認定上的困難。

◆胎兒保護措施

在這類型的案例中，雇主可能是基於保護懷孕者與胎兒健康的好意，或是為了減少未來職業傷害賠償或補償的避險動機，主動採取某些措施，禁止懷孕者或有懷孕可能的女性員工擔任某些工作，或強制留職停薪，甚至予以資遣，以致造成對於懷孕或一般女性的差別待遇（**表4-5**）（黃昭元，http://taiwan.yam.org.tw/nwc3/papers/forum512.htm）。

表4-5　職場禁止懷孕歧視檢視表

項次	項目	符合規定	尚待改善
1	本公司招募、甄試、進用措施不因求職者懷孕而有不利對待。（《性別工作平等法》第7條）		
2	本公司分發、配置措施不因受僱者懷孕而有不利對待。（《性別工作平等法》第7條）		
3	本公司不因受僱者懷孕而影響其考績。（《性別工作平等法》第7條）		
4	本公司不因受僱者懷孕而影響其升遷。（《性別工作平等法》第7條）		
5	本公司舉辦或提供教育、訓練或其他類似活動，考量懷孕受僱者需求及參加意願。（《性別工作平等法》第8條）		
6	本公司舉辦或提供各項福利措施，不因受僱者懷孕而有不利對待。（《性別工作平等法》第9條）		
7	本公司之薪資給付，不因受僱者懷孕而有不利對待。（《性別工作平等法》第10條）		
8	本公司之退休、資遣、離職及解僱，不因受僱者懷孕而有不利對待。（《性別工作平等法》第11條）		
9	本公司未規定或事先約定受僱者因懷孕或分娩情形時，須自行離職、留職停薪或以相關理由予以解僱。（《性別工作平等法》第11條）		
10	本公司依法給予受僱者產假。（《性別工作平等法》第15條）		
11	本公司對請產假之受僱者，不視為缺勤而影響其全勤獎金、考績或其他不利之處分。（《性別工作平等法》第21條）		
12	本公司於受僱者產假期間，未終止其勞動契約。（《勞動基準法》第13條）		
13	本公司未使懷孕受僱者於午後十時至翌晨六時之時間內工作。（《勞動基準法》第49條）		
14	本公司依法給予產假期間工資。（《勞動基準法》第50條）		
15	本公司考量懷孕受僱者生理狀態，如有較為輕易之工作，尊重其意願，讓其申請改調，且未減少工資。（《勞動基準法》第51條）		
檢視結果	如全部符合規定，表示公司提供一個無歧視、重平等的友善職場，落實《性別工作平等法》等規定，致力於職場平權之實踐。		

資料來源：行政院勞工委員會網站（http://www.cla.gov.tw）。

三、育嬰留職停薪

《性別工作平等法》第16條第1項規定：「受僱者任職滿一年後，於每一子女滿三歲前，得申請育嬰留職停薪，期間至該子女滿三歲止，但不得逾二年。同時撫育子女二人以上者，其育嬰留職停薪期間應合併計算，最長以最幼子女受撫育二年為限。」及同條第2項規定：「受僱者於育嬰留職停薪期間，得繼續參加原有之社會保險，原由雇主負擔之保險費，免予繳納；原由受僱者負擔之保險費，得遞延三年繳納。」此外，為鼓勵勞工在請完育嬰假後，能重返職場，這筆育嬰留職停薪津貼，由政府支出。

(一)留職停薪育嬰津貼

「育嬰留職停薪津貼」規定，就保（勞保）年資合計滿一年以上，子女滿三歲前，可辦理育嬰留職停薪，領取育嬰津貼，金額為被保險人留職停薪當月起前6個月平均月投保薪資60%計算，按月發給，最長六個月。若父母同為被保險人，可分開請領，兩人最長合計可請領一年的育嬰津貼（李祖舜，2009）。

(二)申請復職規定

受僱者於育嬰留職停薪期滿後申請復職時，依《性別工作平等法》第17條規定，「除有下列情形之一，並經主管機關同意者外，雇主不得拒絕：

一、歇業、虧損或業務緊縮者。

二、雇主依法變更組織、解散或轉讓者。

三、不可抗力暫停工作在一個月以上者。

四、業務性質變更，有減少受僱者之必要，又無適當工作可供安置者。

雇主因前項各款原因未能使受僱者復職時，應於三十日前通知之，並應依法定標準發給資遣費或退休金。」

第三節　職場性騷擾防治

　　性騷擾（Sexual Harassment）指以性慾爲出發點的騷擾，以帶性暗示的言語或動作引起對方的不悅感，只要言語或行爲令他人感到不悅或有被冒犯的意圖，且被認定存有性相關的暗示，都算是性騷擾（**表4-6**）。

一、職場性騷擾的行為的類型

　　工作場所性騷擾，係指於工作場所或勞動契約履行過程中，意圖挑逗或滿足性慾，違背他方之意思，以肢體或明示、暗示之語言、圖畫、影片或其他方法施與他方，致其人格、尊嚴、人身自由或工作受侵犯或干擾之行爲。它會侵犯到當事人的工作表現及情緒，如果雇主坐視不理，則當事人就是處於一個不友善、受歧視的工作環境。

　　《性別工作平等法》將工作場所性騷擾行爲分爲「敵意式工作環境騷擾」（Hostile Environment Harassment）和「交換式性騷擾」（Quid Pro quo Harassment）兩種類型。

表4-6　性騷擾的侵犯行為的類別

類別	說明
性別騷擾 （Gender Harassment）	包括一切強化「女性是次等性別」印象的一切言行，以及傳達侮辱、詆毀或性別歧視觀念的一般性性別歧視語言或行爲；例如，過度強調女性的性徵或性吸引力，或過度強調女性的性別特質、性別角色刻板印象及性別歧視的言論。
性挑逗 （Seductive Behavior）	包含一切不受歡迎，不合宜或帶有攻擊性的口頭或肢體上的吃豆腐行爲。
性賄賂 （Sexual Bribery）	以利益承諾（如僱用、升遷、加分、及格）的方式，要求性行爲或與性相關的活動。
性要脅 （Sexual Coercion）	包括一切威脅性及強迫性的性服務及性行爲；亦即以威脅懲罰的方式，要求性行爲或與性相關的活動。
性侵害 （Sexual Assault）	包括強暴及任何具有傷害性或虐待性的性暴力及性行爲。

資料來源：Fitzgerald (1990)。

(一)敵意式工作環境騷擾

它是最常見之性騷擾形式。受僱者於執行職務時，任何人（包括雇主、員工、包商、客戶等）以性要求、具有性意味或性別歧視之言詞或行為，對受僱者造成威脅、敵意性或冒犯性之工作環境，致侵犯或干擾其人格尊嚴、人身自由或影響其工作表現。舉凡同事之間的黃色笑話、色瞇瞇的窺視或盯視、在工作場所張貼煽情的裸露海報、傳閱色情書刊、製造不必要的身體碰觸，或是顧客對受僱者員工性騷擾等都是。

(二)交換式性騷擾

它是指雇主對受僱者或求職者為明示或暗示之性要求、具有性意味或性別歧視之言詞或行為，作為勞動契約成立、存續、變更或分發、配置、報酬、考績、升遷、降調、獎懲等之交換條件（鄭津津，2010：6-11）。

任何發生於職場內的性騷擾事件都不應該被允許、隱瞞或漠不關心，因此《性別工作平等法》要求雇主於知悉前揭性騷擾情形時，應採取立即有效之糾正及補救措施。而其僱用受僱者三十人以上者，應訂定《性騷擾防治措施、申訴及懲戒辦法》，並在工作場所公開揭示（**附錄7**）。

二、防制職場性騷擾的作法

防制工作場所性騷擾的一個積極性的作法，是要建立一個友善的工作場所。由於工作場所的性別關係即是反映社會的性別權力不平等關係，工作場所的性騷擾也如同是反映社會性別權力的不平等，是一種就業上性別歧視，即男性為展現或維護男性的優勢地位，意圖以各種不受歡迎之性要求，或具有性別意味的言詞、圖片、動作或手勢，拒絕女性受僱者進入職場，損害其工作權益，這類行為都有製造敵意工作環境之嫌疑，加害者或可構成《民法》第184條第1項（因故意或過失，不法侵害他人之權利者，負損害賠償責任。故意以背於善良風俗之方法，加損害於他人者亦同）的侵權行為。

雇主與管理者是最有能力預先防範及處理這類職場性騷擾行為者。一個具有良好升遷制度、溝通機制的工作場所，可以讓騷擾者較無可趁之

機，而具備完整的性騷擾防治政策、申訴管道、懲戒辦法，除了在事件發生時明確的處理標準外，更具有宣誓教育的功能。

三、職場性騷擾防治措施

職場性騷擾防治措施應包括下列事項：

1. 實施防制性騷擾之教育訓練，以達性騷擾防治之實質目的。
2. 應會同受僱者代表（或工會組織）主動訂定、公開揭示性騷擾防治措施和辦法，以及禁止工作場所性騷擾之書面聲明。
3. 規定處理性騷擾事件之申訴程序，並指定人員或單位負責，對所有指控立刻展開調查。
4. 建立有效的申訴程序，以保密方式處理申訴事件，並使申訴人免於遭受任何報復或其他不利之待遇。
5. 對調查屬實行為人之懲戒處理方式，如明訂工作規則等。
6. 如果原告需調職，要確定她（他）不會調到較不理想的職位。
7. 採取後續行動，避免騷擾行為繼續發生。

雇主有義務建立性騷擾防治措施及懲戒辦法，內容需包括處理範圍、適用對象、申訴方式、處理流程、獎懲制度，使就業場所能形成內部規範，達到積極預防的效果（**範例4-3**）。

範例4-3

職場性騷擾防治案例

項目	說明
公司	新竹科學園區某知名半導體公司
案由	一位留美男高級工程師有性幻想，精神上的問題，下班後喜在廠區暗處對路過女性毛手毛腳，偷窺女職員之私處，為人舉發。
安全設備探討	公司在廠區普設監視器，但該名員工專挑廠區燈光昏暗處偷襲晚上下班落單獨行女同事，並能巧妙的避開監視器的監控範圍，因而找不到性侵害證據。

項目	說明
舉發過程	1.先前曾對多人性侵害，這些人自認倒楣，並未向公司當局舉發，但已有耳語傳開來。 2.最近有一位女同事又遭到性侵害，乃「大膽」向公司申訴。
公司處理過程	公司清查廠區兩千多名男性員工，經過濾後，發現有三名可疑員工，乃向警察局報案，經警方查出其中一名員工涉案，偵訊後認罪。
結果	1.公司開除該名員工。 2.依妨害性自主罪嫌函送法辦。
法規條文	為保障國民就業機會平等，雇主對求職人或所僱用員工，不得以種族、階級、語言、思想、宗教、黨派、籍貫、出生地、性別、性傾向、年齡、婚姻、容貌、五官、身心殘障或以往工會會員身分為由，予以歧視。（《就業服務法》第5條） 主管機關應就本法所訂之性別、性傾向歧視之禁止、性騷擾之防治及促進工作平等措施納入勞動檢查項目。（《性別工作平等法》第6-1條）
受害人控訴難度	1.害怕失去工作。 2.害怕會使情況更糟。 3.害怕被報復。 4.不知道自己有權控訴。 5.不知道要告訴誰。 6.認為就是提出告訴也是枉然。 7.害怕別人不相信。 8.害怕可能會被貼上問題人物的標誌。 9.同事勸她（他）息事寧人。 10.害怕會被指責。 11.自責。 12.羞於啓齒。 13.提出控訴太花精力。 14.不想讓騷擾者有麻煩。 15.同事說她（他）太神經質（根本沒有這回事）。 16.害怕會對工作造成傷害。 17.害怕控訴不被重視。 18.認為會被別人揶揄（戲弄）。 19.害怕會因此遭同事排斥。 20.認為應該要忍耐，因為這是一種不成文規範。 21.害怕公開或引人注目。 22.害怕被造謠中傷。 23.不認為控訴會成功。 24.害怕目擊證人會中途退出。 25.自己將事情淡化看待。 26.不知道這是性騷擾。 27.否認／不相信會發生這種事。 （〈性騷擾受害人的申訴困境與因應芻議〉，羅燦煐撰，《全國婦女人身安全會議特刊》2000.03.06）

項目	說明
公司政策	1.明白確定宣示公司不會容忍任何性騷擾案件在工作場所內發生。 2.對「性騷擾」一詞做明確的界定，並舉例加以說明。 3.對處理這類「性騷擾」事件之申訴程序作一概括之說明，並指定有權處理這類事件的人員（單位），來負責解決這類申訴。 4.保證對所有提出這類「被性騷擾」申訴者，都會以保密之方式來加以處理。 5.保證所有提出這類申訴案，都不會因提出申訴而遭致報復或其他不利之處分。 6.明確表示採取糾正措施，對任何從事性騷擾活動之受僱者，將會遭到懲處，情節最嚴重者甚至逕予於開除解僱。 （〈我國建構員工工作場所性騷擾申訴制度之芻議〉，焦興鎧撰，《全國婦女人身安全會議特刊》2000.03.06）
學習經驗	1.宣示提供員工免於性騷擾與性別歧視之就業環境的政策。 2.不教而殺為之「虐」。新進員工訓練時，對員工介紹廠區環境時，要提醒他（她）們「走大道」、下班後不要單獨一人到地下道（防人之心不可無）；並宣導公司不容許在廠區內有傷風化行為之事件發生（先禮後兵）。 3.企業內建立周延的申訴管道與流程。 4.公司應設有「員工申訴信箱」，才不致造成事態嚴重後，再來收拾殘局。 5.警衛員廠區巡邏勤務工作要澈底。 6.警衛員廠區巡邏路線每月改變巡邏時間，如定時定點巡邏，容易為「變態者」趁空檔「作案」。 7.學習台北捷運公司提醒婦女乘客在夜間候車時，要在有監視器的區域內等車的經驗。公司要告知夜晚員工不要抄小路趕回家，讓人有機可乘。

資料來源：丁志達（2011），「從勞動相關法規與產業發展解析當前人資必備的因應策略」講義，財團法人保險事業發展中心編印。

 ## 第四節　身心障礙者就業服務

《身心障礙者權益保障法》的實施，對身心障礙者的工作權提供更多元的服務與保障，反映了相關社會福利及對身心障礙者觀念的進步。

一、身心障礙者的認定

《身心障礙者權益保障法》第5條規定，所稱身心障礙者，指下列各款身體系統構造或功能，有損傷或不全導致顯著偏離或喪失，影響其活動與參與社會生活，經醫事、社會工作、特殊教育與職業輔導評量等相關專業人員組成之專業團隊鑑定及評估，領有身心障礙證明者：

1. 神經系統構造及精神、心智功能。
2. 眼、耳及相關構造與感官功能及疼痛。
3. 涉及聲音與言語構造及其功能。
4. 循環、造血、免疫與呼吸系統構造及其功能。
5. 消化、新陳代謝與內分泌系統相關構造及其功能。
6. 泌尿與生殖系統相關構造及其功能。
7. 神經、肌肉、骨骼之移動相關構造及其功能。
8. 皮膚與相關構造及其功能。

二、定額僱用身心障礙者法條

關於定額僱用身心障礙者的法定人數，係依據《身心障礙者權益保障法》第38條規定而來。

1. 各級政府機關、公立學校及公營事業機構員工總人數在三十四人以上者，進用具有就業能力之身心障礙者人數，不得低於員工總人數百分之三。（第一項）
   私立學校、團體及民營事業機構員工總人數在六十七人以上者，進用具有就業能力之身心障礙者人數，不得低於員工總人數百分之一，且不得少於一人。（第二項）
2. 員工總人數及進用身心障礙者人數之計算方式，以各義務機關（構）每月一日參加勞保、公保人數為準。（第三項）
3. 身心障礙員工之月領薪資未達《勞動基準法》按月計酬之基本工資數額者，不計入進用身心障礙者人數及員工總人數。但從事部分工

時工作，其月領薪資達《勞動基準法》按月計酬之基本工資數額二分之一以上者，進用二人得以一人計入身心障礙者人數及員工總人數。（第三項）

4.進用重度以上身心障礙者，每進用一人以二人核計。（第五項）

三、職務再設計改善項目

《身心障礙者權益保障法》第16條第1項規定：「身心障礙者之人格及合法權益，應受尊重及保障，對其接受教育、應考、進用、就業、居住、遷徙、醫療等權益，不得有歧視之對待。」

企業可以幫助肢障員工改善無障礙環境，也可以幫助視障者購置盲用電腦、擴視機，或者幫助聽障員工申請手語翻譯等。藉由這些工作環境、工作設備、工作條件的改善及提供就業輔具、調整工作方法等，讓身心障礙員工克服工作障礙，更能發揮其才。

另外，透過職務再設計改善，有效協助身心障礙者克服工作障礙，增進其工作效能，以落實身心障礙者就業服務工作。

1.改善職場工作環境：它係指為協助身心障礙者就業，所進行與工作場所無障礙環境有關之改善。

2.改善工作設備或機具：它係指為促進身心障礙者適性就業，提高生產力，針對身心障礙者進行工作設備或機具之改善。

3.提供就業輔具：它係指為恢復、維持、強化或就業特殊需要所設計、改良或購置之輔助器具。

4.改善工作條件：它係包括提供手語翻譯、視力協助、改善交通工具等有關活動。

5.調整工作方法：它係透過職業評量及訓練，按身心障礙者的特性，分派適當的工作，包括工作重組，使某些職務適合身心障礙者作業、調派其他員工和身心障礙員工合作、簡化工作流程、調整工作場所等，並避免危險性工作等（行政院勞工委員會職業訓練局身心障礙者就業開門網站雇主專區http://opendoor.evta.gov.tw/sub.aspx?p=0000007&a=0000140）。

　　防制就業歧視制度的建構，是檢視一個國家保障其勞工人權是否落實的一項重要指標，尤其在全球化過程中，無論是已開發國家、開發中國家及低度開發國家的勞工大多深受其害。因此，如何對勞動者其基本人權加以保障一事，幾乎形成共識，而就業歧視的禁止，即是其中一項不可或缺的課題（焦興鎧，2007：64）。

 結　語

　　《就業服務法》已增訂雇主對求職人或所僱用員工不得以年齡、性傾向、出生地為由予以歧視之規定。不管是招募廣告或面試過程中，雇主不應一開始就依年齡逕自判斷勞工不適任，而是應透過面試談話中來評斷是否適才適所，以免誤觸《就業服務法》。依該法第65條規定，違反者最重可處三十萬以上一百五十萬以下罰鍰，罰則不輕，雇主不可不慎（**表4-7**）。

表4-7　企業人力資源管理因應之道

> ・人事政策上應增列對性別工作平等及性騷擾之防治之宣示。
> ・強調同工同酬之精神，做好職位評價，建立一個以績效與貢獻度給薪的激勵薪酬制度，並且將年資、績效等影響因素明定其百分比，務必做到公平、公開、公正的原則，絕不因性別而有差異待遇。
> ・建立完善工作說明書，以及招募作業規定。招募時註名性別、年齡不拘（或根本不提）。
> ・明定考績辦法，並公告周知；考核項目與績效標準以達成策略及目標為依歸。考核項目與績效指標在條件設立上、考選基準上均力求公正、公平。
> ・晉升辦法明定之，晉升時以是否足以擔任該職位所需知識、技能，加上未來潛力為主。調動時亦應以該職位所需具備之知識、技能之條件為主。
> ・教育訓練應以達成策略目標所需具備知識、技術為經，工作說明書上所載之教育訓練及考核後應改進與強化之知識技術為緯去規劃。
> ・澈底去除單身條款與禁孕條款，各項福利措施應確保兩性平等。
> ・無法獨立辦理托兒、托老，可考慮結合社區來辦理。
> ・對於保護母體的各項請假、哺乳與工作時間，應確實遵守法律規範。
> ・建立內部申訴管道，一旦發生性騷擾事件應立即妥善辦理。
> ・做好人力資源規劃，適質、適量、適時、適地的提供企業現在及未來所需的人力。
> ・儘早研擬導入非典型僱用型態（派遣人力）之可行性評估。

資料來源：吳錦錫（2001），《兩性工作立法對企業人力資源管理之衝擊與因應》，中華勞資關係研究所編印，頁15-16。

第五章
工資待遇與社會保險

　　工資問題是勞資關係最基本、最重要，也是最敏感的問題。工資對勞動者而言，是收入，收入愈高愈好；對雇主來說，工資是成本，成本愈低愈好。

　　勞工保險是政府為推行社會政策，應用保險原理及技術，採取強制的方式，在納費互助原則下，以共同分擔危險的方式，集合多數人及政府的經濟力量，對被保險之勞工遭遇生、老、病（按：1995年2月，普通事故保險的醫療給付業務移轉中央健康保險局辦理）、死、傷、殘、退休等事故（項）時，提供現金補償及職業災害醫療給付，以保障勞工及其家屬的生活，促進社會安全。

第一節　工資與獎金概論

　　工資為勞工提供勞務之報酬，是勞工及其家屬主要之經濟來源，它牽涉到勞工權益與雇主應負擔的義務，故勞工工資應予保障。

一、工資之定義與認定

　　工資係指勞工之對價，依《勞動基準法》第2條第3款規定：「工資：謂勞工因工作而獲得之報酬；包括工資、薪金及按計時、計日、計月、計件以現金或實物等方式給付之獎金、津貼及其他任何名義之經常性給與均屬之。」因此根據工資之定義，其包含的範圍甚廣，至於判斷是否為「工資」的重要標準，就是以是否為勞工因工作而獲得的報酬，以及是否為經常性給與為準。

　　最高行政法院民國88年判字第544號判決明確指出，是否經常性給與，應依其實際給付情形認定，非以其名目論斷。例如不休假獎金，如非

按月給與，而係每年合計一次發給，自非經常性給與（**法規5-1**）。

二、平均工資的定義與計算

　　勞工退休金、資遣費及職業災害補償費等，係以平均工資計算。所謂平均工資，依《勞動基準法》第2條第4款規定：「謂計算事由發生之當日前六個月內所得工資總額除以該期間之總日數所得之金額。」

　　至於一個月平均工資以計算事由（即退休、資遣、職災）發生之當日前六個月工資總額直接除以六即可。

　　在計算平均工資時，依《勞動基準法施行細則》第2條規定，下列期間之工資及日數應予扣除：

1.發生計算事由之當日。
2.因職業災害尚在醫療中者。
3.依《勞動基準法》第50條第2項（按：指女工請產假，因受僱工作未滿六個月工資折半發給期間）減半發給工資者。
4.雇主因天災、事變或其他不可抗力而不能繼續其事業，致勞工未能工作者。

法規5-1　非經常性給與的項目

一、紅利。

二、獎金：指年終獎金、競賽獎金、研究發明獎金、特殊功績獎金、久任獎金、節約燃料物料獎金及其他非經常性獎金。

三、春節、端午節、中秋節給與之節金。

四、醫療補助費、勞工及其子女教育補助費。

五、勞工直接受自顧客之服務費。

六、婚喪喜慶由雇主致送之賀禮、慰問金或奠儀等。

七、職業災害補償費。

八、勞工保險及雇主以勞工為被保險人加入商業保險支付之保險費。

九、差旅費、差旅津貼及交際費。

十、工作服、作業用品及其代金。

十一、其他經中央主管機關會同中央目的事業主管機關指定者。

資料來源：《勞動基準法施行細則》第10條（民國98年02月27日修正）。

三、基本工資

政府制定基本工資，係以政府的公權力干預勞動條件的手段，以保障勞動者的基本權益。依《勞動基準法》第21條規定：「工資由勞雇雙方議定之。但不得低於基本工資。」

跟隨基本工資調整而連帶調升的計費標準包括：勞工保險投保最低薪資、全民健康保險最低投保薪資等級、外籍勞工最低工資標準、就業安定基金、聘雇外籍勞工繳交保證金、身心障礙勞工基本工資、進用身心障礙者人數未達《身心障礙者權益保障法》規定標準人數時，繳納差額補助費及超額進用人數獎勵標準、老農津貼富農認定、公平交易法中廠商商品促銷活動單項贈獎額度、失業輔助金補助額度、邊際及弱勢勞工的補助費、國民年金等，均緊貼著基本工資，因此，基本工資調整，勢必直接影響企業的僱用成本（**表5-1**）。

四、獎金與分配紅利

依《勞動基準法》第29條規定：「事業單位於營業年度終了結算，如有盈餘，除繳納稅捐、彌補虧損及提列股息、公積金外，對於全年工作並無過失之勞工，應給與獎金或分配紅利。」所以，獎金或分配紅利都不屬於「經常性給與」的範疇。

表5-1 歷年基本工資調升彙總表

年度	金額	幅度	年度	金額	幅度	年度	金額	幅度
45～52	300	－	72	4,900	48.4%	81	12,365	12%
53～56	450	50%	73	5,925	20%	82	13,350	7.97%
57	575	27.7%	74	6,150	37.9%	83	14,010	7.94%
58～66	600	4.3%	75～76	69,00	12.1%	84	14,880	4.94%
67	750	25%	77	8,130	17.8%	85	15,360	6.21%
68	2,400	220%	78	8,820	8.4%	86～95	15,840	3.23%
69	3,000	25%	79	9,750	10.5%	96	17,280	9.09%
70～71	3,300	10%	80	11,040	13.2%	99	17,880	3.47%

資料來源：丁志達整理。

五、員工入股

依《公司法》第267條規定：「公司發行新股時，除經目的事業中央主管機關專案核定者外，應保留發行新股總數百分之十至十五之股份由公司員工承購。」若是上市上櫃公司，在多頭市場榮景熱絡下，一般投資人縱使參與抽籤亦無法購得股票，但是員工則可從其保留的股份中購得，這也是企業運用的獎酬工具，但員工購買公司所發行的新股，屬於有償取得。

六、股票認股權

依《公司法》第167-2條第1項規定：「公司除法律或章程另有規定者外，得經董事會以董事三分之二以上之出席及出席董事過半數同意之決議，與員工簽訂認股權契約，約定於一定期間內，員工得依約定價格認購特定數量之公司股份，訂約後由公司發給員工認股權憑證。」俾吸引及留置優秀人才。

第二節　工資給付原則

知法不犯法，這是管理上的不二法則。關係到勞工生活品質改善的工資收入部分，企業在支付工資時，應注意下列幾項給付原則，以避免勞資爭議。

一、不得低於基本工資

工資由勞雇雙方議定之。但不得低於基本工資。

二、以法定通用貨幣給付

工資之給付，應與法定通用貨幣爲之。但基於習慣或業務性質，得

於勞動契約內訂明一部以實物給付之。工資之一部以實物給付時，其實物之作價應公平合理，並適合勞工及家屬需要。國內業者僱用外勞時，如於勞動契約中訂明提供膳宿及其折價金額，只要作價公平合理，於法並無不可。

三、全額直接給付原則

工資應全額直接給付勞工。但法令另有約定或勞雇雙方另有約定者，不在此限。依此，雇主不得任意扣減、扣押勞工之工資。

四、定期給付原則

勞工賴工資而維生，工資給付時間如不確定，將影響其正常生活。故《勞動基準法》第23條第1項規定：「工資之給付，除當事人有特別約定或按月預付者外，每月至少定期發給二次；按件計酬者亦同。」

五、男女同工同酬原則

雇主對勞工不得因性別而有差別的待遇。工作相同，效率相同者，給付同等之工資。

六、預扣工資的禁止

《勞動基準法》第26條規定：「雇主不得預扣勞工工資作為違約金或賠償費用。」所謂預扣，係指在違約、賠償等事實未發生前或其事實已發生，但責任歸屬、金額多寡、範圍大小未確定前，雇主預扣工資作為違約金或賠償費用之意。蓋勞工於工作中故意或過失損失產品或其他物品，觸犯刑章部分，雇主可以訴請司法機關辦理；關於民事賠償部分可由雇主與勞工協商決定賠償金額及清償方式，如未達成協議，其賠償非雇主單方面所能認定者，應循司法途徑解決，不得逕自扣發工資。

七、積欠工資優先受償

依《勞動基準法》第28條規定：「雇主因歇業、清算或宣告破產，本於勞動契約所積欠之工資未滿六個月部分，有最優先受清償之權。」（第1項）及「雇主應按其當月僱用勞工投保薪資總額及規定之費率，繳納一定數額之積欠工資墊償基金，作為墊償前項積欠工資之用。」（第2項）（**附錄8**）。

積欠工資墊償基金制度運用，類似保險上危險分擔原則及社會連帶責任精神，規定雇主平時應按其當月僱用勞工投保薪資總額及規定之費率（現行費率萬分之2.5）繳納一定數額之積欠工資墊償基金，當雇主有歇業、清算或宣告破產而積欠勞工工資時，得由該基金先予墊償，以發揮企業互助精神，加強對勞工工資的保障。積欠工資優先受償順序，除法令另有規定外，僅次於抵押權，優先於一切債權（**圖5-1**）。

八、主管機關之限期命令給付

如雇主不按期給付工資者，主管機關得限期令其給付。

第三節　加班工資給付

延長工時（加班）包括每日工作時間的延長與假日的出勤勞動。勞工在工作一定時間後，有適當的休息時間，是維護勞工休閒與個人健康的生活所必需。延長工時需由雇主加給工資為補償，乃理所當然（**表5-2**）。

一、延長工時工資之給付

對雇主延長勞工工作時間者，《勞動基準法》第24條規定，應照平時工資加成發給：

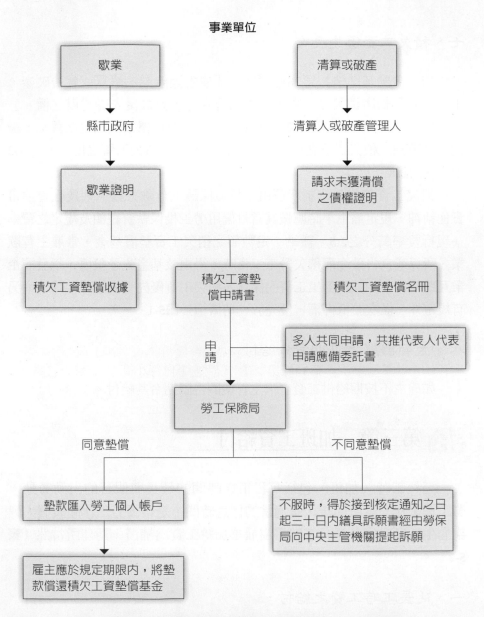

圖5-1 勞工申請積欠工資墊償基金時應檢附之文件及證明

資料來源：行政院勞工委員會勞工保險局編印（2007），《勞工申請積欠工資墊償手冊》，頁37。

表5-2　避免員工加班的方法

・限制加班時數的上限。
・加班採事先申請或許可制。
・設置按時下班日（無加班日）。
・除非工作必要，避免有陪主管加班之不良習慣。
・協商以補假方式替代工資加成給付。
・採取彈性工作時間制。
・採取交替上班制。
・工作內容分配的重估。

資料來源：行政院勞工委員會編印（1997），《企業內縮短工作時間參考手冊：縮短工
　　　　　時之步驟與方法》，頁13。

1.因季節關係、換班、準備、補充性工作延長工時：
　(1)延長工作時間在二小時以內者，按平日每小時工資額加給三分
　　　之一以上。
　(2)再延長工作時間在二小時以內者，按平日每小時工資額加給三
　　　分之二以上。
2.因天災、事變或突發事件，必須於正常工作時間以外延長工作時間者
　（《勞動基準法》第32條第3項），應按平日每小時工資額加倍發給
　之。

　　所稱平日每小時工資額，係指勞工在每日正常工時內每小時所得報
酬，不含延長工時工資及假日加給之工資。

二、假日出勤工資之加倍發給

　　依《勞動基準法》第36條規定，勞工每工作七日中至少應有一日
之休息，作為例假。該例假除因天災、事變、突發事件外，縱使勞工同
意，雇主亦不得使其工作。至於《勞動基準法施行細則》第23條列舉之
紀念節日（**法規5-2**），以及《勞動基準法》第38條規定之特別休假（**法規
5-3**），雇主經徵得勞工同意後，即可使勞工出勤工作，惟其工資應加倍
發給。所謂加倍發給，係指除依規定當日工資照給外，再加發該實際從事
工作之休假日內應得工資而言（黃秋桂，2001：1-9）。

法規5-2	紀念日、勞動節日及其他應放假之日一覽表
類別	放假日
紀念日	• 中華民國開國紀念日（元月一日） • 和平紀念日（二月二十八日） • 革命先烈紀念日（三月二十九日） • 孔子誕辰紀念日（九月二十八日） • 國慶日（十月十日） • 先總統 蔣公誕辰紀念日（十月三十一日） • 國父誕辰紀念日（十一月十二日） • 行憲紀念日（十二月二十五日）
勞動節日	• 五月一日勞動節
其他應放假之日	• 中華民國開國紀念日之翌日（元月二日） • 春節（農曆正月初一至初三） • 婦女節、兒童節合併假日（民族掃墓節前一日） • 民族掃墓節（農曆清明節為準） • 端午節（農曆五月五日） • 中秋節（農曆八月十五日） • 農曆除夕 • 台灣光復節（十月二十五日） • 其他經中央主管機關指定者

資料來源：《勞動基準法施行細則》第23條（民國98年02月27日修正）。

法規5-3　特別休假的規定

勞工在同一雇主或事業單位，繼續工作滿一定期間者，每年應依左列規定
給予特別休假：

一、一年以上三年未滿者七日。

二、三年以上五年未滿者十日。

三、五年以上十年未滿者十四日。

四、十年以上者，每一年加給一日，加至三十日為止。

資料來源：《勞動基準法》第38條（民國98年04月22日修正）。

第四節　勞工退休制度

　　勞工退休制度之良窳，與勞工退休生活品質息息相關。對於勞工老年退休生活之保障，《勞動基準法》之退休規定可給予若干程度保障，惟我國中小企業較多，企業平均壽命不長，勞工流動率高，以致勞工能符合退休條件者不多，且雇主給付退休金成本估算困難，常以不當手段資遣、解僱員工，衍生勞資爭議。

　　有關勞工退休制度，目前有些勞工僅適用《勞動基準法》第六章「退休」條款的規定；有些勞工則僅適用《勞工退休金條例》的規定；而尚有一部分勞工則選擇「雙軌制」。

一、《勞動基準法》

　　《勞動基準法》所規定的勞工退休分為「自請退休」與「強制退休」，兩者之區別在於，「自請退休」的發動權為勞工，「強制退休」的發動權在雇主。如雇主所定之勞工退休金標準優於《勞動基準法》規定時，可從其規定。

(一)自請退休

　　《勞動基準法》第53條規定，勞工符合下列情形之一者，得自請退休：

1.工作十五年以上年滿五十五歲者。
2.工作二十五年以上者。
3.工作十年以上年滿六十歲者。

　　凡符合自請退休要件者，勞工有權隨時請求退休，縱使雇主依《勞動基準法》第11條規定預告勞工終止勞動契約，其已符合退休規定者，亦應給予退休，並依同法第55條規定發給退休金，雇主不得以資遣方式辦理。

(二)強制退休

《勞動基準法》第54條規定，勞工非有下列情形之一者，雇主不得強制其退休：

1.年滿六十五歲者（第1項第1款）。
2.心神喪失或身體殘廢不堪勝任工作者（第1項第2款）。

前項第1款所規定之年齡，對於擔任具有危險、堅強體力等特殊性質之工作者，得由事業單位報請中央主管機關予以調整。但不得少於五十五歲。

如勞工符合強制退休要件者，且同時符合《勞動基準法》第11條的終止勞動契約情事時，雇主不得以資遣方式辦理，應依法以退休方式處理。所以，當雇主解僱勞工時，任何情況都被解讀爲規避退休金給付而造成勞資爭議案件，屢見不鮮。

(三)勞工退休金之計算方式

勞工退休金之給與標準，規定於《勞動基準法》第55條，計算規定如下：

1.按其工作年資，每滿一年給與兩個基數。但超過十五年之工作年資，每滿一年給與一個基數，最高總數以四十五個基數爲限。未滿半年者以半年計；滿半年者以一年計。
2.依《勞動基準法》第54條第1項第2款規定，強制退休之勞工，其心神喪失或身體殘廢係因執行職務所致者，依前款規定加給百分之二十。

前項第1款退休金基數之標準，係指核准退休時一個月平均工資（即退休發生之當日前六個月內所得工資總額除以該期間之總日數所得之金額爲平均工資）。

第1項所定退休金，雇主如無法一次發給時，得報經主管機關核定後，分期給付。《勞動基準法》施行前，事業單位原定退休標準優於《勞

動基準法》者，從其規定。

(四)工作年資的計算

依《勞動基準法》第84-2條規定，勞工工作年資自受僱日起算，並以服務同一事業單位年資為限，適用《勞動基準法》前後之工作年資合併計算，但適用前後之資遣費及退休金給與標準，基於法律不溯及既往原則，採「分段計算」方式，適用前依當時適用的法令，無法令可適用者，依各該事業單位自訂退休規定或由勞雇雙方協商決定，至於適用《勞動基準法》後，則依《勞動基準法》規定給與標準計算（**附錄9**）。

二、《勞工退休金條例》

《勞工退休金條例》（簡稱「勞退新制」）在2005年7月1日正式實施，凡2005年7月1日以後入職的員工只能適用「勞退新制」，按月由企業提撥退休金至個人帳戶儲存。但企業必須一直「苦等」到組織內部所有選擇《勞動基準法》退休制度（簡稱「勞退舊制」）的勞工退休或離職後，「勞退新制」才能「一體適用」全體勞工（**表5-3**）。

第五節　員工福利制度

員工福利又稱為「邊際性利益」（Fringe Benefits），廣義的說法是指「工資或薪水之外提供給員工之所有報酬」，可能是金錢給付、保險、休假及企業提供的服務等，有些提供的福利是和工作有關，有些是和生活有關，但不同於薪資、績效與職務間之直接相關。

完善的福利制度不但可以減少經營成本、降低流動率、維持勞資關係和諧，更能提升企業形象，增進企業在勞動市場上的競爭能力。

一、《職工福利金條例》的適用對象

在1943年國民政府時代，為了體恤工廠或礦場員工的收入不足以溫飽生活，又希望能對於其生活給予福利補助，遂制定《職工福利金條

表5-3　新舊制勞工退休金差異比較表

法源	《勞動基準法》（勞退舊制）	《勞工退休金條例》（勞退新制）
適用對象	《勞動基準法》勞工	《勞動基準法》本國勞工（含短期工、臨時工等）
制度差異	採行確定給付制，由雇主於平時提存勞工退休準備金，並以事業單位勞工退休準備金監督委員會之名義，專戶存儲	採行確定提撥制，由雇主於平時為勞工提存退休金或保險費，以個人退休金專戶制（個人帳戶制）為主、年金保險制為輔
年資採計	工作年資採計以同一事業單位為限，因離職或事業單位關廠、歇業而就新職，工作年資重新計算	工作年資不以同一事業單位為限，年資不因轉換工作或因事業單位關廠、歇業而受影響，為可攜式
退休要件	自請退休（《勞動基準法》第53條）： 1.工作十五年以上年滿五十五歲者 2.工作二十五年以上者 3.工作十年以上年滿六十歲者 強制退休（《勞動基準法》第54條）： 1.年滿六十五歲者 2.心神喪失或身體殘廢不堪勝任工作者	選擇適用勞工個人退休金專戶制之勞工於年滿六十歲，且適用新制年資十五年以上，得自請退休，向勞保局請領月退休金；年滿六十歲，適用新制年資未滿十五年時應請領一次退休金
領取方式	一次領退休金	·提繳未滿十五年者，請領一次退休金 ·提繳滿十五年者，可請領一次退休金或請領月退休金，但須先投保延壽年金
給付月薪計算	平均工資（退休前六個月）	每月工資（視分級表而定）
退休金計算	按工作年資，每滿一年給與兩個基數。但超過十五年之工作年資，每滿一年給與一個基數，最高總數以四十五個基數為限。未滿半年者以半年計；滿半年者以一年計	·月退休金：勞工個人之退休金專戶本金及累積收益，依據年金生命表，以平均餘命及利率等基礎計算所得之金額，作為定期發給之退休金 ·一次退休金：一次領取勞工個人退休金專戶之本金及累積收益
退休金所有權	雇主	勞工
給付方式	退休金一次付清（可另訂協議採分期付清）	·年資滿十五年採月退制 ·年資未滿十五年採一次退
資遣費	一年年資計算一個月平均工資（以年資計算資遣費，給付資遣費無最高上限的規定）	一年年資換算○·五個月平均工資（資遣費最多給付六個月為上限）
雇主負擔	採彈性費率，以勞工每月工資總額之2%至15%作為提撥基準	退休金提撥率採固定費率，雇主按月之提撥率不得低於員工每月工資之6%
勞工負擔	勞工毋需提撥	勞工在工資6%範圍內可以自願提撥，享有稅賦優惠
收支保管單位	中央信託局（該局在2007年7月1日起台灣銀行合併，兩家銀行合併後，則以台灣銀行為存續銀行）	勞工保險局

參考資料：丁志達（2005），〈勞退新制對企業的衝擊與因應之道〉，經營決策論壇（2005年05月），頁21-23；《勞動基準法》（民國98年04月22日修正）。

例》，要求雇主必須自其創立資本總額、每月營業收入總額、員工薪資及下腳收入提撥一定比率作為「職工福利金」。

《職工福利金條例》第1條規定：「凡公營、私營之工廠、礦場或其他企業組織，均應提撥職工福利金，辦理職工福利事業。」並應於提撥職工福利金後立即移送職工福利委員會保管。

二、提撥福利金的規定金額

依據《職工福利金條例》第2條規定，工廠礦場及其他企業組織提撥職工福利金，依下列之規定：

1.創立時就其資本總額提撥百分之一至百分之五。
2.每月營業收入總額內提撥百分之○‧○五至百分之○‧一五。
3.每月於每個職員工人薪津內各扣百分之○‧五。
4.下腳變價時提撥百分之二十至四十。

三、職工福利委員會組織與任務

職工福利金之保管動用，應由依法組織之工會及各工廠礦場或其他企業組織共同設置職工福利委員會負責辦理。

工廠、礦場或其他企業組織之職工福利委員會，置委員七人至二十一人。但事業單位人數在一千人以上者，委員人數得增至三十一人。

依據《職工福利委員會組織準則》第4條規定，「職工福利委員會除由事業單位指定一人為當然委員外，其餘委員依下列規定辦理：

一、已組織工會者，委員之產生方式由事業單位及工會分別訂定。但工會推選之委員不得少於委員總人數三分之二。
二、未組織工會者，委員之產生方式由事業單位及職工福利委員會定之。但新設職工福利委員會者，委員之產生方式由事業單位定之，勞方代表部分由全體職工選舉之。

依前項推選委員時，得同時依遞補順序推選候補委員，其名額不得超過委員人數三分之一。」

四、職工福利委員會的任務

依據《職工福利委員會組織準則》第12條規定，職工福利委員會之任務有：

1. 職工福利事業之審議、促進及督導事項。
2. 職工福利金之籌劃、保管及動用事項（**法規5-4**）。
3. 職工福利事業經費之分配、稽核及收支報告事項。
4. 其他有關職工福利事項。

設置職工福利金的用意，即是每一個勞工都有機會可以享有各項福利補助。如果績效好、營收高，福利金的提撥率自然就高；營收低，提撥率當然低，關鍵之所在，就是所有勞工要創造工作佳績，才能逐年提升福利項目。

經濟社會快速發展至今，企業辦理勞工福利的用心與否，已成為企業延攬與留住人才不可或缺的條件之一，更是企業激勵勞工工作意願與忠誠意識，發揮個人潛能的必要原動力（**範例5-1**）。

法規5-4	職工福利金動支範圍、項目及比率
福利輔助項目	婚、喪、喜、慶、生育、傷病、急難救助、急難貸款、災害輔助等。
教育獎助項目	勞工進修補助、子女教育獎助等。
休閒育樂項目	文康活動、社團活動、休閒旅遊、育樂設施等。
其他福利事項	年節慰問、團體保險、住宅貸款利息補助、職工儲蓄保險、職工儲蓄購屋、托兒及眷屬照顧補助、退休職工慰問、其他福利等。
以上各款動支比率不予限制，惟各款動支比率合計不得超過當年度職工福利金收入總額100%。	
職工福利金以現金方式發給職工，應以直接普遍為原則，並不得超過當年度職工福利金收入總額40%。	

資料來源：行政院勞工委員會93年7月22日勞福一字第○九三○○三五五一四號令。

範例 5-1

員工關懷的福利措施

企業名稱	員工關懷的福利措施項目
智邦科技公司	內部員工結婚，每人每月各補貼NT$3,000
奇美電子公司	提供孕婦保留車位
台北君悅飯店	生日假
逸凡科技公司	情緒假、慰問金
戰國策	提供董事長椅子、情緒假
台灣安侯建業會計師事務所	「按摩」免費服務
台灣勤業眾信會計師事務所	提供深海魚油、綜合維他命補品
信義房屋公司	每個月提供員工「買書費」
奧美廣告公司	聘請瑜伽老師來教導員工打坐、冥想，解放工作壓力
美商艾汾公司	每週五讓員工帶「寵物」上班
台灣積體電路公司	服務未滿一年即按到職月數比例給予新進員工不同日數的特別休假

資料來源：丁志達（2009），〈推進人力「成本」轉化為人力「資本」〉講義，正航軟件公司編印。

第六節　勞工保險制度

　　世界各國中，勞工保險的最早起源係在德國，德國首相俾斯麥（O. E. L. V. Bismarck），為了安定社會，保障勞工生活以防止共產世界思想的侵蝕，得到德皇威廉一世（Kaiser William I）的支持，向國會提出一個《勞工疾病保險法》，1883年經國會通過頒布，施行世界上第一個勞工保險的法案；1884年頒布《勞工傷害保險法》；1889年又創辦《勞工養老殘廢保險法》。1911年英國創辦了「失業保險」。上述這些保險辦理得相當有成效，後來使世界其他國家都相繼仿效。

一、《勞工保險條例》規定項目

我國於1950年開辦《台灣省勞工保險辦法》辦理勞工保險業務,至1958年中央政府制定《勞工保險條例》後全面施行。勞工保險局成立於1950年,服務的範圍諸如勞工保險業務、積欠工資提繳與墊償業務、職災勞工保護補助業務、就業保險業務、勞工退休金新制業務、失業金給付及國民年金等業務。

勞工保險可分為「勞保給付種類」、「平均月投保薪資計算方式」及「勞保年金給付」等三種(**附錄10**)。

二、勞保給付種類

勞工保險分為「普通事故保險」和「職業災害保險」兩類。

(一)普通事故保險

生育、傷病、失能、老年及死亡五種給付(**附錄11**)。

(二)職業災害保險

傷病、醫療、失能及死亡(含失蹤津貼)四種給付。

老年、失能、死亡三種給付,除了一次給予外,增加了年金的選擇,也就是「老年年金」、「失能年金」和「遺屬年金」三種給付。

三、勞工保險年金制度

為因應人口老化及少子(女)化趨勢所帶來之個人長期經濟生活保障問題,有關《勞工保險條例》的勞保年金給付的修正,自2009年1月1日起施行,為勞工提供更完善的勞保保障體系。

(一)老年年金

提供勞工退休後長期之經濟生活保障,更可視個人退休規劃而選擇延後請領「展延老年年金」或提前請領「減給老年年金」。

(二)失能年金

　　除了提供失能達終身無工作能力者長期之生活照顧外，如有符合條件的配偶或子女，還可加發眷屬補助，可確實保障其整個家庭經濟生活。

(三)遺屬年金

　　不論是被保險人在保險有效期間死亡，或是在「領取老年年金或失能年金期間死亡」者，符合條件的遺屬即可請領遺屬年金，且另有遺屬加計，使其遺屬獲得長期之生活保障（**表5-4**）。

表5-4　三種年金的請領要件與給付標準

年金給付類別	請領要件	給付標準
老年年金給付	1.年滿六十歲，保險年資合計滿十五年者，並辦理離職退保者。 2.被保險人擔任具有危險、堅強體力等特殊性質之工作合計滿十五年，年滿五十五歲，並辦理離職退保者：得請領老年年金給付，且不適用修正條文第58條第5項（請領年齡逐步提高）及第58條之2（展延或減額）規定。 3.老年一次金：年滿六十歲，保險年資合計未滿十五年者（給付標準同舊制老年給付，每滿一年發給一個月，逾六十歲之保險年資最多以五年計）。 ※請領年齡逐步提高：自年金施行之日起，第十年提高一歲，其後每二年提高一歲，以提高至六十五歲為限。	依下列兩種方式擇優發給： 1.平均月投保薪資×年資× 0.775 % + 3000元。 2.平均月投保薪資×年資× 1.55%。
失能年金給付	1.被保險人遭遇傷害或罹患疾病，經治療後，症狀固定，再行治療仍不能期待其治療效果，經保險人自設或特約醫院診斷為永久失能，且經評估為終身無工作能力者。 2.被保險人為身心障礙者權益保障法所定之身心障礙者，經評估為終身無工作能力者。 ※其他失能程度未達終身不能從事工作者，仍同舊制按失能給付標準規定發給一次金。	1.平均月投保薪資×年資× 1.55%。 2.最低保障四千元。 3.發生職災經評估為終身無工作能力者，除發給年金外，另加發二十個月職災失能一次金。

（續）表5-4　三種年金的請領要件與給付標準

年金給付類別	請領要件	給付標準
遺屬年金給付	1.被保險人在保險有效期間死亡。 2.被保險人退保，於領取老年年金或失能年金給付期間死亡。 3.保險年資滿十五年，並符合修正條文第58條第2項老年給付條件，於未領取老年給付前死亡。	1.平均月投保薪資×年資×1.55%。 2.最低保障三千元。 3.發生職災致死亡者，除發給年金外，另加發十個月職災死亡補償一次金。 前述請領要件第2、3點情形，依失能年金或老年年金給付標準計算後金額之半數發給。

資料來源：行政院勞工委員勞工保險局網站http://www.bli.gov.tw/sub.aspx?a=o8hKGn4W9GY%3d；整理：丁志達。

　　政府為保障勞工退休後生活，建立勞工保險年金給付制度，在勞工於退職請領勞保老年給付前要審慎思考，應就現行一次請領給付及年金給付詳加分析、計算，針對個人狀況做出最有利的選擇，想清楚再領，以維護自身權益（表5-5）。

表5-5　勞工保險新舊制度差異

項目	勞工保險舊制	勞工保險新制（民國98年04月22日修正）
勞保保費	6.5%	民國98年漲為7.5%，之後逐年調高，民國116年調到上限13%
發給方式	一次發給	能選擇一次發給或按月撥給
老年給付	1.請領年齡：五十五歲起 2.請領資格：投保滿十五年 3.計算標準：月投保薪資×基數	1.請領年齡：六十歲起，民國107年起逐年提高，到民國115年後是六十五歲起 2.請領資格：投保滿十五年可領年金，未滿十五年只能領一次金（年資可與國民年金合計） 3.計算標準（擇優發給）： (1)新台幣3,000＋月投保薪資×0.775%×年資 (2)月投保薪資×1.55%×年資
殘廢給付	依照殘廢等級領一至四十個月投保薪資	1.月投保薪資×1.55%×年資，不足新台幣4,000元發給4,000元 2.無工作能力配偶或子女每人加發25%，最高加發50%

（續）表5-5 勞工保險新舊制度差異

項目	勞工保險舊制	勞工保險新制（民國98年04月22日修正）
遺屬給付	投保期間死亡：依年資領十至三十個月投保薪資	1.領勞保舊制一次金 2.無工作能力遺屬可選擇領取投保薪資×1.55%×年資，同順位遺屬有一人以上最高加發50%
		1.領年金期間死亡，可將和勞保一次請領的差額領走 2.無工作能力遺屬可選擇領原本年金的半數

資料來源：行政院勞工委員會；引自：郭玫君（2008），〈勞保勞退金 領取不衝突〉，《經濟日報》（2008/09/02 A13版）。

結　語

　　由於工資與福利項目最容易引起勞資爭議，所以企業在制訂薪資政策、規劃福利制度方案時，事先一定要與員工（包括工會、職工福利委員會、退休金管理委員會）清楚地溝通，取得共識後再實施新政策，方為上策，而依法參加的各項社會保險投保金額，也要據實申報，不可「偷斤減兩」，失信於勞工。

第六章
勞工安全與健康管理

> 　　二十世紀九〇年代工安的主要課題是人體工學，而二十一世紀初
> 葉是工作壓力。
> 　　　　──美國康州狄克生職業衛生服務公司總裁狄克生（B. Dickerson）

　　勞工安全與健康不僅關係著勞工最基本的生存權與工作權的保障，也關係著人力資源的維護、社會的安定及經濟的繁榮。不良的工作環境，容易導致職業災害，不僅造成勞工傷害，亦造成事業單位的損失，影響勞資關係的和諧，對於事業單位永續經營、產業升級、經濟發展均會有不良的影響。所以，保障勞工生命安全與健康，事業單位要特別重視，且要防止不發生事故，平日就要做好勞工安全衛生的工作（蔡家銘，1995：1）。

 ## 第一節　勞工安全衛生導論

　　1972年7月至11月，台灣地區的美商淡水「飛歌」電子廠（一般慣稱的飛歌電子廠乃當時媒體誤植，正式登記名稱為「台灣飛哥股份有限公司」）、日商高雄「三美」電子廠及其姊妹廠「美之美」電子廠，連續爆發多起女工因吸入、接觸三氯乙烯、四氯乙烯（有機溶劑）中毒，致罹患肝病死亡的消息經媒體曝光後，隨即造成數百名電子業女工的辭職效應。由於當時國內仍處戒嚴時期，電子業又是勞力密集的重點產業，政府為預防可能導致的群體騷動，故責令內政部衛生署立即針對全省電子產業展開一連串的工安檢查，嗣後並公布《勞工作業環境空氣中有害物容許濃度標準》、《有機溶劑中毒預防規則》，積極催生《勞工安全衛生法》，以彰顯政府對於工安改革的決心。

　　《勞工安全衛生法》頒訂於1974年，顧名思義以製造業（廠礦）為主要適用對象，但1985年公布的《勞動基準法》第8條規定：「雇主對於僱用之勞工，應預防職業上災害，建立適當之工作環境及福利設施。其有關安全衛生及福利事項，依有關法律之規定。」故凡適用《勞動基準法》的事業單位均應遵守《勞工安全衛生法》（**附錄12**）。

一、勞工安全衛生工作的目的

依照國際勞工組織及世界衛生組織專家聯合委員會的看法，勞工安全衛生工作的目的，應包括下列幾項：

1.增進和維護勞工的高度身心健康和福利。
2.防止勞工由於其作業條件造成不利於健康的情況。
3.保護勞工在其受僱期間免於遭受危害健康因素而造成災害。
4.配置和維護勞工於最能適應其生理和心理條件的作業環境下工作。

簡言之，勞工安全衛生工作的目的，在於防止或減少職業病及職業災害之發生，以確保勞工安全與健康（趙守博，1992：308）。

二、勞工安全管理的活動內容

根據杜邦公司的研究，平均每三萬個不安全行為或狀況，就會衍生一個致死的意外（黃宥寧，2007：124）。

各事業單位要有效預防災害的發生，其安全管理的活動有：

(一)建立勞工安全衛生組織

依照現行《勞工安全衛生組織管理及自動檢查辦法》規定，僱用勞工在一定人數以上之事業單位應設置安全衛生業務單位（應置業務主管一人，安全管理人員及衛生管理人員各一人以上，其中並有一位必須為專任），其主要工作與整體的安全計畫及督導推行辦理各項安全衛生工作；或設置安全衛生委員會（應置委員七人以上，其中勞工之委員人數至少應有二分之一以上），其主要功能係諮詢性質，經由各委員的研議，提供建議供雇主採取改進安全衛生措施參考。依同辦法規定，僱用勞工在一定人數以下應置勞工安全衛生管理員或僅設置主管，各該人員均應秉奉雇主之命主辦勞工安全衛生有關工作（**法規6-1**）。

法規6-1　各類事業之事業單位設置勞工安全衛生人員表

事業		規模（勞工人數）	應置之管理人員
壹、第一類事業之事業單位（顯著風險事業）	營造業之事業單位	一、未滿三十人者	丙種勞工安全衛生業務主管。
		二、三十人以上未滿一百人者	乙種勞工安全衛生業務主管及勞工安全衛生管理員各一人。
		三、一百人以上未滿三百人者	甲種勞工安全衛生業務主管及勞工安全衛生管理員各一人。
		四、三百人以上未滿五百人者	甲種勞工安全衛生業務主管一人、勞工安全（衛生）管理師一人及勞工安全衛生管理員二人以上。
		五、五百人以上者	甲種勞工安全衛生業務主管一人、勞工安全（衛生）管理師及勞工安全衛生管理員各二人以上。
	營造業以外之事業單位	一、未滿三十人者	丙種勞工安全衛生業務主管。
		二、三十人以上未滿一百人者	乙種勞工安全衛生業務主管。
		三、一百人以上未滿三百人者	甲種勞工安全衛生業務主管及勞工安全衛生管理員各一人。
		四、三百人以上未滿五百人者	甲種勞工安全衛生業務主管一人、勞工安全（衛生）管理師及勞工安全衛生管理員各一人以上。
		五、五百人以上未滿一千人者	甲種勞工安全衛生業務主管一人、勞工安全（衛生）管理師一人及勞工安全衛生管理員二人以上。
		六、一千人以上者	甲種勞工安全衛生業務主管一人、勞工安全（衛生）管理師及勞工安全衛生管理員各二人以上。
貳、第二類事業之事業單位（中度風險事業）		一、未滿三十人者	丙種勞工安全衛生業務主管。
		二、三十人以上未滿一百人者	乙種勞工安全衛生業務主管。
		三、一百人以上未滿三百人者	甲種勞工安全衛生業務主管。
		四、三百人以上未滿五百人者	甲種勞工安全衛生業務主管及勞工安全衛生管理員各一人。

（續）法規6-1	各類事業之事業單位設置勞工安全衛生人員表	
	五、五百人以上者	甲種勞工安全衛生業務主管、勞工安全（衛生）管理師及勞工安全衛生管理員各一人以上。
參、第三類事業之事業單位（低度風險事業）	一、未滿三十人者	丙種勞工安全衛生業務主管。
	二、三十人以上未滿一百人者	乙種勞工安全衛生業務主管。
	三、一百人以上未滿五百人者	甲種勞工安全衛生業務主管。
	四、五百人以上者	甲種勞工安全衛生業務主管及勞工安全衛生管理員各一人。

資料來源：《勞工安全衛生組織管理及自動檢查辦法》（民國100年01月14日修正）；
　　　　　引自：勞工安全衛生研究所網站：http://www.iosh.gov.tw/Law/LawPublish.
　　　　　aspx?LID=6#File

(二)辦理勞工安全衛生訓練

　　勞工之安全衛生訓練，一般可分新進人員訓練、調職人員訓練及在職人員訓練。訓練之目的主要在使勞工瞭解安全衛生之意識、作業流程、方法、現場可能導致之危害、緊急應變措施、安全衛生規定、急救、消防等。

　　除基層勞工安全衛生訓練外，對於各級主管人員、領班等並應實施其所必要指導、監督、改善工作方法、程序，推行自動檢查等訓練。

(三)建立良好工作環境

　　災害之發生為不安全狀況或不安全行為。不安全行為（例如隨意丟棄材料、不適當的堆高作業、工作中嬉戲等）可藉由勞工安全衛生訓練、激勵、監督、指導等措施予以改進。不安全狀況（例如不當的防護措施、有瑕疵的設備、燈光亮度不夠等）自應從改進現場不安全工作環境著手，工作環境如果十分良好，雖然有時有不安全的行為發生，但仍然不會造成傷害事件。因此，在工業安全衛生方面，以工程方式改進環境被認為是防災措施最重要的手段（**表6-1**）。

表6-1 工作意外的各類成因及例子說明

一、不安全的工作行為
　　1.不帶安全裝備（如衣帽、眼鏡）操作。
　　2.除去機器的安全設施（如安全罩）。
　　3.使用過舊或已壞的機器。
　　4.超速地使用機器。
　　5.未得上司批准，而偷偷使用裝備。
二、不安全的工作環境
　　1.機器維修不足。
　　2.不安全的設計和建築。
　　3.危險的操作和安排（如高疊貨物、過窄的通道等）。
　　4.沒有提供安全裝備（如衣帽、手套、眼鏡等）。
　　5.機器沒有安全設備。
三、不衛生的工作環境
　　1.物理方面：噪音、過熱、輻射、震動等。
　　2.化學方面：塵埃、氣體、化學物品等。
　　3.生物方面：細菌、昆蟲等。
　　4.心理方面：工作環境所構成的壓力、不安和緊張。

資料來源：何永福、楊國安（1995），《人力資源策略管理》，三民書局出版，頁251。

(四)實施自動檢查

　　廣義的自動檢查，包括發掘工作環境潛在的危害及勞工作業的不安全行為；狹義的自動檢查，僅指發掘設備環境等潛在危害而予以改進。由於機械設備當初裝置時可能考慮不周，未有適當安全裝置或工作空間不足等原因，必須加以改進，同時機械設備使用一段時期後亦會有故障，必須定期檢查發現缺失予以改進。此外，新的機械設備及機械設備於特殊狀況下（如地震），有時也必須加以檢查，以發現故障、缺失後並加以改進（**法規6-2**）。

(五)實施工作安全分析

　　工作安全分析，就是採取一項工作，按照其次序，找出可能發生的危害，而尋求防止該危害的方法。導致發生事故災害的因素，諸如人員情緒不穩、工作方法不當、機器保養做得不好、整理整頓不澈底、生產線規劃不良等原因，以致百密而一疏，造成災害的發生。此時，除了緊急採取急救措施外，最重要的應該是在整個事情處理妥當後，馬上召集單位內所

法規6-2　訂定與執行勞工安全衛生管理計畫事項

一、工作環境或作業危害之辨識、評估及控制。

二、機械、設備或器具之管理。

三、危險物與有害物之標示及通識。

四、有害作業環境之採樣策略規劃與測定。

五、危險性工作場所之製程或施工安全評估事項。

六、採購管理、承攬管理與變更管理事項。

七、安全衛生作業標準之訂定。

八、定期檢查、重點檢查、作業檢點及現場巡視。

九、安全衛生教育訓練。

十、個人防護具之管理。

十一、健康檢查、健康管理及健康促進事項。

十二、安全衛生資訊之蒐集、分享與運用。

十三、緊急應變措施。

十四、職業災害、虛驚事故、影響身心健康事件之調查處理與統計分析。

十五、安全衛生管理記錄與績效評估措施。

十六、其他安全衛生管理措施。

資料來源：《勞工安全衛生組織管理及自動檢查辦法》第12-1條（民國100年01月14日修正）。

有的人員做一次探討性的分析，找出災害的主因及防止再發生的對策。例如工作中發生跌倒或滑倒的事件，通常是因為地板遭到破壞或因地板材質太光滑所致，解決的方法是減低易滑表層的地板、墊子，增加光線強度，及迅速除去外溢的物質等，或者穿著防滑的鞋子，可降低跌倒或滑倒的事件（Gary Dessler著，方世榮譯，2001：603）。

(六)實施事故調查分析

　　事故調查分析可以掌握現場發生災害之關鍵，尋求災害對策。但實施事故調查必須確實掌握災害狀況確實分析，才能有效掌握對策（**表6-2**）。

(七)促進勞工對安全衛生的關心

　　安全是每個人的責任，必須自動自發通力合作加以維護。促進勞工對安全衛生的關心方法有很多種，例如使勞工參與安全衛生委員會、使勞

表6-2 事故原因的探討

直接原因	舉例	可能的潛在原因	可能的管理失誤
內務不良	・員工走經走道時摔倒在裝備上 ・高架上物體落下	・危險尚未被認知 ・設施錯誤	・管理人員的訓練 ・管理人員的安全教育及計畫、放置
工具、設備、裝備使用不當	・使用研磨機的側面,結果砂輪破裂 ・使用推高機來裝運人,結果人跌落下來 ・使用空氣壓縮機來清潔衣服,導致眼睛受傷	・缺乏技術、知識及合理的過程 ・缺乏動機	・勞工訓練、建立操作程序,教育及加強合理的步驟教育 ・灌輸安全知識 ・工作人員安全訓練
不安全或有缺失的設備與裝備	・可攜帶式電鑽沒有地線 ・錘子頭部鬆開 ・汽車剎車及方向盤失靈	・對不安全未認知 ・設計與選擇的不良 ・設計與選擇的不良,品質差的維修	・主管安全教導、勞工訓練,勞工安全意識 ・規劃、設計、布置 ・主管安全教導,設備、原料、工具維修、修理系統
缺乏正確程序	・在啟動引擎前未要求檢測瓦斯蒸氣而發生爆炸 ・未明確指示在維護工作開始前務必將電源切離並上鎖	・疏忽 ・設計者失誤 ・主管失誤	・作業程序 ・規劃、布置、設計 ・主管純熟度
未依照所訂程序作業	・走捷徑未依安全注意事項去作 ・只作一次的作業,投機取巧	・未強調需求 ・程序未明確	・正確程序的執行主管安全教導 ・作業程序
未明瞭作業	・使用錯誤方法,未依作業指示	・指示太複雜,不完全瞭解	・作業程序 ・規劃、布置、設計 ・員工選用
缺乏安全警覺	・未瞭解轉軸是危險的 ・未瞭解蒸氣是危險的 ・未瞭解充電中的蓄電池排出的氫氣爆炸	・不正確的指示 ・不正確的警告	・主管安全教導 ・勞工訓練 ・勞工安全意識
缺乏適當的工具、設備、設施	・車廂太小 ・未以適宜的扳手進行車輛維護工作而弄斷手指關節	・未清楚需要 ・不正確的供應 ・謹慎的	・規劃、布置、設計 ・主管安全教導 ・設備、物料、工具、士氣、練習
缺乏防護、安全裝置	・機器的皮帶、齒輪露出造成嚴重之割傷 ・車輛無警報裝置,致撞及行人 ・10呎以上之鷹架無防護欄杆	・未清楚需要 ・無法正常獲得 ・謹慎的	・規劃、布置、設計 ・安全規則、方法、設備 ・主管安全教導 ・員工安全意識 ・設備、物料、工具、作業程序 ・士氣、練習、懶散

資料來源:蔡永銘(1995),《現代安全管理》,揚智文化,頁50。

工參與安全衛生各項活動，舉辦安全競賽、主管的關心、安全標示、事故研討、安全衛生演講、發表會、安全影片欣賞等。

(八)其他事項

諸如勞工體格檢查、健康檢查及工作前安置考慮、訂定安全衛生規章、作業監督及緊急災害預防措施等。

《勞動基準法》所規定的職業補償，是採取無過失責任，也就是不論過失與否，只要勞工發生職災的事實，雇主就必須依法予以補償。但若勞工的傷亡，雇主有明顯的過失時，除了《勞動基準法》的職業災害補償外，勞工還可依《民法》第192條「侵害生命權之損害賠償」的相關規定，向雇主要求賠償（**法規6-3**）。

三、預防災變之教育訓練

勞工進入新的作業場所，對設備、環境、作業方法、作業程序、危害因子等可能一無所知，因此，雇主應加以必要之教育訓練，使其能勝任

法規6-3　雇主依《民法》規定應負的賠償責任

類別	賠償項目	《民法》法源
死亡	殯葬費用	不法侵害他人致死者，對於支出醫療及增加生活上需要之費用或殯葬費之人，亦應負損害賠償責任（第192條第1項）
	扶養上的損害賠償	被害人對於第三人負有法定扶養義務者，加害人對於該第三人亦應負損害賠償責任（第192條第1項）
	慰撫金（精神上的損害賠償）	不法侵害他人致死者，被害人之父、母、子、女及配偶，雖非財產上之損害，亦得請求賠償相當之金額（第194條）
體傷	醫療費用	不法侵害他人之身體或健康者，對於被害人因此喪失或減少勞動能力或增加生活上之需要時，應負損害賠償責任（第193條第1項）
	喪失或減少勞動能力的損害賠償	
	增加生活上之需要的損害賠償	
	慰撫金（精神上的損害賠償）	不法侵害他人之身體、健康、名譽、自由、信用、隱私、貞操，或不法侵害其他人格法益而情節重大者，被害人雖非財產上之損害，亦得請求賠償相當之金額（第195條）

資料來源：《民法》（民國99年05月26日修正）；製表：丁志達。

工作，維護作業安全；對於新進勞工、在職勞工於變更工作前，應使其接受適合於各該工作必要之安全衛生教育訓練。其內容包含：

1.作業安全衛生有關法規概要。

2.勞工安全衛生概念及安全衛生工作守則。

3.作業前、作業中、作業後之自動檢查。

4.標準作業程序。

5.緊急事件應變處理。

6.消防及急救常識暨演練。

7.其他與勞工作業有關之安全衛生知識。

　　上述訓練課程應依實際需要排定時數，不得少於三小時，但從事生產性機械或設備之操作、營造作業、缺氧作業等，應各增列三小時；對製造、處置或使用危險物、有害物者應增列三小時。

　　政府制定勞工安全衛生法規來防止意外事故的發生，以保護勞工生命安全與身體健康，促進社會的安定和繁榮，雇主（含管理人員）必須確實遵循勞工法令規定，善盡企業責任，做好勞工的照顧與保護工作，而勞工本身也應對於與自己切身有關的安全衛生法規有所認識，並有義務遵守，才能於工作時，保障自身的安全，每天過著美滿與幸福的日子（**圖6-1**）。

 ## 第二節　職業災害概論

　　美國安全工程師W. H. Herinrich，在1931年調查七萬五千起有關工業傷害事故中發現，只有2%的事故超出人的能力所能預防的範圍，是不可預防的；而占總數98%的事故是可以預防的，其中人的不安全行為（例如個人防護工具、作業位置、人員的動作、工具與設備、程序與整潔的缺失）為主要原因的事故占88%，以物的不安全狀態為主要原因的事故占10%。「工安事故」之所以稱為「事故」而非「事件」，只因「意外」是無法預料，而「事故」卻可以預料、可以防止的，透過安全管理來消除不安全的行為與不安全的狀況，才能有效的預防職業災害的發生。

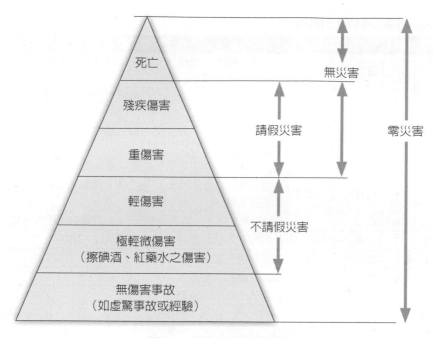

圖6-1　零災害定義的範圍

資料來源：行政院勞工委員會（1994），《工作場所一般安全衛生》，初版，行政院勞工委員會編印，頁84；引自：廖勇凱、楊湘怡（2004），《人力資源管理：理論與運用》，智高文化事業，頁365。

　　又，根據美國有關單位所調查十七多萬個「工安事故」的案例顯示，一次重大「工安事故」的發生，約伴隨著六百次明顯損失的事故，這個訊息所透露的是「工安事故」的發生前，曾錯過六百次改善的機會，才會有此一災害的發生。

一、職業災害的定義

　　災害有廣義及狹義之分。廣義的災害又稱事故，至於狹義的災害則依範圍不同而有各種不同的解釋。《勞工安全衛生法》第2條對職業災害所下的定義為：「勞工就業場所之建築物、設備、原料、材料、化學物品、氣體、蒸氣、粉塵等或作業活動及其他職業上原因引起之勞工疾病、傷害、殘廢、死亡。」（**表6-3**）

表6-3 職業災害類型分類說明表

分類	號碼	分類項目	簡要說明
工作場所之一般事故	1	墜落、滾落	指人體從樹木、建築物、施工架、機械、車輛、梯子、樓梯、斜面等墜落。
	2	跌倒	指人體在近於同一平面上跌倒而言。即因拌跤或滑溜而跌倒之情況。
	3	衝撞	指除墜落、滾落、跌倒外，以人體為主體碰撞靜止物或動態物體。
	4	物體飛落	指以飛來物、落下物等為主體碰撞人體。
	5	物體倒塌、崩塌	指堆積物（包括積垛）、施工架、建築物等崩塌、倒塌而碰撞人體。
	6	被撞	指除飛來、落下、崩塌、倒塌外，以物體為主碰撞人體。
	7	被夾、被捲	指物體夾入狀態及捲入狀態而被擠壓、撚挫。
	8	被切割、擦傷	指被擦傷、被切割等之情況。
	9	踩踏（踏穿）	指踏穿鐵釘、金屬片。
	10	溺斃	包含墜落水中而溺斃。
	11	與高、低溫接觸	指與火焰、電弧、溶融狀態之金屬、開水、水蒸汽等接觸，以及暴露於冷凍庫內等低溫環境下。
	12	與有害物接觸	暴露於輻射線、有害光線之障害、一氧化碳中毒、缺氧症及高氣壓、低氣壓之有害環境下。
	13	感電	指接觸帶電體或因通電而人體受衝擊。
	14	爆炸	指壓力之擠壓發生或開放之結果，帶有爆音而引起膨脹。
	15	物體破裂	指容器、裝置因物理的壓力而破裂。
	16	火災	在危險物品之火災時，以危險物品為媒介物；在危險物以外之火災時，以作為火源之物品為媒介物。
	17	不當動作	身體動作不自然姿勢，動作之反彈，引起扭筋、撚挫、扭腰及形成類似狀態。
	18	其他	指不能歸類於上述任何一類的傷口之化膿、破傷風等。
	19	不能歸類	指欠缺判斷資料而分類困難。
交通事故	21	公路交通事故	指適用公路交通法規之情況。
	22	鐵路交通事故	指由公共運輸列車、電車等引起事故。
	23	船舶飛機交通事故	指由船舶、飛機等引起之事故。
	29	其他交通事故	除公共運輸列車、電車等外，在事業單位工作場所內之交通事故。

資料來源：鄭世岳、李金泉、蕭景祥、魏榮男（2001），《工業安全與衛生》，新文京開發出版，頁16-17。

二、安全觀察

　　安全觀察係屬職業災害未發生之前，平日研究作業危害因素與預防災害發生之有效措施，亦為訂定或增訂安全衛生工作守則，訂定作業標準，編訂安全衛生訓練教材等工作之基本根據（**表6-4**）。

　　安全觀察的範圍包括工具、物件、設備的使用，以及任何不安全的操作方法，或是缺乏計畫的行動順序，或是未考慮環境因素等。

　　當觀察時，發現勞工有不安全的動作或行為時，觀察人員必須要求他注意並充分說明改正的方法，讓勞工感到是很親切地被勸導（李文元，1981：4-6）。

三、職業災害的防止

　　職業災害的原因可能為機械設備、物料、原料、作業程序或作業方法不當、緊急控制或預防設施缺乏，環境不適合或不佳，甚至個人因素，

表6-4　安全觀察指標

・勞工是否未經授權即操作機械，或使用工具、器材或其他設備？
・勞工是否在不安全速度下工作或操作？
・防護具是否已被除去？或使防護具或其他安全裝置失效？
・勞工是否使用不完善的工具或設備？或以不安全方法使用工具或設備？或以手或身體代替工具？
・勞工是否不安全地超負荷、擁擠地，配置或處理物體或物料？
・勞工是否站在或工作在吊掛物、開口、轉軸、施工架下方？或乘坐在載物上或上下於運轉中之設備或車輛？或行走鐵路軌道，或在行人穿越道或平交道之外穿越車輛道路？
・勞工是否在設備運轉中、壓力下、充電下或含有危險物質下修理或調整？
・是否有任何人或任何事會使勞工分心或受到驚嚇？
・勞工是否錯誤的使用，或使用不適當的，或經不妥善修改的，或錯誤的選擇人體防護設備或安全裝置？
・是否內務管理不善，有不清潔衛生的環境？
・是否有喧鬧情事？
・其他

資料來源：李文元（1981），《廠礦安全衛生自動檢查》，內政部勞工司印製，頁3-4。

如不知、不能、不願、不顧、草率等所造成。如何維持一切作業在安全衛生的狀況下運作，唯有靠管理制度之確立及落實施行，才能完成。因此，《勞工安全衛生法》第14條規定：「雇主應依其事業之規模、性質，實施安全衛生管理。」（**表6-5**）

表6-5　安全衛生常用績效指標

主動性指標	被動性指標
一、管理面 1.提案改善件數。 2.安全衛生人員建置。 3.安全衛生管理規章建置。 4.教育訓練。 5.承攬人作業管理。 6.自動檢查項目。 7.健康管理。 8.緊急應變項目。 9.目標與方案達成程度。 10.實施安全觀察。 11.安全衛生稽核頻率。 12.自護制度評分。 13.法規符合度。 14.加強利害相關者溝通。 15.預知危險零災害活動件數。 16.完成風險評估之次數與風險控制符合之程度。 17.員工認為管理者對職業安全衛生承諾的程度。 18.員工對風險和風險控制的態度或瞭解程度。 19.安全衛生委員會議召開頻率及成效。 20.新工廠、設備、物料、化學品、技術、製程、程序或工作型態之事先評估。 21.安全衛生政策宣導。 22.其他。 **二、設施面** 1.個人防護具設置。 2.物質安全資料表建置及標示。 3.消防設備安全。 4.檢測儀器使用。	1.傷害千人率。 2.失能傷害頻率。 3.綜合災害指數。 4.不安全的行為。 5.不安全的狀況。 6.虛驚事故。 7.僅造成財物損失之事故。 8.應報告的危險事件。 9.工作損失事故——一位員工因受傷至少損失一次值班時間的事故。 10.重大傷害。 11.職業或非職業病所造成的病假。 12.附近居民或群眾抗議。 13.主管機關的糾正。 14.主管機關處分。 15.員工抱怨。 16.健檢異常人數。 17.其他。

（續）表6-5　安全衛生常用績效指標

主動性指標	被動性指標
5.作業環境測定改善績效。 6.一般及危險性機械設備安全。 7.其他安全衛生設施。 8.緊急應變器材。	

資料來源：陳春盛、呂學穎（2009），〈建構職業安全衛生管理指標並重績效管理之研究──以某手機廠為例〉，《工業安全衛生月刊》第237期（2009/03），頁47。

　　工作安全，人人有責。事業單位內的每一位成員，都必須自動自發，通力分工合作，加以維護。最高主管要負責整個政策和制度的訂定，各級主管要負責教導與監督，勞工安全衛生人員要負責計畫、訓練、研究、改進，而勞工本身更須遵守工作安全守則及標準操作方法，才能每天「快樂」上下班，不出事。

第三節　職業災害勞工保護與補償

　　《勞動基準法》針對職業災害特別訂有第7章「職業災害補償」，其中第59條更明文規定，勞工因遭遇職業災害而致死亡、殘廢、傷害或疾病時，雇主應按規定提供醫療費用補償、工資補償、殘廢補償、喪葬費及死亡補償等，以此保障員工的基本權利。惟雇主依《勞工保險條例》或其他法令規定已支付費用補償者，雇主得予以抵充之。又，同法第61條規定，是項補償權，勞工之行使權利需於二年內向雇主提出（**法規6-4**）。

一、《職業災害勞工保護法》的特點

　　2002年4月28日實施的《職業災害勞工保護法》有如下幾個特點：

1.保障遭受職業災害勞工之生活：它包括提供津貼補助、器具補助、看護補助，以及死亡時之遺屬救助。

2.涵蓋未參加勞工保險之勞工：受害勞工如未參加勞工保險，且雇主又未按《勞動基準法》規定予以補償時，得申請職業災害殘廢、死亡補助。

法規6-4	《勞動基準法》有關職業災害規定
條文	規定
第59條	勞工因遭遇職業災害而致死亡、殘廢、傷害或疾病時，雇主應依左列規定予以補償。但如同一事故，依勞工保險條例或其他法令規定，已由雇主支付費用補償者，雇主得予以抵充之： 一、勞工受傷或罹患職業病時，雇主應補償其必需之醫療費用。職業病之種類及其醫療範圍，依勞工保險條例有關之規定。 二、勞工在醫療中不能工作時，雇主應按其原領工資數額予以補償。但醫療期間屆滿二年仍未能痊癒，經指定之醫院診斷，審定為喪失原有工作能力，且不合第三款之殘廢給付標準者，雇主得一次給付四十個月之平均工資後，免除此項工資補償責任。 三、勞工經治療終止後，經指定之醫院診斷，審定其身體遺存殘廢者，雇主應按其平均工資及其殘廢程度，一次給予殘廢補償。殘廢補償標準，依勞工保險條例有關之規定。 四、勞工遭遇職業傷害或罹患職業病而死亡時，雇主除給與五個月平均工資之喪葬費外，並應一次給與其遺屬四十個月平均工資之死亡補償。 　其遺屬受領死亡補償之順位如左： (一)配偶及子女。 (二)父母。 (三)祖父母。 (四)孫子女。 (五)兄弟姐妹。
第60條	雇主依前條規定給付之補償金額，得抵充就同一事故所生損害之賠償金額。
第61條	第五十九條之受領補償權，自得受領之日起，因二年間不行使而消滅。 受領補償之權利，不因勞工之離職而受影響，且不得讓與、抵銷、扣押或擔保。
第62條	事業單位以其事業招人承攬，如有再承攬時，承攬人或中間承攬人，就各該承攬部分所使用之勞工，均應與最後承攬人，連帶負本章所定雇主應負職業災害補償之責任。 事業單位或承攬人或中間承攬人，為前項之災害補償時，就其所補償之部分，得向最後承攬人求償。

(續) 法規6-4	《勞動基準法》有關職業災害規定
第63條	承攬人或再承攬人工作場所，在原事業單位工作場所範圍內，或為原事業單位提供者，原事業單位應督促承攬人或再承攬人，對其所僱用勞工之勞動條件應符合有關法令之規定。 事業單位違背勞工安全衛生法有關對於承攬人、再承攬人應負責任之規定，致承攬人或再承攬人所僱用之勞工發生職業災害時，應與該承攬人、再承攬人負連帶補償責任。

資料來源：《勞動基準法》（民國98年04月22日修正）；製表：丁志達。

3. 保障承攬關係之勞工：針對國內工程層層轉包之情形普遍，《職業災害勞工保護法》特別規定，勞工可向最上層包商求償，以保障其權益。

4. 提供受害勞工職業訓練：對職業災害勞工工作能力受損者，輔導其參加職業訓練，以重返職場。

5. 強化職業病防治體系：包括培訓職業病醫師，強化職業疾病鑑定，將可有效解決職業疾病之爭議，保障罹病勞工之權益。

6. 強化勞工安全衛生意識：除辦理各項勞工安全衛生教育訓練及宣導外，並配合國際工殤日（訂定每年四月二十八日為工殤日）以紀念罹災勞工，提醒國人尊重生命之價值。

7. 參加勞保與否補助年限不同：加入勞保之勞工，補助年限為五年，未加入勞保之勞工，補助年限為三年，而未為勞工加入勞保之雇主，處以從僱用之日起至發生事故之日應負擔之保險費四倍至十倍之罰鍰（《味丹人季刊》，2002：51）。

二、《職業災害勞工保護法》相關補助

職業災害補償為勞工因執行職務遭遇災害而致身體蒙受傷亡或罹患職業病時，得向雇主及投保單位要求補償的一種權利。《職業災害勞工保護法》施行後，勞工若不幸發生職業災害或罹患職業病肇致死亡、殘廢，符合勞工保險相關殘廢給付標準時，得依相關規定向勞工保險局申請補助（圖6-2）。

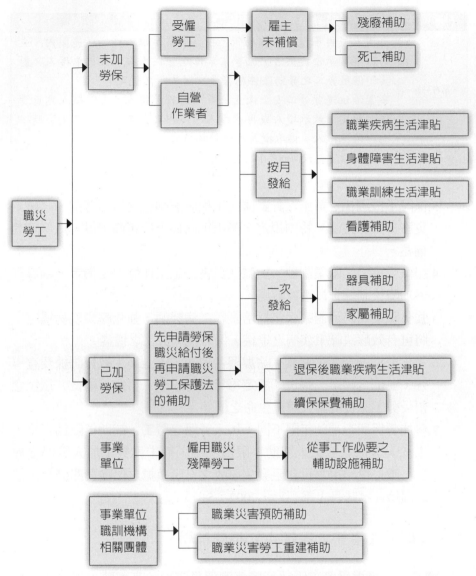

圖6-2　《職業災害勞工保護法》各項補助一覽表

資料來源：吳春美（2007），〈加強保障職災勞工　提供多項補助津貼〉，《勞動保障
　　　　　雙月刊》第13期（2007/03），頁19。

　　職業災害必為事故引發之結果，為確保勞工安全與健康，宜重視對
事故防止之安全衛生管理（**表6-6**）。

表6-6 職業病與職業災害的定義

何謂「職業病？」

1.勞工使用、處理或製造特定物質之工作場所工作，導致該物質中毒及其續發症或生物性危害及物理性危害引起之疾病及其續發症。
2.被保險人於作業中，於工作當場促發疾病，而該項疾病之促發與作業有相當因果關係者。
3.被保險人於下班應經途中促發疾病，而該項疾病之促發與作業有相當因果關係者。

上述2及3項所指「疾病之促發，是否與作業有相關因果關係？」因涉及醫學專業領域，須由職業病醫師就被保險人相關病歷資料與發病前之工作情形審查認定。

何謂「職業災害」？

1.因執行職務而致傷害。
2.上、下班於適當時間，從日常居、住處所往返就業場所之應經途中發生事故而致傷害。
3.夜校生或建教合作班學生，於上下班直接往返學校或就業場所之應經途中發生事故而致傷害。
4.因公差由日常居住、處所或就業場所出發，至公畢返回日常居住、處所或就業場所期間之職務活動及合理途徑發生事故而致傷害。
5.經雇主指派參加進修訓練、技能檢定、技能競賽、慶典活動、體育活動等，至活動完畢返回日常居、住處所或就業場所期間因雇主指派的之活動及合理途徑發生事故而致傷害。
6.因職業傷害或罹患職業病，經雇主同意直接往返醫療院所診療或下班後直接前往診療後返回日常居、住處所應經途中發生事故而致傷害。
7.工作日之用餐時間中或為加班、值班，如雇主未規定必須於工作場所用餐，而為必要之外出用餐，於用餐往返應經途中發生事故而致傷害。

上述2-7之情況中，若有下列規定情事之一者，不得視為職業傷害：
1.非日常生活所必須之私人行為。
2.未領有駕照車種之駕駛執照駕車者。
3.受駕照吊扣期間或吊銷駕駛執照處分駕車者。
4.經有燈光號誌管制之交叉路口違規闖紅燈者。
5.闖越鐵路平交道者。
6.酒精濃度超過規定標準、吸食毒品、迷幻藥或管制藥品駕駛車輛者。
7.駕駛車輛違規行駛高速公路路肩者。
8.駕駛車輛不按遵行之方向行駛或在道路上競駛、競技、蛇行或以其他危險方式駕駛車輛者。
9.駕駛車輛不依規定駛入來車道者。

資料來源：張紋華（2006），〈參加勞保的職災勞工就醫權益有保障〉，《勞動保障雙月刊》第6期（2006/01），頁49。

第四節　員工健康管理

　　健康是人生最大的資本。世界衛生組織（World Health Organization, WHO）對「健康」提出的定義是：「健康乃是一種在身體上、精神上的完滿狀態，以及良好的適應力，而不僅僅是沒有疾病和衰弱的狀態。」這就是人們所指的身心健康，也就是說，一個人在軀體健康、心理健康、社會適應良好和道德健康四方面都健全，才是完全健康的人（**範例6-1**）。

範例6-1

過勞量表

測測看，您是否過勞了呢？

1.你常覺得疲勞嗎？
　(1) □總是　　(2) □常常　(3) □有時候　(4) □不常　(5) □從未或幾乎從未
2.你常覺得身體體力透支嗎？
　(1) □總是　　(2) □常常　(3) □有時候　(4) □不常　(5) □從未或幾乎從未
3.你常覺得情緒上心力交瘁嗎？
　(1) □總是　　(2) □常常　(3) □有時候　(4) □不常　(5) □從未或幾乎從未
4.你常會覺得，「我快要撐不下去了」嗎？
　(1) □總是　　(2) □常常　(3) □有時候　(4) □不常　(5) □從未或幾乎從未
5.你常覺得精疲力竭嗎？
　(1) □總是　　(2) □常常　(3) □有時候　(4) □不常　(5) □從未或幾乎從未
6.你常常覺得虛弱，好像快要生病了嗎？
　(1) □總是　　(2) □常常　(3) □有時候　(4) □不常　(5) □從未或幾乎從未
7.你的工作會令人情緒上心力交瘁嗎？
　(1) □很嚴重　(2) □嚴重　(3) □有一些　(4) □輕微　(5) □非常輕微
8.你的工作會讓你覺得快要累垮了嗎？
　(1) □很嚴重　(2) □嚴重　(3) □有一些　(4) □輕微　(5) □非常輕微
9.你的工作會讓你覺得挫折嗎？
　(1) □很嚴重　(2) □嚴重　(3) □有一些　(4) □輕微　(5) □非常輕微
10.工作一整天之後，你覺得精疲力竭嗎？
　(1) □總是　　(2) □常常　(3) □有時候　(4) □不常　(5) □從未或幾乎從未

11.上班之前只要想到又要工作一整天，你就覺得沒力嗎？

　(1) □總是　　(2) □常常　(3) □有時候　(4) □不常　(5) □從未或幾乎從未

12.上班時你會覺得每一刻都很難熬嗎？

　(1) □總是　　(2) □常常　(3) □有時候　(4) □不常　(5) □從未或幾乎從未

13.不工作的時候，你有足夠的精力陪朋友或家人嗎？

　(1) □總是　　(2) □常常　(3) □有時候　(4) □不常　(5) □從未或幾乎從未

計分方式

第1~6題是個人相關過勞量表，將各選項分數轉換如下：

(1) 100　　　(2) 75　　　(3) 50　　　(4) 25　　　(5) 0

將第1~6題的得分相加，除以6，便可得到個人相關過勞分數。

第7~13題為工作相關過勞量表，第7~12題分數轉換為：

(1) 100　　　(2) 75　　　(3) 50　　　(4) 25　　　(5) 0

第13題的分數轉換為：

(1) 0　　　(2) 25　　　(3) 50　　　(4) 75　　　(5) 100

將7~13題之分數相加，並除以7，便可得到工作相關過勞分數。

分數解釋

1.個人相關過勞分數：

50分以下　　您的過勞程度輕微，您並不常感到疲勞、體力透支、精疲力竭、或者虛弱好像快生病的樣子。

50-70分　　你的個人過勞程度中等。您有時候感到疲勞、體力透支、精疲力竭、或者虛弱好像快生病的樣子。建議您找出生活的壓力源，進一步的調適自己，增加放鬆與休息的時間。

70分以上　　您的個人過勞程度嚴重。您時常感到疲勞、體力透支、精疲力竭、或者虛弱好像快生病的樣子。建議您適度的改變生活方式，增加運動與休閒時間之外，您還需要進一步尋找專業人員諮詢。

2.工作相關過勞分數：

45分以下　　您的工作相關過勞程度輕微，您的工作並不會讓您感覺很沒力、心力交瘁、很挫折。

45-60分　　您的工作相關過勞程度中等，您有時對工作感覺沒力，沒有興趣，有點挫折。

60分以上　　您的工作相關過勞程度嚴重，您已經快被工作累垮了，您感覺心力交瘁，感覺挫折，而且上班時都很難熬，此外您可能缺少休閒時間，沒有時間陪伴家人朋友。建議您適度的改變生活方式，增加運動與休閒時間之外，您還需要進一步尋找專業人員諮詢。

資料來源：《過勞自我預防手冊》，勞工安全衛生研究所編印，網站：http://www.iosh.gov.tw/upload/netbook/preoverwork/preovw.htm

一、健康促進與管理

勞工是不是適合擔任現場作業，雇主須透過體格檢查及健康檢查、健康指導和正確分配工作來管理每一位勞工身體健康狀況，同時使勞工保持或促進他的健康；健康檢查費用須由雇主負擔。另外，健康檢查資料也須妥為保存，使勞工健康的身體在他最適合的工作上發揮潛能，達成良好工作環境的目標。

調查發現，全球各大公司實施健康促進與管理的投資報酬率（Return on Investment, ROI）都相當高。連續追蹤三年，摩托羅拉（Motorola）公司每一美元的投資報酬率有3.15美元，而百事可樂（Pepsi）公司的投資報酬率也近3美元。

企業通常會提供員工例行健康檢查，有不符健康情況的員工，大多被建議進一步深入檢查。企業若希望員工身心健康，維持生產力，更應重視員工生病前的「預防健康管理」，善用工具管理所謂的「亞健康族群」。據調查，約有三分之二的人屬於亞健康者，也就是「沒有疾病，但也非完全健康」的這群人（**表6-7**）。

二、亞健康族群

80年代中葉蘇聯學者布赫曼（N. Berhman）提出「亞健康」理論，所謂的「亞健康」（Sub-health）就是處於健康和疾病之間，可以往好的方向

表6-7　健康的十條標準

1.精力充沛，能從容不迫地應付日常生活和工作的壓力而不感到過分緊張。
2.處事樂觀，態度積極，樂於承擔責任，事無巨細不挑剔。
3.善於休息，睡眠良好。
4.應變能力強，能適應環境的各種變化。
5.能夠抵抗一般性感冒和傳染病。
6.體重得當，身材均勻，站立時頭、肩、臂位置協調。
7.眼睛明亮，反應敏銳，眼瞼不發炎。
8.牙齒清潔，無空洞，無痛感；齒齦顏色正常，不出血。
9.頭髮有光澤，無頭屑。
10.肌肉、皮膚富有彈性，走路輕鬆有力。

資料來源：世界衛生組織（World Health Organization）。

恢復健康，也可能轉變成各種疾病，提醒大家重視身體發出的警訊。亞健康族群雖然尚未出現病痛徵兆，身心其實隱含可能危害健康的因子，如負面情緒、壓力、文明病、身處不健康環境等，無意識的投射於工作中，產生骨牌效應，造成個人生產力低落、部門團隊功能不全、組織效益低落等。這些人出現無生產力、低生產力出席現象時，就會造成企業損失。亞健康的症狀有渾身無力、容易疲倦、頭腦不清爽、思想渙散、頭痛、面部疼痛、眼睛疲勞、視力下降、鼻塞眩暈、起立時眼前發黑、耳鳴、咽喉異物感、胃悶不適、頸肩僵硬、早晨起床有不快感、睡眠不良、手足發涼、手掌發黏、便秘、心悸氣短、手足麻木感、容易暈車、坐立不安、心煩意亂等。

　　《哈佛商業評論》報導指出，美國醫學界調查結果顯示，美國平均每位員工因病造成的工作時數損失高達8.6%，日積月累，績效與經濟損失超乎雇主想像。整體企業及各部門的「因病缺勤比率」廣被用於瞭解企業的健康力，以明確估計員工因病未能工作造成的生產力損失。然而，無法透過紀錄量化的「無生產力出席」，就須透過自覺評量表等工具，找出員工生產力降低的因素（**範例6-2**）。

範例6-2

奇美電子的健康管理

　　奇美電子公司多年前，在員工健檢時發現，男性工程師尿酸過高者高達七成一，一度讓主管很緊張，找到專家分析才發現，年輕工程師一進無塵室，就懶得脫衣解尿，結果連水都少喝，導致集體高尿酸。

　　為了讓工程師更健康，奇美電子找來營養師改善餐點內容，並改由服務人員打菜。而且因尿酸偏高者眾，餐廳還特別開闢低普林餐區，少用香菇、內臟、小魚卵等高普林食材，並製作高普林食物卡，方便員工隨身攜帶，時時提醒自己。

　　經過這多年來的努力，男性員工尿酸比率已降到近三成五，不少人已擺脫痛風威脅。

資料來源：陳惠惠（2008），〈吃到飽、憋到爆　奇美群男尿酸飆〉，《聯合報》2008/11/13 A8生活版。

　　善用評估方法和工具，掌握員工健康力，做好生產力管理，不僅能提高員工士氣、降低流動率，增加個人工作效率，更能優化企業的人力資源投資，幫助企業把「人力資本」的效益放到最大（賴盈如，2008）。

三、企業愛滋工作策略

　　愛滋病感染者（Human Immunodeficiency Virus, Infection）及愛滋病（Acquired Immune Deficiency Syndrome, AIDS）患者對國際安全和全球經濟的威脅，不亞於恐怖主義和天然災害。事實上，愛滋病的直接影響，代表成本增加和生產力降低，對企業營運的經濟環境的基礎也構成全面威脅（**表6-8**）。

　　目前一些企業也逐漸開始瞭解它的風險，也意識到要有更大的責任面對這項困難。因此，企業必須針對感染者及愛滋病患者在工作上的因應對策或計畫（Policy or Programmes on HIV/AIDS in the workplace）做好準備。從實務的觀點言之，處理愛滋病患者的程序，通常始於公司擬定愛滋病患者相關政策的聲明。此一政策的目的有兩層意義：向勞工澄清個人不可能因偶爾接觸愛滋病患者就被傳染，以及列出罹患愛滋病勞工的合法權益。因此，政策中常包括對愛滋病患者之醫療的一般性介紹，並列出主管的責任，諸如對醫療情形與記錄加以保密等（**範例6-3**）。

　　勞工健康即事業單位人力之最大資源，事業單位應積極推動有效之健康檢查及環境偵測計畫，並實施電腦化健康管理系統，以偵測勞工狀

表6-8　企業愛滋工作策略

- ・公司制定工作場所愛滋政策。
- ・雇主必須向員工傳達愛滋和其他慢性病一樣，可能會死亡。
- ・若愛滋病患（PWA）在可能的情況下還願意繼續工作，企業必須給予支持。
- ・向員工強調正常的工作接觸不會感染愛滋病。
- ・教育員工有關愛滋病的所有知識，及其傳染途徑與預防方法。
- ・訂立工作場所介入計畫，其內容包括預防愛滋訓練，和提供獲得「自願諮商與檢測」服務的管道。
- ・在工作場所採取行動，中止歧視愛滋病毒帶原者。

資料來源：吳錫桓（1993），《新時代上班型態：企業愛滋工作策略》，工商時報出版，頁50-51。

範例6-3

舊金山工商協會的防治愛滋參考條例

- 只要員工能獲得工作上的滿足，企業應不考慮其病情繼續僱用，同時要兼顧其他員工有健康不受威脅的權利。
- 對員工的醫療記錄無論在任何情形下都必須保密。
- 對於患有不治之症的員工必須抱持同情的態度，但不懷疑其人格，在可能的範圍內對其工作分量內容、時間等，盡量給予方便。
- 要求員工給予重病員工肉體和精神上支持，對重病員工的需求敏感。
- 愛滋不會經由工作上正常的接觸而傳染，所以不會威脅同一工作場所的人，也因此愛滋檢測是不相干的資料，企業更不能以愛滋檢測為僱用前提。
- 愛滋教育必須澈底，企業還應善盡保護愛滋員工的責任，並讓全體員工都知道公司有哪些措施，俾讓員工有求援的管道。

資料來源：吳錫桓（1993），〈新時代上班型態：企業愛滋工作策略〉，工商時報出版，頁50-51。

況，及早發現有害健康的工作環境。同時，需將健康檢查結果等有關資料告知員工，並發展確保這些資料的隱私性的方法。

第五節　勞工安全衛生工作守則

安全衛生工作守則及安全衛生規章是勞工安全衛生管理的準據，如不確實施行，將形同具文而毫無意義。

《勞工安全衛生法》第25條規定：「雇主應依本法及有關規定會同勞工代表訂定適合其需要之安全衛生工作守則，報經檢查機構備查後，公告實施。（第1項）勞工對於前項安全衛生工作守則，應切實遵行。」另，《勞工安全衛生法施行細則》第29條也規定：「本法第二十五條第一項所定之勞工代表，事業單位設有工會者，由工會推舉之；無工會者，由雇主召集全體勞工直接選舉，或由勞工共同推選之。」

一、安全衛生工作守則內容

依《勞工安全衛生法施行細則》第27條規定，安全衛生工作守則之內容，參酌下列事項訂定之：

1.事業之勞工安全衛生管理及各級之權責。
2.設備之維護與檢查。
3.工作安全及衛生標準。
4.教育及訓練。
5.急救及搶救。
6.防護設備之準備、維持及使用。
7.事故通報及報告。
8.其他有關安全衛生事項。

安全衛生工作守則得依事業單位之實際需要，訂定適用於全部或一部分事業，並得依工作性質、規模分別訂定，報請檢查機構備查（**表6-9**）。

表6-9　勞工安全衛生工作守則撰寫架構

標題	主要項目
總則	規定工作守則訂定之依據及遵守之義務。
主管人員守則	宜規定各級主管應負責辦理及相互聯繫事項。
一般安全衛生守則	就全體員工共同使用之設備，作業環境規定等事項訂定之。
各種特殊作業安全衛生守則	宜就事業單位之生產製造、加工、修繕、保養、倉儲、物料搬運及特殊危害或有害作業機具、設備或場所有關規定訂定之。
電氣安全衛生守則	宜就電氣設備使用、檢點、檢查、維護諸有關規定訂定之。
附則	·本守則由雇主會同勞工代表訂定後，報經檢查機構備查後公告實施。 ·嗣後如有新增機具、設備、場所或工作中發現有新增安全衛生事項，需要勞工遵守者得隨時增（修）訂，並依規定報經檢查機構備查。

資料來源：丁志達（2011），「人力資源管理制度規劃與執行技巧研習班」講義，中國生產力中心中區服務處編印。

二、訂定勞工安全衛生工作守則注意事項

訂定勞工安全衛生工作守則，約有下列幾點注意事項：

1. 各事業單位訂定之勞工安全衛生工作守則，原則上宜就勞工工作場所、工作項目、機具設備、物料及作業環境等依實務經驗與研究，參考勞工安全衛生法規規定，訂定應促使勞工注意遵行之事項，並應力求簡潔明確，使勞工易於遵行。

2. 勞工法規已有規定事項及有關物品之裝設規格，機器設備與工作場所之檢查事項，有需要勞工知悉者，可酌列入守則內，惟應規定此類措施或檢查，應由指定之專人負責辦理。

3. 事業單位應依據作業程序訂定之作業標準，應另列為安全衛生重要工作項目，針對作業各項目實施安全分析後，訂定各該項作業安全標準，作為勞工安全教導之依據，並作為修正、增刪及補充安全衛生工作守則之重要參考資料，不必全數列入守則內，以免造成守則內容龐雜、繁瑣，反而達不到訂定安全衛生工作守則之目的（作業標準之安全衛生注意要點列入即可）。

4. 訂定安全衛生工作守則依法應會同勞工代表訂定之，報請檢查機構備查時，應將勞工代表姓名列表一併陳報。

5. 安全衛生工作守則內容不得違反法令規定。

6. 與該事業單位工作無關之安全衛生工作事項，不必列入守則內。

7. 安全衛生工作守則應切合事業之實際需要，凡違反人性，易造成勞工困擾與不便，或侵犯到個人事項均不宜列入守則內。

8. 應隨時對安全衛生工作守則加以檢討，凡已過時不再適用或必須修訂者均應適時辦理刪除或修訂。

9. 勞工違反安全衛生工作守則，《勞工安全衛生法》第35條已有處罰之規定，守則內不得再加罰款規定。勞工違反守則規定宜採取教育訓練方式集體矯正行動，較易收效。

10. 應規定各級主管、從事管理、指揮或監督人員，率先遵行安全衛生工作守則以資示範（台灣省政府勞工處，1995：20-22）。

第六節　落實勞工安全衛生制度作法

　　企業內之成員，一旦因工作而遭遇變故時，對其家庭成員所帶來的苦痛，絕不是勞工保險給付及企業撫卹金額所可弭平。所以，雇主對於勞工安全衛生應有負責之態度，做好各項安全衛生措施，期以降低職業災害頻率，這是雇主應盡的社會責任（**法規6-5**）。

法規6-5　雇主在安全衛生設施及管理應負的責任	
安全衛生設施（第5-13條）	安全衛生管理（第14-25條）
• 對各種危害應有符合標準之必要安全衛生設備。（第5條） • 不得設置不符中央主管機關所定防護標準之機械、器具，供勞工使用。（第6條） • 對指定之作業場所應依規定實施作業環境測定；對危險物及有害物應予標示，並註明必要之安全衛生注意事項。（第7條） • 對指定具有危險性之機械或設備，非經檢查合格，不得使用；其使用超過規定期間者，非經再檢查合格，不得繼續使用。（第8條） • 工作場所之建築物，應由依法登記開業之建築師依建築法規及有關安全衛生之規定設計。（第9條） • 工作場所有立即發生危險之虞時，應即令停止作業，並使勞工退避至安全場所。（第10條） • 在高溫場所工作之勞工，不得使其每日工作時間超過六小時；異常氣壓作業、高架作業、精密作業、重體力勞動或其他對於勞工具有特殊危害之作	• 依事業之規模、性質，實施安全衛生管理；並應依規定，設置勞工安全衛生組織、人員。（第14條） • 經指定具有危險性機械或設備之操作人員，應僱用經認可之訓練或經技能檢定之合格人員充任之。（第15條） • 以其事業招人承攬時，其承攬人就承攬部分負責；就職業災害補償仍應與承攬人負連帶責任。再承攬者亦同。（第16條） • 事業之全部或一部分交付承攬時，應於事前告知該承攬人有關其事業工作環境、危害因素及有關安全衛生規定應採取之措施。（第17條） • 與承攬人、再承攬人分別僱用勞工共同作業時，為防止職業災害，應採取必要措施。（第18條） • 二個以上之事業單位分別出資共同承攬工程時，應互推一人為代表人，該代表人視為該工程之事業雇主，負防止職業災害之責任。（第19條） • 不得使童工、女工、妊娠中或產後未滿一年之女工從事具有危險性或有害

（續）法規6-5　雇主在安全衛生設施及管理應負的責任

業，亦應規定減少勞工工作時間，並在工作時間中予以適當之休息。（第11條） ・僱用勞工時，應施行體格檢查；對在職勞工應施行定期健康檢查；對於從事特別危害健康之作業者，應定期施行特定項目之健康檢查；並建立健康檢查手冊，發給勞工。（第12條） ・體格檢查發現受僱勞工不適於從事某種工作時，不得僱用其從事該項工作。（第13條）	性工作。（第20／21／22條） ・對勞工應施以從事工作及預防災變所必要之安全衛生教育、訓練。（第23條） ・應負責宣導《勞工安全衛生法》及有關安全衛生之規定，使勞工周知。（第24條） ・應依法會同勞工代表訂定適合其需要之安全衛生工作守則，報經檢查機構備查後，公告實施。（第25條）

資料來源：《勞工安全衛生法》（中華民國91年6月12日修正）。

一、建立勞工安全衛生管理制度

　　欲推動勞工安全衛生工作，首先必須建立良好之安全衛生管理制度，這些制度應該包括：設置勞工安全衛生組織與人員；訂定包括勞工安全衛生管理及勞工遵守的安全衛生工作守則等。勞工安全衛生工作與環保一樣，個人自行應注意事項占其成敗的80%以上，必須加強宣導（**附錄13**）。

二、建立設備環境安全化及自動檢查制度

　　改進勞工安全衛生，必須建立良好之工作環境，而欲獲得良好之工作環境，對於設備環境不但要事先妥為規劃，設計、購置、裝設均應符合規定，同時應依需要定期詳細評估、檢查，才能確保設備環境之安全化，防範職業災害於未然。這些工作包括：危險性機械設備之檢查及管理；一般機械設備及環境之檢查及管理；作業環境測定管理；危險物及有害物通識管理等。

　　事業單位在實施勞工安全與衛生方面，不只是要達到法令的要求，更應該要有「零災害」的觀念，且要建立勞工安全衛生工作不是增加成

本，乃是降低成本的工作。

三、實施勞工安全衛生教育訓練

　　許多災害之發生，係因勞工不安全的行為所引起，而勞工不安全的行為與勞工安全衛生教育訓練有密切的關係。欲辦好勞工安全衛生教育訓練，必須依勞工的工作性質，分別實施勞工安全衛生教育，不但新進勞工要實施教育訓練；調職勞工及主管人員也要針對所調任的工作，定期實施教育訓練，以增進其技能，養成良好之安全衛生習慣。例如曾獲得國家工安獎廠商之一的潤弘精密公司，其新進員工必須接受三個小時的安全衛生文化教育訓練，另外每年都還安排安全衛生訓練，包括案例和缺失的檢討，會後還要考試，考試的成績如果低於八十分，就算不及格，要補考到通過為止。正是這種嚴謹的態度，讓該公司已經有多年沒有發生重大職災（行政院勞工委員會編，2009）。

四、建立勞工體檢及健檢管理制度

　　辦理勞工體檢（雇主於僱用勞工時，應施行體格檢查）、健檢（對在職勞工應施行定期健康檢查），不僅可作為勞工適性之管理，同時對於勞工個人保健及職業病預防均有相當大的助益。如發現勞工因職業上原因不適應原有工作，除給予醫療外，並應採取更換工作等適當措施（**範例6-4**）。

五、建立事故處理制度

　　勞工安全衛生工作不僅在防止災害，同時對於工作場所異常狀況及發生之災害也應有一套管理制度，使萬一發生災害之損失達到最小。對於工作場所如發生職業災害時，應即採取必要之急救、搶救措施，並辦理職業災害調查、分析、研擬今後採取之對策，並做成記錄。預防勝於檢查，每一位主管、每一個勞工都有自動自發防患未然的警覺性。

範例6-4

過勞死　在家工作也算

　　勞委會放寬過勞死認定標準，對於愈來愈多人把工作帶回家，勞委會表示，只要醫師依據指引判定工作負荷過重，就算發病地點不在公司，一樣可認定為過勞死。

　　勞委會安全衛生處處長傅還然指出，新公告過勞死認定標準，將職業病舊制規定「工作場所的猝發」拿掉，改成「職業負荷」，也就是說，未來過勞死的認定範圍將不限工作場所發生，「在家工作也算加班」。

　　工作負荷情形由職業病醫師判定，因企業作業型態改變，「勞工或家屬只要能證明是在家工作」，醫師都會納入評估，若判斷是因為工作而導致病發，都算過勞死。

　　舉例來說，勞工半夜發電子郵件處理公務，如果不幸過勞死，可依據電腦紀錄、電子郵件為事證；且雇主承擔舉證責任，若無法提出反證，就採信勞工說法。（資料來源：湯雅雯，〈過勞死／放寬認定標準 在家工作也算〉，《聯合報》（2010/12/24））

　　勞委會副主委郭芳煜表示，宏達電（HTC）三十歲工程師謝銘鴻的超時工作調查報告出爐，發現他在死前半年平均加班時數逾六十五小時，「確實有超時工作」，已經超過勞基法規定，一個月加班不得超過四十六小時規定。至於「超時工作」是否就是導致謝銘鴻過勞死主因，還須勞保局認定，進一步給予職災給付。

　　宏達電主管表示，雖然公司採「自由上下班」制，但已經開始提醒同仁注意下班時間，初步希望員工加班不要超過晚上十一點。

　　外傳宏達電已開始要求，員工若要加班，必須向主管報備獲准，而且公司還要求員工在精神狀態佳的情況下，確保安全回到家裡。
（資料來源：湯雅雯、鄔秀明，〈HTC工程師猝死 勞委會：確超時工作〉，《聯合報》（2011/03/03 A3版））

整理：丁志達。

六、澈底推行5S活動

整理（Seiri）、整頓（Seiton）、清掃（Seiso）、清潔（Seiketsu）、紀律（Shitsuke）的5S工作執行要澈底，可以防範意外事故之發生，亦能提高工作效率，改善產品品質，降低生產成本，隱藏在慣性工作背後的危害因素亦得以浮現出來，而針對問題提出改善的對策。希望主動去把可能發生問題的地方找出來，不是等問題發生（**表6-10**）。

七、建立承攬管理制度

事業單位往往因招人承攬時，承攬人或再承攬人不瞭解工作場所之危害，或事業單位及承攬人共同作業時，協調不良等而導致災害，因此事業單位招人承攬時，應建立一套承攬管理制度，使承攬人與事業單位間密切配合，依照既定合乎規定的作業規範去做。

八、人事管理及獎勵制度

要使勞工遵守安全衛生規定，除了前述的勞工安全衛生管理制度及

表6-10　5S的基礎概念

項目	定義	說明	目的
整理 Seiri	清理雜亂	將物品分為要與不要，不要者即丟棄	‧降低作業成本 ‧提高工作效率 ‧提高產品品質 ‧激勵工作士氣 ‧防止工作災害
整頓 Seiton	定位定容	將整理好的物品定位，透過看板、顏色進行效率管理	
清掃 Seiso	無污無塵	經常打掃，常保持清潔，造就無垃圾、無污塵的環境	
清潔 Seiketsu	保持清潔	透過制度、規定，維持整理、整頓、清掃之狀況	
紀律 Shitsuke	遵守規範	養成確實遵守組織規定事項的習慣	

參考來源：行政院農業委員會（2004），《現場環境管理講師手冊》；引自：丁志達（2008），「主管人員的人事管理技巧傳授班」講義，中華企業管理發展中心編印。

其教育訓練外，事業單位也應有制定團體或個人優良安全衛生獎勵制度加以配合，並舉辦安全衛生小組活動、提案改善制度，以創造良好的安全衛生工作環境。

九、印製勞工安全衛生工作手冊

安全衛生工作守則及安全衛生規章報經勞動檢查機構備查並公告周知外，最好將其印製成冊，分發每一員工簽收閱讀，表示所有勞工願意切實遵守，以昭慎重。在印製之小冊中，應一併登載本公司之安全衛生政策條文，以宣示本公司對安全衛生之重視及落實安全衛生的決心（台灣省政府勞工處，1995：2-8）。

未來國內勞動檢查工作必定會越來越趨於嚴格且澈底（人命關天）的執行，所以，事業單位的自動檢查工作（自我要求）就更加顯得重要。落實事業單位的工安與衛生工作，一定是會降低整個生產成本，並提高工作效率的。

 結　語

事業單位辦理勞工安全衛生工作，照顧受僱勞工生命安全及健康，不僅為法令上應盡之義務，也是事業單位之經營應負的道德責任，這些工作做得好，不僅事業單位可增進利潤，免於損失，同時對企業的形象提升，也有很大的助益。

第七章

心理契約與參與管理

> 「仁慈」二個字，就能讓冬天三個月都溫暖。
>
> ——日本俗諺

盧森布魯士（Rosenbluth）國際旅遊公司執行總裁郝爾·盧森布魯士（Hal Rosenbluth）所撰寫的一本書《顧客第二》（*The Customer Comes Second*），書中闡述：「有快樂的員工，才有滿意的顧客，沒有滿意的員工，就沒有滿意的顧客。」他以「員工第一，顧客第二」的創新理念，在短短十五年內，將該公司從費城地區的一家小旅行社，推向成為全球第三大旅遊管理公司。又，西爾斯（Sears）百貨公司，在1992年其在面臨鉅額虧損，力圖振作後，即將重點放在發展員工服務顧客及留住顧客之能力，結果發現，若員工滿意度提高5%，會使顧客滿意度提升1.3%，使收入增加0.5%。

第一節　心理契約概念

企業與員工之間是契約關係，企業支付員工一定的報酬、福利換取員工的勞力與腦力。這個契約可能是厚厚一疊白紙黑字的文件，也可能是沒有文字記錄的「閒話一句」。不管契約的書面記錄是詳實或簡約，勞資雙方總有一些寫不清楚、講不明白的期待或承諾，這就是美國著名管理心理學家施恩（Edgar H. Schein）正式提出的「心理契約」（Psychological Contract）的概念，它是存在於員工與企業之間的隱性契約，其核心是員工滿意度。

一、心理契約管理的目的

心理契約管理的目的，就是透過人力資源管理實現員工的工作滿意度，並進而實現員工對組織的強烈歸屬感和對工作的高度投入。

就員工而言，心理契約最重要的部分，就是企業在薪資之外所應該提供的福利、機會、工作環境等；就企業而言，心理契約包括員工對公司

的忠誠度、工作承諾、工作績效等。假定企業與員工之間的心理契約不能相容，在人事運作上自然會產生扞格不入的情況。

隨著經濟的發展，今天的一般員工與企業之間的心理契約已經跟三、四十年前員工對工作的期待心理，只要賺取足夠溫飽的工資以及工作保障外，對企業並不多求有所不同，而當時雇主，除了希望員工努力工作外，也不會對員工有太多其他的期望。但事過境遷，現在的員工期待除了給付合理的薪資之外，同時也要求良好的福利、成長學習的機會等；企業也因競爭環境的改變，對員工的期待也提高了，不僅僅期待員工努力工作，更要求員工能持續配合企業的發展策略，在勞資雙方都升高對對方的期待下，勞資雙方很容易發生心理契約不相容的現象，因此雇主必須定時做員工「工作滿意度調查」，以提供給員工發展機會，培育優秀人才，相輔相成，各蒙其利（葉匡時，2000：1-3）。

二、心理契約的內涵

心理契約的主體是員工在企業中的心理狀態，而用於衡量員工在企業中心理狀態的三個基本概念是工作滿意度、工作參與和組織承諾（Organizational Commitment）。

(一)工作滿意度

工作滿意度，通常是指某個人在組織內進行工作的過程中，對工作本身及其有關方面（包括工作環境、工作狀態、工作方式、工作壓力、挑戰性、工作中的人際關係等）有良性感受的心理狀態。

(二)工作參與

工作參與乃指員工直接或間接地行使企業經營之職權而言。《勞動基準法》第83條規定的事業單位應舉辦勞資會議，就是勞工參與之法律上制度。

(三)組織承諾

組織承諾一般是指個體認同並參與一個組織的強度。在組織承諾裡，個體確定了與組織連接的角度和程度，特別是規定了那些正式合同無

法規定的職業角色外的行為。高組織承諾的員工對組織有非常強的認同感和歸屬感。

　　一般而言，心理契約包含良好的工作環境、任務與職業取向的吻合、安全與歸屬感、報酬、價值認同、晉升、培訓與發展的機會等七個方面的期望。

三、人力資源管理診斷的心理學模型

　　有效地人力資源管理應該以增強員工的滿意度為核心，並且對影響員工滿意度的因素進行了系統研究。

　　影響員工滿意度的因素有：工作環境、工作類型／工作量、工作混淆／衝突、人際關係（同事／上級）、薪酬制度、職業發展／公司前景、價值觀等。如果能夠增強員工對工作和組織的滿意度，員工會表現出高組織認同、高組織忠誠度、高工作績效、高團隊凝聚力、低離職率、低缺勤率、低管理成本（**表7-1**）。

表7-1　勞資關係診斷項目

> ・企業成員的質及量，與同業或同一地區企業比較，是否高勝一籌？或遜色多少？
> ・員工的薪資體系如何？升遷、調動、人員配置，是否適當？有無考慮適才適所？
> ・全體員工的士氣是否很高？
> ・有否注意勞資關係，並觀察工會組織是否健全？工會活動是否過於激烈？工會會員與管理者的平日互動如何？
> ・對員工之培訓及福利措施如何？是否有待改進？應如何改進？
> ・與其他同業比較員工之勤務狀況，並檢討利用何種具體對策在促進工作意願與生產力之提升？
> ・是否支持個人發展計畫而非打擊士氣的績效考核？
> ・是否口頭明確地向員工表示公司很重視他們共同來擬定其自我發展計畫？
> ・是否提供訓練給組織裡的正確人選？
> ・是否提供符合員工需要的訓練？
> ・是否稱讚員工的貢獻，即使並不完全依照管理階層的想法？
> ・經理人是否在員工正式受訓之後指導員工強化重要的觀念？
> ・要求員工對參加過的特定組織訓練之價值有所回饋？
> ・把訓練的力氣集中在需要培養技術的人，而非渴望受訓當作褒獎的人。
> ・跟員工安排後續課程，以強化他們在正式受訓環境中學到的技能？
> ・要求員工參與平時全方位的評估？
> ・採用發展計畫取代績效考核，跟員工共同合作擬定他們自己的計畫？

資料來源：柯三元（1984），《企業診斷與經營改善》，作者自印，頁74-75。

企業暢銷書作者大衛‧梅斯特（David H. Maister）針對各種可能導致企業賺錢的因素進行問卷調查與訪談，並運用統計上的相關性分析，來檢驗「員工工作態度與企業財務績效相關」這個命題。研究顯示，員工態度與企業績效之間有密不可分的關係，更重要的是員工的工作態度，在主導企業的財務績效表現，而不是財務表現在塑造員工的態度（李蘭芬，2001：116-117）。

 ## 第二節　員工滿意度

工作滿足（Job Satisfaction）又稱為工作滿意度，始於霍布克（Robert Hoppock）在1935年發表的《工作滿足》一書。工作滿意度，係指員工對工作本身及其他層面之反應或感受，而其滿意程度則是員工對其實際獲得與預期獲得之間的差距，差距愈小，滿意程度則越高（**表7-2**）。

員工滿意度調查（Employee Satisfaction Survey, ESS）是指企業為了瞭解員工滿意度狀況而進行調查、分析和評價的過程。員工滿意度調查是企業改進勞資關係的重要工具。

一、實施員工滿意度調查的目的

人才是企業最寶貴的資產，然而高度的員工流動率會導致生產力欲振乏力、組織氣氛低迷，員工認同感脆弱等現象。透過正式的、有系統的員工工作滿意度調查活動，瞭解員工工作滿意度程度，以作為公司決策層改善或提升管理措施的依據，並實現公司尊重員工的管理風格。

企業實施員工滿意度調查的目的有：

(一)診斷企業潛在的問題

實踐證明，員工滿意度調查是員工對各種管理問題（管理制度、組織環境、領導方式、工作設計、工作環境等）的滿意度的晴雨表。如果公司透過員工滿意度調查發現員工對薪酬滿意度有下降趨勢，就應及時檢查其薪酬政策，找出不滿的原因，並採取措施予以糾正。

表7-2 工作滿意度的定義

Hoppock（1935）	工作者在心理和生理上對工作環境與工作本身的滿足感覺，亦即工作者對工作情境的主觀反應。
Morse（1953）	工作之客觀特徵與個人動機相互作用的函數。
Schaffer（1953）	將隨著能被真正滿足的個人需求而直接改變。
Homans（1961）	同工同酬對於工作的感受未必相同，因為他們的工作價值可能有所不同，亦即個人的文化背景和期望會對工作滿足產生潛在影響。
Vroom（1964）	指員工在組織中情緒性的反應及對於組織中扮演角色之感受。
Porter & Lawler（1968）	當員工在組織中之實際獲得與應得報酬差距愈小時，其工作滿足愈高。
Smith, Kendell, & Hulin（1969）	員工對其工作之感受及情緒反應；即員工在工作環境中，實際獲得之報酬與預期應得之報酬之差距。
Locke（1969）	工作滿足與不滿足為某人想要從工作中獲得的和某人知覺到他所獲得的之間知覺關係的函數，亦即對於其所知覺到的成果和所實際獲得的成果之間的差距。
Campbell（1970）	員工對工作或工作的某些特定層面、正向或負向的態度或感覺。
Dunn & Stephens（1972）	員工對整個工作情境的感受，此感受源於員工希望自工作中獲得的與實際所經驗的差距。
Price（1972）	員工對其在組織中扮演的角色具有正感情性取向者，即為對工作感到滿足之員工。
Kalleberg（1977）	一個單一概念，工作者能平衡不同工作構面之滿意與不滿意，因而對於整個工作形成集體的滿意。
Davis（1977）	員工對其工作喜好之程度，若工作符合員工期望，則員工將產生工作滿足。
O'Reilly（1991）	員工對於他們的工作所維持的態度，而此態度是源自於他們對於工作的知覺而來。
Steers & Black（1994）	是指令人愉快或積極地由對工作及工作經驗評價產生的愉快情緒狀態。
Cheney（1984）	指工作所提供的目標、價值、回饋等因素之間相容的程度。
Spector（1997）	指個人對他的工作與工作的其他面向的感覺。
Bussing etc.（1999）	基於渴望、需求、動機與對工作環境的感受，亦即工作者對他本身工作所持有的一種穩定性滿足或內在不滿足。

資料來源：黃忠民（2004）；引自：邱麗家（2006），〈內部稽核人員人格特質、工作特性與工作滿意度關係之研究——以成就動機為中介變項〉，國立中山大學人力資源管理研究所在職專班碩士論文，頁21。

(二)找出本階段出現的主要問題的原因

　　例如企業近來受到產品高損耗率、高丟失率的困擾，透過員工滿意度調查就會找出導致問題發生的原因，確定是否是員工工資過低、管理不善、晉升管道不暢通等問題造成的，否則只能靠主觀的隨機猜測。

(三)評估組織變化和企業政策對員工的影響

　　員工滿意度調查能夠有效地用來評價組織政策和規劃中的各種變化，透過變化前後的對比，公司管理層可以瞭解到公司決策對員工滿意度的影響。

(四)促進企業與員工之間的溝通和交流

　　由於保證了員工自主權，那麼員工就會暢所欲言地反映平時管理層所聽不到的聲音，這樣就起到了資訊向上和向下溝通的催化劑的作用。

(五)增強企業凝聚力

　　培養員工對企業的認同感、歸屬感，不斷增強員工對企業的向心力、凝聚力。由於員工滿意度調查活動是員工參與管理的基礎上樹立以企業為中心的群體意識，從而潛意識地對組織集體產生強大的向心力。

二、工作滿意的衡量方式

　　工作滿意的測量，主要是瞭解個人對於整個工作滿意的程度，一般採用的測量方式有直接晤談法、工作量表量測法。前者（直接晤談法）可依被訪談者的意見予以歸納得知；後者（工作量表量測法）則是以不同的工作滿意度理論所製作的量表測試，經由所測的分數歸納後而得到結論（邱麗家，2006：25）。

(一)工作描述指標量表（**Job Descriptive Index, JDI**）

　　這是最有名的員工滿意度調查量表，它將工作滿意分成薪酬、升遷、督導、工作本身和公司群體等五個構面，並依據此五個構面分別列出形容詞，受測者依據此形容詞針對實際的工作情況，以「是」、「否」及「不

能決定」等三個答案予以回答，來測試受測者的工作滿意度（**表7-3**）。

(二)明尼蘇達工作滿意調查量表（**Minnesota Satisfaction Questionnaire, MSQ**）

此問卷適用於調查組織中個別及團體成員工作滿意程度的計量工具。問卷分為長式問卷及短式問卷兩種，並採用李克特尺度的五點量表（Likert Scale）。長式問卷共有一百二十個題目（二十一個量表），測量結果可以提供二十種分數及一種一般滿意性分數；短式問卷則共有二十個題目（三個分量表），測量結果可以包括內在滿意、外在滿意及一般滿意等三種分數。由於長式問卷較短式問卷在信度與效度要高些，因此原編著者Weiss、Dawis、England和Lofquist特別推薦使用長式問卷（**表7-4**）。

(三)彼得需求滿意問卷表（**Need Satisfaction Questionnaire, NSQ**）

此量表適用於管理人員。其提問集中在管理工作的具體問題，例如：你在當前的管理位置上個人成長和發展的機會如何？理想的狀況應如何？而現在的實際狀況又如何？

(四)工作診斷量表（**Job Diagnostic Survey, JDS**）

此量表除了可應用於工作特性及個人成長需求強度的量測外，亦可應用量測工作者的一般滿意及特殊滿意。

表7-3　「工作描述指標」的部分項目

想想看您目前的工作，並在每個形容詞或短句左邊的空白處填上：

Y——表示它是描述您的工作；

N——表示它不是描述您的工作；

?——表示不確定。

工作	薪資	升遷	同事	上司
__千篇一律	__不好	__老死不得升遷	__太多嘴	__趕上時代
__令人滿意	__高薪	__依能力升遷	__雄心勃勃	__難以取悅
__很好	__低於應得	__升遷機會不多	__懶惰	__詢問我的意見
__獨立行事	__十分豐裕	__有升遷的好機會	__忠實	__需要時即在左右

資料來源：陳彰儀（1999），《組織心理學》，心理出版社，頁89。

表7-4　明尼蘇達工作滿意問卷中的例題

	非常 不滿意	不滿意	一般	滿意	非常 滿意
以目前的工作而言，我對以下各題敘述 的項目感覺：					
1.所有的時間都能夠忙於工作					
2.有獨立工作的機會					
3.時常有機會去做不同的事情的機會					
4.在社區或群體中有受到重視的機會					
5.我的老闆管理部屬的方式					
6.我的督導在決策上的能力					
7.我的工作在僱用上的穩定性					
8.我的薪資與我的工作量					
9.工作上晉升的機會					
10.工作的環境					
11.我的同事和別人相處的方式					
12.我從工作中所得到的成就感					

資料來源：D. J. Weiss, R. V. Dawis, G. W. England, and L. H. Lofquist, Manual for
the Minnesota Satisfaction Questionnaire, Minnesota Studies on Vocational
Rehabilitation 22 (Minneapolis: University of Minnesota, Industrial Relations
Center, Work Adjustment Project, 1967). From *Contemporary Approaches to
Interest Measurement*, (ed). Donald G. Zytowski (Minneapolis: University of
Minnesota Press). Copyright © 1973 by University of Minnesota.；引自：
Paul M. Muchinsky著，李慕華、林宗鴻譯（1996），《工商心理學導論》
（*Phychology Applied to Work*），五南圖書出版，頁357。

　　除了以上四種調查外，尚有訪談調查法（蒐集口頭資料；記錄訪談
觀察）、問卷調查法（設計出問卷後分發個別員工或集體填寫）、抽樣調
查法（隨機抽樣、等距抽樣、分層抽樣、整體抽樣）等。

三、工作滿意度調查訣竅

　　企業進行工作滿意度調查可以對企業管理進行全面審核，保證企業
工作效率和最佳經濟效益，減少和糾正低生產率、高損耗率、高人員流動
率等緊迫問題。

員工滿意度調查，可分別對以下幾個方面進行全面評估，或針對某個專項進行詳盡考核。

(一)薪酬方面

薪酬是決定員工工作滿意度的重要因素，它不僅能滿足員工生活和工作的基本需求，而且還是公司對員工所做貢獻的尊重。

(二)工作方面

工作本身的內容在決定員工的工作滿意度中也起著很重要的作用，其中影響滿意度的兩個最重要的方面是工作的多樣化和職業培訓。

(三)晉升方面

工作中的晉升機會對工作滿意度有一定程度的影響，它會帶來管理權力、工作內容和薪酬方面的變化。

(四)管理方面

一是考察企業是否做到了以員工爲中心，管理者與員工的關係是否和諧；二是考察企業的民主管理機制，也就是說員工參與和影響決策的程度如何。

(五)環境方面

好的工作條件和工作環境，如溫度、濕度、通風、光線、噪音、清潔狀況以及員工使用的工具和設施，極大地影響著員工的滿意度（**附錄14**）。

四、員工滿意度調查的實施步驟

完善的員工滿意度調查過程，包含以下幾個步驟：

1.確定調查任務：雙方討論決定調查的主要內容，之後以內容決定任務，再以任務決定方法、技術手段和測量目標。
2.制定調查方案：設計調查提綱，確定調查指標，列出調查問題，確定調查範圍，選取調查物件，提出調查方法。例如，決定是進行普查還是抽樣調查。

3.收集調查資料：實施調查過程，完成調查問卷的收回，確保調查的數量和品質。

4.處理調查結果：整理調查資料、檢驗、歸類、統計，形成調查結果圖表、文字、總體評價，提供綜合調查報告。

5.為企業提供諮詢服務：就發現的問題進行分析並提出如何改革、糾正的具體措施。

6.跟蹤調查：它包括為企業各級提供培訓、諮詢，為公司制定新的紀律、政策，檢測員工滿意度調查的實際效果，準備下一輪的調查或其他相關的、專項的調查。

五、調查報告分析

調查收回的問卷或調查記錄，需經調查人員統計分析，用文字、圖表等形式描述調查結果，並對現存問題進行總體評價分析，提出改進的具體措施，最終提交調查報告。

(一)數理分析

對調查問卷的分析可以借助電腦軟體和人工方法相結合來完成。常用到的數理分析方法有回歸分析法（Regression Analysis）、均值分析法、比較分析法、交叉分析法等。需要注意的是，分析方法是為分析目的服務的，而不是越複雜越好。

(二)原因分析

透過數理分析可以得出調查的數理分析結果，呈現出直觀的圖表，但是調查者不能陷入「數字遊戲」中，而要分析這些數理分析結果背後的原因。分析者必須從企業實際出發，保持客觀性和全面性，避免得出主觀和片面的觀點。

(三)提出改進措施

對調查結果顯示的問題提出針對性的改進措施，進而改進勞資關係是調查的主要目的之一。一般情況下可以從問題的重要性和緊迫性兩方面

將問題分類，其中重要且緊迫的問題是企業應該首先解決的。如何解決這些問題還要考慮企業的承受能力、改進措施的可行性等因素。

實際上，企業應該及時就調查結果向員工回饋，如果調查結果中存在不適合公開的內容，不妨對回饋內容先行「過濾」。同時企業必須針對調查結果反映的問題及時採取措施，企業和員工的關係才能得到有效改進，否則前面所做的調查、分析工作將毫無意義。

根據分析結果，撰寫了員工滿意度調查報告。它主要包括：本次調查過程總體說明、調查統計結果、現存問題及原因分析、改善員工滿意度的重要性、迫切性模型分析及具體改進措施建議（杜豔華，2007：33）。

員工滿意度調查往往被企業所忽略。然而，透過員工對組織的看法與感受，常常可以有效地反映日常管理上的諸多問題。另外，藉由改善對策之形成與運作，企業可有效提高經營績效，確保競爭優勢（王遐昌講述、趙政岷整理，2001）。

第三節　勞資會議

勞工參與，係指勞工以勞工地位直接或間接地行使企業經營之職權，亦即讓勞工參與企業內有關勞動條件、人事問題、勞工福利、生產、銷售、財務等經營權行使中的諮詢權、建議權、異議及共同決策的分享，以使勞工人力資源的潛能發揮，減少勞資的隔閡，並防止資方難免疏忽勞工立場的利益。而落實勞工參與的最好管道是定期召開勞資會議。

勞資會議係規定在《勞動基準法》第83條中，基本上它是一種勞資諮商制度，藉由勞資雙方相同人數代表組成並定期舉辦之，會中以報告或提案討論的方式，經多數代表同意後作成決議，再交由勞資雙方共同執行，以達到改善勞動條件與增進生產之目的（高寶華，2000：3）。

一、勞資會議的意義與基本態度

藉由勞資會議的成立，勞資雙方可以開誠布公的討論，彼此瞭解雙方對於經營政策、計畫、方針及目標的意願與期望，並可提升員工參與

感，激發其對公司的向心力，此外還可疏通勞資雙方的歧見，避免因缺乏溝通而產生勞資爭議，進而降低企業生產力，所以勞資會議有促進勞資合作、提高工作效率的好處。

　　企業舉辦勞資會議時，勞資雙方皆應秉持下列的基本態度：

　　1.雇主要有面對問題、解決疑惑之氣度。

　　2.勞資會議代表應具有扮演溝通橋樑，善盡協調義務之認知。

　　3.全體員工皆應有主動關心，積極參與工作場所相關事務之態度。

　　勞資會議舉辦後，應做成紀錄，勞資會議決議事項或勞資會議紀錄應函報當地主管機關備查。

二、勞資會議之議事範圍

　　團體協約是企業內有工會組織才可達到的約定，勞資會議則與工會沒有直接關係，有工會組織與否均可舉行。團體協約的效力普通為一年至三年不等，於團體協約中訂明；勞資會議至少每三個月舉辦一次，如欲舉行多次，只要勞資雙方同意，亦無不可（**圖7-1**）。

　　依據《勞資會議實施辦法》第13條規定，勞資會議之議事範圍，分為報告事項、討論事項和建議事項三類（**法規7-1**）。

法規7-1　勞資會議之議事範圍

一、報告事項

　(一)關於上次會議決議事項辦理情形。

　(二)關於勞工動態。

　(三)關於生產計畫及業務概況。

　(四)其他報告事項。

二、討論事項

　(一)關於協調勞資關係、促進勞資合作事項。

　(二)關於勞動條件事項。

　(三)關於勞工福利籌劃事項。

　(四)關於提高工作效率事項。

三、建議事項

資料來源：《勞資會議實施辦法》第13條（民國96年12月12日修正）。

選派勞資會議勞資代表
1.雙方代表各為二至十五人
　　　資方代表：由雇主指派
　　　勞方代表：有工會者由工會會員大會或會員代表大會選舉；無
　　　　　　　　工會者由全體勞工直接選舉
2.任期三年

↓

勞資代表名冊由事業單位函報當地主管機關備查

↓

召開勞資會議
1.勞資會議每三個月至少舉行一次
2.主席由勞資會議代表輪流擔任
3.主席於會議七日前發開會通知
4.勞資代表之出席應各過雙方代表之半數
5.決議須有出席代表四分之三以上之同意
6.議事範圍應依勞資會議實施辦法第十三條之規定
7.依會議規範程序召開會議

↓

函報勞資會議決議事項或勞資會議紀錄
　（勞資會議紀錄應依勞資議實施辦法第二十一條規定記載）

↓

決議事項由事業單位分送工會及有關部門辦理

↓

決議事項如不能實施，得提交下次會議覆議

圖7-1　舉辦勞資會議流程圖

資料來源：台北市政府勞工局編（2004），《如何舉辦勞資會議》，台北市政府勞工局
　　　　　出版，頁4。

　　　勞資會議討論的事項，大多係關於企業的「日常」事務，或是有關
團體協約內容的執行，或則企業勞資之間所發生的任何比較重要的事務，
都可提出於勞資會議加以討論，以求得雙方同意的方案，付諸實施。

三、勞資會議的功能

勞資會議的功能，可分為「勞資會議之功效」和「召開勞資會議之影響」兩部分。茲說明如下：

(一)勞資會議之功效

勞資會議之功效，可分為知的功能、提升員工參與感、增進勞資和諧的基礎、員工期望的逐步達成、資方期望的逐步達成和共同解決問題等事項。

◆知的功能

藉由勞資會議，員工可以瞭解公司的經營政策、計畫、方針及目標等，公司也可以獲得員工的建議，彼此皆可瞭解對方的意願與期望，在不需要做成決議，對雙方都不形成壓力的情況下，開誠布公的討論，正是勞資雙方最佳的良性互動模式。

◆提升員工參與感

員工可於勞資會議中，對公司的政策、計畫、方針及目標等提出意見，從中激發員工對公司的向心力和參與感，以達成勞資雙方同心協力，共存共贏的目標。

◆增進勞資和諧的基礎

公司在勞資會議中的報告事項，可使員工確實瞭解公司未來的方向及發展，提早形成共識，朝既定的目標邁進。

◆員工期望的逐步達成

因員工具有建議權，在充分的交換意見溝通下，只要觀念正確，符合勞資雙方利益者，皆有可能逐步實現，而公司的經營條件允許之情況下，亦會全力增進員工之福利，使員工的期望逐步達成。

◆資方期望的逐步達成

因員工多方的建議，加上在勞資會議有效疏通雙方分歧之意見，並

對公司未來計畫的充分宣導及準備下，員工亦可配合公司的發展，提早達到經營業績的目標值。

◆共同解決問題

透過勞資會議，不論是經由報告、討論、建議，都使得勞資雙方共同學習以平等的地位討論與解決問題，有助於強化公司組織處理問題之能力，讓公司的經營不再侷限於單向指揮命令式之管理方法，而轉變為另一種具雙方回應交流之組織模式，同時更可訓練員工思考能力，使之成為公司寶貴之人力資源。

(二)召開勞資會議之影響

勞資會議乃是本著全員上下同舟共濟、榮辱一體的精神，建立勞資雙方正式溝通管道。參與的員工，是整體性的、全面性的，而非部分特定的勞資代表。企業若能充分利用此一制度，不僅可避免勞資雙方較為嚴肅的談判或激烈的衝突，更可形成企業內上下一體之共識，使生產、效率、品質及團隊士氣明顯提升，讓企業成長茁壯；尤其在無工會組織之企業，更應藉由勞資會議，活化公司組織，強化員工參與感，增進管理效能，如此整個組織體將更為精實穩固，達成名副其實「勞雇同心、共存雙贏」之目標（台北縣政府勞工局編印，2010：1-13）。

第四節　員工申訴制度

員工申訴制度是指企業內一種勞資自行解決勞資爭議的制度，藉此制度之實施，可以讓受僱的員工將工作場所中的不滿、不平或爭議問題迅速解除，並促進企業內勞資和諧（**表7-5**）。

企業之申訴部門，可為一個常設的組織單位，亦可為一個別於正常或一般作業的管道設計。無論是組織單位、無論是管道設計，申訴部門之設立，必須是經常性存在的，而且申訴部門的最終處理單位必須是企業的最高決策單位（**表7-6**）。

表7-5　勞資雙方溝通的原則

- 溝通的雙方立足點應平等，誰也不能比誰大。溝通時，資方要放棄過去對勞方「父權式」、「呵護式」的作法；勞方也不可有「得理不饒人」、「一切固執己見」的態度，不照自己的意思做就不行的心態。
- 雙方要重視溝通，不可抱著形式主義的心態做溝通，尤其不可把溝通當成「作秀」，而不表現應有的誠意。
- 溝通應有可行可通之管道。
- 溝通應經常進行，有事固然要溝通，平時也不能不溝通。
- 溝通所得結論要執行，要使其實現。

資料來源：趙守博（1992），《勞工政策與勞工問題》，中國生產力中心出版，頁275。

表7-6　企業內部多元化溝通方案

一、目的

　　透過各種內部溝通方案，有效、確實地傳達公司政策、未來發展方向，同時充分瞭解員工意見與想法，以建立共識，增強員工對公司之向心力與認同感，進而提高士氣與生產力。

二、適用員工

　　所有員工。

三、適用部門

　　所有部門。

四、負責單位及應負之責任

(一)人力資源處

　　人力資源處應負領導、發展、計畫、統籌、管理公司的內部溝通計畫與活動。

(二)各處及各部門

　　各處及各部門主管應負責執行該處／部門內的內部溝通方案及活動，並積極配合全公司性的內部溝通方案。

五、內部溝通工作方案

(一)下行溝通方案

　　1.動員月會：視需要不定期舉行，由人力資源處負責籌劃、記錄，參加對象為中、上階層管理人員及福利委員，由總經理主持，內容以報告公司發展現況及未來發展方向。

（續）表7-6　企業內部多元化溝通方案

2. 新生訓練：原則上每二個月舉行一次或新進人員滿四十人時，由訓練部門負責策劃、安排，訓練內容以介紹公司、企業文化（Alcatel WAY）組織、薪資、考核等人事規定及福利介紹。

3. 員工手冊：每位員工一冊，供同仁隨時翻閱。內容為公司各項福利措施、人事規定、制度的介紹及公司發展史、未來發展目標等。

4. 季刊（Alcatel TAISEL NEWS）：季刊性質，每年發行四期，報導內容有Alcatel TAISEL新聞、Alcatel之訊息、總經理的話、產品介紹、新科技報導、部門簡介、部門花絮、活動報導、福利介紹、同仁心得報導、軟性文章、Q & A。

5. 簡訊（Alcatel TAISEL FLASH）：透過單張之FLASH，隨時、立即傳達公司重要訊息給同仁知道、瞭解，以增強同仁對公司之向心力與認同感。

6. 管理對話（Management Dialogue）：每一個月安排十位員工與總經理進行面對面的溝通談話。由總經理就公司未來、政策、業務等與員工溝通，並聽取員工對公司的建議。

7. 新進員工面談：在新進員工到職一個月後，由其部門經理及直屬主管進行一對一面對面的溝通，以瞭解其工作之適應狀況、對公司之意見、疑問之澄清等，以協助其快速瞭解並適應公司組織、制度及文化。

8. 部門內員工面談：部門經理以及員工之直屬主管於一年工作期間內，至少需安排一次與其部屬進行一對一面對面的溝通，以瞭解員工之工作狀況、疑問及意見，以協助其工作有效之完成與發展。

(二)上行溝通方案

1. 員工抽樣面談（Radom Interview）：由人力資源處指定專人以主動、採隨機抽樣方式，每週抽選公司同仁進行一對一面對面之溝通，瞭解員工之工作狀況、疑問及意見，並將員工意見定期彙總／處理／存檔。

2. 員工意見調查：依公司政策及計畫，不定期舉辦員工意見書面調查以充分瞭解員工意見及問題重點，並擬訂實施改進方案。

3. 百人意見交流會：每年安排部門／處之全體工作同仁，與總經理直接溝通之機會，全公司分為八次舉行，每次一百二十至一百五十人參加。

4. 職工福利委員會：依照法令規定，由員工推選代表組成，定期召開會議，除推展各項福利工作，同時可透過各區委員代表瞭解員工需求及意見，並傳達公司的政策、目標。

5. 員工諮詢服務：由人力資源處指派專人負責，透過員工諮詢服務，充分提供員工諮詢公司之各項事務，以提供員工對公司發展、福利、制度等充分瞭解的機會。

6. 總經理信箱／員工意見箱：於公司內部設置總經理信箱及員工意見箱，提供員工提意見之機會，對於員工所提之意見，交由相關單位處理。

7. 提案制度：透過提案制度之方式，鼓勵同仁提出對公司改善之具體方法，並於公布欄旁設置提案箱，員工所提提案由人力資源處指派專人處理並交由相關單位審核處理。
凡提案者均發給紀念品乙份，若該提案對公司有具體顯著貢獻者，則予以獎勵。

（續）表7-6　企業內部多元化溝通方案

> 8.處／部門座談會：視處別組織之大小來決定是以部門或處為單位來舉行座談
> 會，提供部門或處同仁之機會表達其意見、想法或疑問，以達充分溝通之目
> 的。
> 以每六個月舉行一次（一年舉行兩次），由處長／經理主持，人力資源處派專
> 人列席參加。
> 9.離職員工面談：部門主管及人力資源處派專人邀請提出離職申請的同仁進行一
> 對一的面談，以瞭解其離職原因，降低非必要之離職，同時可藉離職面談瞭解
> 其對公司之看法及建議。
>
> **(三)平行溝通方案**
>
> 1.主任級管理研討會（Supervisor Management Conference）：每年舉辦一次，透過
> 研討會之方式，增強主任級管理知識、能力，及針對特定主題提出具體可行方
> 案、建議，並可達相互溝通及聯誼之目的。
> 2.經理級管理研討會（Senior Staff Management Conference）：每年舉辦一次，透
> 過研討會之舉辦，提供經理人員相互交換經驗、工作心得，及針對特定主題提
> 出具體可行方案、建議，並可達相互溝通及聯誼之目的。
> 3.員工活動：每年透過公司及社團舉辦之各型活動，如年度旅遊、年終晚會、員
> 工運動會等，提供員工相互認識、聯誼、溝通之機會。

資料來源：台灣國際標準電子公司。

一、員工申訴制度的功能

企業實施員工申訴制度的功能，約有下列數端：

1.企業可讓員工在維持現有的勞動關係下，以最小的成本去解決不滿
的情境。
2.企業提供員工依正常程序維護權益的救濟管道。
3.紓解員工情緒、改善工作氣氛、降低缺勤率、流動率或產品的不良
率。
4.檢視管理制度與規章的合理性。
5.防止各階層管理權的不當使用。
6.與團體協約結合，成為團體協約的適用與解釋的行政管理機制，並
用於對抗不法的爭議行為。
7.減輕高階層管理者處理員工不滿事件的負荷。

8.提高企業內部自行解決員工問題之能力，避免外力介入或干預使問題擴大或惡化。

綜合言之，實施員工申訴制度的成效計有：減少員工抱怨、上下溝通更順暢、提高工作效率、促進勞資關係和諧與合作、降低員工流動率、主管更留意管理技巧、減少同事間紛爭、減少勞資爭議，以及預防職場性騷擾事件的發生等事項。

二、員工申訴政策聲明之內容

員工申訴政策聲明，即是為解決員工的問題，透過申訴政策聲明，來傳達企業傾聽員工心聲的信念及價值觀，它是促進勞資溝通的管道之一。

1.公司承認個別或集體員工對工作有關的不滿，有提出申訴的權利。
2.建立員工申訴制度，對公司及員工均有益處。
3.管理者應力求其決策或活動不會引起員工的不滿。
4.管理者與員工或工會之間的歧見，應在免用爭議手段下獲得妥善而快速的解決。
5.申訴程序應在無任何實際或威嚇的壓力下進行，包括管理者與員工。
6.關於改變勞動條件或工作安排的決定，如果經員工提出申訴，在申訴程序尚未完成前，應維持其原狀。
7.申訴案件之處理，應避免產生公司無法接受而員工要求比照的先例（郭吉仁，台灣婦女資訊網：http://taiwan.yam.org.tw/nwc/nwc3/papers/forum531.htm）。

三、員工申訴範圍

依理而言，員工申訴之內容有：

1.行政立法：關於團體協約、工作規則及其他企業內部規則的訂定與內容。

2.行政行為：關於資方依公司有關規定，對員工之命令、禁止、許可、免除、認可、受理、通知、確認等各方面之意思表示。

3.行政計畫：關於資方所提出之各項發展計畫、生產計畫、行銷計畫、業務計畫等之構想與行動。

4.行政指導：關於資方依有關之內部規定，所為之期待、勸告、誘導等非強制性之事實行為。

5.行政賞罰：關於資方對勞方所為之獎勵、懲罰等之行為。

6.行政程序：關於上述五項之形成方式與過程（財團法人中華勞資事務基金會網站：http://fclma.org/ShowPost/1510.aspx）。

四、員工申訴處理原則

企業處理員工申訴的原則，要做到：

1.保密原則：做好保密工作，使申訴人減少疑慮及具安全感。

2.公正原則：公正才能取得申訴人的信賴，員工也才願意透過此一管道，來得到一個超然、客觀、公平的結果。

3.時效原則：申訴案件應確實掌握處理的時效，避免過時延遲不決，因而降低員工之信賴或引發勞資爭議。

4.精確原則：申訴案件調查後的結果與答覆員工時，應力求精確，並應敘明理由，切忌語意不明，模稜兩可。

傳統人事制度是一些硬梆梆規定，常常忽略員工的感受，已不符合時代潮流；新近的人性化組織氣氛，執行細節講究典雅細緻，強調溝通與人性尊嚴。

五、員工申訴制度之作業流程

員工申訴制度之作業流程，約可分為下列幾點：

1.處理範圍：界定員工於何種狀況得進行申訴，即事業單位受理申訴範圍為何。例如訂明對管理規章、管理方式、獎懲或考核等感到不

滿或不平得提出申訴之規定。

2. 適用對象：明訂何種人於遭遇不滿或不平時得提出申訴，例如訂明公司之作業員，或在職人員，或依公司實際需要所聘僱的特定人員。

3. 申訴方式：訂明員工提出申訴之方式，例如採用書面或口頭，以電話或郵件，應向何單位提出申訴，或依管理層級循序而上等申訴方式。

4. 處理程序：規定受理申訴案件時，事業單位應以何種方式處理，並依需要訂明處理階段、每一階段處理之時間、參與處理之人員及其權限等，使申訴者得以瞭解處理過程、進行的進度、處理方式及由何人處理等。

5. 回覆方式：註明接獲申訴案件，從受理至處理結束，期間於何階段作初步答覆，及處理完畢後如何答覆。另有關從受理申訴至回覆之時間亦應訂明，以控制全案之處理進度。

　　員工申訴制度之辦法或規章訂立後，事業單位應進行各項宣導工作，例如透過企業內部網站、公告揭示，或利用公司刊物報導申訴制度之實施辦法，使員工瞭解公司已實施本項業務。同時，於員工內部之教育訓練中安排申訴制度之課程，或於實施前做申訴制度之專案宣導教育，以使員工深入瞭解本項業務之內容、功能及如何運用等（**範例7-1**）。

 結　語

　　在一個多元化民主和開放的變遷社會中，對於複雜而多面向的勞資問題，除了考慮實質性問題，諸如法令、標準、數量、福利等內容外，也應該注意處理程序性問題，例如處理過程是否注意、顧及到溝通與參與，即使法令訂得如何周全，辦法訂得如何完備，所有該設想的都想到了，可是如果忽略了程序上的問題，事前不宣導、事中不溝通、事後不疏導，其事倍功半和阻力重重是可想而知的。

範例7-1

企業內部溝通渠道的作法

類別	作法
員工滿意度調查	為了維護良好的員工關係，美國聯合包裹服務公司（United Parcel Service Inc., UPS）通常在每年的8、9月間都會舉辦一次在線的員工滿意度調查，所有員工都有機會透過匿名完成在線調查問卷的方式，來回饋對工作、上司及公司的評價或建議。調查結束後，公司要向員工公布調查結果，並引導各部門對調查結果進行分析討論，制訂出改善措施或提升方案，並跟蹤落實情況。
門戶開放政策	在這個門戶開放政策（Open Door Policy）下，UPS敞開了一扇又一扇的溝通之門，使員工有意見時，可以依次與主管、部門經理、人力資源部經理或高層領導進行回饋。 部門負責人還會定期或不定期地舉行專題小組會議，即針對某一項議題組織員工跟公司管理層進行討論；一年一度的TLA（Talk, Listen and Act）會談，讓每一位員工都有機會向管理層反映自己的想法和建議，之後在一起採取行動改善或提升；另外還有早餐會、部門內部會議、職業生涯發展討論會、工作績效評估溝通會等等。
工作前通報會	它是一種單向的溝通方式。每週五舉辦一次，每次時間大約三分鐘，早上九點開始，各個辦公室同時進行，屆時所有辦公室的員工會聚集在一起，由其中一名管理人員當眾宣讀會議材料中的重要內容。 公司有專門的會議材料編輯人員，他們負責會議材料的蒐集和編輯，並派發到各分公司，內容一般會涉及公司業務、產品／服務信息、員工活動與人事變動等信息。 工作前通報會（Pre-work Communications Meeting, PCM）透過及時的信息分享，產生了強烈的員工凝聚力，把員工與公司的發展緊密聯繫起來。
企業文化日	每月第三個星期的星期三是UPS的企業文化日，在這一天，所有部門的負責人會組織員工學習並討論UPS的傳統與文化，使員工更深地理解企業的文化精髓，並增強其歸屬感與自主感。
二十四小時免費熱線	UPS在美國總部還開通了二十四小時免費熱線，來接聽世界各地員工的諮詢或尋求幫助的電話。

資料來源：王粒權、劉興陽（2008），〈UPS：奧運贊助商的管理之道〉，《HR經理人》總第276期（2008/05下半月），頁42。

第八章
內部行銷與獎懲制度

> 　　對有功之人，應給予獎金，而不是地位；地位應給予那些具有相
> 當才華的人。
>
> 　　　　　　　　　　　　　　──新力（Sony）創辦人盛田昭夫

　　美國經濟學家斯蒂芬‧羅賓斯（Stephen P. Robbins）指出，人力資本價值＝工作熱情×工作能力。如何激發員工的工作動機，成為企業管理階層最為關注的人力資源管理問題之一。而責任感和穩定的薪酬已經不能成為推動員工盡職盡責工作的主要動力。今日的員工渴望超越自我、接受挑戰、提高技能，希望保持工作生活的平衡，抵觸論資排輩的升遷制度，希望獲得正面讚賞和即時反饋。員工觀念在變，企業的激勵方式也要相應調整（陳小華，2009：10）。

 # 第一節　內部行銷概念

　　內部行銷（Internal Marketing）係透過工作（產品）來滿足員工的需求，以吸引、發展、激勵和留住優秀的員工，亦是對待員工如顧客的管理哲學，及塑造滿足員工需求之產品（工作）的發展策略。

一、內部行銷的定義

　　內部行銷的定義，係將員工視為「內部顧客」，將工作視為「內部產品」，在符合組織目標的前提下，組織須竭盡心思以內部產品（工作）來滿足內部顧客（員工）的需求，也就是採取行銷觀點，管理組織內的各種交換（行銷學之核心觀念）關係所涉及之活動（吸引、發展、激勵和留住優秀的員工），營造出有效率的內部運作環境，及培養出具備顧客導向及服務意識氣質的員工，以達成組織的目標。

二、內部行銷的觀念

內部行銷的出發點就是要重視員工，將員工視同內部顧客般地加以善待，將企業精心設計的內部產品（工作）行銷給他們，以期能凝聚共識、激勵士氣，進而提升整體企業之競爭優勢，使彼此之間的交換效益極大化。

一般企業的行銷工作，主要是將商品或服務銷售給客戶並滿足客戶的需求，可稱為「外部行銷」。「內部行銷」是指公司管理階層將員工視為內部市場來經營，透過行政幕僚的服務，將公司對員工的關懷行銷給內部員工。員工若能心悅誠服、心滿意足接受公司的服務後，願意提供高品質服務給消費者和顧客，與顧客間建立良好的互動關係，此即為「互動行銷」。內部行銷是互動行銷的基礎，唯有內部行銷與外部行銷的相輔相成，企業才可建立完善的服務系統，提供令客戶滿意的商品及服務。例如：「因為愛上了星巴克，才會想來這裡工作」，這是許多在星巴克各分店服務的店員的心聲。它給的薪水不見得比別家店好，且還有許多必須接受的訓練，他們卻還是神采奕奕地在店裡工作著。

三、內部行銷概念的發展

內部行銷就是重視和肯定員工的價值與重要性，並將精心設計的內部產品（工作）行銷給這群內部顧客（員工），以期透過員工滿意（Employee Satisfaction, ES），從而達到顧客滿意（Customer Satisfaction, CS），最終目的在於建立具有高度戰鬥力的工作團隊，進而全面提升企業整體績效。

就內部行銷概念的發展，歸納為四個不同但彼此密切相關的階段：

1.注重員工的激勵與滿足。
2.培養具有顧客導向和服務意識的員工。
3.作為策略實施與變革管理的工具。
4.作為培育組織文化與組織核心能力的促動器，藉此瞭解內部

行銷的意義與範疇（張媛甯，hrm.nsysu.edu.tw/projects/sum-project/89-14-2.doc）。

四、人資管理的內部行銷

外部行銷一般屬於行銷企劃、公關部門的職責；互動行銷屬於業務推廣部門的工作；內部行銷則是人力資源管理部門的職責範圍。透過人力資源管理部門的內部行銷所提供的各項提升內部服務品質的管理措施，可促使員工對工作滿意、對組織認同，如此不但降低員工流動率，並同時提高員工生產力與服務品質，進而產生高的服務價值。企業再透過顧客的滿意、顧客的忠誠，以獲取業績成長與利潤增加。

(一)人資管理的內部行銷意涵

人力資源管理的內部行銷，係指公司管理階層基於關懷員工有如善待顧客的哲學，透過人力資源管理的「召募」、「訓練」，以吸引及提升人員的素質，「薪資福利」以激發員工的潛能，「工作設計」以提供員工發揮能力的環境，「績效評估」以瞭解員工的工作品質，最後再以合情合理的「生涯發展」留住優秀員工，讓員工因滿意而更有服務意識與顧客導向的觀念（林文政、龐寶璽，2004：24）。

(二)內部行銷導向的管理思維

人力資源管理部門對內部行銷導向的管理思維方向是：

◆重視員工是最基本的原動力

時至今日，最重要的稀有資源已不再是原料、生產技術或是產品本身，而是受過良好培訓，具備服務導向的員工。因此，內部行銷的興起已日受重視，其背後最主要的原動力，即來自於對員工重要性的深刻體認。例如，亞都麗緻飯店希望員工都把自己當成飯店的主人，竭誠款待前來投宿的賓客。

◆視員工為內部顧客

工作本身就是一種內部產品，公司應竭力提供規劃良好的工作設計

與職前規劃，以服務引導優秀人才，滿足內部顧客的需求。例如：美國迪士尼樂園（Disneyland）素以服務優異聞名遐邇，該公司對員工的重視與照顧也是有口皆碑。除了供遊客遊玩的園區外，該公司還特地另外設置員工專用的休息區，以期能讓員工獲得充分的休息。此外，員工每年都要填寫問卷，回答他們在迪士尼樂園工作的情形，以及有何不滿意之處，藉此，公司當局便可瞭解是否已成功地創造了員工的滿足感，並發掘仍有哪些地方有待進一步改善。

◆以行銷觀點管理組織人力資源

人力資源管理也必須融入行銷觀念，唯有以行銷觀點管理組織的人力資源，才能全面提升人員的運作能力，進而強化企業的整體績效，以期能有效因應日益激烈的競爭環境。例如凱悅飯店（已易名「君悅飯店」）當年進軍台灣市場時，曾破天荒地以電視廣告徵人（在此之前，從來沒有任何企業在電視上打出徵人廣告），結果前來應徵者絡繹不絕，讓凱悅飯店可以從中挑選理想的人選。

◆從員工滿意至顧客滿意

員工滿意是顧客滿意的必要條件（要有顧客滿意，先要有員工滿意）而非充分條件（有了員工滿意，未必就能夠達成顧客滿意），但藉由內部行銷的協助，企業將可有效落實顧客滿意。例如：美國迪士尼樂園創始人華特‧迪士尼（Walt Disney）曾說過：「你不可能要求一位在前一分鐘才剛被你痛斥一頓的員工，在後一分鐘就馬上對顧客展現出親切的笑容，並耐心地提供顧客良好的服務。」

◆全員服務

從高階主管到基層人員，所有員工均是服務人員，每個人均有其必須服務的「顧客」，且均須具備提供良好服務給「顧客」的意念與能力。例如：美國迪士尼樂園的主管，當要起身離開辦公室走進遊樂園區之前，他們一定會先把當天的園區活動節目表再瀏覽一次，以確保萬一有遊客趨前問及某某活動在何時何地舉行時，他可以對答如流，而不是說：「請你去問服務人員。」此外，為了加強高階主管們的服務意識，迪士尼樂園每

201

年都會安排一週左右的時間，將高階主管下放到第一線去直接面對顧客、服務顧客，以免高階主管因為居高位而失去了對顧客的敏感度，也忘記了自己身為服務人員的事實。

◆員工兼任執行外部行銷工作（Part-Time Marketer, PTM）

　　行銷已不再是行銷部門的事情，非行銷部門的員工更應該體認到除了本身分內的工作外，自己還扮演著部分行銷人員的角色職責（**範例 8-1**）。

範例8-1

內部行銷的典範

　　服務大師公司（The Service Master Company）係一家著名的清潔公司，以提供清潔、除蟲、維護設備，以及醫院看護等勞力密集的服務為主。

　　該公司認為所有的員工都是公司的靈魂人物，並尊重每一位員工的工作（雖然在外人看來有點卑微的工作），且致力於塑造「尊重個人、發揮潛力」的企業文化，這種貫徹內部行銷理念的作法，使得該公司得以從一個原本只有幾個人的小公司，茁壯成已近二十萬名員工的知名企業。

　　該公司的高階主管指出，公司存在的目的，是為了肯定每一位員工的價值，以及發展每一位員工的潛力，在其中，獲利只是達成目的的過程，而追求卓越則是達成目的的方式。

　　基於對員工的重視，該公司的內部行銷觀點，乃從挑選正確的員工開始（確認員工是否熱愛服務、願意照顧別人，而不會眼高手低，缺乏愛心／耐心，或只知向錢看的人）。找對人之後，接下來就是對人員持續加以訓練，以灌輸員工正確的做事方法與正確的工作價值，並透過種種創新來激發員工的潛能（如每個月第一週的星期一為「員工聆聽日」、設計激勵措施鼓勵員工發揮創意等），然後再輔以主管

的持續從旁引導（是否熱心教導別人，是該公司升遷人員的重要指標）。

　　除此以外，該公司的高階主管也致力於將公司建構為學習型組織，期能養成員工持續學習的習慣，進而透過持續性的教學相長，維繫公司持續成長的動力。

資料來源：蕭富峰（2000），〈序：潛力無窮的新行銷〉（黃俊英），《內部行銷》，天下遠見出版，頁2-3。

◆賦予員工權力

　　所謂「賦予員工權力」，就是賦予第一線服務人員更多權力，使其得以更迅速、更有彈性地因應顧客的需求，解決顧客的問題。例如：北歐航空公司（Scandinavian Airlines, SAS）總裁卡爾森（Jan Carlzon）指出：「賦予員工權力就是讓員工從僵硬的指示、政策以及命令等嚴格控制手法解放出來，並讓員工擁有對自己的想法、決定以及行動負責的自由度。如此一來，員工將會釋放出令人驚異的潛力。」（蕭富峰，2000：17-45）。

　　總而言之，人力資源部門必須改變傳統行政管理的被動作法，建立行銷導向、服務導向的思維，以提高員工的滿意度和認同感，進而由「員工滿意」達到「顧客滿意」（**表8-1**）。

表8-1　內部行銷導向的人資措施

・將內部顧客服務設為員工所需核心職能。
・以服務能力和服務意識作為人員甄選的決定因素之一。
・員工內部顧客服務列為績效考核指標。
・以三百六十度績效考核落實內部行銷。
・以內部顧客服務所需的知識與技術，作為訓練需求缺口分析的重要指標。
・將內部顧客服務的品質作為激勵獎酬的判斷標準。
・團隊或部門之間合作的意識與機制的建立。
・努力使公司成為好的雇主。

資料來源：林文政、龐寶璽（2004），〈從內部行銷談人力資源管理〉，《就業情報雜誌》334期（2004/02），頁25。

第二節　激勵理論

　　從現代激勵理論可知，員工的個性（價值觀、動機、需求）是選擇工作的一個重要因素，只有當工作與員工個人的個性相符時，員工才願意在某一崗位長時間工作。在激勵理論中，最著名的是內容理論（Content Theories）與程序理論（Process Theories）兩類，茲說明如下（**表8-2**）：

表8-2　工作滿意之激勵理論

理論名稱	代表人物	理論內容
需求層次理論	Maslow（1954）	將人類的需求由低至高分成生理、安全、社會、尊嚴及自我實現五個層次，各層次的需求有階層關係。
激勵—保健理論（雙因子理論）	Herzberg, Mausner, & Snyderman（1959）	認為內在因素如個人成長等與工作滿足有關；而工作環境等外在因素與工作不滿足有關。
XY理論	McGregor（1960）	主張兩個明顯的人類天性的觀點，分別是屬於負向的X理論及正向的Y理論。
成就動機理論（三需求理論）	McClelland, Atkinson, & Murray（1953, 1961, 1966）	認為三種需求與個人的工作態度有密切的關係，這三種需求分別為：成就需求、權力需求和隸屬需求。
公平理論	Adams（1963）	認為一個人會將自己所投入於工作的技能、時間與精力，和所獲致的金錢及精神上的報酬相比較，其工作滿意程度即取決於其工作所得。
期望理論	Vroom（1964）	認為工作者的行為是經過思考和判斷的程序，建立在期望、誘利、工作價值等三個基本概念上，會影響工作滿意與否。如估計透過努力有很大把握達成目標，就會產生動機以實現目標。
認知評價理論	De Charms（1968）	認為因工作本身賦予的內在酬償，會因外在報償的介入而減低整體的激勵作用。從實證中，我們可以確定內在報償與外在報償並非彼此獨立，而是互相影響的。
目標設定理論	Locke（1968）	認為個體為了特定目標努力的企圖心，是激勵其工作的主要動力來源。明確又富有挑戰性的目標能提升工作績效。

（續）表8-2　工作滿意之激勵理論

理論名稱	代表人物	理論內容
ERG理論	Alderfer（1969）	代表存在（Existence）、關係（Relatedness）和成長（Growth），分別代表三群核心需求（Core Needs），因此，名為ERG理論。ERG理論乃採取「滿足—進展」、「挫折—退縮」的模式。
增強理論	Skinners（1971）	認為一項行為發生時，如果能帶來正面的結果，則以後重複出現的機率會增加。若出現負面結果，則以後將不易再出現。
工作特性理論	Steers & Mowday（1997）	目的無非是想找出工作任務的特性，這些任務特性的組成方式為何會造成工作滿意的差異，希望這些特性中，發現其可能組成的工作類型及與員工士氣、滿足感及績效表現間關係，以及任務特性對員工的激勵作用、滿足感及績效表現有何涵義及關聯性。

資料來源：徐封名（2001），頁20；黃忠民（2004），頁10；引自：邱麗家（2006），〈內部稽核人員人格特質、工作特性與工作滿意度關係之研究——以成就動機為中介變項〉，國立中山大學人力資源管理研究所在職專班碩士論文，頁24。

一、內容理論

內容理論主要是在辨認及界定存在重要變數中可產生激勵效用的特定實務，例如升遷、薪資、工作安全性、認同、獎勵等等，代表此理論的有需求層級理論（Hierarchy of Needs）和雙因素理論（Two Factor Theory）等。

(一)需求層級理論

五○年代初，美國心理學家亞伯拉罕・馬斯洛（Abraham H. Maslow）提出了著名的人類需求層級理論。他認為人是有不同層次需求的動物，隨時都有不同之需求。個人的需求或有差異，但大體上都脫離不了生理、安全、社會、尊嚴、自我實現這五類需求，並且馬斯洛主張人要滿足較低層次的需求之後，才會追求較高層次的需求（**表8-3**）。

勞資關係

表8-3 人類需求層級理論

·生理需求（Physiological Needs）
生理需求是人類生存最基本的需求，這包括對水、空氣、食物、飢餓、口渴、睡眠、棲身之地、性等最基礎之需求。管理階層主要藉由工資的發放，使員工購買這些必需品，以嘗試滿足員工這方面的需求。
·安全需求（Safety Needs）
安全需求則是保障個人身心不受到傷害與防範危險的需求。這包括參與工會、尋求工作的終生保障、免於疾病傷痛，並在保險和退休計畫的基礎上選擇工作的需求。
·社會需求（Social Needs）
社會需求則是需要獲得一種社會的歸屬感，這包括感情、歸屬、被人接納以及友誼等需求。這些需求藉由同業員工們頻繁的相互交流，以及相互的接受，以滿足需求。管理階層可藉由支持員工的聚會來配合社交的需求。
·尊嚴需求（Esteem Needs）
尊嚴需求則是需要得到別人的認同和尊重，這包括內在的尊嚴因素（如自尊心、自主權與成就感等）以及外在的尊嚴因素（如身分地位、被人認同與賞識等）。受尊重的需求，在公司組織中能夠藉由因計畫成功地完成、個人工作的功績和價值的被認同，以及公司組織的頭銜等來滿足需求。
·自我實現（Needs for Self-actualization）或自我實踐（Needs for Self-realization）
自我實現是一種將個人的技能、能力和潛能運用到極致的表現，這包括自我成長、發揮個人潛能以及實踐理想等需求。如果員工想要在職進修一個學位，管理者可藉由提供彈性的工作時間計畫來配合上課時間、學費的補助等協助，以符合員工的自我實現之需求。

資料來源：彭桂清（Beata Perng）、楊春偉（Yolanda Yang）著，盛怡中編輯（2005），《惠普科技HP：創新科技 全球IT業翹楚》，維德文化事業出版，頁100-101。

　　需求滿足層級總是上下波動的，只要一項需求得到滿足，它就會停止對行為的影響，所以，需求是永遠不會被完全滿足的，如果要激勵員工的話，就必須要明白員工真正的需要到底是什麼（**圖8-1**）。

(二)雙因素理論

　　美國心理學家弗雷德里克·赫茲伯格（Frederick Herzberg）透過在匹茲堡（Pittsburgh）地區十一個工商業機構，對二百多位工程師、會計師調查徵詢後發現，受訪人員舉出的不滿的因素，大都與他們的工作環境有關，而感到滿意的因素，則一般都與工作本身有關。據此，他於1959年提出「雙因素理論」，也稱為「激勵—保健理論」（Motivator-Hygiene Theory）。

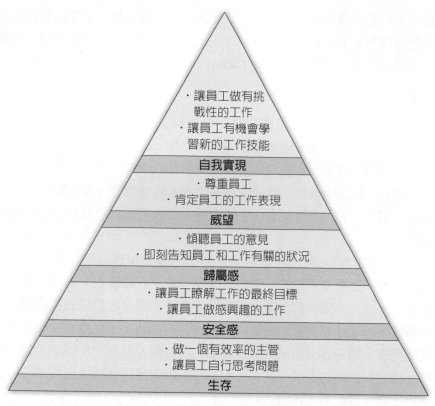

圖8-1　需求層級在管理上的運用

資料來源：Twyla Dell著，劉麗真譯（1993），《激勵士氣：讓部屬發揮出潛力來》（*An Honest Day's Work*），麥田出版，頁56。

　　傳統理論認為，滿意的對立面是不滿意，而據雙因素理論，滿意的對立面是沒有滿意，不滿意的對立面是沒有不滿意。因此，影響勞工工作積極性的因素可分為兩類：保健因素（Hygiene Factors）和激勵因素（Motivation Factors），這兩種因素是彼此獨立的，並且以不同的方式影響人們的工作行為。

◆保健因素

　　所謂保健因素，就是那些造成勞工不滿的因素，它們的改善能夠解除勞工的不滿，但不能使勞工感到滿意並激發起勞工的積極性。它們主要

有企業的公司政策、行政管理、工資發放、勞動保護、工作監督以及各種人際關係等。由於它們只帶有預防性，只起維持工作現狀的作用，也被稱為「維持因素」（Maintenance Factors）。

◆激勵因素

所謂激勵因素，就是那些使勞工感到滿意的因素，唯有它們的改善才能讓勞工感到滿意，給勞工以較高的激勵，調動積極性，提高勞動生產效率。它們主要有工作表現機會、工作本身的樂趣、工作上的成就感、認可、晉升、對未來發展的期望、職務上的責任感等等。被激勵的員工，就像擁有職責、完全沉醉於工作上的那些人，他們覺得已掌控了工作並做出貢獻。

馬斯洛的需求層級理論與赫茲伯格的雙因素理論是相吻合的，需求層級理論中低層次的需要，相當於保健因素，而高層次的需要相似於激勵因素。因此，企業的勞資關係狀況是影響員工滿意度最為直接的因素，員工滿意度可以作為衡量企業勞資關係狀況的重要指示溫度計。如果工作情境能夠在上述各方面滿足員工的需求，則組織容易趨向於健全，員工在工作上也會有較好的表現；反之，不良的組織架構往往造成惡性循環，勞資糾紛不斷（楊國樞，1986：3）。

二、程序理論

程序理論是在明確敘述激勵、指揮、維持及停止行為的過程有變相交互作用，以及影響他人產生某種行為的方法。代表此理論的有公平理論（Equity Theory）和期望理論（Expectancy Theory）。

(一)公平理論

美國心理學家約翰·亞當斯（John S. Adams）於1965年提出：員工的激勵程度來源於對自己和參照對象（Referents）的報酬和投入的比例的主觀比較感覺。員工會將自己的付出與所得的比率與相關的人做比較，若比率與他人相同表示公平，則感覺自己所處環境是公平、公正；如果不公平，員工會衡量自己的獲得是偏低或偏高，並設法修正此不公平現象。

(二)期望理論

北美著名心理學家和行為科學家維克托‧弗魯姆（Victor Vroom）於1964年在《工作與激勵》中提出來的價值（Value）、工具性（Instrumentality）及期望（Expectancy）三個概念的激勵理論，又稱為「VIE理論」。期望理論主張人們的工作的動機來自於藉由努力所達成的績效所換取酬賞的期望值，此酬賞須為當事人所重視。驅使一個人產生某特定行為的力量，與他認為這行為所能導致的特定結果評價及期望成正比，產生動機以實現目標。

工作滿意實為工作者在生理及心理上的需求，不論是以內容理論之需求層級理論、雙因素理論，或程序理論中的公平理論、期望理論等，所探討的即為員工期望在付出之後所能得到的報酬，這些報酬或許只能希望求得溫飽、獲得實質的獎勵，或站穩社會地位等，全是員工所期望的，故工作滿意實為員工對工作職場最直接的感受，也是最可用來預測員工主觀感受的衡量工具之一（吳雅婷，2007：18-22）。

第三節　員工協助方案

員工協助方案（Employee Assistant Programs, EAP）起始於二十世紀五○年代，最初協助的對象是第二次世界大戰的退役老兵。在美國，員工協助方案的發展與七○年代員工的酗酒和藥物濫用問題密切相關，這些問題嚴重影響了員工的生產效率。為了幫助員工克服這些不良行為習慣對公司的影響，雇主想到了透過行為糾正的方法來幫助員工糾正這些成癮行為。到現在，員工協助方案的範圍已經發展到關注員工心理和行為健康的各個方面，這些跟人力資源管理密切相關（**範例8-2**）。

一、實施員工協助方案的目的

企業實施員工協助方案的目的，在於透過系統的需求發掘渠道，協助員工解決其生活及工作問題，如工作適應、感情問題、法律訴訟等，幫助員工排除障礙，提高適應力到最終提升企業生產力。

範例8-2

台積電員工協助方案

員工服務	健康中心	福利委員會
·全天候供應美食街	·門診服務	·各類員工社團活動
·駐廠洗衣服務	·健康促進網站	·員工季刊
·員工宿舍與保全服務	·健康檢查	·急難救助
·員工交通車與廠區專車	·健康促進活動	·電影院與文藝節目
·員工休閒活動中心	·健康講座	·家庭日
·陽光藝廊	·辦公室健康操	·運動遊園會
·網上商城	·體能活動營	·員工子女夏令營
·員工休息室	·婦女保健教室	·托兒所
·咖啡吧	·哺乳室	·特約廠商駐廠服務
·書店	·心理諮詢	·百貨公司特約禮券
·便利商店	·諮詢服務（法律、婚姻、家庭）	·福委會網站

資料來源：陳基國（2003），〈用心做員工關係：記台積電員工幫助計畫〉，《財智雜誌》總第228期（2003年9月下半月刊），頁56。

二、員工協助項目

員工協助項目是一項為工作場所中個人和組織提供的諮詢的服務項目。它幫助識別員工所關心的問題（這些問題會影響到員工的工作表現，同時影響到整個組織機構業績目標的達成），並且給予解決。

員工所關注的問題，通常包括以下內容：

(一)個人生活

諸如健康問題、人際關係、家庭關係、經濟問題、情感問題、法律問題、焦慮、酗酒、藥物成癮及其他相關問題。

(二)工作問題

諸如工作要求、工作中的公平感、工作中的人際關係、欺負與威嚇、人際關係、家庭／工作平衡、工作壓力及其他相關問題（**表8-4**）。

三、裁員下的員工協助方案

企業的全球化和多元化，使得企業合併或裁員也變得普遍起來。在這種危機與機會並存的時代，作為企業變革最主要的執行者——人，他們對企業現狀的判斷，對自己情況的分析，以及與同事關係的評價，在相當程度上影響著變革的成敗。在這個時候，企業如果有力量能夠幫助員工更好地認識自己、調整心態、處理和周圍人的關係、判斷企業的真實現狀，那麼無疑地能使員工更快地、更積極地成長，減少影響變革的負面因素（徐敏，2003：60-61）。

在實際操作員工協助項目的過程中，要特別注意保護員工的隱私權。未來員工協助方案項目，將會朝向「多元化」和「專業化」發展，服

表8-4 員工協助計畫的關鍵因素

因素	重要性
管理階層的支持與背書	沒有最高階層的支持，主要的成分與整個的效果將受到嚴重的限制。
工會的支持與背書	如果沒有工會的充分支持，這個員工協助計畫不會有意義。
保密	如果員工要使用員工協助計畫，則匿名與信任是極重要的。明確知道他們的個案資料會受到嚴格的保密。
容易取得	為了最大的使用性與利益。
上司的訓練	員工在接受協助期間需要理解與支持。
工會代表的訓練	一個關鍵的變數是員工與工會代表的接觸。
保險的涉入	有時協助計畫的作法是昂貴的，因此必須有保險的支持。
服務的範圍	可以取得各種不同問題的協助（例如酒精、家庭、個人、財務的、悲傷、醫療的）。
專業的領導	一個對協助具備專業知識的熟練專家，他在員工的眼中必須有可靠性。
追蹤與評估	衡量計畫的有效性與整體的改善。

資料來源：Dickman (1988)；引自：Lloyd L. Byars, Leslie W. Rue著，鍾國雄、郭致平譯（2001），《人力資源管理》，麥格羅・希爾出版，頁475。

務模式則從「被動等待」轉為「主動出擊」，並提供「多樣化」與「套餐式」的選擇（**範例8-3**）。

範例8-3

如何選擇員工協助方案（EAP）服務機構

國際EAP協會提出了對EAP服務機構的評估標準，以下是部分摘要：

1.管理
- 有足夠的工作空間和時間。
- 辦公室應該設置無障礙通道。
- 非工作時間內的緊急問題處理能力。
- 有書面的政策禁止EAP從業人員透過轉介而獲得個人收益。
- 管理者的可信任性。

2.設計和實施
- EAP的設計是基於組織和員工的需求。
- EAP必須建立和保持一份文本形式的政策方針和項目描述。
- 有一顧問委員會或協調人負責EAP所有的指導和反饋。
- 建立行動大綱以完全指導EAP。

3.項目運作
- 員工和主管能夠輕易得到EAP的服務。
- 對有關的進入過程，有文本形式的政策方針和手續。
- EAP人員必須能夠指導心理—社會評估。
- 面對緊急、突發和常規事件有不同的反應程序。
- 客戶跟蹤和工作或家庭的重整計畫。

4.紀錄
- 保持對每一位員工的個案紀錄。
- 擁有數字統計系統，能夠確認每一紀錄。
- 對員工確認信息和個案紀錄的單獨存放。

5.保密
- 有書面的政策和手續，以保證個案紀錄和員工的信息是受到保密防護的。

6.員工
- EAP從業人員不能參與任何不人道的活動。
- 所有從業人員必須來自於專業組織，並遵守職業道德。

7.員工監督
- 組織必須有專門的政策，指出對診所員工和合同雇員的監督頻率。
- 必須對合同（財務）經理每月最少兩個小時的個人督導。

- ‧具有博士、社會工作者碩士、和其他相關專業碩士等從業人員必須在每三十小時接觸個案後至少接受一小時的個人督導。
- ‧學士學位的從業人員必須在每四十小時接觸個案後至少接受兩小時個人督導。

8.從業人員訓練
- ‧組織需要一有備用證明文件的程序，以保證EAP從業人員在EAP項目上能夠得到持續的發展。
- ‧組織需要每年都進行一次內部需求的評估，確認從業人員的弱勢，並且根據這些需求開展培訓項目。
- ‧每兩年需要進行一次有關EAP倫理主題的、最少時間為四小時的培訓。

9.EAP設置中對酗酒、藥物濫用和心智健康的管理
- ‧管理所關心的問題包括精神病學、情感問題和上癮導致的紊亂。這些問題必須都有一個書面的定義標準和合適的照顧水平，包括：住院病人、門診病人、急診病人和以及在過渡期得到的精心照顧。

10.評估
- ‧組織必須對評估有書面計畫，這一計畫是基於組織書面陳述的目標。

11研究
- ‧當一EAP項目指導或參與研究了有關人本的主題、政策和程序，這些必須被記錄下來，以保證對每一研究項目的優點和每一研究程序的效果進行回顧。

資料來源：國際EAP協會；引自：徐敏，〈EAP，誰真的需要你？〉，《財智雜誌》第228期（2003年9月下半月刊），頁68。

第四節　員工獎賞制度

　　自從行為科學普遍受到管理界重視以來，企業經營者已意識到「胡蘿蔔」（獎賞）確實比「皮鞭」（懲罰）更能激發員工的工作意願和提升績效。因此針對員工的各種表現所設計的獎賞制度乃紛紛被企業界採用，而各種獎賞制度對員工所產生的激勵效果更普遍受到企業經營者所肯定（豪伯，1988）。

一、激勵計畫與作法

　　激勵是指雇主透過誘因引燃員工動力，進而促使其採取行動。企業界常用的激勵計畫及作法，約有下列數種（**圖8-2**）：

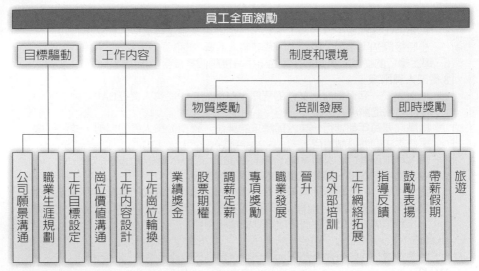

圖8-2　員工全面激勵模型

資料來源：陳小華（2009），〈全面激勵模型：讓員工自己激勵自己〉，《HR經理人雜誌》總第292期（2009年1月下半期），頁11。

(一)金錢獎勵

最早期的管理理論一直認為，金錢是職場上一個相當吸引人最重要、最直接、最有效的激勵誘因，它包括薪資、津貼、獎金、紅利、入股、補貼、休假等貨幣或非貨幣的獲取，但有關金錢的激勵效果，正反雙方（X理論與Y理論）意見，至今仍爭議不斷（**範例8-4**）。

(二)員工參與計畫

員工參與計畫（Employee Participation Programs）是一種讓員工有某種程度參與公司決策的方案。一方面讓員工多發揮自己的長才，滿足員工追求成長的需求，使員工覺得受到肯定、有成就感，進而提升自我價值；另一方面，藉由參與計畫可增加員工認同組織，願意全力以赴，完成任務。

(三)技能薪資

技能薪資（Skill-based Pay）認為員工薪資的多寡是根據員工的技能

範例8-4

聯邦快遞的獎勵措施

獎勵類別	說明
BZ獎（Bravo Zulu Awards）	聯邦快遞《經理人手冊》說：「它具有具體表揚所有『超水準』的表現……在美國海軍，BZ旗義中就是『幹得好』。」這種激動的獎勵，包括現金、聚餐（上司不一定在場）、戲票等，只要是具有表揚性的方式都可以。例如：有一次，當一輛貨車在途中拋錨之後，紐約運務員卡門‧蒙泰羅拚命遞送完大部分包裹，然後在他使出渾身解數後，發現還有幾件早上十點半該送達的包裹可能趕不急，於是他把心一橫，在收費最貴的交通尖峰時刻招來一輛計程車，順利完成了不可能的任務而得獎。
發現新客戶獎（Finder's Keepers Award）	這項獎勵的對象，包括運務員、客戶服務代表，還有其他天天與顧客接觸的員工，藉以鼓勵他們拉近新客戶。
最佳表現獎（Best Practice Pays）	這項團體性質獎頒發對象為聯邦的領導小組。這些小組如果完成公司目標以上的貢獻與生產量就能領獎。這項獎大都用來獎勵運作上的革新。獎金最高可達平常薪水的一成。
金鷹獎（Golden Falcon Awards）	受獎人由顧客提名，以表揚這些運務員，或其他員工雪中送炭的精神。例如：1994年，美國喬治亞州鬧洪患時，營運部主管法蘭克‧安瑟麥坦（Frank Anthamatten）負責將一批靜脈注射劑運送至災區，以拯救兩名少年性命。先前，公司每週固定將藥品送到病人府上，不幸當時大水阻絕了所有連外道路。法蘭克不顧危險硬是開車上路，甚至與急流搏鬥了四小時，終於在凌晨三點完成任務。少年的雙親把此項事蹟提報到公司，公司馬上就把「金鷹獎」頒給法蘭克。
領導五星獎（Five Star Awards）	它用於表揚過去一年中表現傑出、且對公司整體目標做出有力貢獻的主管。譬如業務躍升至預估的兩倍，或提出並落實一項重要的新計畫。例如詹姆士‧波金斯設計出一套別出心裁的健康醫療計畫，不但能維持員工高水準的服務，還使公司及員工在醫療方面付出的成本顯著降低，於是他贏得了「領導五星獎」。
摘星暨超級巨星獎（Star/Super Star Awards）	它用於褒揚公司內表現最出色的員工，受獎人可領到相當於年薪2%至3%的支票。

資料來源：詹姆斯‧魏樂比（James C. Wetherbe）著，張瑞林譯（2004），《聯邦快遞——準時快遞全球的頂尖服務》，智庫出版，頁60-62。

種類，以及員工能擔任多少不同工作項目而定。

(四)變動薪資制度

變動薪資制度（Variable-pay Programs）認為員工薪資所得不是固定不變的，部分薪資取決於個人及全體員工的績效，如論件計酬、利潤分享方案、團體生產獎金方案皆屬之。

(五)彈性福利制度

彈性福利制度（Flexible Benefits）是由員工選擇最適合個人福利的組合，因所選項目較能滿足個人需求，有較高的效用值，它比制式福利更能引起員工的動機，這正是期望理論所強調的。

(六)彈性工時

彈性工時（Flextime），是指員工可以依需要調整個人每日的工作起迄時間（提早或延後上下班時間），讓員工在工作時段上有所選擇，擁有更多的自主性，達到激勵工作績效的訴求。

(七)目標管理

彼得·杜拉克（Peter F. Drucker）最早提出目標管理（Management by Objective, MBO）的概念。他認為組織若有系統地設定目標，並依據最後的結果來評估目標達成率，將能改善員工績效，增加員工滿意度。

(八)寬帶薪資

寬帶薪資（Broadband Salary）就是在組織內用少數跨度較大的工資範圍來代替原有數量較多的工資級別的跨度範圍，將原來十幾甚至幾十個薪資等級壓縮成幾個級別，取消原來狹窄的工資級別帶來的工作間明顯的等級差別，但同時將每一個薪資級別對應的薪資浮動範圍拉大，從而形成一種新的薪酬管理系統及操作流程。

(九)工作輪換

工作輪換（Job Rotation）是指企業有計畫地按照大致確定的期限，讓員工輪換擔任若干種不同工作的作法，具有激勵員工、促進員工職業成

長、適應組織變遷等作用。

(十)員工認股選擇權

員工認股選擇權（Stock Options）計畫，通常指公司在指定日期給予員工在一定期間內購買特定數量公司股票之權利，認購價格通常比照給予當時之市價或稍低於市價，此亦即員工的行使價格。員工通常在取得日後即可行使認股選擇權而逐步擁有公司的股票。

(十一)年薪制

年薪制（Annual Salary System）是指以企業的一個生產週期（即以年度為單位）確定經營者的報酬，並視其經營成果發放風險收入的工資制度。通常包括基本收入（基薪）和效益收入（風險收入）兩部分。

(十二)獎勵旅遊

獎勵旅遊（Incentive Travel）並非一般性的員工旅遊，它是企業對表現優異的員工（如業務員）所精心安排的活動。一般以直銷業、保險金融業最為盛行獎勵旅遊制度，利用明確的業績達成率的獎酬誘因來激勵員工為公司奉獻（中山大學企業管理學系著，2007：346-351）。

第五節 紀律管理

紀律管理，係指維持組織內良好生產秩序的過程。易言之，即藉獎勵與懲罰來糾正、塑造及強化行為的過程，將組織中的成員引入法律的環境，對守法者給予相當的保障，而給予違法者適度的懲罰。

紀律（Discipline）也是培養員工按企業規則做事習慣的一種強制性措施。從本質上說，是預防性質的，其目的是為了提高員工遵守企業政策和規則的自覺性，讓全體員工全面瞭解企業的紀律措施，以杜絕或減少各種違規行為。紀律措施與安全措施一樣，其著重點在於防範。

管理工作中，不可能迴避或杜絕懲處。利用懲處的原則，可以對員工或部屬的不合理規範的行為進行引導和控制，甚至警告或威攝（**表8-5**）。

表8-5　企業懲戒或解僱員工的理由

・曠職	・偷竊
・遲到	・對雇主不忠（包括與雇主競爭、利益衝突）
・遊手好閒	・從事兼職
・不去工作	・疏忽造成的過失
・擅離職場（包括早退）	・造成機器或材料的傷害或損失
・上班睡覺	・不令人滿意的績效
・與其他員工打架與傷害	・拒絕接受工作指派
・胡鬧	・拒絕加班
・不服從	・參與被禁止的罷工
・性騷擾	・罷工期間行為不當
・種族侮辱	・怠工
・威脅或傷害資方代表	・擁有或使用毒品
・辱罵上司	・擁有或使用酒類飲料
・污穢或辱罵的言語	・散布毒品
・偽造公司紀錄（包括時間紀錄、生產紀錄）	・猥褻與不道德的行為
・偽造就業申請表	・扣押工資
・不誠實	・賭博
・辱罵顧客	

資料來源：Reprinted with permission, Table 17.1: pp. 671-707, "Reasons for Discipline or Discharge of Employees," from *How Arbitration Works*, Fourth Edition, by Elkouri & Elkouri. Copyright © 1985 by The Bureau of National Affairs, Inc., Washington, D.C. 20037. For BNA Books Publications call toll free 1-800-960-1220 or visit www.bnabooks.com.；引自：Lloyd L. Byars & Leslie W. Rue、黃同圳著（2010），《人力資源管理：全球思維本土觀點》（*Human Resource Management*, 9e.），美商麥格羅・希爾出版，頁407。

一、懲處的種類

　　懲處，是雇主對於違反企業秩序者所課以的一種懲罰。在今日的法律環境下，雇主必須能夠證明在處理員工問題時，所用的方法是合法且有系統的（懲戒規定須記載於工作規則之中）。只要運用積極正面的懲戒規範，就能證明公司曾努力試圖為員工創造成功機會。

　　一般常用的懲處，依其嚴重的程度，採用循序漸進的懲處步驟，但如員工嚴重觸犯偷竊行為時，則可逕予解僱（**圖8-3**）。

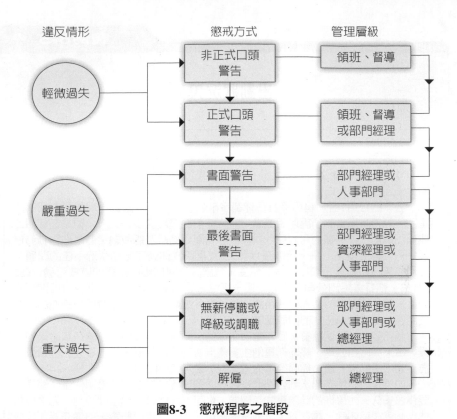

違反情形　　　　　　懲戒方式　　　　管理層級

圖8-3　懲戒程序之階段

資料來源：黃英忠、曹國雄、黃同圳、張火燦、王秉鈞（1998），《人力資源管理》，
　　　　　華泰文化出版，頁238。

(一)非正式的告誡

　　當員工初犯而且是微小的過失時，管理者應主動提出告誡，以溫和友善的態度勸導其改正，或要求員工寫悔過書，使員工清楚認識自己的過錯，增加其心理與精神的壓力，促使確實改正並避免再犯。

(二)口頭警告

　　對於非微小過失的初犯，管理者應給予口頭警告，指出組織不會容忍員工對工作規則忽視與破壞，員工若未能改過而再犯，將受到處分。如果員工的問題行為持續無法改過，而這些口頭警告有可能要讓每個人知道，則可大幅減低未來被問題員工告上法院的風險（**範例8-5**）。

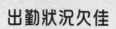

範例8-5

出勤狀況欠佳

2 / 10 / 1997
TO：布萊克
FROM：迪布萊思經理
RE：口頭警告

去年的12月7日、14日及21日你都沒來公司上班，根據公司規章第九條的規定：「經常曠職者必須施以懲戒處分」。你前面這幾次沒來上班，都是在你原定休假日的前一天。在12月27日我找你談了有關出勤狀況的問題，但是你在1月5日及16日又再度沒來上班，所以在1月29日我再次找你談了出勤狀況不佳的問題，並且警告你如果再有類似的狀況發生，我就必須對你施以正式的懲戒行動。在2月1日，你打電話到公司請病假，這一天恰好是週末的前一天。當2月4日你到公司上班時，你對你的上司巴瑞特說你是到野外去騎越野車。2月7日我約你談了這些問題，並且給你正式的口頭警告。

我希望你能真切瞭解，我非常關切你的出勤狀況。我期望你能在該上班的時候，每天準時到公司，除非你真的生重病無法到公司上班，或是事先已經請假獲准。如果不能來上班，你必須事先通知我、喬治或是山姆。

如果是因為生病無法到公司上班，你必須開具醫生證明，說明你生什麼病，要休息多久。如果你的健康真的有問題，你可以利用公司的保健福利。如果你想休年假或是補休假，請在兩天以前送上假單。這份有關口頭警告的備忘錄將會放在你的個人檔案裡。除非你遵守這個備忘錄中所載的事項，否則我會再採取進一步的懲戒行動。

我收到了這份備忘錄

布萊克簽收處 / 日期：

資料來源：Mike Deblieux著，林瑞唐譯（1997），《檔案化紀律管理》（*Documents Discipline*），商智文化出版，頁14。

(三)書面警告

對於尚未達到要處以行政處分的違規行為，以書面資料方式發出正式的警告。書面警告資料將納入個人的紀錄，以作為將來正式懲處時的佐證。

書面警告，除了在法律層面上具有相當的重要性之外，有效的書面

懲戒紀錄，也能協助員工瞭解其問題所在，並且提供他一個解決問題的方式。

(四)行政處分

行政處分包含了申誡、記過與記大過三種，相當於行政獎勵的嘉獎、記功和記大功，這些都將納入員工的正式紀錄，同時對績效評估、晉升、調職、發放獎金等有所影響。

(五)降級

降級，指職位或職等的調降，一則對其不當行為加以懲罰（隨著職位調降，其薪資、待遇會受到影響），一則也反應其績效不足以承擔其現職所賦予的責任。

(六)短期停職

停職，大多指暫時性的停止其職務。停職期間屆滿後，視情況予以復職。在停職期間不發給薪資，算是一種相當嚴重的處罰。

(七)解僱

當員工所犯的錯誤達到相當嚴重的程度，且雇主認為無法以懲處或學習（訓練）來促進其改善時，解僱是雇主的最後手段。為了避免雇主的不當解僱影響員工的權益，《勞動基準法》對於解僱的條件有明確的規定（**法規8-1**）。

(八)移送法辦

當員工的行為犯法時，雇主可將員工移送法辦，例如涉及刑事案件的偷竊、傷害、毀損等。依據《勞動基準法》第12條第3款的規定，勞工經受有期徒刑之宣告確定而未諭知緩刑或易科罰金者，雇主得不經預告逕予解僱。

管理人員面對問題員工的態度，將會決定這位員工是能夠努力將問題改正，還是會讓問題惡化下去，甚至遭到被解僱的命運。如果管理人員是採取負面消極的態度，那這位員工最後很可能就沒有辦法改善問題。相

法規8-1　雇主得不經預告終止契約的規定

勞工有左列情形之一者，雇主得不經預告終止契約：

一、於訂立勞動契約時為虛偽意思表示，使雇主誤信而有受損害之虞者。

二、對於雇主、雇主家屬、雇主代理人或其他共同工作之勞工，實施暴行或有
　　重大侮辱之行為者。

三、受有期徒刑以上刑之宣告確定，而未諭知緩刑或未准易科罰金者。

四、違反勞動契約或工作規則，情節重大者。

五、故意損耗機器、工具、原料、產品，或其他雇主所有物品，或故意洩漏雇
　　主技術上、營業上之秘密，致雇主受有損害者。

六、無正當理由繼續曠工三日，或一個月內曠工達六日者。

雇主依前項第一款、第二款及第四款至第六款規定終止契約者，應自知悉其情
形之日起，三十日內為之。

資料來源：《勞動基準法》第12條（民國98年04月22日修正）。

反的，如果管理人員是用一個有建設性、支持的態度去面對問題員工，則對方最終改善問題的可能性將會大幅提高，進而使管理者及公司免去上法院訴訟的不必要困擾（Mike Deblieux著，林瑞唐譯，1997：1）。

二、懲戒員工注意事項

對主管而言，懲戒一直是吃力不討好的工作，但若從組織的觀點而言，懲戒措施是構成整個管理控制不可或缺的一環。懲戒的目的，是希望員工在工作時，能夠謹慎，而謹慎的定義，在於能遵守公司的規章與規則。

在必須懲戒員工時，最常犯的錯誤就是衝動做出反應，讓情緒介入其中。避免情緒化的反應，就要在懲戒員工時三思而行。

1.公司在工作規則中訂定紀律與懲戒之有關規定，乃經營上所必須，而且也是法律所賦予的雇主權利。紀律與懲戒之有關事項，應訂定明確規定於工作規則或團體協約上，以杜絕糾紛。

2.公司是否將相關之工作規定，詳細地告知每一位員工，尤其是對新進員工更需注意。諸如員工的工作手冊，甚至布告欄上的公告都應

包括在內。

3.對員工犯行的控訴必須根據事實，如果有見證人在場，那麼見證人的訪談紀錄也必須存檔，確保兩造雙方都能有充分的機會辯白或提供說明。個人的主觀或假設性之認定，應予以排除。

4.是否適當地採用「警告程序」，而這些警告是否以書面形式送達當事人手上；若採口頭警告，它的內容說詞是否能清楚的表達。

5.具有工會組織的企業，可能還需將員工之警告通知送給工會備查。除此之外，還可能要告知工會管理者，將採取何種懲戒行動，以減少工會與管理者之間所可能發生磨擦的機會。

6.在決定採取何種懲戒行動之前，也要依員工違規的輕重程度或初犯、累犯等情形，對員工過去的考核紀錄及服務年資作適當的考慮。但相反的，這並不意謂員工過去若有不良紀錄，就可當作對員工採取懲戒的唯一因素。

7.公司要確保管理者或生產線上主管都能瞭解懲戒的程序與政策。尤其是在對員工採用口頭警告或私底下採取所謂的「非正式責難」，更是要特別注意。

8.在執行懲戒之前，要瞭解不當行為（例如缺勤或怠惰、對上司或同事不尊重、浪費材料、不安全的行為、偷竊等）的成因，為什麼會發生這種事，以及希望部屬從中得到什麼教訓。

9.在施以懲戒之前，要看看過去類似案例（判例）的處置方案，以維持懲戒的一致性。

10.私下施於懲戒，把焦點放在不被接受的行動、表現或行為上，而不是個人的個性上。

11.不要急著給部屬記過，將這個正式的選擇留待更嚴重的情節時再用，同時，在做出判決時，要蒐集事實，傾聽各方說法。

12.在懲戒之前一定要先看看部屬的人事檔案（Morey Stettner著，袁世珮譯，2002：152）。

 結 語

　　孟子說：「君之視臣如手足，則臣視君如腹心；君之視臣如犬馬，則臣視君如國人；君之視臣如土芥，則臣視君如寇讎。」（譯文：國君看待臣子像手足一樣的親切，臣子就會把國君當成心腹一樣的愛護；如果國君看待臣子像犬馬一般的卑賤，臣子就會把國君當成路人那般的疏遠；如果國君看待臣子像泥土、草芥一樣隨意踐踏，臣子對待國君就會像仇人一般的痛恨了。）所以，雇主如何對待員工，員工如何對待雇主，這段話已成為不言而喻的真理。

第九章
企業變革與人力精簡

> 一般長年行駛在海上的船隻，必須清理那些在船底的藤壺（Barnacle），否則它們會拖慢船隻的速度與機動性。
>
> ——彼得‧杜拉克（Peter F. Drucker）

第一節　企業變革概論

　　企業過去成功的方法，不代表未來還能靠原有方法成功。企業面對外部客觀環境（包含政治、經濟、文化、技術、市場等）及客戶需求持續改變，企業必須要有跟以前不同的工作方式；跟以前不同的能力、知識與觀念；跟以前不同的領導方式。企業變革就是組織精簡、組織重整、策略改變、組織再設計，或是涉及組織文化或典範形塑的改造重生，都是企業變革的內涵（**表9-1**）。

表9-1　企業變革定義彙整表

學者／年份	企業變革定義內容
Mosher (1967)	企業進行變革時，會著重其外在關係與內在結構的組合，並將組織結構有計畫的變遷，包括職位的增加、任務的重新安排、現職人員的更迭、預算的增減等。
Fried Brown (1974)	企業變革是一種促進結構和過程（例如人際關係、角色）、人員（例如風格、技巧）和技術（例如更多的慣性、更多的挑戰）的變革和發展之方法，即組織為追求生存及積極發展，對於不合時宜的組織結構及工作關係等進行有計畫的改變，以因應新事務與新需求之過程或活動。
Jack Welch (1999)	企業變革係以主動的態度面對環境改變，塑造一個可以適應環境改變的組織，包括營運模式與企業文化的改變，進而成為世界一流的公司。
Peter Senge (2001)	藉由組織內部學習環境的建立與創新學習能力的取得，以適應新的環境的改變。
吳秉恩（1993）	企業變革指組織為加強提升組織文化及成員能力，以適應環境變化維持均衡，進而達到組織生存與發展目標之調整過程。
施振榮（2000）	企業變革不只是改變組織架構，甚至連經營理念也要改變，以建立一個可以接受改變的組織並適應環境的變化，加強企業競爭力與求生存。

資料來源：王建華（2008），〈人力資源單位在企業變革中所扮演角色之個案研究〉，國立中山大學人力資源管理研究所碩士在職專班碩士論文，頁6。

一、企業組織老化的現象

　　二十一世紀是一個變化的時代，科技的進步，產業結構的改變，併購的風潮都對企業的經營形成衝擊，企業在生命週期中的每一階段都必須面對不同的挑戰。組織老化的現象，有下列幾個徵兆，可窺視一斑（圖9-1）。例如：

1.企業過去成功所創造的資源，例如品牌知名度、財力、規模以及市場占有率等，隱藏了績效低落與組織生命力逐漸衰弱的事實。
2.過去資源豐富的時代，過度多角化造成經營的失焦，對績效不彰前景黯淡的企業，未能及時做出壯士斷腕的行動，結束營業。
3.為了監控龐大的組織，企業逐漸形成完備細緻的官僚層級與典章制度，混淆了權責的歸屬，扼殺了組織的生命力。
4.職能分工的結果，部門之間目標分化，窄化了大家的眼界與胸襟，

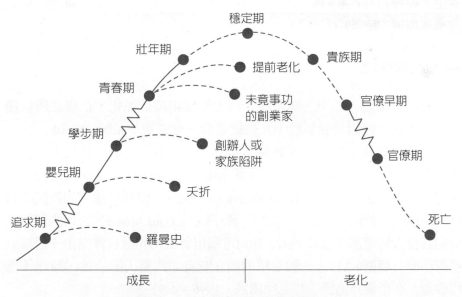

圖9-1　企業生命週期各階段的比較

資料來源：Ichak Adizes著，徐聯恩譯（1996），《企業生命週期：長保企業壯年期的要訣》（*Corporate Lifecycles*），長河出版社出版，頁113。

也產生自掃門前雪的門戶界線，喪失了組織的使命感，也完全沒想到顧客的需求與滿足。

5.人員的質變，讓員工容易流於安逸甚至懶散，長期下來不僅能力無法發揮，自身的成長也會減緩停滯，缺乏個人追求成長與創新的誘因，形成「得過且過」的「鄉愿」作風。

6.傳承的困難，忽略接班人的培育，接班團隊人選多半是專精於某一領域的專家，而非「見樹又見林」的通才，再加上組織層級多，在升遷的過程中造成「內鬥」方面的功力遠高於「外鬥」的本領，組織老化於焉形成（司徒達賢，1999：Ⅰ-Ⅲ）。

以上這些組織老化的現象出現時，企業就要儘速進行變革、調整體質，因為變革是企業永續經營的靈魂。企業變革通常採用的方案有：全面品質管理（Total Quality Management）、再造（Reengineering）、規模最適化（Right Sizing）、結構重整（Restructuring）、文化變革（Cultural Change）等，不一而足。但幾乎所有變革方案的基本目標都相同，即針對企業經營的方式進行根本變革，以幫助企業因應一個更新、挑戰性更大的市場環境（**範例9-1**）。

二、流程改造

無論是裁員、歇業、關廠、企業重組或組織扁平化，企業之所以擺脫不了危機，原因是受制於十九世紀亞當‧史密斯（Adam Smith）分工論的束縛，造成了部門合作與協調的不良，而治本之道便是根本翻新流程，重組工作，恢復企業活力，以獲得戲劇化的改善。譬如，流程改造曾讓伊士曼‧柯達公司（Eastman Kodak Company，簡稱柯達）的新產品開發時間由七十週縮短到三十八週；福特汽車（Ford Motor）公司的財會人員由五百人精簡為一百二十人；IBM電腦租賃公司的融資作業由一週縮短至四小時（**範例9-2**）。一個簡單的觀念竟有如此驚人的成效，難怪「流程改造」在產業界盛極一時（徐聯恩，1996：4-5）。

範例9-1

企業面對經濟蕭條的策略

· **全員行銷**

京都陶瓷公司平時分工明細，一旦在蕭條時期，全體員工都應成為推銷員，號召現場生產人員去拜訪客戶，在積極銷售經驗的同時，也體會到銷售人員的辛苦，以此促進產銷和諧，讓銷售乃經營之本的思想深入人心。

· **全員開發新產品**

讓平時因工作忙碌而無暇顧及的新產品得以積極開發，從而可以更大地擴展公司的業務領域。

· **澈底削減成本**

在銷量減少的情況下，要想維持盈利，必須全面節能降耗、削減成本，使成本的降幅大於價格降幅。

· **保持高生產率**

把多餘的工人從生產線上撤下來，維持製造現場緊張有序的氣氛。多餘的勞動力可以去做平時無暇顧及的環境美化工作，或開展哲學學習，使其成為企業再次飛躍的推動力。

· **構建良好的人際關係**

蕭條來臨，勞資關係往往出現不和諧，因而此時正是構建企業內部良好人際關係的絕好機會。經營者要愛護員工，員工要體諒經營者，互相幫助、扶持，共同謀求長遠發展。

資料來源：清華新聞網（http://news.tsinghua.edu.cn/new/news.php?id=20736），
〈稻盛和夫：蕭條中飛躍的大智慧〉，2009年6月9日在北京清華大學演講稿。

範例9-2

IBM電腦租賃公司流程再造

　　IBM電腦租賃公司針對IBM銷售的電腦、軟體與服務，提供融資服務。過去處理一件融資申請通常要花上六天至兩個星期的時間，一路從信用部門到核價部門，再到行政人員填寫正式報價單。

　　等到IBM電腦租賃公司瞭解到，處理一件申請實際只需九十分鐘左右便能完成作業，其他所有時間其實都在核貸專員辦公桌上，在成堆的申請單裡等待審核。於是IBM電腦租賃公司決定再造整個作業流程。

　　原本處理申請案件的四名核貸專員，由一名可以處理整個申請作業的人來取代，這個人稱為「貸款規劃師」。整個申請流程從頭到尾都由他負責，利用一種新電腦系統的範本取得每位專員一般都會使用的所有資料與工具。若遇到特殊案例，「貸款規劃師」還是可以請其他專員來提供額外的專業知識。於是，「交易結構師」與「貸款專員」便可以針對個別需求，共同合作提供量身定做的服務，不過這種情況很少發生。

　　這套流程再造計畫獲得如下的成果：

1.作業時間從一般需要七天減少為四小時。

2.在未增加人手的情況下，IBM電腦租賃公司的生產力提升了一百倍。該公司現在處理的貸款申請件數是再造之前的一百倍。

資料來源：李田樹譯，〈重組流程，再造企業〉，《大師輕鬆讀》第135期（2005/07/07～07/03），頁43-45。

三、企業變革失敗的原因

　　企業變革必然激發成員內心的衝突。面對變革，員工會產生既恐懼又抱持希望、既焦慮又覺得釋然、既感到壓力又覺得振奮，一方面要割捨、除舊，另一方面要重建、布新，既要面對否定自己的難堪，又要面臨迎接新的未來，真是一個正負情緒交錯激盪的複雜時刻。所以，儘管高階主管對變革計畫卯足全勁衝刺，但常常以失敗收場。變革失敗的主要原因是高階經理人和員工對變革的看法不同所致。

　　歸納員工產生抗拒組織變革的原因有：

1.過於滿足現狀，變革引起恐懼，人人自危。

2.變革會影響工作內容或作業程序，將使個人地位有降低的可能性時。

3.變革會減低個人地位（權威）、個人聲望或工作自由機會時。

4.變革會改變工作規則、團體關係時。

5.變革會改變人際互動關係時。

6.變革時並未向員工協商溝通，而且員工亦未參與變革決策及擬定計畫時。

7.未能組成強有力的領導團隊。

8.低估了遠景的威力。

9.在傳播遠景方面只做了1/10（甚至1/100或1/1000）的努力。

10.未能排除阻礙實現新遠景的障礙。

11.未能創造短期的小成功。

12.過早宣布大功告成。

13.忽視了將變革結果牢牢固化在企業文化之中（John P. Kotter等著，周旭華譯，2005：4-23）。

事實上，員工對於組織變革的反應不應侷限於負面的抗拒變革，也應該有正面支持變革的反應（**表9-2**）。

表9-2　企業可進行改善的方法

與財務績效高標準有關（八項）
1.我們有堅定的決心將每件工作做得最好。
2.我們以提供高品質工作為目標。
3.我們以提供高水準顧客服務為目標。
4.我們提供的高品質服務是持續且一致的。
5.我們提供的高品質工作是持續且一致的。
6.在這個營業據點，我們為自己的工作表現設定相當高的標準並切實執行。
7.最好的表現來自每位員工的通力合作。
8.我們的營業據點內的專業品質一定是最高的。
與財務績效高度相關的主題為顧客關係（四項）
9.在會影響與顧客業務往來的各項議題上，與顧客保持密切聯繫。
10.讓顧客感覺到他們對我們的重要性。
11.顧客滿意度是我們公司的首要考量之一。
12.傾聽顧客的聲音。
與財務績效有關的薪資（一項）
13.誰貢獻最多，得到的報酬愈高。

（續）表9-2　企業可進行改善的方法

與財務績效有關的長期導向的思考（四項）
14.我們在短期與長期目標之間求取平衡。
15.我們的營業據點要的是長期成功而非短期。
16.我們對可以為公司帶來收益的事項投入大量的時間。
17.我們的行為與公司的策略目標及使命一致。
與財務績效密切相關的主題（三項）
18.我們的團隊能有效地達成目標。
19.我忠於這家公司。
20.對職業生涯與專業的提升，有真正的機會。

資料來源：大衛・梅斯特（David H. Maister）（2000）著，《說到做到：提高公司執行
　　　　　力的管理方法》（*Practice What You Preach*），The Free Press出版；引自：
　　　　　李蘭芬，〈打造高成就感文化〉，《EMBA世界經理文摘》182期，頁120-
　　　　　121。

四、企業變革的步驟

降低員工對組織變革的抗拒，得由公司組成「領導團隊」，其小組成員直接對最高執行長負責，並把全部精力專注於變革目標，按部就班，逐步變革。

1996年，科特（John P. Kotter）在《領導人的變革法則》中，勾勒出組織成功變革的八步驟，而廣受全球歡迎。

1.建立足夠的急迫感。

2.掌握穩定的權力聯盟。

3.提出遠景與策略。

4.全面而有效地溝通遠景。

5.率先排除困難，並藉此賦予成員活力。

6.促進改善，並設法創造階段性成功。

7.整合改善成果，以形成更大的改變動力。

8.建立制度、形成文化，以落實變革。

企業變革的真正意涵，不僅在於因應環境的變遷，也不僅在於改變現狀度過難關，而是企業持續的進步與成長的動力之所在（**圖9-2**）。

1.建立危機意識	・考察市場和競爭情勢 ・找出並討論危機、潛在危機或重要機會

2.成立領導團隊	・組成一個夠力的工作小組負責領導變革 ・促使小組成員團隊合作

3.提出願景	・創造願景協助引導變革行動 ・擬定達成願景的相關策略

4.溝通願景	・運用各種可能的管道，持續傳播新願景及相關策略 ・領導團隊以身作則改變員工行為

5.授權員工參與	・剷除障礙 ・修改破壞變革願景的體制或結構 ・鼓勵冒險和創新的想法、活動、行動

6.創造近程戰果	・規劃明顯的績效改善或「戰果」 ・創造上述的戰果 ・公開表揚、獎勵有功人員

7.鞏固戰果再接再厲	・運用上升的公信力，改變所有不能搭配和不符合轉型願景的系統、結構和政策 ・聘僱、拔擢或培養能夠達成變革願景的員工 ・以新方案、新主題和變革代理人給變革流程注入新活力

8.讓新做法深植企業文化	・創造客戶導向和生產力導向形成的表現改善，更多、更優秀的領導，以及更有效的管理 ・明確指出新作為和組織成功間的關聯 ・訂定辦法，確保領導人的培養和接班動作

圖9-2 創造重大改革的八階段流程

資料來源：John P. Kotter等著，周旭華譯（2005），《變革》，台北：天下遠見出版，頁10。

233

五、組織變革與人資單位的關係

因應時代的變遷，人力資源管理所必須正視與克服的挑戰有全球化、新科技、變革管理、人力資本的發展、回應市場需求的速度和成本等六項，而變革管理中的組織變革，是人力資源管理單位蛻變過程中所必須養成的關鍵能力之一。如何先全面瞭解變革活動的本質，再慎選關鍵且正確的角色來扮演，才能成為企業變革的好夥伴，對人資人員而言是一項大的挑戰。

學者戴維・尤瑞奇（Dave Ulrich）認為，要為人力資源單位制定全新的職能和綱領，讓其不再把重心放在員工招聘或薪資福利這樣的傳統活動上，而是把重心放在結果上，也就是說，人力資源單位的意義，不在於做了多少事情，而是在於給企業帶來什麼成果，幫助企業創造多少價值，為客戶、投資者和員工提供多少增加值。

人力資源管理單位的新使命，要求人力資源工作者徹底改變自己的思維方式和行為方式，同時也要求高層管理人員改變對人力資源單位的期望與其互動的方式（王建華，2008：20）。

達特茅斯大學塔克學院（Amos Tuck School at Dartmouth College）教授理查・達凡尼（Richard D'Aveni）在《超優勢競爭》（*Hyper-Competition*）一書中提出，「超優勢競爭」之競爭領域有：成本與品質的競爭、時機和專業知識的競爭、建立和摧毀碉堡的競爭、累積和削減雄厚資本的競爭等四個動態的競爭領域的變革趨勢（**表9-3**）。

表9-3　超優勢競爭領域

競爭領域	內容
成本與品質的競爭領域	此時企業變革的重點是在締造價格與品質的優勢地位。人力資源單位則必須在重視成本與品質的前提下，以少而精的策略，將人力的投入最佳化，而採取如全面品質經營的導入、多能職工訓練、工作分析、績效獎金等許多相應措施。
時機和專業知識的競爭領域	此時企業變革的方向為利用快速成長策略進入新興市場，以建立市場地位與占有率。人力資源單位則應建立高效能的競爭團隊，並要發展出足以激勵員工、組織競爭力的激勵措施，藉有效的人力資源發展體系來持續提升人員的競爭實力。

（續）表9-3　超優勢競爭領域

競爭領域	內容
建立和摧毀碉堡的競爭領域	此時企業主要的變革方向是鞏固並增強公司的實力，更要拉大與競爭者的競爭距離，保持繼續領先。人力資源單位要將公司架構落實，並加強在人員素質的提升與留任。
累積和削減雄厚資本的競爭領域	此時企業的主要變革往往是採取聯盟合作、併購等措施。人力資源管理單位在這一階段裡，尤其要營造適合的企業新文化，更要保持必要的應變能力。

資料來源：理查‧達凡尼（Richard D'Aveni）；引自：王建華（2008），〈人力資源單位在企業變革中所扮演角色之個案研究〉，國立中山大學人力資源管理研究所碩士在職專班碩士論文，頁22-23。

在講究速度、求變、求生存的戰場裡，人人都逃不過時間長河與歷史洪流的洗禮挑戰，唯有不斷的進行變革，企業長青的夢想才有可能逐步實現（徐木蘭，2000：5）。

第二節　企業併購

企業因為面臨瞬息萬變的經營環境，以及全球化下的國際競爭環境，以併購作為提升競爭力的途徑，希望藉由併購手段達成擴大經營規模、節省成本、產生綜效等利益，以蔚為風潮。但隨著企業併購而來所產生的所有權或經營權改變的法律問題，亦發生在勞雇雙方關係是否應繼續維持的人事管理問題及員工權益保障問題，將連帶使勞動關係產生變化。

一、企業併購的意涵

所謂併購係指一個涵蓋合併（Mergers）與收購（Acquisitions）兩種不同法律特性的商業交易行為。依據《企業併購法》第4條規定，併購指合併、收購及分割三種併購類型（法規9-1）。

法規9-1	企業併購類型
條文（第4條）	內容
合併（第3款）	指依本法或其他法律規定參與之公司全部消滅，由新成立之公司概括承受消滅公司之全部權利義務；或參與之其中一公司存續，由存續公司概括承受消滅公司之全部權利義務，並以存續或新設公司之股份、或其他公司之股份、現金或其他財產作為對價之行為。
收購（第4款）	指公司依本法、公司法、證券交易法、金融機構合併法或金融控股公司法規定取得他公司之股份、營業或財產，並以股份、現金或其他財產作為對價之行為。
分割（第6款）	指公司依本法或其他法律規定將其得獨立營運之一部或全部之營業讓與既存或新設之他公司，作為既存公司或新設公司發行新股予該公司或該公司股東對價之行為。

資料來源：《企業併購法》第4條（民國93年05月05日修正）。

二、企業併購下員工留用的問題

　　企業併購涉及層面甚廣，且型態多樣化。併購公司取得被併購公司（消滅公司）所有權、經營權後，企業為求併購的綜效，基於人事精簡考量，可能不願全部承接被併購公司所有員工。目前以《勞動基準法》、《企業併購法》等作為處理企業併購下員工留用與否的勞工權益保障的法源（附錄15）。

第三節　裁員的法律規範

　　「資遣」是法律名詞，「裁員」是資遣名詞的通俗說法，而「優退」則是裁員的一種「人性尊嚴」的另一種說詞，都是屬於「失業人口」，只是申請「優退」的員工可以領到比《勞動基準法》規定給付較高的資遣費，但企業在對外界說明資遣員工時，一般都使用「人力精簡」這個名詞來維持公司良好的「企業形象」。

　　精簡人力跟招聘員工一樣，都是人力資源策略執行的一環，所以在

企業賺錢的時候，要精簡人力（主動出擊）；在企業面臨市場變化與經營危機時，也會實施人力精簡（被動出擊）。

法律規範

企業在執行人力精簡過程中，必須掌握合法與誠信原則。合法原則，就是遵照《勞動基準法》、《勞基法施行細則》、《就業服務法》、《大量解僱勞工保護法》等法律、法規上的規定，依法支付資遣費給被資遣的員工作為補償（**附錄16**）。

(一)資遣條件

《勞動基準法》第11條規定，企業資遣員工必須符合下列法定條件之一，使得預告勞工終止勞動契約：

　1.歇業或轉讓時。
　2.虧損或業務緊縮時。
　3.不可抗力暫停工作在一個月以上時。
　4.業務性質變更，有減少勞工之必要，又無適當工作可供安置時。
　5.勞工對於所擔任之工作確不能勝任時。

雇主預告勞工終止勞動契約，應依照年資付給員工資遣費。

(二)資遣費計算標準

資遣費的給付是依照年資來核發，工作每滿一年者，可領一個月的平均工資，未滿一年的部分則按比例計算。例如某甲在同一雇主之事業單位繼續工作十年六個月又九天，則其應領資遣費為10又7/12個月之平均工資的資遣費。適用《勞工退休金條例》的勞工被資遣時，資遣費由雇主按其工作年資，每滿一年發給半個月之平均工資，未滿一年者，按比例計算，且最高以發給六個月平均工資為限，不適用《勞動基準法》第17條資遣費給付之規定，但《勞工退休金條例》施行前的年資，則須按《勞動基準法》第17條規定計算資遣費。

(三)事先預告才能資遣

雇主終止勞動契約時，要依照勞工任職時間的長短，提前預告之。依據《勞動基準法》第16條規定，預告期間依下列各款之規定：

1.繼續工作三個月以上一年未滿者，於十日前預告之。
2.繼續工作一年以上三年未滿者，於二十日前預告之。
3.繼續工作三年以上者，於三十日前預告之。

勞工於接到前項預告後，為另謀工作得於工作時間請假外出。其請假時數，每星期不得超過二日之工作時間，請假期間之工資照給。

雇主未依第一項規定期間預告而終止契約者，應給付預告期間之工資。

(四)資遣通報手續

《就業服務法》第33條規定：「雇主資遣員工時，應於員工離職之十日前，將被資遣員工之姓名、性別、年齡、住址、電話、擔任工作、資遣事由及需否就業輔導等事項，列冊通報當地主管機關及公立就業服務機構。但其資遣係因天災、事變或其他不可抗力之情事所致者，應自被資遣員工離職之日起三日內為之。」同法第68條指出，如未依法規定資遣通報手續，處新台幣三萬元以上十五萬元以下罰鍰（**表9-4**）。

(五)資遣員工的法定限制

資遣員工乃終止僱用關係之最終手段，尤其會影響員工之工作權，政府則為避免雇主濫用資遣解僱權，在實質上有諸多限制或禁止雇主行使資遣解僱權之規定。

◆女工產假期間解僱之禁止

在下列兩種情況下，雇主不得終止勞動契約。

1.當婦女因為分娩或流產，而必須停止工作時，分娩者享有八週的有給假，流產者享有四週的有給假。

表9-4　（單位全銜）公司資遣員工通報名冊

營利事業統一編號：　　　　　　　　　　　員工總人數：　　　　　人
營業項目：　　　　　　　　　　　　　　　　電話：　　　　　　　造冊人：
地址：

姓名	身分證字號	出生年月日	教育程度	專長	身心障礙類別	擔任工作	資遣事由	資遣生效日期	是否需要輔導就業	是否需要職業訓練	職訓需求	郵遞區號	通訊地址	電話	備註
張小明	A123456789	600203	高中	打字		打字員	公司解散	990525	是	否		242	台北縣新莊市XX路X號X樓	27287038	參考範例

謹依就業服務法第三十三條規定，檢具上述資遣人員名冊資料向貴單位通報。請查照。
此致
臺北市政府勞工局
臺北市政府勞工局就業服務中心

資料來源：臺北市政府勞工局印製，〈事業單位資遣通報業務〉，宣導文宣。

239

2.當員工發生職業災害醫療期間，最長二年內，雇主不得終止契約。

唯一例外的情況是，當公司發生因不可抗力的天災而倒閉或全毀，導致必須歇業時，便不受限制，經報主管機關核定者，可以終止勞動契約。

◆申訴解僱之禁止

「勞工發現事業單位違反《勞動基準法》及其他勞工法令規定時，得向雇主、主管機關或檢查機構申訴。雇主不得因勞工爲前項申訴而予解僱、調職或其他不利處分。」意旨是在保障勞工申訴之自由。

◆工會會員解僱之禁止

「雇主或代表雇主行使管理權的人，對於勞工組織工會、加入工會、參加工會活動或擔任工會職務，而拒絕僱用、解僱、降調、減薪或爲其他不利之待遇所爲之解僱、降調或減薪者無效。」立法意旨在確保勞工團結權行使。

◆勞資爭議期間解僱之禁止

「勞資爭議在調解、仲裁或裁決期間，資方不得因該勞資爭議事件而歇業、停工、終止勞動契約或爲其他不利於勞工之行爲。」旨在保障勞工行使勞動三權中的「爭議權」。

◆歧視解僱之禁止

爲保障國民就業機會平等，雇主對求職人或所僱用員工，不得以種族、階級、語言、思想、宗教、黨派、籍貫、出生地、性別、性傾向、年齡、婚姻、容貌、五官、身心障礙或以往工會會員身分爲由，予以歧視，此即所謂的就業歧視禁止原則。

◆預告期間內解僱之禁止

員工於預告期間就任新職，原雇主仍須依協商同意書，發給資遣費或退休金。未經協商之前，雇主不得在預告期間將員工任意調職或解僱。爲使接獲裁員解僱預告之勞工在覓得新職後能安心前往就職，雇主仍須依

原訂解僱計畫發給勞工資遣費或退休金（陳金泉，2008：A24-A28）。

(六)大量解僱勞工保護

　　《大量解僱勞工保護法》對勞工來說，影響其權益甚深，對雇主來說如果違反其規定罰則亦極重（**表9-5**）。

表9-5　（單位全銜）大量解僱計畫書參考樣本

（本解僱計畫書為依大量解僱勞工保護法第四條第四項所製作之參考樣張，非本樣張所列項目，事業單位亦得視大量解僱勞工需要增列之）		
		填寫日期：
事業單位／廠場名稱		□公司登記文件_____ □工廠登記文件_____ □營利事業登記文件_____
地址		電話 |
		傳真 |
負責人		
聯絡人		
解僱理由：（除改組轉讓與併購兩項事由外皆可複選） 解僱事由說明及相關附件（除勾選外並應簡述實際情形，俾利勞工瞭解）	□歇業 □虧損 □業務緊縮 □因不可抗力停工一個月以上 □業務性質變更，有減少勞工之必要，又無適當工作可安置 □勞工對於所擔任之工作確不能勝任 □改組或轉讓 □併購	
說明：依大量解僱勞工保護法第四條規定，事業單位於符合大量解僱規定情事之日起六十日前，應將解僱計畫書通知主管機關及相關單位或人員，並公開揭示之。違反者，依同法第十七條之規定處新台幣十萬元以上五十萬以下之罰鍰，並限期提出，屆期未提出者，得按日連續處罰至提出為止。		
解僱單位與人數	事業單位／廠場名稱_____ 僱用員工總數_____ 預計總解僱人數_____	
說明： 1.不同廠場應分別填寫解僱計畫書。 2.僱用員工總數係指解僱之範圍，如為事業單位，為事業單位員工總數。如為廠場，為廠場員工總數。 3.預計總解僱人數是指不論為單日一次解僱人數達大量解僱標準之人數或預計於六十日內解僱勞工達大量解僱勞工保護法第二條之標準。		

（續）表9-5 （單位全銜）大量解僱計畫書參考樣本

解僱日期及人數	1.＿＿年＿＿月＿＿日＿＿人 2.＿＿年＿＿月＿＿日＿＿人 3.＿＿年＿＿月＿＿日＿＿人
說明：單日一次解僱人數達大量解僱標準者，得填寫一項；於六十日內分批解僱人數達大量解僱標準者，應按實際解僱時間及人數填寫。	
解僱對象標準	
說明：如部門、考績等：依大量解僱勞工保護法第十三條之規定，不得以種族、語言、宗教、黨派、籍貫、出生地、性別、性傾向、年齡、容貌、身心障礙、年齡及擔任工會職務為解僱標準，違反者，解僱不生效力。	
資遣費計算	平均工資計算方式：工資內涵包括＿＿＿＿＿＿＿＿ 資遣費計算公式：年資＿＿＊（基數）＊平均工資
說明：工資內涵應列明所有因工作所獲得報酬之薪資或獎金名稱	
輔導轉業計畫	□轉介至關係企業就職 □轉介至鄰近企業就職 □轉介至其他相關企業就職 □其他（得另用附件敘明）＿＿＿＿＿＿＿＿＿＿ □無
輔導就業、轉業計畫方案實際內容	轉業輔導人數＿＿＿＿＿＿＿＿＿＿＿＿＿＿＿＿＿ 轉介之企業名稱＿＿＿＿＿＿＿＿＿＿＿＿＿＿＿＿
備註	大量解僱計畫書應一式三份，一份送事業單位或所屬廠場所在地勞工行政主管機關；一份送工會或勞資會議勞方代表或被解僱部門之勞工；一份公開揭示。

資料來源：台北市政府勞工局編，《大量解僱勞工保護法》，台北市政府勞工局出版，頁19-21。

◆立法的基本作用

　　由於企業大量解僱勞工，係因經濟上因素所產生之改變或影響，也就是說，雇主因經濟、技術或組織結構之調整而進行的勞動力裁減之大量解僱行為，故又稱為「經濟性解僱」，其特殊性在於：大量解僱之問題不僅在於大量解僱勞工本身，更涉及大量解僱所導致之社會影響。

　　經濟性因素導致解僱勞工之事件，雖為經濟循環下所不可避免的事實，但就整體社會利益而言，無預警及人數龐大的解僱行為，將不利於就

業機制的運作，及勞動市場自我調整的功能。大量失業人口對於勞工個人
本身的經濟狀況、身心狀況以及其家庭生活，乃至於社會等層面，皆有嚴
重的衝突及影響。爰此，《大量解僱勞工保護法》即在發揮調解被大量解
僱勞工再進入勞動市場的時間，以確保市場機制的正常運作及社會穩定
（古茂松，2003：11）。

◆適用對象

　　所謂大量解僱勞工，係指事業單位有《勞動基準法》第11條所定各
款情事之一，或因併購、改組而解僱勞工（**表9-6**）。

◆規範之內容

　　《大量解僱勞工保護法》規範之內容，主要包括目的及定義、解僱計
畫書及通知主管機關之義務、勞資協商之時程及方式、預警通報義務、優
先僱用權、限制出境之處分及違法之處罰與執行等幾項，同時對於雇主之
解僱權，有實質之規範，不過，有關於終止勞動契約之意思表示、原因、預
告期間及資遣費等實質規定，仍必須依照《勞動基準法》及《民法》之相關
規定執行。

◆限制負責人出國的規定

　　事業單位於大量解僱勞工時，積欠勞工退休金、資遣費或工資，經
主管機關限期令其清償，屆期未清償者，中央主管機關得函請入出國管理
機關禁止其代表人及實際負責人出國（**法規9-2**）。

表9-6　《大量解僱勞工保護法》適用對象

僱用勞工人數（同一場廠）	幾日內解僱	解僱勞工人數
未滿30人	60日	逾10人
30人以上未滿200人	60日	逾總數三分之一
	單日	逾20人
200人以上未滿500人	60日	逾總數四分之一
	單日	逾50人
500人以上	60日	逾總數五分之一
註：僱用勞工人數之計算，不包括《就業服務法》第46條所定之定期契約勞工。		

資料來源：《大量解僱勞工保護法》第2條（民國97年05月23日修正）；引自：行政院
　　　　　勞工委員會編印（2008），〈大量解僱勞工保護須知〉文宣。

法規9-2 禁止代表人及實際負責人出國規定	
條文	內容
第12條	事業單位於大量解僱勞工時，積欠勞工退休金、資遣費或工資，有下列情形之一，經主管機關限期令其清償；屆期未清償者，中央主管機關得函請入出國管理機關禁止其代表人及實際負責人出國： 一、僱用勞工人數在十人以上未滿三十人者，積欠全體被解僱勞工之總金額達新臺幣三百萬元。 二、僱用勞工人數在三十人以上未滿一百人者，積欠全體被解僱勞工之總金額達新臺幣五百萬元。

資料來源：《大量解僱勞工保護法》（民國97年05月23日修正）。

事業單位如有大量解僱勞工行為時，其程序必須依照《大量解僱勞工保護法》之規定，使勞工在此過程中能夠獲得足夠資訊，並建立勞資事先協商管道，使勞工對於被解僱時的權益問題有協商的可能，對於在就業的安排也能有所準備，以預防爭議的發生，安定社會秩序（圖9-3）。

第四節　裁員實務作業

裁員是一種經營危機的「斷尾求生」策略，但是企業應該更多考慮的是透過裁員以後，能否提高企業經濟效益。裁員應該是提高企業核心競爭力的手段，如果企業只是從減少成本的角度去考慮裁員，那麼在未來的競爭中仍然占不了一席之地。

企業有關裁員實務作業的作法有：

一、人力盤點

決定精簡人力的名單在篩選條件上，應有公開、公平的標準。企業可以設立一個審查委員會來決定，誰應該留下來，誰應該離開。在審查的過程中，部門主管也可以參與提供意見。企業在裁員前，要先做人力盤點，確認各部門工作流程合理化、人員配置、需要哪些職能，再去盤點現有人力，也就是必須先透過謹慎審核、評估利弊得失後再進行裁員作業，

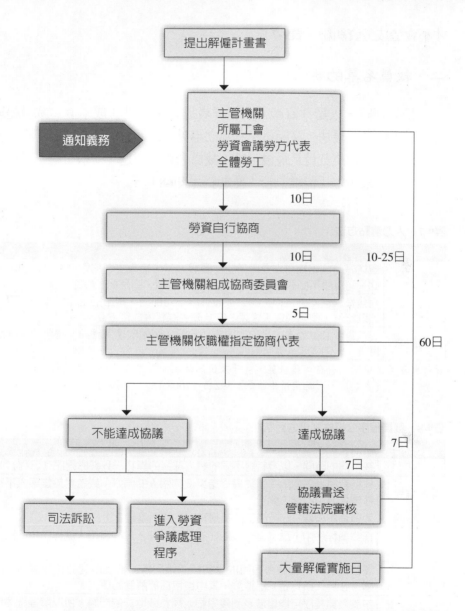

圖9-3　大量解僱勞工作業流程圖

資料來源：行政院勞工委員會網址，http://www.cla.gov.tw。

才不會造成勞資糾紛（**表9-7**）。

二、裁員名單的審核

景氣好時，人是「資產」，經濟衰退時，人是「成本」。裁員是降低「人事成本」最快，又能迅速看到立竿見影的效果，但也是最「傷人」的方法，所以企業裁員是最後手段。裁員名單的遴選，一般依據下列的條件（標準）來決定「留誰」、「誰走」（**表9-8**）。

表9-7　人力盤點方法

步驟	說明
組織設計	景氣好時，組織常常疊床架屋、層級太多，造成主管的管控幅度過小，因此，可以將不必要的組織（如秘書處）裁撤，或是把多餘的主管裁掉。
工作設計	有些性質雷同的工作，過去被分拆成不同部門、員工的工作量太少，可以加以整併，例如環境保護課、安全衛生課整併成環安課。
人員配置	工作重新設計過後，人力也要重新分配，例如環境保護課、安全衛生課整併後，人力從六人調整為四人。

資料來源：張瑞明；引自：羅梅英，〈「末位淘汰制」人事大洗牌：誰是第一波優先裁員名單〉，《就業情報雜誌》392期（2008/12），頁93。

表9-8　裁員程序公平性評價的因素

關鍵因素	說明
一致性	在不同的時間，以及針對不同的個人採取的具有一致性的程序（流程）。
抑制偏見	執行裁員程序的人，對於最終結果沒有個人的偏好，或者對於當事人不存在先入為主的個人偏見。
資訊準確	裁員程序是建立在被員工認為是真實的資訊基礎之上的。
可修正	在裁員程序中，應當有一種內在的保護機制，允許當事人就程序中的錯誤或低劣決策提出申訴。
代表性	該裁員程序應當讓所有可能受到該決策影響的群體或利益相關群體（同事、客戶、所有者）都瞭解，其中也包括被解僱的員工。
道德性	由於裁員程序可能會涉及到侵犯個人隱私或欺詐的問題，所以解僱程序應當與當前的道德標準相吻合。

資料來源：程建剛（2009），〈理性裁員　感性運作〉，《人力資源雜誌》總第291期（2009年1月上半月），頁49。

(一)績效不佳的人

在不景氣來臨的年代，業績不佳、表現平庸（工作績效與工作意願差）的員工，一定會最先被鎖定列入精簡名單內，以落實「末位淘汰制」（**範例9-3**）。

(二)沒有發展潛力的員工

企業在精簡人力時，除了看個人績效表現外，同時還會評估員工未來的潛力，績效與潛能都差的「朽木型」員工、績效低潛力高（不服管理、難以管理）的「問題型」員工，及績效高潛力低的「苦勞型」員工，都可能被列入裁員考慮的名單內。

(三)部門合併後多餘人員

業務重組和被裁撤部門的員工會被列入裁員名單內。

範例9-3

末位淘汰制的溝通

惠普公司從第一次給予員工口頭警告到最終辭退員工，會有長達九個月的觀察時間。

管理人員第一次給予員工口頭警告的時候，就會與員工進行一次溝通，明確告訴員工未來可以選擇的道路。在最終員工被辭退的時候，人力資源部也會與員工進行一次訪談，來瞭解員工的想法。

業績評估的結果會被公布出來，並且評分人要解釋原因，這樣對於哪些人會被末位淘汰，大家都不會覺得太驚訝。

資料來源：石玥（2009），〈惠普的裁員之道〉，《企業管理》總第334期（2009/06），頁56。

(四)三高族群

　　三高（高年資、高年齡、高職位）的員工，在經濟不景氣中，會被企業用放大鏡來評估其成本效益，所領的薪資與貢獻度、創造的價值是否「人超所值」。因為高年資，薪水多（年資加薪的後遺症）、有薪假期長（一年特別休假三十天），都會遭同儕嫉妒；高年齡，除非自我不斷進修外，專業容易被取代或淘汰，跟不上時代；高職位，「彼得原理」作祟，產生「騰籠換鳥政策」而被裁的機率也會大增，只有高度技術性（考慮培養這個職位要花多少時間及成本）、需經驗傳承的職位才會被留下來。但是企業處理「三高族群」要採用「優退政策」，讓這些功成身退的員工，緩步（給了裡子又給面子）退出職場。

(五)拒絕變革者

　　裁員時也需考慮到員工與主管及同儕之間的配合度問題；或組織變革後工作重新分配、調任新職意願低的員工，都是列入裁員名單內的人選。

(六)直接操作員

　　以職務別來說，與訂單、業績連動性愈高的工作被資遣的壓力也愈大。它包括生產線技術員（操作員）、品管人員、服務人員等直接人員。

(七)間接人員

　　工作的重要性、關鍵性低，沒有創造性價值的職位，或是容易被外包的職務取代，都是企業列入優先考量精簡人力的對象，例如部門秘書、行政助理、內勤幕僚、組織中的職稱中有「副」字的職銜等，這些工作都可以重新打散，分配給他人兼著做（**表9-9**）。

　　裁員是對公司和員工影響重大的一件事，而且沒有簡單容易的作法。公司在思考要不要裁員時必須平衡「怎麼做對員工最好？」，以及「公司如何能夠成功生存下去？」（《EMBA世界經理文摘》第270期，2009：16）。

三、裁員執行人員培訓

　　裁員的對象是「人」，是有血、有肉、有思想、有感情、有家庭的

表9-9　主管如何評估員工是否有留下來的價值？

□他是否經常把問題丟給主管或同仁？
□管理他是否會消耗主管很多精力？
□遇到緊急事件或額外工作，我是否先考慮用他？
□我是否放心把重要事項託付給他？
□在同仁心目中，他是怎樣的人？
□客戶對他的工作反映如何？
□檢討錯誤，他總是找藉口還是從錯誤中學習？
□他是否會提供新的、有效的方案或建議？
□假如他重新來應徵，我會再聘用他嗎？
□假如公司是我的話，我會用他嗎？
□我要花多大代價，才能將一個新人栽培到他現在的貢獻度？

資料來源：徐振芳（2008），〈你是組織的包袱還是資產？〉，《就業情報雜誌》392
　　　　　期（2008/12），頁94。

「人」。如果僅僅把員工作為一種「資源」，只追求「術」的東西，而不
注重員工的心理感受，裁員的效果就會大打折扣，甚至適得其反。所以，
在資遣員工的過程中，部門主管扮演非常重要的溝通角色，必須站在公司
這一方與員工進行溝通。

　　為了讓部門主管能與員工順利溝通，企業可在事先提供「一對一」
訓練，讓執行裁員方案的人員瞭解自己在裁員執行中所扮演的角色與溝通
的技巧，例如如何決定被裁人選、勞動法令對資遣員工有哪些補償規定，
當員工如詢問被資遣理由時，該如何回答等事項之外，情緒安撫技巧也是
執行人員接受培訓的重點。

　　當一般員工聽到自己被裁的消息時，給他們帶來最大打擊的往往既
不是失去工作，也不是資遣方案設計的合不合理，而是情感上的無法接
受。於是，被裁員工就很可能會在裁員執行過程中出現憤怒、焦躁、恐
慌、被傷害、被侮辱等心理情緒，並可能會在現場與裁員執行人員發生爭
吵，出現痛苦哭泣、破壞辦公用品，甚至出現對執行人員進行人身威脅與
傷害，或者自殘、自殺等行為。

　　因此，對裁員執行人員重點進行溝通技巧、傾聽技巧和情緒安撫的
訓練尤為重要（**範例9-4**）。

範例9-4

企業精簡人力時的溝通注意事項

一、針對本次組織瘦身，在與員工溝通過程中，主管是否已經做好萬全準備：

- 是否全然瞭解本次組織瘦身的政策內容？
- 對於部門內員工申請優退的狀況，是否全盤瞭解？
- 對於想留住的員工，是否事先做過非正式的訊息傳達？
- 對你想讓他離職的員工，是否事先想好應如何溝通？相關資料是否齊全？
- 對於相關的勞動法令，是否已經準備充足？
- 時間場地等的安排已經確定了嗎？有沒有明確的告知員工？

二、在與各類員工溝通過程中，應注意的事項：

狀況一： 申請優退的員工屬於預計名單內的人選時，應注意事項：

- 於溝通開始時，應友善詢問申請原因。
- 員工敘述時，應點頭表示認同該原因。
- 對於員工的主動申請，表示感謝之意。
- 對於員工所提的問題，主動表示協助之意
- 對於員工未來的生涯規劃，表示最大祝福。
- 鼓勵員工繼續參加後續課程，並協助報名。

應避免：

- 一開始就急於與員工確認核准申請的態度。
- 對申請員工表現不友善、不屑的態度。
- 溝通過程中打斷員工說話。
- 用批判的言語批判員工表現。
- 急於結束話題。
- 在員工陳述時，與員工一起抱怨公司。
- 在溝通過程中接手機、暫時離開。

狀況二： 申請優退的員工是屬於公司預計想留任的人選時，應注意事項：

- 友善詢問申請原因。
- 明確告知公司希望該員工留任的立場。
- 鼓勵員工繼續留任，共同努力打拚。
- 站在員工立場，傾聽員工心聲。
- 態度誠懇、立場堅定。
- 員工堅持離開，應先報備總經理後再第二次約談。

應避免：

- 對想留任的員工表示不明確的訊息。
- 強迫員工留下來的態度。
- 對員工有過度無法實現的承諾。

- 當場與員工就勞動條件部分展開談判。
- 在溝通過程中接手機、暫時離開。

狀況三：公司想讓他離職的員工未申請優退時，應注意事項：

應表現：
- 友善的說明約談原因。
- 說明公司的立場及針對該員工績效問題，進行遊說。
- 分析將來資遣與優退之間的差異。
- 強調若不申請優退，下一波資遣名單還會有該員工，建議申請優退。
- 員工若堅持不申請，請尊重其意願。

應避免：
- 以威脅語氣要求員工申請優退。
- 用不友善的口吻進行溝通。
- 對員工非工作表現的個人特質，進行言語或非語言的攻擊。
- 若員工堅持不申請，與之衝突。
- 在溝通過程中接手機、暫時離開。

資料來源：美商甲骨文公司台灣分公司；引自：〈顧問區：精簡人力〉，《EMBA世界經理文摘》268期，頁132-133。

四、裁員面談技巧

不論裁員的理由為何，主管都必須跟被裁減員工面談，告知他即將遭到遣散的情況。但主管儘管做好了各種裁員準備功夫，在裁員當日還會遇到很多棘手的問題，如果處理不當，極易引發被裁員工的極端行為。所以，裁員面談進行過程的重點有：

1. 裁員面談時間不宜過長，一般設定在十至二十分鐘之間。為緩和緊張氛圍，面談的場地可以選擇會議室、休息室等不十分嚴肅的場所進行。

2. 面談時坐定即可切入正題，告訴對方公司的決定，解釋公司為什麼會做出這樣的決定；在解釋的時候，要注意將關注點放在職位上而非員工本人，以免陷入人身攻擊的困境，並強調這是最後決定，已經不可更改。

3. 除了情緒安撫技巧，傾聽是最好的安撫被裁員工情緒的方法。面談

過程中，不管對方的情緒多麼激烈，都不要和他爭論，而是認真地傾聽；在被裁員工表達的過程中，可以重複對方的最後話語，並用點頭或短暫的沉默等方法配合對方闡述，直到他可以冷靜地接受被裁的事實。

4. 跟被裁的員工仔細說明資遣費等金額，以及這個數字（平均工資與年資）是怎麼算出來的等等，切忌在現場做出任何附加的承諾，或是答應被裁員工自己會將他的想法和上司彙報後再答覆。儘管裁員執行過程中盡可能體現人性化，但裁員決策、賠償方案是預先早已討論決定了，面談時並不存在談判的空間，切不可給被裁員工留下不可實現的期望。

5. 最後還要詳細介紹被裁員工接下來該如何辦理離職手續，尤其對於情緒激烈的被裁員工，要提供的心理疏導服務（段兆德，2009：32）。

正如商界大師羅伯特‧瑞奇（Robert Reich）所說：「採取什麼樣的裁員措施，比是否裁員更重要。採取人道的手段裁員的公司能更好地保住留職員工的信任與忠誠，而信任是企業最有價值但也是非常容易消失的資產。」（**範例9-5**）。

範例9-5

工研院瘦身　員工組工會

財團法人工業技術研究院（簡稱工研院）因實施優退方案引發部分員工不安，2005年3月19日成立產業工會，以建立勞資雙方溝通管道，並保障會員的工作權益，這是工研院成立以來首見組工會，會員近百人。

工研院2005年2月間開始實施優退方案，高達五百三十名員工優退，約占六千人的近一成，部分員工認為，院方事先未與基層員工溝通，唯恐下一波優退無預警發生，因而決定組工會，必要時可向院方

表達意見。

工研院產業工會召集人林○○表示，第一波優退後，引發人心惶惶的後遺症，有些人深怕被減薪或被逼退，期望藉由成立工會，讓勞資雙方良性溝通，達到雙贏目的。

代表工研院出席成立大會的協理許○○表示，院方不認為成立工會是最好的方式，但絕對尊重工會的立場，他期望工會未來能兼顧同仁權益與院內長期發展、工會單純化運作、與院方理性溫和對話等原則，共創員工與院方雙贏的模式。他並澄清，院方對於優退人員也很努力協助轉職或創業，絕無逼退情事。

資料來源：洪友芳（2005），〈工研院優退 工會急成軍〉，《自由時報》新竹報
導（2005/05/20）。

第五節 留職者心靈重建工程

船沉了，你成為登上救生艇的少數倖存者（Survivor）之一，雖然活了下來，你卻始終被一個念頭折磨著，為什麼倖存者的是我而不是別人，這就是所謂的「倖存者綜合症」（Survivor Syndrome）。心理學家們認為，裁員倖存者的心態與那些大災難倖存下來的人同樣複雜和矛盾。

上世紀九○年代，組織行為研究者奧尼爾與萊恩於1995年在《管理執行學刊》（*Academy of Management Executive*）撰文指出，工作沒有安全感使人們遭受莫大的工作壓力，出現憤怒、焦慮、怨恨、屈從、過度疲勞、消極怠工，甚至辭職等一系列情感現象（**表9-10**）。

企業資遣員工後不要忘記安撫留任員工，對留職者的心靈重建工程，有下列幾項建議可供參考。

1.使員工及時瞭解企業在裁員後，透過業務重組和機構合併，所帶來的遠景，透過員工培訓，瞭解留下來的這些精英們在這樣一個遠景中的位置。

勞資關係

表9-10　裁減資遣後在職員工的心態分析

・工作責任加重
・工作安全感頓失
・對管理者產生猜忌
・忠誠度降低
・憂鬱、恐懼與擔憂
・謠言滿天飛
・中、高階主管人人自危
・高齡、高薪、高年資員工危機重重
・對支援工作興趣缺缺
・企業「菁英」不請自走
・分身（兼職）
・人才招不進來
・內神通外鬼（偷竊）
・機密文件被盜（被毀）

資料來源：丁志達（2009），「裁減資遣處理實務班」講義，中華民國勞資關係協進會編印。

2.適當增加在企業改組後，重要的部門人員的薪資調整，來提高員工的積極性和使命感，保障關鍵業務部門的營運。

3.菁英教育。透過增加培訓計畫，使留下來的員工樹立菁英意識，同時透過部門活動，增加裁員後新舊員工的磨合問題。

4.說明公司未來的願景和新組織圖，勉勵大家好好努力。

5.企業應簡化組織相關作業流程，以減輕留任員工的工作負擔。因為精簡人力後，如果組織流程、管理制度還是很複雜，會導致留任員工無法負荷龐大的工作量，反而減低企業及個人的工作效率。

 結　語

　　日本京都陶瓷株式會社創辦人稻盛和夫說：企業的發展如果用竹子的成長作比喻的話，克服蕭條，就好比造出一個像竹子那樣的「節」來。經濟繁榮時，企業只是一味地成長，沒有「節」，成了單調脆弱的竹子。但是由於克服了各種各樣的蕭條，就形成了許多的「節」，這種「節」才是使企業再次成長的支撐，並使企業的結構變得強固而堅韌（杉大，2009：1）。

第十章

工會與團體協約

> 工會是被設計來提升員工社會經濟福利的組織。
> ——美國管理學家羅伯·坦南鮑姆（Robert Tannenbaum）

　　工會（Labor Union）的出現與發展已經有幾百年的歷史，學者們對工會卻有著截然不同的評價。一般而言，社會學學者都對工會持正面的評價，認為工會運動的目標是追求社會公平與正義的實現；經濟學學家則多持質疑的態度立場，認為工會有害於自由市場的運作，這就是工會有著「壟斷的面孔」（Monopoly Face）和「集體的聲音／制度化的回應面孔」（Collective Voice/ Institutional Response Face）的不同評價，但松下電器創辦人松下幸之助卻認為，工會的健全發展，對公司有正面的影響，是一件好事，經營者與工會等於公司在營運上的兩個輪子，一輛車子上，一個輪子太大，另一個輪子太小，這輛車子就無法平穩順暢的向前行駛。唯有兩個輪子保持均衡，才能夠讓車子平穩順暢的前進（**範例10-1**）。

範例 10-1

工會成立祝賀詞

　　日本在面臨到一個重要的時期，日本正從破壞的狀況中邁向復興，將使得嶄新的日本能夠在真正的民主主義之下，重新建立起來。我感到非常高興，我衷心表示祝賀之意。

　　在基本上，我是贊成工會運動的。經由工會可以做成各種的決議，工會能對公司提出建議或要求。這些建議或要求，如果是對國家國民有益，對大家有益的，我會很樂於採納。但是如果是不應該採納的，我就不予採納。

　　總之，讓我們大家同心協力，攜手邁向日本的重建。

　　（松下幸之助於1946年1月30日在大阪的中之島公會堂出席松下電器公司工會成立的祝賀詞）

資料來源：松下幸之助著，葛東萊譯（1984），《謀與斷》，皇冠出版，頁176-177。

第一節　工會的起源與組織型態

　　工會的起源可以追溯到歐洲中古時期的行會（Guild），由手工的技術工匠（如鞋匠、裁縫師、木匠、印刷工人）所組成。行會一方面利用他們的力量影響政府，要求政府禁止非行業會員從事相關行業工作，另一方面，訂定學徒訓練的標準，限制未經訓練者隨意加入相關行業，甚至規範產品的品質，防止低劣產品的競爭。同時，行會也開辦會員互助業務，例如疾病、喪葬的補助等。

　　行業組織後來發展成了由從事同一種職業、擁有相同技術的工人所組成的「技藝工會」（Craft Union），但某些職業工會的力量隨工業（產業）革命的到來而衰退（衛民、許繼峰，2006：125）。

　　工業革命帶來生產方式與經濟制度的激烈變革，機器生產代替了手工，工廠制度興起，原本的手藝工人無法與之匹敵，紛紛淪為工廠的工人，工作環境差、薪資低、安全無保障，處處受到剝削，也開始有了勞工運動，於是產業工會（Industrial Union）乃應運而生，希圖以集體的力量，透過工會組織的型態和雇主協商，甚至不惜抗衡以期免於剝削，達到保障自己的應有權益的目的（陸京士，1978：1）。

　　工會的意義在現有經濟組織之下，是一群依賴工資為生者（勞工）面對資方的經濟強勢，唯一的對抗來源，是勞工人數眾多，由此所產生的力量，卻會因為個別勞工之間的競爭而無法形成，而工會之所以要組織起來，即是要降低消除個別勞工之間的相互競爭，把勞工團結起來，集結在工會之內，靠著團結的力量，成為勞工與雇主進行協商與議價的力量，也唯有如此才能保障勞工得以享有較公平的勞動條件，這也就是歷史上工會形成的原因，也是現今為何勞工要籌組工會的理由（劉政彥，2008：100）。

　　比較世界勞工立法運動趨向，歐美兩地的立法精神彼此略有出入。在歐洲的民主國家，因早期面臨共產主義的挑戰，勞工立法具有濃厚的社會福利國家的色彩；北美的加拿大和美國則以尊重市場價格機能，其勞工

立法則講求勞雇之間協議地位的公平性。因此，美國勞工權益的保障幾乎完全依賴強大的工會組織（衛民、許繼峰編著，1999：94-95）。

一、《工會法》概論

工會是勞動者實踐團結權的基石。立法院在2010年6月1日三讀通過的《工會法》，修正後之條文共計四十九條，其中新增十二條；修正三十五條；同時原條文也刪除二十六條，這是《工會法》從1929（民國18）年公布施行以來，歷經八十年才完成的大幅度修正，以因應世界組織工會潮流，同時配合國際勞工公約精神，擴大賦予勞工團結權的行使。如今《工會法》和已經完成修法的《團體協約法》、《勞資爭議處理法》，這三項和勞工權益息息相關的「勞動三法」，總算正式成形。

此次《工會法》的修正，以「勞工團結權保護」、「工會會務自主化」及「工會運作民主化」等三項作為修正的主軸，其主要精神是「禁止不當勞動行為」制度建立，包括保障工會籌組以及工會幹部、不當勞動行為樣態的界定等，對基層工會籌組有更大的保障空間（**法規10-1**）。

法規10-1 《工會法》架構		
章	綱目（民國97年5月23日修正）	條文數
第一章	總則	第1～5條（共五條）
第二章	組織	第6～13條（共八條）
第三章	會員	第14～16條（共三條）
第四章	理事及監事	第17～21條（共五條）
第五章	會議	第22～27條（共六條）
第六章	財務	第28～30條（共三條）
第七章	監督	第31～34條（共四條）
第八章	保護	第35～36條（共二條）
第九章	解散及組織變更	第37～42條（共六條）
第十章	罰則	第43～46條（共四條）
第十一章	附則	第47～49條（共三條）

資料來源：《工會法》（民國99年06月23日修正）。丁志達（2011），「100年度勞資爭議調解人認證訓練」講義，中華民國勞資關係協進會編印。

(一)限縮禁止組織工會的對象

教師得籌組職業工會、產業工會，但不得成立企業工會；現役軍人與國防部所屬及依法監督之軍火工業員工，不得組織工會；公務人員之結社組織，依其他法律之規定（《公務人員協會法》）。

(二)工會的組織類型

為使工會組織多元化發展，並建立工會會員應具有共同利益的理念，將以自然人組織之基層工會組織類型，擴大為企業工會、產業公會與職業工會三種類型（《工會法》第6條）。

◆企業工會

結合同一廠場、同一事業單位、依公司法所定具有控制與從屬關係之企業，或依金融控股公司法所定金融控股公司與子公司內之勞工，所組織之工會。為避免企業勞資關係複雜化，影響企業內勞工團結，明定「企業工會以組織一個為限」。

◆產業工會

結合相關產業內之勞工，所組織之工會。例如紡織業、石化業、航空業之產業工會。

◆職業工會

結合相關職業技能之勞工，所組織之工會（應以同一直轄市或縣（市）為組織區域）。

新《工會法》刪除了原《工會法》中「產業工會職業工會分業標準表」由中央主管機關訂定之授權依據，使勞工得自由結盟組織基層工會。

(三)強化勞工團結權保護

《工會法》第7條條文中規定「勞工應加入企業工會」，產業與職業工會則沒有強制入會規定，且無罰則，只是法律上的「訓示性」原則，也就是宣示政府鼓勵勞工加入工會，絕非強制加入工會。

為了避免企業勞資關係複雜化，影響企業內勞工團結，明定企業工

會以組織一個為限。

(四)工會運作民主化

為了加強保護勞工加入、籌組工會之權利，《工會法》第35條明定雇主妨害工會運作之不當勞動行為處罰規定。不當勞動行為態樣有：

一、對於勞工組織工會、加入工會、參加工會活動或擔任工會職務，而拒絕僱用、解僱、降調、減薪或為其他不利之待遇。（第1款）

二、對於勞工或求職者以不加入工會或擔任工會職務為僱用條件。（第2款）

三、對於勞工提出團體協商之要求或參與團體協商相關事務，而拒絕僱用、解僱、降調、減薪或為其他不利之待遇。（第3款）

四、對於勞工參與或支持爭議行為，而解僱、降調、減薪或為其他不利之待遇。

五、不當影響、妨礙或限制工會之成立、組織或活動。（第5項）

雇主或代表雇主行使管理權之人，為前項規定所為之解僱、降調或減薪者，無效。

(五)罰則

雇主或代表雇主行使管理權之人違反第三十五條第一項規定，經依勞資爭議處理法裁決決定者，由中央主管機關處雇主新臺幣三萬元以上十五萬元以下罰鍰。

雇主或代表雇主行使管理權之人違反第三十五條第一項第一款、第三款或第四款規定，未依前項裁決決定書所定期限為一定之行為或不行為者，由中央主管機關處雇主新臺幣六萬元以上三十萬元以下罰鍰。

雇主或代表雇主行使管理權之人違反第三十五條第一項第二款或第五款規定，未依第一項裁決決定書所定期限為一定之行為或不行為者，由中央主管機關處雇主新臺幣六萬元以上三十萬元以下罰鍰，並得令其限期改正；屆期未改正者，得按次連續處罰。（第45條）

二、工會會務自主化

　　為配合工會自主運作實務的需要，且避免雇主控制工會之情況發生，組織工會採登記制。《工會法》第11條規定，組織工會應有勞工三十人以上之連署發起，組成籌備會辦理公開徵求會員、擬定章程及召開成立大會。籌備會應於召開工會成立大會後三十日內，檢具章程、會員名冊及理事、監事名冊，向其會址所在地之直轄市或縣（市）主管機關請領登記證書。

(一)工會的任務

　　《工會法》第5條規定了工會的任務有：

一、團體協約之締結、修改或廢止。
二、勞資爭議之處理。
三、勞動條件、勞工安全衛生及會員福利事項之促進。
四、勞工政策與法令之制（訂）定及修正之推動。
五、勞工教育之舉辦。
六、會員就業之協助。
七、會員康樂事項之舉辦。
八、工會或會員糾紛事件之調處。
九、依法令從事事業之舉辦。
十、勞工家庭生計之調查及勞工統計之編製。
十一、其他合於第一條宗旨（按：為促進勞工團結，提升勞工地位
　　　及改善勞工生活）及法律規定之事項。

(二)工會章程規範

　　工會章程是工會會務運作的依據及根本大法。《工會法》第12條規定了工會章程的記載事項。在訂定工會章程時，應經由工會成立大會會員或會員代表過半數之出席，並經出席會員或會員代表三分之二以上之同意，始得訂定，以落實工會會務自我管理之理念（**法規10-2**）。

法規10-2　工會章程之記載事項

一、名稱。

二、宗旨。

三、區域。

四、會址。

五、任務。

六、組織。

七、會員入會、出會、停權及除名。

八、會員之權利及義務。

九、會員代表、理事、監事之名額、權限及其選任、解任、停權；置有常務理事、常務監事及副理事長者，亦同。

十、置有秘書長或總幹事者，其聘任及解任。

十一、理事長與監事會召集人之權限及選任、解任、停權。

十二、會議。

十三、經費及會計。

十四、基金之設立及管理。

十五、財產之處分。

十六、章程之修改。

十七、其他依法令規定應載明之事項。

資料來源：《工會法》第12條（民國99年06月23日修正）。

(三)會員資格與會員大會

《工會法》對工會會員資格與工會會員大會的規定如下：

代表雇主行使管理權之主管人員，不得加入該企業之工會。但工會章程另有規定者，不在此限。（第14條）

工會會員人數在一百人以上者，得依章程選出會員代表。工會會員代表之任期，每一任不得超過四年，自當選後召開第一次會員代表大會之日起算。（第15條）

工會會員大會為工會之最高權力機關。但工會設有會員代表大會者，由會員代表大會行使會員大會之職權。（第16條）

(四)理監事名額與規範

為因應工會會務自主化發展，工會理監事之名額（工會會員年滿二十歲者，得被選舉為工會之理事、監事）。除作原則性之規範外，應由工會按其規模大小自行選定。

一、工會會員人數五百人以下者，置理事五人至九人；其會員人數超過五百人者，每逾五百人得增置理事二人，理事名額最多不得超過二十七人。

二、工會聯合組織之理事不得超過五十一人。

三、工會之監事不得超過該工會理事名額三分之一。（《工會法》第17條）

工會理事、監事、常務理事、常務監事、副理事長、理事長、監事會召集人及其代理人，因執行職務所致他人之損害，工會應負連帶責任。而工會理監事選任、解任、停權及結盟等由工會自主決定。

(五)工會機關組織

工會機關組織可分為：

會員大會（會員代表大會）：工會會員大會為工會之最高權力機關。但工會設有會員代表大會者，由會員代表代表大會行使會員大會的職權。（《工會法條》第16條）

理事會：會員大會或會員代表會休會期間，由理事會處理工會一切會務。（《工會法條》第18條）

監事（監事會）：工會監事審核工會簿記帳目，稽查各種事業進行狀況及章程所定之事項，並得會同相關專業人士為之。（《工會法條》第18條）

(六)理監事任期

《工會法》對工會理監事的任期規定有：

工會理事、監事、常務理事、常務監事、副理事長、理事長及監事會召集人之任期，每一任不得超過四年。（第20條第1項）

理事長連選得連任一次。（第20條第2項）

(七)理監事公假規定

基於企業工會會務推動與雇主之勞資關係運作具關聯性，為穩定勞資關係正常發展，工會得與雇主約定一定時間的公假辦理會務。

《工會法》第36條規定，企業應給予理、監事公假的情況為：

工會之理事、監事於工作時間內有辦理會務之必要者，工會得與雇主約定，由雇主給予一定時數之公假。（第1項）

企業工會與雇主間無前項之約定者，其理事長得以半日或全日，其他理事或監事得於每月五十小時之範圍內，請公假辦理會務。（第2項）

企業工會理事、監事擔任全國性工會聯合組織理事長，其與雇主無第一項之約定者，得以半日或全日請公假辦理會務。（第3項）

《工會法條》第46條規定，雇主未依第三十六條第二項規定給予公假者，處新臺幣二萬元以上十萬元以下罰鍰。

(八)工會經費來源

工會中最重要的要素算是經費的來源（入會費、經常會費、基金及其孳息、舉辦事業之利益、委託收入、捐款、政府補助、其他收入）。如果工會經費不充足，很多活動都不能進行，因此所有的工會都要有會員繳交會費的規定。

《工會法》第28條規定，勞工加入工會，「入會費」不得低於入會時的一日工資所得。經常會費不得低於該會員當月工資0.5%。同時，只要經會員同意，「雇主應自勞工加入工會為會員之日起，自工資中代扣工會會費，轉交該工會。」

(九)工會財務監督

為使工會財務透明化，以確保會員權益，工會應參照工會財務處理準則，建立工會自我之財務收支運用及稽核機制，同時工會每年應會員大會或會員代表大會中就財務狀況提出書面報告。經會員或會員代表十分之

一以上之連署，亦得選派代表會同監事查核工會之財產狀況。

(十)工會解散

工會之解散，應由工會基於破產、會員人數不足、合併或分立、或其他經會員大會或會員代表大會認為必要時，由工會經會員大會或會員代表大會議決自行宣告解散（第37條第1項）。惟如有特殊原因，爰明訂工會無法自行宣告解散或無從依章程運作時，法院得因主管機關、檢察官或利害關係人聲請解散之，以為解決規範（第37條第2項）（王厚誠，2010：24-33）。

工會組織能否健全與發展，端賴三大支柱：領導、財務與會務運作技巧。卓越的領導來自選舉產生，健全的財務仰仗妥善的財務處理與正當的會計程序，順暢的會務運作，非賴豐富經驗、嫻熟法令的會務人員輔佐，難以成功。

第二節　勞工組織工會的探討

勞工加入工會是為了滿足馬斯洛（Abraham Maslow）所提出人類工作動機的五大需求：生理、安全、社交、自尊、以及成為領導人（自我實現）的機會。

一、員工加入工會的原因

工會是工人階級自動發起的組織團體，其主要宗旨是透過集體協商與雇主訂定該行業（產業）的勞動條件，以維護其團體成員的利益，它同時也是勞工之間建立在平等關係上的一種互助福利組織。

員工會組織工會的主要原因有：

1. 工會可以透過集體談判方式為會員爭取較高的工資，滿足會員生理與安全上的需求。
2. 工會可以利用討價還價爭取到既得利益以外更多的利益，如改善工作環境、延長休息時間、增加分紅比率、爭取年終獎金的月（日）

數、額外保險等。

3.工會組織能提供正式的、合法的遊戲規則，跟公司爭取更多合理的福利。

4.犯錯的工會會員，可以透過工會的出面協調，獲得工作就業權的保障。

5.非工會會員會受到同儕的遊說、催促，甚至恐嚇，不得不加入工會組織。

6.在會員代表大會上暢所欲言，表達意見的機會，能進一步影響到工作環境的改善。

7.在整個工會體系內，會員可透過積極的參與和領導才能的表現，有機會被選為工會的幹部或領導人。

8.一個員工加入工會，必然認為工會所能提供他的好處大於他所付出的時間（開會）和金錢（繳會費），這種好處尤其來自於集體協商的結果。

9.依據《團體協約法》第13條規定，團體協約得約定，受該團體協約拘束之雇主，非有正當理由，不得對所屬非該團體協約關係人之勞工，就該團體協約約定之勞動條件，進行調整。

總而言之，勞工相信透過工會始能獲得公平的待遇，並可避免受到管理階層的任意剝削（**表10-1**）。

表10-1　工會和資方對爭取的議題所持的立場

談判議題	工會	資方
報酬和工作環境	高薪、更多福利，如保險醫療、按生活指數調整工資等	限制公司的人事成本支出，不要向工會太多讓步
員工的工作保障	年資決定升遷、資遣的重要考量因素	工作績效才是決定升遷、資遣的考慮因素
對工會的保障	每位新進員工都要加入工會	新進員工可以自由選擇要不要加入工會
管理者的權力	針對與員工政策有關的決策，員工希望有更多的決定權	作決定本來就是資方管理者的權力，不希望與工會協商、討論
契約的期限	短期契約	長期契約

資料來源：陳彰儀（1999），《組織心理學》，台北：心理出版社，頁211。

二、工會對管理階層的影響

當企業內部有工會組織時，對企業的管理階層會造成下列的影響：

1. 企業的決策與政策會受到工會會員的反對意見、提出異議及協商的牽制。
2. 管理權力的使用可能必須要很謹慎，因而受到牽制。
3. 決策的制定變得更為集中化，以便能夠明確地闡釋企業的勞資關係。
4. 管理階層必須將一些企業相關的訊息提供給工會會員，諸如裁員前得先通知工會（H. T. Graham & R. Bennett著，創意力編譯組譯，1995：269）。

三、雇主對工會的立場

一般而言，很少有雇主對工會組織抱持著支持的態度，如果不是政府的政策對工會有各種保護，雇主通常對工會持反對的態度，主要原因是雇主認為工會受到太多政治影響、工會要求會員做出的抗爭（罷工）的議案、工會存在謀求自我利益的領導人等等，且雇主與工會進行協商勞動力的價格時，無法避免地會涉及勞動支配的問題，這會使得工會干涉到雇主的管理領域，雇主寧可與個別勞人協商，也不願與工會組織成員協商，因而導致了下列三種雇主對成立工會的不同立場。

(一)合作的雇主

雇主秉持著互相合作的精神與工會維持和諧的溝通、協調關係。

(二)務實的雇主

所謂務實的雇主，一方面並不願意見到在組織內有工會的存在，如果可能，寧願在組織內沒有工會的情況下運作，不過另一方面，這類雇主也並不至於去阻擾工會的成立，只是強調反對管理權被工會侵犯而已。

(三)敵視的雇主

在策略上，雇主提供給受僱者的僱用條件談判，比任何工會所提供的要求來得優渥，藉以排除工會；當面對工會的急迫威脅時，雇主則利用某些技巧剋制工會的作為，例如對發起籌組工會的員工，找個「不充分」理由，以違反廠規逕予開除，但其後果往往造成勞資爭議與雇主不當勞動行為之禁止而遭到罰鍰處分（**表10-2**）。

企業與員工應該是「生命共同體」，沒有公司就沒有員工，而公司也必須體認員工是企業最寶貴的資產，勞資雙方必須透過經常性的對話，卸下心防、異中求同，建立勞資互信基礎，透過良性溝通模式相互瞭解彼此的需求，以協商方式獲取最大公約數（共識），建立共同價值及目標，奠定勞資雙贏的利基，在追求公司穩定發展的同時，確保員工勞動權益，也才能有效避免勞資爭議的發生（《石油通訊》第692期，2009：10）。

表10-2 人事人員對工會活動的處理要訣

- 要注意你的言辭。一時的不滿情緒將會給你帶來麻煩。
- 當工會介入時，不要威脅員工你將採取什麼行動。不要說出工廠將會因此而搬遷或者關閉。
- 避免向工會支持者說出他們很可能因為他們的支持而遭受某種損害。不要辭退或者訓誡參與工會活動的員工。
- 不要盤問員工有關工會支持者或主事者的相關事情。
- 不要對支持工會的員工和排斥工會的員工表現出不同的待遇。
- 不要根據員工與工會的關係，或者因為出自於同情而將他們調職。
- 不要問員工他們將怎麼進行投票，或者是他們將會怎麼進行投票。
- 不要問員工有關工會的會議，以及任何與工會會議有關的事項。你可以聽但是千萬別問及相關的細節。
- 不要對員工承諾說，如果他們不投選工會，就會給予他們利益、升遷或者是其他好處。
- 避免被捲入其中，不管是任何形式。有關工會的選舉或者是活動，也不要參與任何對抗工會的請願活動。
- 不要對任何工會給予經濟的協助或者是任何的援助。

任何以上一項都有可能被指控觸犯「不公平勞工實務」，且有可能在無需選舉的情況下讓工會勝出，且公司也將遭受罰款。

資料來源：Gary Dessler著，方世榮編譯（2007），《現代人力資源管理》（*Human Resource Management*），華泰文化出版，頁580。

第三節　《團體協約法》概述

　　團體協商（Collective Bargaining）是指一個或多數僱主或僱主團體與一個或多數個勞工團體（工會）之間，為達成有關工作條件或僱傭條件協議的一種協商。《團體協約法》第1條開宗明義的提出：「為規範團體協約之協商程序及其效力，穩定勞動關係，促進勞資和諧，保障勞資權益，特制定本法。」同法第2條規定：「本法所稱團體協約，指僱主或有法人資格之僱主團體，與依工會法成立之工會，以約定勞動關係及相關事項為目的所簽訂之書面契約。」由此可知，團體協商是一種手段，而簽訂團體協約才是最終的目的（**表10-3**）。

表10-3　團體協約的型態

型態		內容
適用範圍	廠場協約	通常以單一事業為單位，凡該事業單位與該事業勞工所屬工會所簽訂之團體協約屬之。
	地區性協約	以某一特定區域為限，以規定該區域內某行業有關勞動條件者屬之。
	全國性協約	凡由某一行業工會全國聯合會與全國性之僱主團體訂定之團體協約，規範該行業勞動關係，適用於全國各地者屬之。
內容繁簡	立法協約	內容為剛性，由勞資雙方就工資、工時等勞動條件及其他必須之條款一一詳加規定，其內容鉅細靡遺屬之。
	行政協約	其內容富有彈性，只規定勞資雙方權利義務關係之一般原則，細目則由各小協約加以補充屬之。
合意方式	自由協約	團體協約由協約當事人依自由意志達成協議而簽訂者屬之。
	強制協約	因強制仲裁或其他非因當事人自由意志而成立之協約屬之。
協約型式	要式協約	團體協約依法應以書面為之，故《團體協約法》中所謂團體協約均為要式協約。
	非要式協約	指協約當事人可能就某事項進行口頭約定，而非以書面為之，此為協約當事人間之約定，並無《團體協約法》之適用。
規範內容	完全協約	以勞動關係為主要規範內容者，即具有法規性效力或兼具法規性效力及債法性效力者屬之。
	不完全協約	其內容未就勞動條件做一般規定，僅具債法性效力之規定時屬之。

資料來源：行政院勞工委員會編印（1994），《勞資關係叢書之十四：簽訂團體協約實務手冊》，頁8-12。製表：丁志達。

一、誠信協商原則

依《團體協約法》第6條規定，勞資雙方應本誠實信用原則，進行團體協約之協商；對於他方所提團體協約之協商，無正當理由者，不得拒絕。（第1項）

勞資之一方於有協商資格之他方提出協商時，有下列情形之一，爲無正當理由：

一、對於他方提出合理適當之協商內容、時間、地點及進行方式，拒絕進行協商。

二、未於六十日內針對協商書面通知提出對應方案，並進行協商。

三、拒絕提供進行協商所必要之資料。（第2項）

依《團體協約法》第32條規定，勞資雙方任何一方違反第六條第一項規定時，經依勞資爭議處理法之裁決認定者，處新臺幣十萬元以上五十萬元以下罰鍰。勞資任何一方，未依裁決決定書所令期限進行團體協商者，尚得繼續連續處罰。

這項立法的目的，主要是要讓勞資雙方回到談判桌，促進爭紛的解決。所以，誠信協商義務的確立，對於工會的地位提升具有重大的意義（**表10-4**）。

表10-4　《團體協約法》框架

章次	綱目（97年01月09日修正公布）	條文數
第一章	總則	第1-5條（共5條）
第二章	團體協約之協商及簽訂	第6-11條（共6條）
第三章	團體協約之內容及限制	第12-16條（共5條）
第四章	團體協約之效力	第17-25條（共9條）
第五章	團體協約之存續期間	第26-31條（共6條）
第六章	罰則	第32條（共1條）
第七章	附則	第33-34條（共2條）

資料來源：丁志達（2011），「100年度勞資爭議調解人認證訓練」講義，中華民國勞資關係協進會編印。

二、團體協約的內容

勞動關係是團體協約簽訂的重心，其內容依據《團體協約法》第12條的規定而來。

一、工資、工時、津貼、獎金、調動、資遣、退休、職業災害補償、撫卹等勞動條件。

二、企業內勞動組織之設立與利用、就業服務機構之利用、勞資爭議調解、仲裁機構之設立及利用。

三、團體協約之協商程序、協商資料之提供、團體協約之適用範圍、有效期間及和諧履行協約義務。

四、工會之組織、運作、活動及企業設施之利用。

五、參與企業經營與勞資合作組織之設置及利用。

六、申訴制度、促進勞資合作、升遷、獎懲、教育訓練、安全衛生、企業福利及其他關於勞資共同遵守之事項。

七、其他當事人間合意之事項。

學徒關係與技術生、養成工、見習生、建教合作班之學生及其他與技術生性質相類之人，其前項各款事項，亦得於團體協約中約定。

另，《團體協約法》第15條規定：「團體協約不得有限制雇主採用新式機器、改良生產、買入製成品或加工品之約定」（**表10-5**）。

表10-5　締結團體協約須知

項目	內容
一般性質	包括協約適用範圍、協約之效力、協約之締結程序
工資	包括規定工資率、工資等級、工資之發放次數等事項。
工作時間	包括規定每日工作時間、延長工作時間，在何種情況下始得延長工時、及延長工時之工資加成數等事項。
休息與休假	包括規定休息時間及休假日數、休假如必須工作時之工資加給等事項。
僱用與解僱	包括規定雇方得僱用一定工會之會員、工會得介紹工人之權、及解僱工人之條件與遣散費之數額等事項。

（續）表10-5　締結團體協約須知

項目	內容
賞罰與升遷	包括規定雇方對工人賞、罰、升、遷之標準及種類。
請假	包括規定工人請病假、事假、婚假、喪假、育嬰假、公假（工會職員辦理會務請假亦包括在內）。
童工及女工保護	包括規定童工之年齡、童女工之工作時間及工作種類等事項。
學徒保護	包括規定學徒之人數、工作時間、工作種類、習藝期限及待遇等事項。
安全與衛生設施	包括規定雇方應為工人身體上、工廠建築上、機器裝設上、預防災害之安全設備，及空氣流通、飲料清潔、盥洗所、廁所、光線、防衛毒質之衛生設備等事項。
福利設施	包括規定雇方須辦理勞工保險、提撥福利金、組織福利機構辦理福利事業、工人傷病津貼、喪葬費、撫恤費之發給標準，及發給工人獎金或紅利數額等事項。
促進生產	包括規定設立勞資會議、工人如何保護雇方機器設備、保證提高工作效率及產品品質等事項。
勞資爭議	包括規定勞資雙方間如發生爭議如何協商解決、如無法協商時如何依法報請主管官署調解、仲裁或裁決等事項。
關於違約之賠償規定	包括規定任何一方不履行協約所定義務時，如何給付對方賠償金數額等事項。

資料來源：行政院勞工委員會編印，《締結團體協約須知》；引自：丁志達（2001），
　　　　　「勞資關係改善策略與方法實務研討班」講義，中華企業管理發展中心編印。

三、團體協約的功能

　　團體協約不是勞動契約，勞動契約是勞工個人與雇主約定勞雇關係的契約，只要彼此講定工作內容與勞動條件（包括薪資），勞動契約就算成立；而團體協約是工會（勞工團體）與雇主或雇主團體所簽訂的書面契約，作為勞動契約的基本準則（**表10-6**）。

　　其次，團體協約不是工作規則，工作規則是雇主單方決定，基於事業單位的經營與管理需要，針對勞工在工作場所的行為所定的規範，而團體協約是工會（勞工團體）與雇主雙方都同意下才簽訂的，而且在法律位階上，團體協約高於工作規則，工作規則若違反團體協約，是無效的（**表10-7**）。

　　團體協約雖然對勞資雙方產生約束的效果，但也會發生下列功能：

表10-6 團體協約與勞動契約之區別

- 勞動契約乃當事人間勞務給付及報酬支付的具體約定；團體協約只是設定勞動契約應遵守的基準。
- 勞動契約之勞方當事人為個別勞工；團體協約之勞方當事人為工會。
- 勞動契約之勞方當事人對於雇主立於從屬地位，有忠實服從之義務；團體協約雙方當事人則立於對等地位，互負履行團體協約之義務。

資料來源：行政院勞工委員會編印（1994），《勞資關係叢書之十四：簽訂團體協約實務手冊》，頁13。

表10-7 團體協約與工作規則之區別

- 工作規則僅係雇主單方之決定；團體協約則需在勞資雙方合意下始成立。
- 基於所有權機能而存在之規定，如生產方式等，多僅見於工作規則中，鮮少於團體協約中訂定。
- 在效力上，團體協約之法律位階高於工作規則，工作規則中有違反團體協約者無效。

資料來源：行政院勞工委員會編印（1994），《勞資關係叢書之十四：簽訂團體協約實務手冊》，頁14。

(一)使權利義務明確化

透過團體協約，規範公平、合理的勞動條件，使勞資雙方之勞動行為有所遵循之準則。

(二)避免發生爭議

經由團體協約，使勞動雙方意見得以溝通、協調；在團體協約的規範下，不但勞工的權益獲得法律之保障，雇主也能從事有計畫之經營而無後顧之憂。

(三)促進勞資合作

因團體協約結合了勞資雙方的利益，成為勞資合作之規範。

(四)穩定生產秩序

團體協約的簽訂，不僅使勞資雙方關係穩定，生產秩序得以建立，間接也讓經濟、社會同蒙其利（行政院勞工委員會編印，1994：7）。

(五)團體協約之適用對象

　　為明確團體協約之適用對象，《團體協約法》第17條明定團體協約關係人有三種：團體協約當事人之雇主；屬於團體協約當事團體之雇主及勞工；團體協約簽訂後，加入團體協約當事團體之雇主及勞工。

　　以上這三種人皆為團體協約關係人，不論雇主或勞工，皆應遵守團體協約所約定之勞動條件。

　　工會（勞工）能藉著團體協商簽訂團體協約之制度，將獲得相當程度之保障；雇主能在一定期間內較精確的估算出經營成本並能控制勞動流動率（**法規10-3**）。

法規10-3　　團體協約之效力	
條文	內容
第17條	團體協約除另有約定者外，下列各款之雇主及勞工均為團體協約關係人，應遵守團體協約所約定之勞動條件： 一、為團體協約當事人之雇主。 二、屬於團體協約當事團體之雇主及勞工。 三、團體協約簽訂後，加入團體協約當事團體之雇主及勞工。 前項第三款之團體協約關係人，其關於勞動條件之規定，除該團體協約另有約定外，自取得團體協約關係人資格之日起適用之。
第18條第2項	團體協約簽訂後，自團體協約當事團體退出之雇主或勞工，於該團體協約有效期間內，仍應繼續享有及履行其因團體協約所生之權利義務關係。
第19條	團體協約所約定勞動條件，當然為該團體協約所屬雇主及勞工間勞動契約之內容。勞動契約異於該團體協約所約定之勞動條件者，其相異部分無效；無效之部分以團體協約之約定代之。但異於團體協約之約定，為該團體協約所容許或為勞工之利益變更勞動條件，而該團體協約並未禁止者，仍為有效。
第20條	團體協約有約定第十二條第一項第一款及第二款以外之事項者，對於其事項不生前三條之效力。 團體協約關係人違反團體協約中不屬於第十二條第一項第一款之約定時，除團體協約另有約定者外，適用民法之規定。

（續）法規10-3	團體協約之效力
第21條	團體協約期間屆滿，新團體協約尚未簽訂時，於勞動契約另為約定前，原團體協約關於勞動條件之約定，仍繼續為該團體協約關係人間勞動契約之內容。
第22條第1項	團體協約關係人，如於其勞動契約存續期間拋棄其由團體協約所得勞動契約上之權利，其拋棄無效。但於勞動契約終止後三個月內仍不行使其權利者，不得再行使。
第22條第2項	受團體協約拘束之雇主，因勞工主張其於團體協約所享有之權利或勞動契約中基於團體協約所生之權利，而終止勞動契約者，其終止為無效。
第23條	團體協約當事人及其權利繼受人，不得以妨害團體協約之存在或其各個約定之存在為目的，而為爭議行為。 團體協約當事團體，對於所屬會員，有使其不為前項爭議行為及不違反團體協約約定之義務。 團體協約得約定當事人之一方不履行團體協約所約定義務或違反前二項規定時，對於他方應給付違約金。 關於團體協約之履行，除本法另有規定外，適用民法之規定。
第24條	團體協約當事團體，對於違反團體協約之約定者，無論其為團體或個人為本團體之會員或他方團體之會員，均得以團體名義，請求損害賠償。
第25條	團體協約當事團體，得以團體名義，為其會員提出有關協約之一切訴訟。但應先通知會員，並不得違反其明示之意思。 關於團體協約之訴訟，團體協約當事團體於其會員為被告時，得為參加。

資料來源：《團體協約法》（民國97年01月09日修正）。

第四節　團體協商技巧

　　團體協約是勞資雙方經由團體協商後所締結的書面契約。依據國際勞工組織在《團體協約建議書》（第91號建議書）中所作的解釋：「團體協約係指個別或多數之雇主，或雇主團體與代表工人之團體，或由工人依照國家法令選舉並授權之代表所締結關於規定工作條件及僱用條件之書面

契約。」而締結團體協約之前，勞資雙方應就協約有關事項進行協商，以達互信、互諒、公平合理的勞資關係（**法規10-4**）。

一、談判的意義

談判是一種通俗的用語，代表的是「對立」、是「衝突」，所以碰到「勞資談判」，我們寧可說「勞資協商」、「勞資溝通」、「勞資諮商」而不直接用「談判」這兩個字。事實上，談判只是一種解決問題的方式，是一種「共同的決策過程」。因為這是一種共同的決策過程，所以是一種正反雙方都可以同時學的學問。

談判的方法不該只是一招招零星的戰術，它應該有一個架構能夠整合，並且賦予這些零星招式意義。談判結果固然重要，如何和談判對手維持和諧的關係，也是不容忽視的課題（**範例10-2**）。

法規10-4　團體協約的協商原則	
條文	內容
第6條	勞資雙方應本誠實信用原則，進行團體協約之協商；對於他方所提團體協約之協商，無正當理由者，不得拒絕。 勞資之一方於有協商資格之他方提出協商時，有下列情形之一，為無正當理由： 一、對於他方提出合理適當之協商內容、時間、地點及進行方式，拒絕進行協商。 二、未於六十日內針對協商書面通知提出對應方案，並進行協商。 三、拒絕提供進行協商所必要之資料。
第7條	因進行團體協約之協商而提供資料之勞資一方，得要求他方保守秘密，並給付必要費用。
第11條	團體協約雙方當事人應將團體協約公開揭示之，並備置一份供團體協約關係人隨時查閱。

資料來源：《團體協約法》（民國97年01月09日修正）。

範例10-2

關廠勞資談判攻防戰略

項目	說明
公司	台灣克林登電子公司（美商）
地點	桃園縣中壢市
成立時間	24年
協商時間	民國82年6月2日～6月19日
爭議人數	631
工會	有
爭議事項	調整事項
爭議原因	因公司產品市場占有率逐年下降
爭議第一階段	▲公司出招 　6月2日公告：(1)全體員工減薪10％；(2)停發上半年年終獎金；(3)待料停工生產日不再給薪。 ▲員工反彈 　採取怠工。 ▲公司舉動 　1.公司撤消公告規定。 　2.員工可自行決定要資遣或留職，資遣人員依法發給資遣費。 ▲員工回應 　有219名員工提出自願被資遣（412名員工繼續留職）。 ▲公司行動 　6月5日發給資遣費，遣散部分員工。
法律依據	1.在同一雇主之事業單位繼續工作，每滿一年發給相當於一個月平均工資之資遣費。 2.依前款計算之剩餘月數，或工作未滿一年者，以比例計給之。未滿一個月者以一個月計。（《勞動基準法》第17條）
爭議第二階段	1.勞工對公司永續經營存疑。 2.工會開始草擬14條團體協約要與資方談判。 3.勞資進行初步交換意見（6月6日～6月15日）。
爭議焦點	6月16日勞方與總經理一起討論團體協約第6條： 1.勞方要求資方優於《勞動基準法》給付資遣費。 2.資方堅持依《勞動基準法》第11條規定終止勞動契約。 協商破裂，資方當場正式宣布結束「關廠」，結束營業。
勞方抗爭	1.抗爭理由： 　(1)認為公司是有計畫關廠、歇業，未事先告知員工，員工被矇騙。

勞方抗爭	(2)資方有意規避給付退休金（建廠已二十四年）。 (3)外國人欺壓本國勞工（總經理為外國人）。 2.抗爭行動（外力接入）：圍廠（外籍人員坐車當日無法駛離工廠），員工夜宿工廠。
外力介入	1.美中經濟協會（總經理休格斯情急致電紐約之「美中經濟協會」羅大為會長，告以被圍廠，人身安全受到威脅。羅會長立即透過外交途徑，引起我國外交部、經濟部與勞委會的高度關注）。 2.中央、地方民意代表。 3.工運人士。
政府介入	1.桃園縣政府。 2.行政院勞委會。 3.外交部。 4.經濟部。
第一次協商參加人員	6月17日下午參加協商成員（14:00～21:00）： 1.勞方代表六名。 2.資方代表六名（總經理、副總經理、人事主管、律師三名）。 3.政府官員、民意代表多人。
協商主題	1.勞方要求：勞方要求公司資遣費給付計算標準，比照杜邦公司（中壢）先前改組時資遣員工優於《勞動基準法》的給付辦法。 2.資方答覆：沒有答應勞方要求，但可進行考量。 3.勞方反應：要求資方在6月19日給予具體答案。
再抗爭	勞方聚集廠區內，但未有激烈之抗爭舉動。
協調結果	6月17日上午召開第二次協調會（11:20～21:30） 勞資雙方達成下列決議： 1.優於《勞動基準法》規定給付資遣費。 2.每人發給紅包去霉運。 3.懷孕婦女發給產假期間（56天）之薪資。 4.一個月獎金照發。 5.資方給付資遣費總金額約三億五千餘萬元後關廠。
學習談判技巧	1.勞方策略： 　(1)要求更換會議場所（未成功）。 　(2)勞方陳述意見時，指派一位口才表達能力強的女性先發言，營造弱者心聲，將過錯推給資方，要求優惠資遣費是理所當然，在協調會上先取得優勢（置之死地而後生）。 　(3)在談判過程中，採用間歇性綁白布條來表達「可接受」、「不可接受」的肢體語言動作，給予資方代表在精神上造成一些困擾與壓力。 2.資方策略： 　(1)資方要求媒體記者離開協調會場後才願意舉行協調會。（勞方同意）

| 學習談判技巧 | (2)拒絕更動會場舉行地點。（勞方同意）
(3)化繁為簡，採取包裹給付策略，取得談判優勢。（勞方同意）
(4)給小費策略奏效。（勞方同意） |

資料來源：勞資關係處主編（1996），《勞資爭議處理實例解說》，行政院勞工委員會印行，頁83-95；古茂松（1986），〈從調處勞資爭議事件看危機處理〉，《勞工行政》第94期（1986/02/15），頁24-27；引自：丁志達（2001），「勞資關係改善策略與方法實務研討班」講義，中華企業管理發展中心編印。

二、協商籌碼的診斷

　　企業在歷經了全球化、國際化、自由化、技術進步、法律鬆綁等因素衝擊下，導致了企業在組織與勞資關係制度上採取與過去極為不同的策略，如人力精簡、企業組織扁平化、委外業務等，這些策略都會影響員工的就業安全和所得的穩定，員工必然會抗拒，企業如何能透過集體協商的方式，先行與員工溝通，較易取得員工的合作，使上述的政策執行較順利，就需要在溝通協調之前先做診斷分析，以期能夠強化其談判時的說服力與主導權（**表10-8**）。

表10-8　協商籌碼的診斷項目

・你需要對方的程度。
・對方需要你的程度。
・你知道而對方不知道的資訊。
・你不知道而對方卻可能知道的資訊。
・對方與你都知道而你不希望洩露出去的資訊。
・雙方的時間壓力。
・同事們的參與程度與影響程度。
・雙方對談判失敗及聲望喪失的恐懼感。
・談判結果對未來計畫的影響。
・雙方希望贏得讚美或受到肯定的程度。
・你對你的同事及上司的影響力。
・使對方產生愧咎感的能力。
・雙方的自由行動權。
・雙方使用杯葛談判來威脅的可能性。

資料來源：英國永安資深管理顧問師群原著，陳秋芳主編（1994），《管理者手冊》（*The Managers Handbook*）新版本，台北：中華企業管理發展中心出版，頁155。

三、協商策略

協商是一種透過討論與交涉，使參與者雙方共同獲得滿意結果的過程，來消弭歧見，議定合約。但談判過程複雜多變，未必能夠完全按照己方所期望的方式進行，所以談判者應做好應變措施（**表10-9**）。

傑出的談判者會利用下列的策略，來滿足彼此的需求。

(一)事先蒐集資訊

協商前的準備工作，是團體協商成功的基礎，沒有做好事前的準備，協商注定失敗。英國前首相柴契爾夫人（Margaret Hilda Thatcher）曾

表10-9　協商策略的擬定

策略	說明
交易性的策略	在這種策略下，協商小組列出很多的協商項目，以便與對方交換。它的最大好處是培養融合的協商氣氛，因為工會會覺得你放棄一些項目，交換他們要求的項目是合理、有誠意的表示，因此可幫助協商順利進行，這也是一般協商過程中勞資雙方最常用的策略。
合作性策略	這項策略一開始便承認雙方是解決勞資問題的夥伴，兩者合作處理勞資問題。這是各種協商策略中最優良、最能解決問題的策略。
防衛性策略	這種策略有時稱為範例式協商（Pattern Bargaining）。通常強大的工會為減少談判的交易成本，會特意先找一些規模相當大，但也不是非常大的廠家進行團體協商。在取得協議後，工會用同樣的條件與另一家規模較小、談判能力較差的廠商從事團體協商。此時，較小的廠商見連較大的廠商都不能爭取到更有利的條件，認為自己不可能取得更好的協商成果，因此便採取防衛性的策略，馬上接受工會的條件，達成協議。例如美國汽車工會非常喜歡使用這種策略，他們經常輪流以福特或通用汽車為目標，當工會與福特或通用公司達成協議，其他汽車公司便採取防衛性策略，接受工會的條件。
攻擊性策略	這項策略是雇主使用強勢的態度壓倒對方。這是雇主面對新成立、尚未站穩的工會，或面對弱勢、分裂的工會時，常用的策略，因為雇主占絕對優勢，可以在協商時占上風，達成自己的目標。這個策略的缺點，即雙方容易鬧僵，發生罷工事件。
投降式策略	當一個小企業主面對強大的工會時，完全沒有反抗的能力，於是對工會的要求照單接受，這就是投降性的協商策略。

資料來源：李誠（2000），《人力資源管理的12堂課：勞資關係》，天下遠見出版，頁261-263。

說：「談判有如作戰，在蒐集情報時，一秒鐘也不能浪費。」因此，切記談判前要先做功課，好的談判者在談判前不會放過任何人或任何細節，並設想對方可能的攻守情形。他們會事先確定每個階段要採取什麼立場；他們也會想好哪些方面可以讓步，哪些方面必須堅持；他們更清楚瞭解對方持什麼立場，會做什麼反應，見機行事，妥為應付對方（**表10-10**）。

表10-10　資方與工會蒐集協商資料要項

資方蒐集協商資料要項
‧蒐集有關工資、福利、年資、工作效率、工作標準及團體協商相關之資料。
‧檢討公司之營運狀況、盈餘情形及同業間勞動條件資料。
‧透過勞資會議瞭解勞工對勞動條件、福利等需求。
‧分析工會（勞方）需求之總成本及效益，及擬定談判時之最大讓步區。
‧研究現行團體協約，逐條逐字分析，檢討可能變更之條件。
‧經常與基層勞工或領班接觸與會商，一方面指導基層勞工或領班執行現行勞動條件，一方面實際瞭解其執行上之困難。
‧瞭解工會運作現況。
‧蒐集政府有關勞工經濟、法律、財政及社會等政策與相關統計資料，其將影響工會需求之決定。
‧追蹤過去工會談判之經驗，預擬工會談判之策略。
‧分析過去之勞資爭議事件，其是否具有破壞性或不可執行者，或可成為工會要求之重點。
‧經常與同區域內同屬於一相關工會之同業雇主保持聯繫，交換意見，以預知工會可能需求。
‧分析法庭或勞資調解仲裁委員會對團體協約之解釋及勞資爭議之判決，其為支持工會提示需求之重要依據。
‧分析社會輿論對本項行動之報導及可能形成工會新需求之資訊。
‧參加工會談判前會議，試擬正式談判時之同意之基本原則。
‧定期召開談判群之會議，溝通及決議談判之策略。
工會蒐集協商資料要項
‧公司之市場概況（包含產品市場占有率、競爭性、利潤與價格等資料）
‧與公司相關產業之市場資訊。
‧公司財務狀況及營運方針。
‧公司訂單情形及發展。
‧公司之給付能力之資訊。
‧歷次團體協約之內容。
‧公司讓步的彈性尺度。
‧本地區及全國之工資、物價及勞動力統計資料。
‧相關工會之需求現況。
‧政府有關勞工法令之報導。
‧會員對團體協約之簽訂、修改之意見調查。
‧社會輿論之報導。

資料來源：行政院勞工委員會編印（1994），《勞資關係叢書之十四：簽訂團體協約實務手冊》，頁17-18。

(二)擒賊擒王

先弄清楚誰是有權做決定的人,邀請他們參加會議。萬一決策者實在不可能親自與會,別忘了給對方一份書面資料,詳載協議內容,如此可避免傳話中造成的疏漏。

(三)緩和氣氛

在談判前,不妨先和對手輕鬆地聊聊天,塑造一種輕鬆和諧的氣氛;另外,在談判一開始,應該從較易達成協議的問題開始討論,建立好和諧、開放的氣氛後,稍後再進行較複雜的議題,這樣對談判結果會大有助益。

(四)找出對方真正需求

在談判時,如果問對問題,並仔細傾聽,就容易發現對方的需求,也許並非如對方所想像,這樣一來,就很容易找出替代的解決方案(**表10-11**)。

表10-11　正式談判的類型

類型	說明
立場式談判	它是一種傳統的談判方式。參與談判者通常都負有確切的使命。如果雙方的立場無法妥協,談判很容易就陷入僵局。通常只有在深入研究雙方的立場,設法找出共同利益所在之後,談判才有可能成功。勞資談判就是典型的立場式談判。
原則式談判	它又稱為「哈佛談判術」(哈佛大學所發展者)。這種談判法鼓勵談判代表尋求基本的原則,以支持其本身的立場。 對談判者代表而言,這是比較富有創意的談判方式。談判代表宜致力於陳述目標,而不必急於提出己方的解決方案。原則式談判有賴於仔細檢討所有不同的選擇方案的優劣點。參與原則性談判者比在立場式談判中的談判者,更具有使談判成功的意願,因為雙方都有濃厚的成就意識。
情況式談判	它通常是在立場式與原則式談判之前進行,主要作法是,以洩露消息給媒體或透過私下溝通管道來造成情況,這可說是一種間接而先發制人的談判方式。

資料來源:英國永安資深管理顧問師群原著,陳秋芳主編(1994),《管理者手冊》(*The Managers Handbook*)新版本,台北:中華企業管理發展中心出版,頁153。

(五)不要很快讓步

談判無捷徑，想清楚以後再讓步，否則會可能犧牲了原本不必犧牲的條件，或是在必須堅持時卻不小心讓了步。想要獲得好的結果，必須先經過充分的討論。

(六)強調共同點

如果一方能夠先強調雙方立場的共同點，談判會進行得更順利、更快速。

(七)正面表述

很多時候，你要談論的是棘手的議題，但如果你能以正面的口氣表達負面的意見，往往可以得到正面的結果。

(八)任對方咆哮

冗長的談判最容易使人失去耐性和風度。例如談判進行到一半，一方大拍桌子，質問對方為什麼背叛「團體協約」的約定，不料對方不但沒有反唇相譏，還頗有耐心地回答：「你有權這樣說，畢竟我們中間的誤會已經持續多時了，這也就是為什麼我今天很樂意來參加這個會議的原因。」結果緊張的氣氛就此化解，談判繼續進行下去。

(九)最後通牒

西諺有云：「帶著天鵝絨的手套，強過揮舞著權威的鐵拳。」談判中最常見的「伎倆」莫過於「最後通牒」，這是一種攤牌，但其實效果並不好。除非雙方已經沒有其他的選擇，才可以考慮走上這條路，因為這時對方與你一樣也正急著要結束這段談話。

(十)不要輕言放棄

談判過程中不要怕發生爭論，唯有爭論才能澄清問題，找到解決的方法。也許費盡一番唇舌之後，你還是不得不和對方達成協議，而你自己並不滿意，不要放棄，有時候你以為走到了死巷，其實不過是碰到轉角，只要再花點時間討論，還是有辦法起死回生的（**範例10-3**）。

讓工會支持你

- 工會很明白全球性競爭不是一兩年的事情，在經營狀況良好的情況下，進行一些必要的降低成本的措施。「現在的調整是為了把公司整體變強，為了德國的研發人員在十年以後還有工作。」這是工會能接受的。

- 該發火就發火，該拍桌子就拍桌子，這是表明你的態度和決心，回頭再對他們做出解釋，這不是原則問題，要知道你面對的工會是訓練有素的職業談判者。

- 在談判的會議室，公司主談者一定要搶著坐背光的地方，爭取一個更舒適的談判環境；即便沒有必要，談判也盡量拖到很晚，必須要讓員工看到「上面燈還亮著」，讓他們感到員工代表在為他們爭取利益。

資料來源：王琦、劉崢嶸（2007），〈征服歐洲工會的中國人〉，《中國企業家》（2007/02），頁59。

(十一)達成協議

　　就大家所同意的事項做成協議。談判雙方必須充分瞭解協議的內容，否則協議將無法持久（**表10-12**）。

　　談判的目的不是要占盡優勢，最好是你能夠得到自己所要得到的，而又皆大歡喜，這樣一來，勞資關係必然會融洽，談判就真正落實到「溝通」、「諮商」、「協調」的中性字眼（方素惠，1990：191-193）。

　　要使協商成功，雙方必須都有達成協議的誠意，而誠意的表現就是在訂定共同遵守的協議書，如果協議書無法遵行，就如同廢紙一張（**表10-13**）。

表10-12 有效與無效的協商者比較

無效的協商者	有效的協商者
・沒有準備	・有準備
・沒有清楚的目標	・清楚知道自己想要達成什麼目的
・未曾瞭解對方的觀點	・有聆聽對方觀點的心理準備
・不切實際的預期	・充滿彈性地尋求有創意的解決問題方式
・想要太早達成交易	・想過合理的結果為何
・不明白彼此在交易中的優劣	・會檢驗並瞭解協議細節
・陷入歧見無法自拔	・從對立的範圍進入能夠達成協議的事項
・想要避開一些可能造成對立的討論內容	・確信所有的問題都能夠獲得處理並解決

資料來源：江岷欽，〈談判與協商〉，網站：busadm.ntcb.edu.tw/ezcatfiles/busadm/img/
　　　　　img/427/211326625

表10-13 常見團體協商內容一覽表

團體協商大綱	內容	
建立履行協議內容	・工會保障及代扣工會會費 ・申訴程序 ・罷工及關廠 ・協商代表與廠務支援 ・合約有效期間及協商再開會條款	・專門協商委員會 ・調解及仲裁 ・合約履行
功能、權利與義務	・管理階層權利條款 ・轉包 ・勞資合作 ・更進一步諮詢事項	・工廠遷移 ・辦公時間內工會活動 ・科技變革管理
薪資決策與執行	・一般條款 ・零用金 ・標準製程及完工時間研究 ・個別員工薪資調整	・薪資水準與薪資調整 ・獎金制度及分紅計畫 ・工作分類及工作評估 ・換約時整體薪資調整
就業與收入保障	・聘僱及轉職安排 ・支援性失業福利計畫 ・避免裁員而降低工時 ・以工作分享替代裁員 ・教育訓練及在職訓練 ・退職金及受裁員工福利計畫 ・裁員程序；保留年資；重新回聘	・就業及收入保障 ・加班、調班規則 ・專門基金與研究小組 ・升遷計畫 ・搬遷津貼
工廠營運	・工作及門市規則 ・安全與健康 ・工時及保費 ・危險工作	・休息時間 ・工廠委員會 ・輪班 ・員工懲處及解聘

（續）表10-13　常見團體協商內容一覽表

團體協商大綱	內容	
給薪與不給薪休假	・休假及例假 ・事假及喪假	・病假 ・受召入伍及擔任陪審團
員工福利規劃	・醫療及保險計畫 ・分紅計畫 ・利潤共享、股票選擇權及儲蓄計畫	・退休金計畫
特殊團體	・學徒及新進人員 ・女性員工 ・工會代表	・失能或老年員工 ・退伍軍人 ・反歧視條款

資料來源：T. A. Kochan, Collective Bargaining and Industrial Relations (Homewood, IL: Richard D. Irwin, 1980), p. 29. Original data from J. W. Bloch, "Union Contracts-A New Series of Studies", Monthly Labor Review 87 (October 1964), pp. 1184-85；引自：Raymond A. Nov/ John R. Hollenbeck / Barry Gerhart / Patrick M. Wright著，王精文譯（2008），《人力資源管理：全球經驗本土實踐》，雙葉書廊出版，頁471-472。

第五節　簽訂團體協約作業

　　團體協約簽約代表的合法性是不容忽視的（勞方必須是依工會法成立的工會代表；資方當事人，則限於雇主或具有法人資格之雇主團體）。如果忽略此一要項，將使協商的成果前功盡棄。簽約的代表即是協商的代表，勞資雙方在遴選協商代表時，要考慮其協調能力、說服力、耐力、邏輯分析能力、熟悉勞動法規，對公司經營理念有足夠的瞭解，對協商的目標有充分的理解及支持，以及代表之間學識、經驗、能力、性格上的互補性。

一、協商策略的模擬

　　《孫子兵法》說：「知己知彼，百戰不殆。」勞資雙方代表在正式談判展開前，應先瞭解己身的談判力量（沙盤演練），包括對方對我方的依賴程度如何？及對方資訊之掌握等因素，以擬妥一些基本的協商策略，並盡可能決定準備讓步的最大限度。

二、締約程序

團體協商是一種談判，傳統的「非輸即贏」及「零和」觀念早已為「雙贏」目標所取代。在勞資雙方開始進行協商之前，各自先舉行會議，討論協商策略，確立協商目標，替代方案，交換條件，都要有腹案，才能見招拆招，在折衝互動之間，方不致喪失理性的思考，在臨場應對方面，隨著談判過程的爭議、僵化、融洽的情境，在哪些條款要採用柔性策略或剛性手段，都要詳加評估與適時的採取行動，才不致功虧一簣。

《團體協約法》中並沒有明文規定協商會議的召開程序。因此，會議的進行並無固定的模式，勞資雙方各自擬好草案後，應將草案知會對方研究，並擇期召開協商會議。

(一)主席人選

協商會議的進行，通常由主席來控制議程。主席的產生可由勞資雙方共同推定，或由勞資雙方代表輪流擔任。

(二)會議的進行

主席依據所決定之議程和條款討論次序，逐一將條文提出協商，直到所有的條款均獲得雙方同意為止。

(三)協商僵局的化解

在團體協商過程中，難免因為雙方利益之衝突而有所爭執，在雙方毫無妥協之可能下，通常的解決方法有：

◆行使爭議行為

工會（勞方）所採用的手段是罷工、怠工；資方較常見的爭議手段是關廠，此一爭議行為對勞資雙方殺傷力都很大，非萬不得已，絕不可行使爭議行為。因此，《勞資爭議處理法》第53條規定：「勞資爭議，非經調解不成立，不得為爭議行為；權利事項之勞資爭議，不得罷工。」

◆訴請主管機關調處

依據《勞資爭議處理法》規定，權利事項之勞資爭議，得依本法所定之調解、仲裁或裁決程序處理之（第6條）。調整事項之勞資爭議，依本法所定之調解、仲裁程序處理之（第7條）。

三、簽訂團體協約

團體協約的草案獲得協議後，即可進行簽訂工作。準備正式書面契約一式四份，由雙方締約代表簽名蓋章及加蓋所屬團體及事業單位之印信後，勞資雙方各執一份為憑，另兩份報請主管機關認可。

主管機關於接到團體協約後，依法審核其內容是否牴觸法令，如有牴觸法令時，應加以刪除或修改，刪除後或修改過之團體協約且須經當事人同意，才能予以認可。團體協約經主管機關認可之翌日起生效，並於工作場所公開揭示，並在適當場所備置一份，供團體協約關係人隨時查閱，俾利協約關係人瞭解並履行協約的規範（**範例10-4**）。

範例10-4

薪幅團體協商約定書

聯合報股份有限公司產業工會（以下簡稱勞方）98年9月23日第八屆第一次臨時代表大會授權○○○等十人為協商代表，與聯合報股份有限公司（以下簡稱資方）指派之○○○等三人，依團體協約法就聯合報所屬金傳媒薪幅制度調整案，進行勞資團體協商，達成下列約定（以下簡稱本協約），勞資雙方均應遵守：

一、勞工同意資方強化經營體質政策，但績效考核制度應公開、公平、公正，並讓勞方會員充分瞭解、參與，不得黑箱作業。

二、金傳媒所屬經濟日報所有勞方會員，99年1月採原薪移轉，100年1月起依薪幅評比，開始實施薪幅新制。

三、資方於99年底重新議薪時，同步推動勞方會員簽屬同意書，同時給予勞方會員充分選擇權。凡同意接受資遣的勞方會員，若薪資調降且符合原團體協約規定優離退者（即工作15年以上、年滿50歲；或工作滿20年以上者），資方應依原團體協約計算方式辦理離退（即依勞基法退休金計算標準方式）。

四、資方實施薪幅新制後，勞方會員離退時，離退金採取二段式計算（即實施薪幅新制前的年資，依目前的平均薪資計算離退金；薪幅新制實施後，則依薪幅新制平均薪資計算），勞方會員離退時，合併計算給予，但薪幅新制實施後的薪資高於現有薪資時，應從優計算離退金。

五、資方勞資關係組成立的申訴委員會，成員應包括資方及勞方代表，詳細辦法與實施細節由資方勞資關係組與勞方共同研商，並於99年上半年度完成，報經總管理處備查後實施。

六、資方承諾會加強落實主管考核，相關獎懲由人資單位明訂於績效考核辦法中，若主管未能有效落實績效考核，一經查證屬實，應嚴厲懲處主管。

七、為落實績效考核制度，資方承諾未來主管與勞方會員都應在明確的績效目標下進行考核，依實際績效與貢獻評比（每季評比績效結果，由各部門在公平、透明原則下訂定公布方式），不會有主管比例偏高疑慮。另因績效考核採強制分配制度，造成績效獎金差異，勞方要求資方未來在資方情況好轉時，提高年終獎金發放比例。

八、資方承諾實施薪幅新制時，有關勞方會員之薪資議定，應與勞方充分討論與審慎嚴謹規劃。

九、資方承諾實施薪幅新制後，各部門成立的績效評核委員會與薪酬議定委員會，成員結構加入具有勞方代表身分的基層勞方委員。

十、本協約內容業經勞方98年11月19日第八屆第二次臨時代表大會通過，適用於金傳媒勞方全體會員。

十一、本協約本一式三份，由資方、勞方雙方各執乙份，另一份函報主管機關核備，並於主管機關核備後之翌日生效。

立約人
  勞方：台北市聯合報股份有限公司產業工會
  代表：
  資方：聯合報股份有限公司
  代表：

中華民國九十八年十二月十七日

資料來源：《聯工月刊》。

四、團體協約之賠償規定

為了保證團體協約能有效執行，當事雙方可在協約中約定違約的賠償規定，於一方當事人違反規定時，另一方當事人可據以向法院請求損害賠償。《團體協約法》第24條規定：「團體協約當事團體，對於違反團體

協約之約定者，無論其為團體或個人為本團體之會員或他方團體之會員，均得以團體名義，請求損害賠償。」

一般而言，違約時得適用《民法》之規定，請求賠償及罰金（**法規 10-5**）。

五、禁止搭便車條款

為使雇主在事業場所的勞動條件得以統一，也使非會員勞工有機會享有團體協約之勞動條件，因此團體協約中也見有「搭便車條款」，亦即非會員勞工繳交一定費用予工會後，即可享有團體協約同樣的勞動條件。

法規10-5	團體協約之存續期間
條文	內容
第26條	團體協約得以定期、不定期或完成一定工作為期限，簽訂之。
第27條第1項	團體協約為不定期者，當事人之一方於團體協約簽訂一年後，得隨時終止團體協約。但應於三個月前，以書面通知他方當事人。
第27條第2項	團體協約約定之通知期間較前項但書規定之期間為長者，從其約定。
第28條	團體協約為定期者，其期限不得超過三年；超過三年者，縮短為三年。
第29條	團體協約以完成一定工作為期限者，其工作於三年內尚未完成時，視為以三年為期限簽訂之團體協約。
第30條第1項	團體協約當事人及當事團體之權利義務，除團體協約另有約定外，因團體之合併或分立，移轉於因合併或分立而成立之團體。
第30條第2項	團體協約當事團體解散時，其團體所屬會員之權利義務，不因其團體之解散而變更。但不定期之團體協約於該團體解散後，除團體協約另有約定外，經過三個月消滅。
第31條	團體協約簽訂後經濟情形有重大變化，如維持該團體協約有與雇主事業之進行或勞工生活水準之維持不相容，或因團體協約當事人之行為，致有無法達到協約目的之虞時，當事人之一方得向他方請求協商變更團體協約內容或終止團體協約。

資料來源：《團體協約法》（民國97年01月09日修正）。

《團體協約法》第13條規定：「團體協約得約定，受該團體協約拘束之雇主，非有正當理由，不得對所屬非該團體協約關係人之勞工，就該團體協約所約定之勞動條件，進行調整。但團體協約另有約定，非該團體協約關係人之勞工，支付一定之費用予工會者，不在此限。」

結　語

　　工會自主運作機制強化後，勞資雙方都要面對一個嶄新的學習與適應階段，重新建議一個勞資平衡的平台來對話、溝通與合作，而團體協約是工會（勞工）與資方協商結果的書面協定，屬要式契約，非為勞動契約可得為口頭約定。所以，協商的目的在簽訂協約，此為協商代表應隨時牢記心中的信念。協約是「沒事的時候沒事，一有事的時候大家拚命抓漏洞」，所以，勞資雙方最好都要保留雙方簽約時所有往來的證據（文件），且在協約內容變更時，更要儲存舊檔，以保留協約演進過程，保障各自的權利義務。

第十一章
勞資爭議處理

> 罷工之存在，係有一群受僱者為獲取較高之工資、較短之工時，或其他僱用條件之改善，對雇主有要求，惟遭雇主拒絕而引起之勞動爭議。
>
> ——美國全國勞工關係局

合諧的勞資關係，讓勞資雙方能齊力一心，共同努力，如此一來，企業才能永續經營、穩定成長。但畢竟雇主和勞工每個人都是不同的個體，有不同的考量和想法、不一樣的需求與抉擇，難免會發生爭執，其中勞資雙方當事人基於法令、團體協約、勞動契約等規定所為之權利義務之爭議，或是對勞動條件主張繼續維持或變更的爭議，即是所謂的勞資爭議（高寶華，2008：1）。

第一節　勞資爭議概論

勞資雙方的爭議事件如果無從解決時，勞方與資方都會訴諸行動，向對方施加壓力。比如資方會因勞資爭議不能如願解決而停工，終止勞動契約，或採取其他不利勞工的行動；工會也會以怠工、罷工等行動向雇主施壓。《勞動爭議處理法》第53條中規定，勞資爭議，非經調解不成立，不得為爭議行為；權利事項之勞資爭議，不得罷工。

一、勞資爭議的肇因

「勞資爭議」為一種態樣，「爭議行為」為一種行為。爭議行為的行使，即所謂勞動三權（團結權、協商權、爭議權）的具體實踐。團結權，是指勞工為了維持或改善其勞動條件，並且以進行集體協商為目的而組織或加入工會的權利；協商權，是指勞工藉著團結權組織而成立的工會，有與雇主或雇主組織協商勞動條件及相關事項的權利；爭議權，是指工會與雇主協商時，有進行爭議行為的權利（黃良志等著，2007：510-511）。

所謂勞資爭議（Labor Disputes/ Industrial Disputes），係指勞方與資方因勞動條件在權利或經濟上發生糾紛或衝突而言。俗話說：「無風不起浪」，探討勞資爭議之肇因，約有下列幾項：

1. 資方不守法。
2. 勞工為了爭取勞動五權（生存權、工作權、團結權、協商權和爭議權）而起。
3. 雇主故意漠視，甚至拒絕勞工的合理要求，因而引起勞方的不滿。
4. 雇主使用的拖延戰術敷衍勞工，即使雙方進行談判，亦缺乏誠意。
5. 勞方提出許多強硬的訴求，向資方施加壓力，而資方則運用其人力、財力的優勢向勞方反擊。
6. 勞資雙方缺乏團體協約及勞動契約的約束，權利義務關係的界定不明確。
7. 工會是否需要成立、工作環境好壞定義，勞工福利界線的認定，童工、女工保護的標準，以及勞動條件的標準等，勞資雙方之間常有不同的意見，一旦雙方無法妥協，則均會引爆衝突的發生。
8. 其他政治、社會、經濟等種種因素所帶給勞工的刺激，如政治理念的訴求、經濟利益的分配、社會全體群體的加入，再再都會引發勞資爭議。

從以上的幾點分析，可以約略瞭解勞資爭議問題發生的原因（邱清輝，1989：25-26）。

二、勞資爭議下的勞方策略

勞工運動史，實際上就是一部工會與資方對立與互鬥的紀錄。勞方總認為資方是剝削的資本階級；而資方總認為勞工是受僱的受薪階級，此種錯誤的認知一直延續到現在。

一般勞資爭議，勞方採用的策略有：

1. 勞方所提出來的要求必須依法有據，同時兼顧到情和理的立場，如

此則「進可攻，退可守」。

2.避免提出雇主無法接受的要求，採取循序漸進的姿態，爭取資方理性的反應。

3.衡量預期的效果，不能草率行之，徒然浪費時間、人力及財力。

4.爭議的方式盡量不要讓第三方外力及政府的介入，而以雙方自行協商爲主。

5.勞方應積極取得社會的同情與輿論的支持，此點有助於社會大衆瞭解事實的眞相，並對雇主造成影響。

6.勞方可以不斷提出要求，對雇主造成一定程度的壓力，此點有助於促進雇主與工會簽訂團體協約，或與勞工簽訂勞動契約的意願。

7.爭議的目標應分爲主要目標與次要目標。主要項目一定要完全爭取到，而次要項目在必要時則可以妥協（放棄）。

8.勞方提出的任何要求，應避免侷限於少數人的權益，應取得相同訴求要求者的共同參與。

9.爭議前或爭議中，必須盡量對雇主的策略加以瞭解，投其所好、棄其所惡、避其強勢、攻其弱點。

10.非到最後關頭，怠工、罷工等行動不要輕易施行，這些爭議手段最好只做到威脅之用即可（邱清輝，1989：26-27）。

三、勞資衝突的影響

勞資一旦產生衝突，勢必對資方、勞方與社會都會產生嚴重不利的影響。

(一)對資方的影響

1.生產效率低落。
2.生產產品品質不良。
3.原物料耗損增加。
4.人員異動頻繁。
5.員工違紀增加。
6.怠工、罷工，致影響企業產銷活動。

7.企業形象受損。

(二)對勞方的影響

1.影響工資（薪水）收入，對生活安定有不利影響。
2.企業不能運作，最後受害的還是勞工大眾。

(三)對整個社會影響

1.罷工、示威、遊行及抗議，均將引致社會的不安，使社會付出很多
　的社會成本，犧牲全體民眾的幸福、安定之生活。
2.生產力低落、生產停工、資方不願再擴大投資，這均將導致國家經
　濟之衰退，終而引致國家力量的大幅減退，而在國際社會上的地位
　也漸消失（戴國良，2008：569）。

　　所謂法治化，就是使勞資關係有明確的法律規範；制度化，就是使
勞資關係的運作有一定的規則，一定的模式，一定的制度；而理性化，則
是指勞資之間的協商、溝通，透過理性的方式來進行，有爭議的時候，大
家講法、講理，能夠做到這些（法治化、制度化、理性化），勞資合作水
到渠成。

第二節　勞資爭議種類

　　勞資之間關於勞動契約關係的爭議，根據《勞資爭議處理法》第5條
規定，分為權利事項之勞資爭議與調整事項之爭議兩類（**表11-1**）。

一、權利事項勞資爭議

　　權利事項之勞資爭議（Rights Disputes），又稱法律上的糾紛。它係
指勞資雙方當事人基於法令、團體協約、勞動契約之規定所為權利義務之
爭議謂之，也就是說，現在的權利是否存在為其爭議的內容，此種爭議在
法律上屬於契約履行之範疇，適合由法院解決，諸如資方不依約發給工
資、不給付資遣費、退休金或不具法定事由與法定程序任意解僱之類，但

表11-1　《勞資爭議處理法》框架

章節	綱目（98年07月01日修正公布）	條文數
第一章	總則	第1～8條
第二章	調解	第9～24條
第三章	仲裁	第25～38條
第四章	裁決	第39～52條
第五章	爭議行為	第53～56條
第六章	訴訟費用之暫減及強制執行之裁定	第57～61條
第七章	罰則	第62～63條
第八章	附則	第64～66條

資料來源：丁志達（2011），「從勞動相關法規解析當前人資必備的因應策略」講義，財團法人保險事業發展中心編印。

依《勞資爭議處理法》第6條規定，權利事項之勞資爭議，得依本法所訂之調解、仲裁或裁決程序處理之，當然也可以直接訴諸於司法訴訟解決之。

除外，權利事項之勞資爭議，如果經依《鄉鎮市調解條例》調解成立者，其效力依該條例之規定。或權利事項勞資爭議經當事人雙方合意，依《仲裁法》所為之仲裁，其效力依該法之規定，以避免爭訟，曠日費時，徒增麻煩（《勞資爭議處理法》第64條）。

二、調整事項勞資爭議

調整事項之勞資爭議（Interests Disputes），又稱為事實上的糾紛。它係指勞資雙方當事人對於勞動條件主張繼續維持或變更之爭議謂之，也就是說，它乃基於事實狀況而主張將來權益應否「調整」（即變更或維持），需視經濟社會情況始能決定，此種爭議在法律上屬於契約變更之範疇，不適合由法院解決。舉凡勞方因物價上漲要求提高若干比例之工資、加發獎金、增加津貼或要求減少一定工時等均屬之。例如雇主承諾的薪資未給付，係為權利事項的爭議，只有在雇主主張應減薪、勞方主張應加薪的情事，方屬調整事項之爭議。此項勞資爭議可依《勞動爭議處理法》第7條所定之調解、仲裁程序處理之。

區分權利事項與調整事項之目的，在於權利事項爭議不得罷工；調

整事項不得循司法途徑救濟，主要係由行政機關介入協調處理。惟如欲依《勞動爭議處理法》第7條的程序處理，則勞方當事人應為工會。但未加入工會，而具有相同主張之勞工達十人以上；或受僱於僱用勞工未滿十人之事業單位，其未加入工會之勞工具有相同主張者達三分之二以上。

第三節　勞資爭議處理方法

　　勞資雙方在談判過程造成了僵局（雙方堅持己見），不易順利做出決議，在這種「騎虎難下」的情況下，通常最常使用的折衷方案，便是交由第三者來決定。

　　法定的勞資爭議處理方法計有調解、仲裁、裁決、司法訴訟等程序，分述如下：

一、調解

　　勞資爭議當事人一方申請調解時，應向勞方當事人勞務提供地之直轄市或縣（市）主管機關提出調解申請書。直轄市或縣（市）主管機關受理調解之申請，應依申請人之請求，進行調解（**表11-2**）。

表11-2　指派調解人與調解委員會之差異

指派調解人	勞資爭議調解委員會
·以獨立調解人方式進行之調解，係由地方主管機關或其委託之民間團體所指派，因係單獨一人進行調解，對調解程序之掌控與影響，將高於調解委員會之個別委員，因此對於調解人之資格，設有較高之要求。 ·協調法制化的實現。 ·獨立調解人制度在使一般權利事項之調解獲得迅速有效之處理，發揮解決爭議之功能。 ·處理的時程較短（20天）。	·由政府主管機關所指派之調解委員，一方面具有一定程度官方指派代表的色彩，一方面爭議當事人對其中立專業性具有較高之期待，同時當事人對於人選並無自主選擇之空間，其積極資格要求，自應高於當事人所自行選認之調解委員。 ·主管機關必須將所聘任之調解員列冊。 ·調解委員會制度朝程序規範化方向發展，使調解委員會組成更具公正性之效率。 ·處理的時程較長（42-49天）。

資料來源：行政院勞工委員會勞資關係處，〈勞資爭議處理法制之變革〉，推動建構企業內勞資爭議處理機制培訓班講義，中華民國勞資關係協進會編印（2010/11/08），頁D-5。

《勞資爭議處理法》第23條規定：「勞資爭議經調解成立者，視為爭議當事人間之契約；當事人一方為工會時，視為當事人間之團體協約。」而同法第20條規定：「勞資爭議當事人對調解委員會之調解方案不同意者，為調解不成立。」

當調解不成立後，屬權利事項之勞動爭議，當事人可循仲裁、裁決程序或司法途徑解決；屬調整事項之勞資爭議，即可進入仲裁程序，但如直轄市或縣（市）主管機關認其調整事項有影響公眾生活及利益情節重大，或應目的事業主管機關之請求，得依職權交付仲裁，並通知雙方當事人（第25條）。

調解程序進行時應注意事項有：

1. 務必出席，無正當理由未出席或不出席時，將會處以罰鍰。
2. 出席或接受調查時，不得為虛偽表示或說明，及提供不實之資料等，否則亦將遭處以罰鍰。
3. 調解會議時，如欲錄音須經主席同意。
4. 權利事項勞資爭議，如業經主管機關調解不成立，依行政程序法規定，對於以同一爭議事由及訴求再申請調解者，主管機關應不予受理，可請其循司法途徑處理之。
5. 填寫勞資爭議調解申請表時，要特別注意撰寫之內容，調解成立後之記錄，有關勞方與資方所表示之意見，勿有錯誤或遺漏，因爾後均有可能於法院進行訴訟時之重要參考依據（行政院勞工委員會勞資關係處，2010：D-6）。

二、仲裁

勞資爭議調解不成立者，雙方當事人得共同向直轄市或縣（市）主管機關申請交付仲裁。

勞資爭議當事人於仲裁程序進行中和解者，應將和解書報仲裁委員會及主管機關備查，仲裁程序即告終結；其和解與依《勞資爭議處理法》成立之調解有同一效力。《勞資爭議處理法》第37條規定：「仲裁委員會就權利事項之勞資爭議所作成之仲裁判斷，於當事人間，與法院之確定判

決有同一效力」（第1項）；「仲裁委員會就調整事項之勞資爭議所作成之仲裁判斷，視為爭議當事人間之契約；當事人一方為工會時，視為當事人間之團體協約」（第2項）（**圖11-1**）。

三、裁決

《勞資爭議處理法》第39條規定：「勞工因工會法第三十五條第二項規定所生爭議，得向中央主管機關申請裁決。前項裁決之申請，應自知悉有違反工會法第三十五條第二項規定之事由或事實發生之次日起九十日內為之。」又，同法第42條規定：「當事人就工會法第三十五條第二項規定所生民事爭議事件申請裁決，於裁決程序終結前，法院應依職權停止民事訴訟程序」（第1項）；「裁決之申請，除經撤回者外，與起訴有同一效力，消滅時效因而中斷」（第3項）（**圖11-2**）。

四、司法訴訟

權利事項之勞資爭議，當事人亦可循司法程序請求救濟，以息當事人之糾紛。在《勞資爭議處理法》第6條規定，法院為審理權利事項之勞資爭議，必要時應設勞工法庭，以求迅速解決爭議而維護勞工權益。

勞資爭議在調解、仲裁或裁決期間，資方不得因該勞資爭議事件而歇業、停工、終止勞動契約或為其他不利於勞工之行為；勞方不得因該勞資爭議事件而罷工或為其他爭議行為。

 ## 第四節　勞資爭議行為

勞資爭議行為手段行使，通常一方指勞方，一方指資方，勞資爭議當事人為達成其主張，所為之罷工或其他阻礙事業正常運作及與之對抗之行為。《勞資爭議處理法》第53條規定：「勞資爭議，非經調解不成立，不得為爭議行為；權利事項之勞資爭議，不得罷工。」同法第54條規定，教師、國防部及其所屬機關（構）、學校之勞工不得罷工。

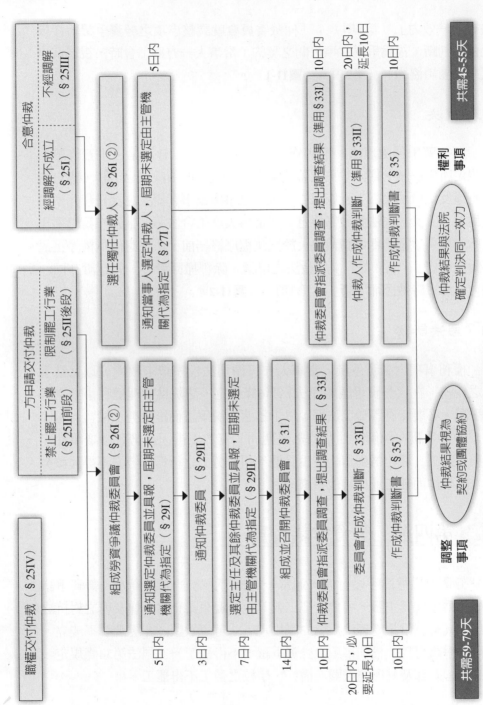

圖11-1　勞資爭議仲裁程序

資料來源：行政院勞工委員會勞資關係處（2010），《勞資爭議處理法制之變革》，推動建構企業內勞資爭議處理培訓班講義，中華民國勞資關係協進會編印，頁D-9。

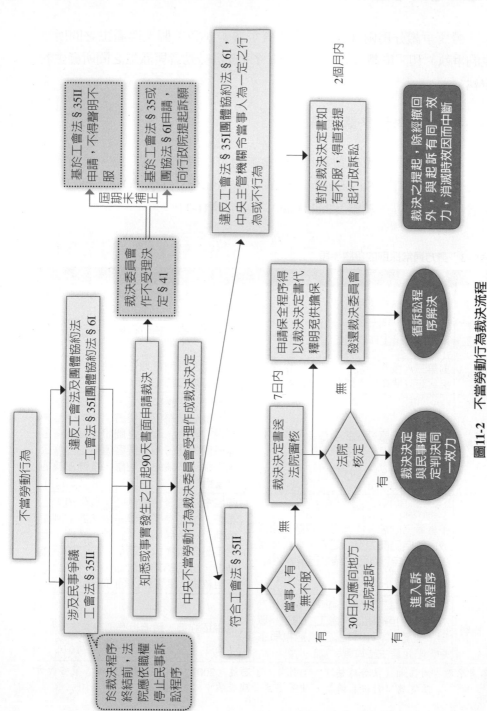

圖11-2　不當勞動行為裁決流程

資料來源：行政院勞工委員會勞資關係處（2010），〈勞資爭議處理法制之變革〉，推動建構企業內勞資爭議處理培訓班講義，中華民國勞資關係協進會編印，頁D-13。

　　勞資爭議分為兩種，「個別勞資爭議」（勞工個人與雇主之間所發生的爭執）和「集體勞資爭議」（工會或多數勞動者與雇主之間所發生的爭執）。

一、勞方採取的爭議行為

　　工會會員或多數勞動者（自救會）通常採取的爭議行為，包括罷工（Strike）、怠工（Sabotage）、杯葛（Boycott）、占據（Occupation）、接管（Work-in）、糾察（Picketing）等項（**表11-3**）。

表11-3　勞方通常採取的爭議手段

方式	型態	說明
罷工	多數勞工終止勞動行為。	若會員大會投票過半數贊成罷工時，則不違法。
怠工	集體以遲緩工作方法給以雇主壓力。	屬勞務不完全給付行為，資方可扣減工資。
杯葛	對第三人發起拒買、排斥特定企業的產品。藉以提高勞動條件的爭議手段。	一般而言具有合理正當性，但不得有不當宣傳或毀謗之行為。
占據	占有雇主的廠區、生產設備及原料等，使雇主無法從事營運。	若是為了防護勞方權益，應屬合法，若不是，則為任意侵占。例如「苗栗客運」案例，同業之間想支援苗栗客運繼續營運，但苗栗客運員工占據公司車輛，不讓他人開車，視為占據的爭議行為。
接管	不經雇主同意，將廠房、設備、原料等放置於自己勢力支持之下，並排除雇主指示，而自行進行企業生產營運管理。	若雇主逃亡、企業倒閉、長久積欠工資時，勞工為了自救是合法的。例如以前新竹玻璃即屬「接管」案例，但它不是爭議手段，而是雇主欠債不還潛逃，勞工為維持生活，不得不組成「自救會」接管該公司的經營。
糾察	在罷工、怠工期間，為確保爭議行為有效，對於拒絕罷工、怠工的員工給以糾舉、查察，阻止其上工或監視雇主客戶、阻止雇主出貨等。	若採取強迫、脅迫行為則為非法。

參考來源：周昌湘（葉玲玲整理）；引自：丁志達（2001），「勞資關係改善策略與方法實務研討班」講義，中華企業管理發展中心編印。

(一)罷工

　　罷工，在《勞資爭議處理法》的定義為：「指勞工所為暫時拒絕提供勞務之行為」。在勞動三權中，爭議權是團結權、協商權的後盾，而爭議權中，又以罷工是最具有威力的最後手段。罷工原則上必須是集體性的，只要有相互意思的聯絡，為求達到集體的行動以壓迫雇主，就是罷工。至於罷工者是否走上街頭遊行，或舉布條抗議，都不是勞資爭議法制上的概念，那只是罷工者對外宣示的行為（陳繼盛，1998：75）。

　　《勞資爭議處理法》第54條規定：「工會非經會員以直接、無記名投票（註：即不包含通信投票、代理投票等方式）且經全體過半數同意，不得宣告罷工及設置糾察線。」糾察線的設置，係為讓工會之罷工於一定程序之行使，不致有觸法之慮。

　　同法第55條規定：「爭議行為應依誠實信用及權利不得濫用原則為之。雇主不得以工會及其會員依本法所為之爭議行為所生損害為由，向其請求賠償。工會及其會員所為之爭議行為，該當刑法及其他特別刑法之構成要件，而具有正當性者，不罰。但以強暴脅迫致他人生命、身體受侵害或有受侵害之虞時，不適用之。」第56條規定：「爭議行為期間，爭議當事人雙方應維持工作場所安全及衛生設備之正常運轉。」

◆限制為罷工行為之行業

　　為避免勞工行使罷工權，對於大眾生命安全、國家安全或重大公共利益造成重大影響，該等事業之勞資雙方應約定必要服務條款，工會使得宣告罷工。

1. 需簽訂必要服務條款行業有：自來水事業；電力及燃氣供應業；醫院；經營銀行間資金移轉帳務清算之金融資訊服務業與證券期貨交易、結算、保管事業及其他辦理支付系統業務事業。
2. 需維持基本服務行業：提供固定通信業務或行動通信業務之第一類電信事業，於能維持基本語音通信服務不中斷之情形下，工會得宣告罷工。
3. 重大災害限停罷工條款：重大災害發生或有發生之虞時，各級政府

　　爲執行災害防治法所定災害預防工作或有應變處置之必要，得於災害防救期間禁止、限制或停止罷工。（第54條）

　　總之，罷工對勞資雙方都會造成不小的損失，除非雙方能迅速達成協議，否則罷工可說是下下策（**範例11-1**）。

(二)怠工

　　怠工乃是爭議行爲樣態之一種，在法律上的用語即「不爲完全的勞

範例 11-1

優比速（UPS）公司罷工

　　1997年8月，優比速（UPS）爆發了公司有史以來第一次的全國性罷工。當時公司與工會之間的契約到期，十八萬多名員工以拒絕分派運送包裹爲抗爭手段，要求公司提供更多的全職工作機會。

　　在十五天的罷工行動中，優比速損失好幾億美元，並且賠上了顧客對公司的信任。罷工結束後，優比速在美國國內每天的包裹運送量下降2.6%。但是優比速卻很快地站起來，重新修復了與員工及顧客之間的關係。1998年第一季，公司營收不僅迅速回升，甚至刷新了優比速首季的營收紀錄。

　　在處理這次罷工事件時，優比速保護員工聲譽的作法值得學習。雖然罷工員工向外界散布不利公司的消息，公司也希望大眾能夠站在資方的一邊，但是優比速決定不對員工進行負面評價。因爲對許多民眾而言，優比速的司機就是優比速，罷工結束後司機還是公司與顧客接觸的主要管道，如果顧客不能信任這些司機，他們也就不能信任優比速。因此公司不能爲了短期想要平息罷工，而賠上了公司九十年來建立的品牌。

資料來源：編輯部（2002），〈優比速公司前任CEO凱利：用核心優勢跑天下——用溝通修補員工關係〉，《EMBA世界經理文摘》186期，頁66-67。

務給付」。它是指勞工根據工會的指示，以不正規的工作態度集體降低工作效率，不完全履行依勞動契約內容屬應負勞務提供之勞務。換言之，即勞動者在形式上仍然提供勞務，但故意讓作業效率降低之爭議行為。

一般怠工的型態，包括減速勞動（Slow Down）、拒絕出差、拒聽電話、收款罷工（例如在交通運輸事業上隨車工作之勞動者及司機或車掌未向乘客收取車資之行為）、無言戰術（勞動者在工作場所內拒絕與雇主或其代理人說話，藉以使雇主在指揮管理上產生不便）、集體用餐（勞動者利用集體用餐之行為，導致特定業務停擺，如櫃台無人服務）等。

上述這些怠工型態，一般勞動法上稱之為「消極性怠工」，若屬於破壞作業設施、故意生產不良產品之型態者，則稱之「積極性怠工」。

就勞動法理探討上，如欲有正當性基礎「怠工」，仍應符合以下幾點原則：

1.必須是預告性怠工。
2.不得因怠工產生工作場所的危險。
3.不得違背勞動義務中之誠信原則。

過去我國曾因怠工而發生重大勞資爭議的工廠有：大同公司、鐵路局高雄檢車段、台灣三美公司前鎮廠、高雄縣大明公司仁武廠、白砂電機等（林宗弘等著，2000：30）。

(三)杯葛

杯葛，係指發生勞資爭議時，勞工與工會聯合起來拒絕購買雇主的產品或與雇主交易。

(四)蓄意破壞

蓄意破壞，係指發生勞資爭議時，受僱員工破壞雇主的資產、設備和原料的直接行動。

(五)占據工廠

占據工廠，係指發生勞資爭議時，勞工在相當一段時間內占據工作場所，使雇主的企業或工廠無法營運。例如，韓國雙龍汽車的工會員工，

在2009年5月因勞資爭議而占據工廠長達兩個半月的行動。

二、資方採取的爭議行為

針對工會會員所採取的爭議行為，資方通常採取下列的爭議行為，促使工會讓步，包括繼續營運（Continued Operation）、鎖場（Lockout）、建立黑名單（Blacklisting）、尋找永久性或暫時性替代勞力、異地外包等（表11-4）。

表11-4　資方通常採取的爭議手段

方式	型態	說明
歇業	雇主為貫徹勞資關係或勞動條件的主張，強制關閉工作場所，不從事生產營運，並使勞工無法進入工作場所。	《勞資爭議處理法》第8條規定：「勞資爭議在調解、仲裁或裁決期間，資方不得因該勞資爭議事件而歇業、停工、終止勞動契約或其他不利於勞工之行為。」否則，處新台幣二十萬元以上六十萬元以下罰鍰。（第62條）
停工	雇主暫停營運行為。	
臨時雇工	當勞工罷工時，資方另找一批工人來代替工作，以維持營運。	這是對抗罷工的有效辦法，但可能引起兩派人馬抗爭。
列出黑名單	雇主將抗爭或不受歡迎的勞工予以列冊，與同業或鄰近廠商之雇主相互通知及交換名冊，共同採取不予僱用的聯合圍堵手段。	雇主需避免違法或妨害名譽罪。
派遣工業偵探（Industrial Spy）	資方為了秘密蒐集有關工會活動的消息，僱用偵探滲入工會，設法挑撥會員之間的相互猜疑，製造糾紛以破壞工會，蒐集情報及取得罷工計畫。	目前各國均立法禁止。
排斥工人	雇主排斥僱用加入工會的勞工，以不加入工會作為僱用條件，或加入後即予以解僱。	此為不當行為，違法無效。
與員工簽訂「黃狗契約」（Yellow-dog Contract）	雇主在僱用員工時，迫使其簽訂不加入工會或不參加工會集體行動的契約。	違反人權自由。

（續）表11-4　資方通常採取的爭議手段

方式	型態	說明
主導成立「公司工會」（Company Run Union）	雇主在公司內主導工會的成立，成立「公司支配的工會」。	可能會再成立「體制外的工會」而造成管理上的困擾。

資料來源：丁志達（2011），「從勞動相關法規解析當前人資必備的因應策略」講義，財團法人保險事業發展中心編印。

(一)繼續營運

當工會進行罷工時，雇主為了企業的繼續營運，對勞方爭議行為不予理會，設法繼續經營其事業，其手段可能調派不具工會會員身分的員工去接替罷工人員的工作；或雇主臨時僱用一批勞工來代替，或者透過關係企業調派人力來支援。但勞工罷工則無收入，因此勞工為不讓雇主仍有繼續賺錢的機會，則採取占據行為，使第三者不得支援雇主繼續營運。

(二)鎖場

鎖場（閉廠），是雇主所採取的暫時性停工。當勞資爭議發生時，勞工已出現罷工、怠工、占據工廠等爭議行為，雇主為減輕損失，遂將工廠關閉，以逼迫勞方讓步。雇主採取鎖場行為，只是防止勞工進場，並未切斷勞雇關係，如果勞工結束罷工，雇主仍然歡迎勞工返廠工作。

(三)建立黑名單

建立黑名單是雇主將勞資爭議中工會積極份子列冊，並與其他雇主互相通知或交換，共同採取不僱用的手段，而達到勞資雙方對抗行為的平衡。但請求同業不僱用的時間，僅限於罷工期間（丁志達，2008：420-421）。

以上是勞資爭議雙方可能採取的爭議行為。而《國際勞工公約》第92條公約特別強調，勞資爭議處理的調解、仲裁制度，必須尊重雙方當事人的自由意願。該公約始終不願意因爭議處理制度的建立而侵害到勞工的基本權益，但該公約提到雙方願意進入調解、進入仲裁時，希望雙方也願意放棄爭議手段的行使，這是第92條公約的兩項基本精神，也成為很多國家勞資爭議處理的基本原則（陳繼盛，1998：81）。

第五節　體制外爭議行為

台灣工會發展與政治發展緊密相連，著重於工會與資方的鬥爭關係，這種抗爭文化深植台灣工會各階層，形成工會發展的常軌（《聯工月刊》第234期，2009）。

勞資爭議的最後一種結果，就是體制外抗爭，不屬於《勞資爭議處理法》中爭議行為。當無法合法罷工或衡量實際情況，不立即採取終極罷工手段時，可以採取這種方式。非武力的體制外抗爭手法，包括合法、遊走法律邊緣行動。

一、體制外抗爭

由勞工自主性結合而成立的自主性工會，由於不符合修法前《工會法》的規定，故稱為體制外工會。體制外工會的形成，大多是由於勞資爭議而引起。

1987年底及1988年年初，台灣地區發生有史以來的第一波工潮，勞工為了爭取年終獎金，以罷工、怠工、合法休假等方式作為與資方抗爭的手段；在1988年年底與1989年年初，勞工再度因為年終獎金而走上街頭，形成第二波工潮，在這個時期勞資爭議的公司有遠東化纖、苗栗客運、桃園客運、大同公司三峽廠等。

自力救濟型的工會發展，是在1995年年底及1996年，主要是因為關廠、歇業所引起的勞資爭議，這個時期的自力救濟型的工會形成的原因與解嚴初期為爭取年終獎金的目的截然不同的，最主要的是為資遣費、退休金及工作權，著名的爭議個案有福昌紡織電子自救會、聯福紡織自救會、東洋針織自救會、東菱電子自救會、彰化羽田機械自救會等（Greg J. Bamber等著，李誠等譯，2000：346-348）。

二、合法的非武力抗爭

下列是一些工會（勞工）比較常用的合法的非武力抗爭的方法。

1. 廠外示威性工會活動，例如演出行動劇、申請集會遊行、向政府單位請願、以各種方式要求與董事長或管理階層談判、絕食抗議、抬棺抗議、集體開戶與集體消費（干擾公司正常運作）或抵制公司產品、出席股東會揭發資方弊端等。

2. 廠內示威活動包括集體拒絕加班、集體合法請特別休假等；使用示威性手段，例如服飾鬥爭（綁布條、戴臂章）、文宣鬥爭、廠內集體集合（休息、唱歌、呼口號）、作業干擾（在櫃台放置批判雇主的標語）等。

三、遊走法律邊緣的抗爭方式

最常見的遊走法律邊緣的抗爭活動，包括干擾交通、霸占車站等，但這些抗爭方式一不小心就會觸犯公共危險罪，不可不慎。

但無論是合法或遊走法律邊緣的抗爭方式而觸法，當事人非僅限於刑事責任，資方往往還會提出民事訴訟向勞工求償（林宗弘等著，2000：170-172）。

綜觀長久以來的勞資爭議中，有的工會極欲給資方一點教訓，有些資方則一心要瓦解工會組織，但公司不能沒有勞工，勞工不能失去工作，若勞資雙方始終訴諸強硬的手段，則最終止是兩敗俱傷。記得「鷸蚌相爭，漁翁得利」的名言，勞資之間須必捨棄罷工行為而採取合作之道，企業才能創造價值，勞資才能互蒙其利（陳彰儀，1999：217）。

第六節　勞資爭議的沉思

　　一件勞資爭議之發生，一定有其原因與背景，當其發生，主要是勞資雙方過去對這些原因與背景的疏忽或無法達成共識所造成。而勞資爭議的目的或結果，即在尋求共識的達成，或促使勞資雙方正視問題的存在，共謀解決之道（**表11-5**）。

一、勞資雙方正確觀念與心態

　　就勞資爭議而言，勞資雙方應抱持以下之正確觀念與共識，本著和諧、誠意、忍讓之態度來處理雙方的歧見。

(一)雙贏策略

　　勞資爭議之主要目的，在透過協商達成共識。因此，這種協商並非是輸即贏，或非得即失的兩種結果，而是一種透過公平、合理在法令基礎上為君子之爭的議價結果；一種在勞資雙方都能接受的平衡點上達成共識的妥協，其妥協的目的是在雙方各自有所獲得的雙贏，而非損人不利己的「零和遊戲」。

(二)兼顧社會道德與責任

　　人是社會群居團體中的個體，雖然勞資爭議的目的在追求個人或個人所屬團體利益的最大化，但在爭議手段的選擇上，仍應顧及社會群居團體的其他個體，不可只追求小我的利益而危及其他大我的權益，應本社會

表11-5　爭議行為雙方應遵守的原則

・進行爭議行為之主體、目的、程序、手段均應合法並具有正當性。
・爭議行為應依和平理性方式為之。
・應依誠實信用及權利不得濫用原則為之。
・應顧及對公眾利益之影響。

資料來源：王厚偉（2009）；引自：〈工會新任理監事選舉圓滿落幕〉，《聯工月刊》
　　　　　第235期（2009/04/30）1版。

道德與責任,使勞資爭議過程中所產生外部的社會成本降至最低。

(三)同理心

勞資爭議問題的產生不是單方的對錯問題,而是雙方應共同承擔的問題。換句話說,解決爭議是雙方的責任與義務。因此,勞資雙方在協商爭議的解決方案時,應以客觀、公正、超然的立場來剖析問題,瞭解勞資關係講求的是權利義務的均等及誠實互信的對待,摒除猜忌與對抗,以共同的眼光與心理,站在對方的立場,設身處地來討論問題,解決爭議。否則,雙方各執一方,相互拉扯、追究對錯,徒使爭議糾葛難解,永遠無法達成議價理論的均衡點。

(四)誠信自治原則

勞資爭議之產生,往往是由於勞資本身經濟利益之衝突無法獲致共識所致。因此,其衝突之化解,應透過雙方誠信自治原則尋求解決管道,外力之介入或泛政治化之作法,均會使得原本單純的經濟訴求繁複化,致衝突日深,嫌隙日大,不但造成社會成本之負擔,勞資雙方亦因此無法達成協商目的,而使雙方均蒙其弊未獲其利。所以,如何讓勞資雙方當事人彼此互相協商來解決問題是相當重要的。

(五)遵守相關勞動法規

勞資關係之調整是一種共識與整合的過程,需要一套完整的遊戲規則來規範,這一套遊戲規則主要是政府訂定的相關的勞動法規。勞資雙方於互動過程,若脫離此一遊戲規則,就會產生如脫韁之馬無法規範的現象,則爭議行為無法遏阻與化解。因此,勞資應在法理之基礎與遊戲規則上,來尋求關係的調整,才能獲得圓滿之結果。

(六)政府的功能與角色定位

檢視一個國家勞資關係系統中與勞工和勞工組織、經營者和經營者組織列為三個主要的行動主體。政府的角色定位分別是:個別勞工基本權利的保護者(Protector)、集體協商與勞工參與的促進者(Promoter)、勞資爭議的調停者(Peacemaker)、就業安全與人力資源的規劃者

（Planner）及公共部門的僱用者（Employer）。但政府扮演的這五種角色中，其採取之態度卻大異其趣。在保護者與規劃者方面，應本積極主動精神，但在促進者和調停者方面，政府乃爲第三者，應本中立、不干預之立場，促使勞資本於自治原則，塑造其「動態平衡」的勞資關係；但另一方面，仍應本規劃立場，推動有助於促進勞資和諧的作爲，如法令宣導、法令研修、輔導成立調解勞資爭議民間仲介團體等，俾於勞資爭議時，政府能於中立、超然立場下，仍能使爭議迅速有效平息（陳伸賢，1999：52-54）。

二、用人單位主管的職責

　　用人單位主管是與部屬接觸最頻繁，從平日在工作的互動中，最能夠觀測到部屬對公司的管理制度的意見。所以，用人單位主管職責中，有一項就是促進勞資關係和諧的工作，其作法如下：

1. 用人單位主管可以協助資方瞭解及掌握外在環境的變化及發展趨勢，乃至於該變化與趨勢對勞工工作態度可能產生的影響，而使雇主改變領導方式，以符合實際的需要。
2. 用人單位主管可以協助資方做到上下溝通的工作。平時將資方經營理念、營運狀況、發展方向對部屬充分說明。同時，也將部屬的期望與心理反應充分反映給資方。用人單位主管若能隨時站在第一線與勞工打成一片，對於勞資爭議的疏導很有幫助。
3. 用人單位主管可以協助資方檢討及修正現行的制度規章及福利，以配合需求多樣化、個別化、彈性化、平等化及反標準化的趨勢。
4. 用人單位主管可以協助資方建立前瞻性的員工才能發展計畫，提升勞工認知水準及理智程度，使勞工經由被重視、被尊重的心理滿足及專業知識的提升，成爲資方可以共商大計的事業夥伴。最好的方法是資方透過教育訓練，使其員工的知識水準和資方同一水平，一旦問題發生，便可透過這些人迅速解決勞資糾紛。
5. 用人單位主管可以協助勞方在勞資爭議發生後，認清何者是幻想，何者是實際，何者可行，何者不可行，並應降低其期望的水準，以

免因期望過高而在實際狀況不容許的情況下，產生不良的情緒反應。

6.用人單位主管可以協助勞工排除外力的介入，使爭議事項不致於流於政治化而扭曲抗爭的原意。要做到這一點，用人單位主管就必須平時對勞工事事關懷，使自己成爲一個中介的角色、與資方溝通的橋樑。一方面使勞工免於無知而受到傷害。同時，也使問題不致流於複雜化而失去解決的良機。

勞資爭議的處理是靠溝通，多溝通並不代表討好對方。勞方所需要的是事實、關懷與開導（許卓司，1998：23-24）。

真正勞資關係的和諧是建立在勞資雙方的倫理關係上，勞資倫理的建立，才是根本解決勞資爭議的問題。

結　語

勞資爭議在一個現代化的社會中幾乎是無法避免的。如何從爭議中找到共識（Consensus），並進而協調（Communication）、妥協（Compromise）得出一個雙贏的解決之道，不僅是每一個當事人所追求的共同目標，也是任何一個爭議能否化解的重要條件。勞資爭議之解決，首重雙方之誠信與溝通，而勞資雙方於爭議之後如何重建互信，且其互信必須建立在合理制度的基礎上，才是上策（侯英豪，1988：425）。

第十二章
全球化與勞資關係

> 有心召集眾多勞工，成就大事業的人，如果不能得到員工的心，是絕對不會成功的。想要得到人心，一定要先主動付出懇切真摯的關懷。否則，再怎麼努力也是枉然。
>
> ——日・佐藤信淵

跨入二十一世紀，放眼這個世界，不能不想到這是「全球化」及「商業力量」無遠弗屆的時代。隨著資訊科技的突飛猛進與產品的普及化，在這種背景下，無論企業或個人都面臨了空前未有的挑戰與無限的機會。企業對外投資、設廠，人員外派異地工作，派遣業興起，外勞管理都是全球化形成的新勞資管理模式。

 第一節　企業社會責任

近年來，在國際企業論述中，企業社會責任、企業公民與企業社區參與，已透過多個國際宣言及相關組織之倡導，成為國際企業基本概念與用語，並逐漸在企業內部建制化、專業化、組織化，以因應隨著經濟全球化帶來了愈來愈複雜與龐大的影響（**範例12-1**）。

範例12-1

知名企業對社會責任履行的活動

國外企業		台灣企業	
企業名稱	社會責任活動	企業名稱	社會責任活動
微軟（Microsoft）	基金會、社會回饋（捐贈）	遠東集團	醫院、學校
國際商業機器（IBM）	社會回饋（音樂會、原住民文化基金會）	長榮集團	社會回饋（音樂會、慈善）
太古集團（Swire Pacific Ltd.）	環保、節約能源、社區關係	奇美集團	員工照顧

匯豐集團（HSBC）	推動環保	中華航空	社會回饋（捐贈）
美體小鋪 （The Body Shop）	環保、捐贈、社區服務	台灣積體 電路公司	社會回饋（藝術 季）
金百利克拉克 （Kimberley-Clark Corp.）	環保（省水方案）	和泰汽車	環保
花旗銀行（Citi Group）	慈善、教育文化	明門實業	環保、聽障基金會
惠普（HP）	慈善公益	統一超商	社會回饋（捐贈）
麥當勞（McDonald's）	慈善公益	智邦科技	基金會、員工福利
英特爾（Intel）	社會回饋（捐贈）	台達電子	環保、基金會

資料來源：王蕙珍（2007），〈企業社會責任對企業競爭力影響之探討〉，國立中山大學人力資源管理研究所碩士在職專班碩士論文，頁38、43。

　　身處二十一世紀，全球皆朝資本主義的方向發展，而資本主義的特徵之一，就是企業是影響社會最大的力量，而這個影響絕不只是提供就業機會或國民生產總額（Gross National Product, GNP）的成長而已，最重要的是要為社會建立典範，這是企業對社會的交代，雖然這種影響短時間看不出來，但卻影響深遠（國立台灣大學商學研究所編，2006：169）。所以，企業所面對的經營挑戰，公認為永續發展（Sustainable Development），而達成永續發展目標的必要條件之一，就是真誠地履行企業社會責任（**範例12-2**）。

範例12-2

策略性企業社會責任作法

策略性CSR考量	公司	策略性CSR作法大綱
企業形象提升	Telefonica	創立CSR及聲譽專職部門
企業發展與成長	Bell Atlantic	提供學員電腦技術及設備
增加股東效益	Patagonia	改善環境績效
	Fuji Xerox	導入產品服務化概念
員工福利	Levi Stauss	教育訓練
	Odegard & Rugmark	建立員工道德觀念
	Starbucks	提升農工獲利
	Patagonia	贊助員工
	Nestle	公平交易

降低經營風險	Wal-Mart	解決童工問題
產品創新及差異化	Philips	生產節能產品
	Globe Telecom	創造初購消費者福利
	Whole Foods	專研有機產品
	MRW	提供特定族群免費貨運
	Stonyfield Farm	購買當地原料
	Aravind Eye Hospitals	提供低廉費用之白內障手術
	Honest Tea	購買山區天然高品質原物料
減少環境足跡	Dupont	整合醫療化學開發新製程
	Ethel M	廢棄物利用
	Norsk Hydro	原料再製
	Patagonia	使用回收物再製
增強競爭優勢	Dov Charney	管理競爭者
回應利害關係人訴求	Target	提供消費者教育訓練
	Patagonia	生產具環境價值友善產品
綠化供應鏈	Nestle	生產線綠色設計
	Wal-Mart	降低供應鏈包裝材
	S.C. Johnson	獎勵綠色供應商及評選
	McDonald's	隨機抽查供應商
	Federated Department	供應商評選

資料來源：胡憲倫、許家偉、林柏維（2009），〈企業競逐永續浪潮的新趨勢——策略性企業社會責任〉，《永續產業發展雙月刊》第44期（2009/06）。

一、企業社會責任的定義

企業社會責任（Corporate Social Responsibility, CSR）的概念源自公司治理關係人理論（Stakeholders Theory），此理論認為企業不應只考慮股東的利益，也要考慮其他利害關係者，包括顧客（關心價格及產品安全）、員工（關心工作生活品質）、供應商（關心企業存亡）、社區（關心廠商的睦鄰活動）、財務機構（企業信用），甚至社會（關心法令的遵守）、非營利組織（關心社會責任），以及對自然環境的保護的利益（**範例12-3**）。

範例12-3

耐吉（NIKE）公司行為規範

　　耐吉公司基於「與事業夥伴的互相互助」、「信任」、「團隊精神」、「誠實」、「互相尊重」是耐吉公司與它的事業夥伴，在共創事業過程中共有期許與默契。我們期許大家有此共識，遵循相同的理念，經營耐吉公司的事業。「種族的平等待遇」、「賞識多元化的優良人性特點」、「提供公平合理的工作機會」是耐吉公司信守不渝的企業倫理。

　　耐吉公司在設計、製造和銷售運動健身用品的過程中，我們不僅要將每一步驟按照標準確實執行，同時應以行業領導者自許，將每一個細節做到完美。我們期許事業單位夥伴們的全力以赴，特別在完美企業經營的提升和持續不斷工作環境的改善方面，耐吉公司誠摯地要求事業單位夥伴們共同實現我們的承諾：

1. 完善的工業安全衛生設施、合理的待遇、工作小時與保險年金給付制度的建立。
2. 降低工業污染至最極限。
3. 管理階層應尊重人的尊嚴，認知員工有「自由組織工會與勞資雙方平等交涉的權利」、「在工作場所，有關騷擾、不合理的辱罵虐待行為，以及身體的懲罰是絕對被禁止的」。
4. 對於員工的受僱、薪資、福利、晉升、解僱和退休等，必須按照個人工作表現依公司規定辦理，不可有歧視待遇。

　　耐吉公司在世界各地經營管理，是依據下列耐吉公司行為規範準則從事所有的商業行為，我們要求約束所有耐吉公司的事業夥伴視「執行下列的規範」為一種義務。依據「事業夥伴合約的精神」，訂出「特別標準的行為規範準則」如下：

1. 強迫性勞動力
   A公司保證絕不僱用任何型態的強迫性勞動力──如監獄勞工，或其他強迫性的勞動人口。
2. 童工
   A公司保證絕不僱用十八歲以下，或低於當地法令規定之最小受僱年齡的年輕人。
3. 薪資報酬
   A公司保證支付不低於政府規定的最低工資。
4. 勞工福利
   A公司保證遵守地方政府有關婚喪喜慶、宗教節慶、分娩、懷孕等的休假規定。並對所有地方政府有關健康醫療保險、兒童福利保險及其政府強制性社會保險政策絕對遵守，確實執行。

321

5.合理工時與加班規定

　　A公司保證遵守所在地方政府對於每週正常工時，合理加班時數與加班津貼發放的有關法令規章。公司並將在人員受僱前，明確告知強制性加班是受僱條件之一，但每週工時（含加班）不得超逾六十工作小時時數，至少每週放假一天等有關法令規定。

資料來源：Rosenzweig："International Sourcing in Athletic Footwear: NIKE and Reebok". Harvard Business School, case394-189；引自：〈製鞋業跨國合作對能力提升探討(1)〉，《台灣鞋業雜誌》（2001/02/05），頁38-39。

　　根據世界永續發展委員會（World Business Council for Sustainable Development, WBCSD）對於企業社會責任的定義為：「一種企業為求得經濟永續發展，共同與勞工、家庭、社區與地方社會營造高品質生活的承諾。」它指出企業在遵守倫理與品德的原則下，除了追求股東的最大利益外，還必須同時兼顧在人權、勞工、消費者、供應商、社區與環境，乃至於公司治理議題上的表現，諸如改善勞工的工作環境、重視人權等（**範例12-4**）。

範例12-4

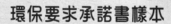

環保要求承諾書樣本

敬啟者：

　　我們深信地球只有一個，為了保護這唯一的家園，善盡對社會的責任，秉持永續經營之理念，本公司全面推行環境管理活動，力求在製造父母安心、嬰兒舒適之嬰兒產品過程中，盡力降低對環境之衝擊，確保資源的充分利用，進而提升環境品質。為達前所陳述，我們承諾將遵循下列原則為所有行動的準則並全力以赴：

1.遵守環保法規及其他相關事項。
2.以最佳可行的污染防治技術和設備進行持續改善活動。
3.努力推行減廢、省能源、省資源活動，減少浪費。
4.積極改善製程、作業環境及污染預防工作，保護健康與安全。
5.健全文件制度、提案制度、PDCA（計劃、執行、查核、行動）之循環改善並做好人員教育訓練，以達成既定之環境自標及標的。

6.對外公開環境政策，做好環境美化，提升企業形象。

　　茲秉承以上之環保理念，請各供應廠商於承製本公司產品時承諾：

一、產品運送至本廠應遵守之環保項目：

1.產品包裝需全部回收。
2.送至本廠之產品應按本廠之要求搬運、擺放。
3.運送之車輛在本廠內駕駛速度應遵守本廠規定，避免意外。
4.材損物料應按期退回。
5.運送車輛應避免漏油及排放大量黑煙，且必須通過年檢。
6.清楚完整描述化學品使用，廢棄之注意事項。
7.製造原料使用低毒性、低污染性。
8.產品之運送使用貯存及廢棄說明標示等清潔完整。
9.化學品應提供MSDS（物質安全資料卡，Material Safety Data Sheet, MSDS）。
10.運送車輛駕駛人員應有緊急應變訓練之能力。
11.運送車輛應該實施行進前之安全及環保檢查。

二、建議供應商能配合之環保要求項目（請勾選）：

1.製程條件設定盡量使污染物排量低。
2.製程原料應該盡量減少用量，節約，減少浪費。
3.製程操作設定使用能源降低且盡量注意避免異常發生，降低污染。
4.製程操作產生之污染物應妥善處理與防治（含消防能力）。
5.工廠應該不受居民抱怨（最近三年內）。
6.工廠應該不受環保單位處份過。

廠商確認：　　　　　　審核：　　　　　　經辦：

資料來源：明門實業公司；引自：陳景昌（2005），《全球投資與企業社會責任高
　　　　　峰論壇：明門實業之社會責任作為一供應鏈成員的通贏觀點》，台灣亞
　　　　　洲基金會（AFIT）編印（1-1），頁10。

　　隨著全球化時代來臨，企業社會責任議題在國際上如火如荼的發展，各國政府與跨國企業紛紛投入因應，台灣身處全球供應鏈重要的一環，更是不能置身事外。

二、全球八大的企業社會責任準則

　　過去企業的責任在於幫助股東們獲得最大利潤，並將所賺取的利

潤，透過納稅機制履行其所應盡的社會責任。而如今企業責任的定義已逐漸由利己轉為利他主義。以往多以道德勸說的方式要求企業善盡責任，而如今逐漸轉為企業若無法善盡社會責任，便無法立足的趨勢。為了能讓企業善盡其應盡的責任，各類相關的規範、標準及道德行為準則如雨後春筍般竄起。

目前在國際上，已獲得多數人認同並引為圭臬或倡議的指導綱領共有八項。可以區分為原則（指鞏固企業行為的中心價值）與標準（指可達成的特定標準）兩個類別（**表12-1**）。

表12-1　全球八大的企業社會責任（CSR）規範

名稱	成立時間	內容大要與評論
UN Global Compact	1999年由聯合國祕書長安南在瑞士世紀經濟論壇中提出	鼓勵企業採用此規範的十項原則，包含人權、勞工與環境三大部分。目前企業仍採觀望態度，特別是對於其中有關人權組織所提的勞工條款，如果未來被廣泛採用，對企業的衝擊將會非常大（www.unglobalcompact.org）。
國際勞工組織公約	1919年國際勞工組織ILO正式成立	ILO界定的勞工標準共有十九項，ILO的弱點就是沒有實施或強制實施權，即使是某些政府批准其納入國家的憲法內，實施權力還是有限（http://www.ilo.org）。
OECD Guidelines for Multinational Enterprises	新版由OECD在2000年提出的自願性綱領	OECD跨國企業指導綱領係各國政府對跨國企業的建議事項，列載了符合相關法律規範的負責任商業行為之自願性原則及標準。其主要目的是為確保跨國企業的營運目標能與政府政策一致、加強企業與其所處社會間的互信基礎、協助改善外國投資氣氛及強化跨國企業對永續發展的貢獻（www.oecd.org/daf/investment/guidelines）。
ISO 14000	1996年由世界標準組織（ISO）提出	已成為目前最重要之具認證的國際環境標準，不過目前尚未制定相關之報告機制，並且其煩冗之過程也多被人詬病（www.iso14000.com）。
Account Ability, AA1000	由英國社會與倫理責任研究院（ISEA）在1999年成立	以改善企業與利害關係人互動為主，它是為了取得會計、審計及報告制度之間平衡而制定的統一標準，在過去三年已有許多企業率先採用，包括英國航空、福特汽車和丹麥的製藥公司Novo Nordisk等，世界第一套利害關係人議和的國際標準（www.accountability.org.uk/b.htm）。

（續）表12-1　全球八大的企業社會責任（CSR）規範

名稱	成立時間	內容大要與評論
Global Reporting Initiative（GRI）	由CRERS在1997年成立	致力於企業永續性報告的推動及標準化（www.globalreporting）。
Global Sullivan Principles for Social Responsibility	最早由蘇利文牧師在1977年草擬出為設在南非之美國廠商所定之蘇利文原則，1999年擴大為全球性的原則	主要規範跨國公司及其企業夥伴的倫理、環境與勞工作業的情況，呼籲企業應遵從法律及負責任。主要九個原則分別為：維護全球人權（特別是員工）；員工均有平等機會；尊重員工結社意願；提升員工技術；建立安全健康的職場；提倡公平交易；參與政府及社區活動；將原則融入到企業各種營運層面；實施透明化（www.globalsullivanprinciples.org）。
Social Accountability 8000（SA8000）	由國際社會責任（SAI）所發展的	是全球第一個可用於第三者驗證的社會道德規範國際標準，內容涵蓋了企業各部門管理系統的制定及操作，其主要目的在透過具社會道德的採購活動，以改善全球勞工的工作條件，並確保企業及其供應商所提供的產品可以符合社會道德的要求。此標準被視為獨立審核、評估，以及認證機構的一個指引，適合全球各地產業，不同規模組織來應用。包含九大原則（www.cepaa.org/sa8000.htm）。

資料來源：BCSD（2004b）；胡憲倫、許家偉（2005）；引自：鄭雍潔（2007）〈企業推行SA8000國際企業社會責任認證之現況與分析〉，國立中正大學勞工研究所碩士論文，頁24-25。

1.聯合國全球盟約（The UN Global Compact）。

2.國際勞工組織公約（International Labour Organization Convention, ILO）。

3.ISO14000環境系列（International Organization for Standardization, ISO）。

4.社會責任會計指標AA1000（Account Ability 1000）。

5.全球永續性報告協會綱領（The Global Reporting Initiative, GRI）。

6.全球蘇利文原則（Global Sullivan Principles for Social Responsibility）。

7.社會道德責任標準SA8000（Social Accountability 8000）。

8.經濟合作暨發展組織多國企業指導綱領（The OECD Guidelines for Multinational Enterprises）（範例12-5）。

範例12-5

OECD多國企業指導綱領——就業及勞資關係

企業應在相關法律規章、現行勞資關係以及就業實務的架構範圍內，採取下列行動：

一	1.尊重工會員工代表及其他善意員工代表的權益，並與該等代表個別或透過公會（Employers' Associations）進行建設性協商，以達成有關就業條件的協議。 2.有效地廢止童工。 3.致力於消除任何形式的強迫勞動或強制勞動。 4.除非是明確的增進與政府政策相關之提升就業機會的公平，或與該工作基本需求條件有關而挑選員工的特性，否則員工不因種族、膚色、性別、宗教、政治立場、出身血統或社會階層等因素，在就業或職業上受到任何歧視待遇。
二	1.提供員工代表必要的措施，以協助有效團體協商的發展。 2.提供員工代表必要的資訊，以利進行有意義的就業條件協商。 3.促進雇主與員工及其代表間，在彼此關切議題上的協商及合作。 4.提供員工及其代表資訊，使期能獲得該部門，或（在適當情況下）對企業整體的營運績效，有真實且公平的觀點。
三	1.所遵行之就業及勞資關係的標準，應不低於地主國雇主所遵守之標準。 2.採取適當的步驟，以確保企業從業人員的職業健康及安全。
四	在營運最大可能範圍內僱用當地員工，並與員工代表及相關政府機關合作，在適當的地點，以改進當地員工技術水準為著眼，而提供適當的員工訓練。
五	當營業變動可能會對員工生計發生影響時，特別是關閉一個部門並涉及集體遣散或解僱時，應以合理方式通知其員工代表，並在適當情況下通知相關政府機關，同時應與員工代表及相關政府機關合作，在最大可行範圍內減輕負面影響。鑑於每一案件均有其特殊情況，管理當局若能於做最後決定前先予以通知，較為適當。亦可採用其他方式提供有意義的合作，以減輕該等決定的影響。
六	針對就業條件與員工代表進行善意協商，或當員工行使組織權利時，企業不以聲言將整個或部分營業單位移出目前所在國，或自其他國家分支機構調入員工，藉此不公平方式影響協商或妨礙員工行使組織權利。
七	使員工的授權代表能針對團體談判或勞資關係之議題進行協商，並允許當事人與被授權的資方代表，針對彼此關切事項進行協商。

資料來源：經濟合作暨發展組織（OECD）多國企業指導綱領；引自：《OECD國際投資暨多國企業宣言與決議：基本條款》，經濟部投資業務處印行（2005年），頁14-16。

此外，金融業也逐漸重視企業永續發展的議題，例如倫敦金融時報社會責任指數（FTSE4Good Index）、道瓊永續性指數（Dow Jones Sustainability Index）等許多永續性績效指數都被發展出來。

從上述各種情勢可探知企業社會責任日益漸增的重要性（**範例12-6**）。

第二節 社會道德責任標準（SA8000）

1997年，長期從事社會與環境保護的非政府組織經濟優先權委員會（Council on Economic Priorities, CEP）成立認可委員會（Council on Economic Priorities Accreditation Agency, CEPAA）。2001年，認可委員會更名為國際社會責任組織（Social Accountability International, SAI），它是一個非營利性的組織，其重點工作在於發展、執行及稽核社會責任（Social Accountability, SA）系統的認證，以致力於改善工作環境及對抗剝削勞工之工廠。

範例12-6

企業社會責任

在1999年11月，由於環境、安全衛生和人權管理等問題，銳步（Reebok）懲罰了裕元，將約四千萬美元的生產合同從裕元的中山廠，轉給了中國的其他公司。

由於這種來自品牌商的壓力，所以寶成集團不斷提高對工廠的環境、安全、消防、衛生、人員管理等方面的要求，以避免來自人權組織的尖銳批評和訂單的損失。比如裕元將原使用有一定毒性的膠水轉換為毒性較小、水溶性的膠水。從品牌商的角度來看，儘管有無數代工廠可以幫助他們生產，但是有能力和心力做到裕元這樣的工廠並不多，所以品牌商也更願意把訂單交給寶成集團代工。

資料來源：劉震濤、楊君苗、殷存毅、徐昆明（2006），《台商企業的中國經驗》，台灣培生教育，頁277。

　　社會道德責任標準（SA8000）是全球第一個可用於第三者認證的社會責任國際標準，通過SA8000認證將成為國際市場競爭中的一項重要武器，其最終目的在於改善全球勞工的工作環境及工作條件。

一、SA8000標準要項

　　SA8000標準是根據國際勞工組織（ILO）關於禁止強迫勞動、結社自由的有關公約及其他相關準則、聯合國關於兒童權利的公約及世界人權宣言的要求，以系統化的管理為基礎所制定而成的，其宗旨是「賦予市場經濟以人道主義」，內容要求企業除了在賺取利潤外，必須同時主動負起對環境、社會和利益相關者的責任，主要內容包括童工、強迫性勞動、健康與安全、結社自由及集體談判權利、歧視、懲戒性措施、工作時間、報酬及管理系統等九個要項。此項標準的設計並非像政府勞工法規一般，具有強迫性的判決，而是在於鼓勵企業進行自我管理，即早訂定補救計畫，並且持續進行改善（**表12-2**）。

表12-2　SA8000的企業責任標準要項

類別	說明	大綱
童工 （Child Labor）	不可僱用童工或支持僱用童工的行為	1.1不得僱用童工 1.2現存童工的復育 1.3童工保護措施 1.4危險工作環境的禁止
強迫性勞動 （Forces Labor）	不可僱用或支持僱用強制性勞工的行為	2.1強迫勞動的禁止
健康與安全 （Health & Safety）	應提供健康與安全的工作環境，並最大限度地降低工作環境中的危害隱患，建立監督系統來偵察、防範或應對那些潛在威脅	3.1安全環境提供義務 3.2管理代表派任 3.3職業安全衛生訓練實施 3.4危害偵測、規避與回應 3.5衛生環境及飲用水提供義務 3.6安全衛生宿舍提供
結社自由及集體談判權利 （Freedom of Association & Right to Collective Bargaining）	應尊重員工組織工會的自由與集體談判的權利，當這些權利受到法律限制時，應協助員工採取別的方法來獲得這種權利	4.1參加工會以及集體談判權利 4.2與工人團體溝通的機制 4.3工會員工歧視禁止

（續）表12-2　SA8000的企業責任標準要項

類別	說明	大綱
歧視 （Discrimination）	不可從事或支持任何基於種族、社會階層、國籍、宗教、殘疾、性別、性傾向、工會會員資格或政治關係的歧視行為	5.1就業歧視禁止 5.2遵奉信仰和風俗的權利 5.3性騷擾禁止
懲戒性措施 （Disciplinary Practices）	不可從事或支持肉體上的懲罰、精神或肉體脅迫以及言語凌辱	6.1懲罰措施的禁止
工作時間 （Working Hours）	應遵守適當法律及行業標準有關工作時間的規定，所有超時工作應付額外報酬，而且協議加班必須是自願性質的	7.1正常工時及延時規定 7.2強迫加班禁止 7.3彈性工時
報酬 （Compensation）	應保證支付工資達到法律或行業規定的最低工資標準，不可巧立名目逃避對員工應盡的義務	8.1基本工資 8.2懲戒扣薪禁止 8.3員工照僱義務規避的禁止
管理系統 （Management Systems）	管理系統應制定有關社會責任和勞動條件的政策，定期審查政策、措施及其執行結果，決定是否充分適用和持續有效，包括指定專人負責，進行溝通，建立和維護適當的程序來評估和挑選供應商／承包商，定期提供相關數據和資料等	9.1政策 9.2管理審查 9.3公司代表 9.4員工代表 9.5計畫與實施 9.6供應商／分包商及下級供應商的監控 9.7處理意見及採取糾正行動 9.8補救及糾正行動 9.9外部溝通 9.10核實管道 9.11記錄

參考資料：張家瑞（2006），〈SA8000：幸福中國〉，《人力資源雜誌》第237期（2006/10），頁41；製表：丁志達。

二、SA8000審核認證的準則

　　SA8000作為第三方審核認證的準則，能夠用於組織（企業）的合格評定，從而證實組織與標準要求的符合性。同樣，還可以依據SA8000開

展第二方審核，對公司分工方的供應鏈進行審核。

　　認證標準是指遵從特定規範所建立的一套系統，並通過獨立（第三方）稽核及獲頒合格證書。各個地區的社會責任審核方式不盡相同，它要依據當地的規範和標準檢查與評測證據，以保證最終評定的正確有效。例如在遠東地區可以接受的住宿標準為一個房間容納六至八個床位，床鋪為金屬框架上搭一個木板作為睡鋪，其盥洗設備必須滿足隱蔽、隔離和清潔等基本要求。除傳統的現場證據審查外，還要調查雇員、管理者以及組織所在社區的代表的觀點（郭啟臨，2005：243-244）。

三、SA8000的效益

　　企業行為守則（Corporate Code of Conduct）是在經濟全球化的進程中形成的企業社會責任運動的最主要的操作形式，它不是國家法律、規章或法定要求，是志願性的監督性守法工具，其核心內容是推行勞工的基本權利（**範例12-7**）。

範例12-7

耐吉（NIKE）公司代工廠及供應商守則

政府規定方面	代工廠及供應商保證遵守當地政府有關勞動法規，包括最低工資、加班、童工、任用法律、懷孕相關規定、休假規定及退休福利章程等。
職工安全及健康	代工廠及供應商保證遵守當地政府有關勞動健康及安全等法規。
職工保險	保證遵守有關健康保險、人壽保險及勞工補償等相關法律規定。
被迫職工	保證不任用被迫職工，如犯人或其他等。
環境保護	保證遵守當地環境保護法規及NIKE環境政策，包括禁止使用氯氟烴（即會破壞臭氧的氟氯碳化物CFC）。
對等機會	保證在任用、薪資、福利、升遷、離職或退休上，不以性別、種族、宗教、年齡、性傾向或道德意識等有所歧視。
文件憑證及備查	保證存有文件，以供備查所需。

資料來源：Rosenzweig："International Sourcing in Athletic Footwear: NIKE and Reebok"．Harvard Business School, case；引自：〈製鞋業跨國合作對能力提升探討(1)〉，《台灣鞋業雜誌》（2001/02/05）。

除了人道的工作環境，SA8000也提供了勞工和企業更多的效益：

(一)對勞工、貿易單位及非政府組織的效益

1.增加機會讓貿易單位間能形成組織並達成全體的協議。

2.教育勞工瞭解核心勞工權利。

3.讓企業能針對勞工權益的議題做對的事情。

4.能讓公眾體認企業對確保工作環境維護的決心。

(二)對企業的效益

1.將公司的價值觀轉化為行動。

2.強化公司及品牌知名度。

3.改善員工的招募、留才及工作表現。

4.加強供應鍵之管理及表現。

5.滿足客戶強制性的要求，確保與改善客戶與供應商長期合作之關係。

(三)對顧客及投資者的效益

1.對於決定購買時能更清楚及有信心的保證。

2.能鑑定產品是被有道德的製作，且公司是有確保、有良心的。

保障勞工的基本權利，提高其工作生活質量（例如勞動報酬、員工福利、工作的安全性、彈性工作時間、工作緊張程度、參與有關決策的程度、工作的民主性、利益分享等）是企業社會責任的重要組成部分。以社會責任作為企業文化構建的基礎，是企業國際化的必經之路。

第三節　外籍勞工聘僱與管理

在全球化的浪潮下，國家機制與全球化接軌過程中，不管是從歐洲或亞洲，從早期到現在的勞動力的輸入與輸出，這些區域性的勞動移轉已逐漸架構出全球化外籍勞動移動的模式，並配合資本移轉與擴張所產生的市場需求。誠如Margaret Duckett說的：「外籍勞工本身並非危險因素，真正的

危險因素是移動過程當中所從事的活動」（馬財專、余珮瑩，2008：118）。

一、引進外籍勞工

　　僱用外籍勞工（簡稱外勞）的緣由，無非是在就業市場上人力供給與需求的失衡所致。早在1950年代，由於二次大戰後重建工作必須投入大量人力，使得歐美先進國家自土耳其、阿爾及利亞及亞洲地區引入了外籍勞工。

　　我國在1989年之前，不開放低技術外勞進入國內勞動市場，並且嚴格管制其他類別的外勞。但是由於台灣產業結構調整，產業界對引進外勞的需求越來越高，而勞動市場上也存在著許多「非法」外勞，特別是1989年，由於政府推動十四項重要建設，勞力短缺，於是以「專案方式」正式引進第一批低技術外勞。1992年《就業服務法》通過，其中設有「外國人之聘僱與管理」（外籍勞工）專章，允許民間產業引進外勞，並且逐次放寬引進的行業種類（**表12-3**）。

表12-3　引進外籍勞工利弊分析

類別	利	弊
雇主	・可降低勞動成本。 ・原有勞動力運用之型態得以維持，故企業壽命得以延續。 ・生產設備暫時毋需更新，資本支出壓力較小，回收風險減輕。 ・得以填充暫時性、專案性或季節性勞力，以滿足作業彈性需求。	・增加負責外勞往返及管理不同國籍的人力額外成本。 ・雇主必須承擔外勞僱用的所有公、私事管權，一旦有所疏失，責任加重。
社會／經濟	・景氣繁榮時產生互補效果，得以推動經濟成長。 ・可以填充社會工作人力的不足，推動社會福利實施（如看護工）。	・若管制不善，易成為非法外勞根源，直接向法律威信挑戰。 ・外勞缺少本國勞工與生俱來的族群關係，一旦失蹤，難以尋覓，若有肇事，治安成本更高。
本國勞動	・經濟景氣時，藉由外勞的補充，可以獲得必要的產業資源，本國勞工亦可從事較高層級的工作。	・景氣衰退時，若雇主援用外勞成習，且享有較低勞動成本之獲益，常會阻絕本國勞工回籠就業之機會。

資料來源：羅業勤（1992），〈台灣錢卡好賺？〉，《管理雜誌》第212期（1992/02），頁39。

　　《就業服務法》第42條規定聘僱外國人工作時，不得妨礙本國人之就業機會、勞動條件、國民經濟發展及社會安定，以保障國民工作權。因此，僱主必須先申請許可才能僱用外國人。《就業服務法》也要求注意並且通報政府有關外國人的健康、行蹤等事項。外國人如果有居留證，則適用全民健保，但工作期間外勞不能自行轉換雇主。2006年1月起，台灣桃園國際機場的外勞服務站啓用，有越語、泰語、印尼語、英語四國語言電話專線作爲外勞申訴管道，減少不願登機、不當遣返等情形發生。

二、外籍勞工之聘僱

　　有關外勞之聘僱與管理，在《就業服務法》及《雇主聘僱外國人許可及管理辦法》中有如下的規定：

(一)聘僱前

1. 爲保障國民工作權，外勞未經雇主申請許可，不得在中華民國境內工作。
2. 爲避免妨礙國人之就業機會及勞動條件，雇主申請聘僱外勞來台工作，應先以合理勞動條件在國內辦理招募，經招募無法滿足其需要時，始得就該不足人數提出申請。
3. 外勞於入境前、入境後三日內及工作滿六個月、十八個月及三十個月之日前後三十日內，應由雇主安排前往中央衛生主管機關（即行政院衛生署）指定之醫院辦理健康檢查。
4. 雇主與外勞所簽訂之勞動契約，依《勞動基準法》有關定期契約之規定辦理。
5. 每年勞委會將評鑑從事跨國人力仲介服務品質的結果公告於勞委會網站（www.cla.gov.tw）及職業訓練局網站（www.evta.gov.tw）提供雇主參考，但雇主仍應實際瞭解並審慎評估選擇。

(二)聘僱中

1. 外勞初次入境，經健康檢查合格後，應由雇主在入國後十五日內向勞委會申請聘僱許可；許可期限屆滿，外勞如有需要延長工作期

限，仍應由雇主於聘僱許可有效期限屆滿日前六十日期間內，向勞委會申請展延聘僱許可。

2.外勞入國後十五日內，應由雇主帶領並檢附相關文件至其居留地移民署服務站申請外僑居留證及製作指紋卡。

3.雇主應自其聘僱之外籍勞工入國之翌日起，按聘僱其從事之行業別、人數及勞委會訂定之就業安定費月繳數額，計算當季應繳之就業安定費，於次季第二個月二十五日前繳納；雇主亦得不計息提前繳納，以作爲促進國民就業之用。

4.外勞不得從事許可以外之工作，或在許可以外之工作地工作。

5.外勞未經勞委會許可不得轉換雇主及工作。

6.外籍勞工在台工作，應依我國稅法規定，其薪資所得應繳納所得稅。

7.除全民健康保險費、勞工保險費、膳宿費及所得稅四項法定代扣項目外，雇主不得從外勞薪資中扣繳任何仲介相關費用。

8.雇主給付工資時，應將印有外籍勞工母國文字之薪資明細表，交予外籍勞工收存，並自行保存一份（**範例12-8**）。

9.雇主不得指派所聘僱外籍勞工從事申請許可以外之工作。違反者，雇主將受罰鍰處分，另如經主管機關通知限期改善未改善者，即撤銷雇主招募許可及聘僱許可，但外勞因不可歸責之事由，得轉換雇主。

10.聘僱外國人從事《就業服務法》第46條第1項第1款至第7款及第11款規定之工作，許可期間最長爲三年，期滿有繼續聘僱之需要者，雇主得申請展延。聘僱外國人從事第46條第1項第8款至第10款規定之工作，許可期間最長爲二年，期滿後，雇主得申請展延一次，其展延期間不得超過一年。如有重大特殊情形者得申請再展延，其期間由行政院以命令定之。但屬重大工程者，其再展延期間最長以六個月爲限（**法規12-1**）。

範例12-8

外勞薪資明細表樣本

____年Year____月Month

外國人姓名Name：

護照號碼Passport：

工資給付日期Payday： 年Yr 月Mo 日Date

項目 Item		金額Amount（幣別Currtency） □新臺幣NT$ □其他（請註明）Other（Please Describe）
應領金額 Due Amount	工資Salary	
	加班費Overtime Pay	
	其他（請註明） Other （Please Describe）	
	其他（請註明） Other （Please Describe）	
	合計Subtotal	
扣款金額 Deduction	全民健康保險費 National Insurance	
	勞工保險費 Labor Insurance	
	所得稅Income Tax	
	膳宿費Board and Housing	
	職工福利金 Employee's Benefit	
	依法院或行政執行機關之 扣押命令所扣押之金額 Derived from the Penalty of Court or Administrative Authorities	
	合計Subtotal	
實領金額Net Total		
工資給付方式Paid By		□現金Cash □票據（匯票、支票、本票）Note （Remittance, Check, Promissory Note） □其他方式（請註明）Othet（Please Describe）

外國人簽名Signature：

雇主名稱Employers' Signature：

備註Note：

1. 外國人應依我國法令規定負擔全民健康保險費、勞工保險費或所得稅。

   Foreign workers shall pay national insurance fee, labor insurance fee, or income tax according to the law.

2. 膳宿費應由勞資雙方於外國人入國前議定，並於勞動契約內訂定之，且其數額應合理訂定。

   Board and housing fees should be settled and stipulated on the employment contract before foreign workers enter Taiwan, and the amount should be reasonable.

3. 家庭類外國人之雇主不得替外國人扣繳所得稅款，事業類外國人之雇主應依所得稅法相關規定辦理扣繳所得稅款事宜。

   Employers should not deduct tax for domestic helpers; Employers of business category workers shall deduct tax according to the law.

4. 外國人工資除其應負擔之項目及金額外，雇主應全額以現金直接給付；若以其他方式給付者，務必註明以何種方式給付（如匯款、支票），並提供相關證明文件，交予外國人收存，並自行保存一份。

   Employer should pay in cash expect for the due amount of workers；if salary were paid by other way, please write down（remittance、check...）and give related certificate to workers and self.

5. 本薪資明細表應於發放工資時，同時交由外國人保存。

   This slip should be given to the foreign workers while paying the salary.

6. 雇主如未檢附中文及外國人母國文字之薪資明細表或未全額給付工資，將廢止其招募許可及聘僱許可之一部或全部，並處新台幣六萬元以上三十萬元以下罰鍰，且其後續申請案將予以管制二年不予許可。

   If the employers are not able the give salary slip in both Chinese as well as foreign workers' mother tongue or pay full amount of salary, ones are subject to be abolished the recruitment petmit or employment permit and be fined $60,000 up $300,000 NT dollars；and the following application will be imposed restrictions for 2 year.

資料來源：芮家楠主編（2008），《聘僱外籍勞工指南：快易通》，台北縣政府勞工局編印，頁25-26。

法規12-1 外國人從事工作之限制

　　雇主聘僱外國人在中華民國境內從事之工作，除本法另有規定外，以下列各款為限：

一、專門性或技術性之工作。

二、華僑或外國人經政府核准投資或設立事業之主管。

三、下列學校教師：

（續）法規12-1　外國人從事工作之限制

(一)公立或經立案之私立大專以上校院或外國僑民學校之教師。

(二)公立或已立案之私立高級中等以下學校之合格外國語文課程教師。

(三)公立或已立案私立實驗高級中等學校雙語部或雙語學校之學科教師。

四、依補習教育法立案之短期補習班之專任外國語文教師。

五、運動教練及運動員。

六、宗教、藝術及演藝工作。

七、商船、工作船及其他經交通部特許船舶之船員。

八、海洋漁撈工作。

九、家庭幫傭。

十、為因應國家重要建設工程或經濟社會發展需要，經中央主管機關指定之工作。

十一、其他因工作性質特殊，國內缺乏該項人才，在業務上確有聘僱外國人從事工作之必要，經中央主管機關專案核定者。

從事前項工作之外國人，其工作資格及審查標準，由中央主管機關會商中央目的事業主管機關定之。

雇主依第一項第八款至第十款規定聘僱外國人，須訂立書面勞動契約，並以定期契約為限；其未定期限者，以聘僱許可之期限為勞動契約之期限。續約時，亦同。

資料來源：《就業服務法》第46條（民國98年05月13日修正）。

(三)聘僱終止

1.雇主對於所聘僱之外籍勞工有提前終止勞動契約之情事（中途解約），雇主應於十四日內以書面通知當地主管機關。當地主管機關接獲通知後，應於外籍勞工出國前探求勞工之真意，並驗證之（圖12-1）。

2.受聘僱之外國人於聘僱許可期間無違反法令規定情事而因聘僱關係終止、聘僱許可期間屆滿出國，或因健康檢查不合格經返國治癒再檢查合格者，得於出國一日後再入國工作，但累計在華工作期間不得逾九年（範例12-9）。

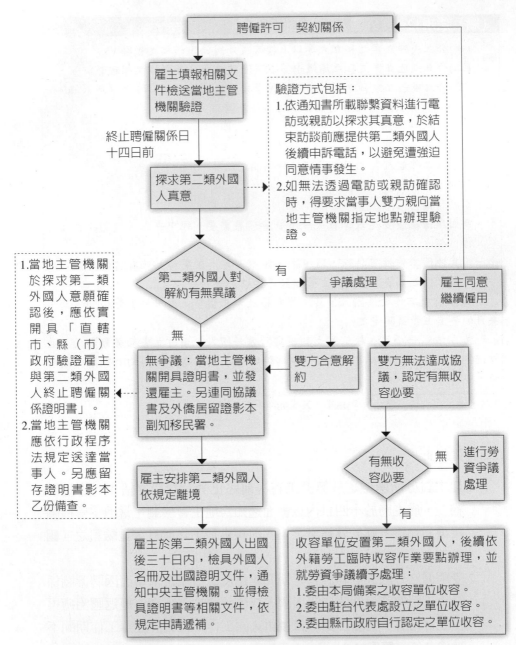

圖12-1 外勞終止聘僱關係之驗證程序流程圖

資料來源：芮家楠主編（2008），《聘僱外籍勞工指南：快易通》，台北縣政府勞工局編印，頁43。

範例12-9

終止外勞聘僱關係通知書

雇主姓名（甲方） Employers' Name（Party A）	身分證字號（營利事業單位統一編號） ID No.（IRD No. of Company）	聯絡電話Tel No._____
		行動電話Mobile No._____

性別Gender：□男Male □女Female　年齡Age：_____歲

第二類外國人姓名（乙方） Class B Foreign Worker （Party B）	護照號碼Passport No.	聯絡電話Tel No._____
		行動電話Mobile No._____

性別Sex：□男Male □女Female 年齡Age：____歲　招募許可文號Recruitment Permit＃：____
聘僱許可文號Work Permit＃：____
入國日期Date of Arrival：____年Year____月Month____日Day
工作期限Employment Period：From____年Year____月Month____日Day
　　　　　　　　　　　　　至to____年Year____月Month____日Day
工作地址Work Address：____縣County____鄉鎮Town____路（街）Street/Road____段Sec.____巷Lane
_____（市）_____市區Area____弄Alley____號No.____樓Floor

甲乙雙方協議自　　年　　　月　　　日起終止聘僱關係。
Party A and Party B agree to mutually terinate the employment contract on 　　Day　　Month　　Year
終止聘僱關係是由*Reasons for Contract Termination

（中文）Mandarin	（母國文字）English

甲方簽字Signature of Party A　　　　　　　　　乙方親簽Signature of Party B

（營利事業單位名稱Company Name）　　　　（負責人簽章Signature of Duty Manager）

甲方委任代理人簽章Signature of Representative for Party A

　　　　　　　　　　　　中華民國ROC　　　年Year　　　月Month　　　日Day

*本協議書所填寫之資料均應屬實，如內容有涉不實，須負法律上一切責任。

*All information provided herein must be true and correct. In case of false statements, the concerned party shall be held liable in accordance with the law.

資料來源：台北縣政府編印（2008），《聘僱外籍勞工指南：快易通》，頁45。

3.外勞有下列情事之一者，經中央主管機關核准，得由其他雇主接續聘僱：
- ‧雇主或被看護者死亡或移民者。
- ‧船舶被扣押、沉沒或修繕而無法繼續作業者。
- ‧雇主關廠、歇業或不依勞動契約給付工作報酬經終止勞動契約者。
- ‧其他不可歸責於受聘僱外國人之事由者。

4.雇主於外勞連續曠職三日失去聯繫者，或僱傭關係消滅者等情事時，雇主應於三日內以書面通知當地主管機關及警察機關，並副本知會勞委會。

5.雇主所聘僱之外勞，經警察機關依規定遣送出國者，其遣送所需之旅費及收容期間之必要費用，由就業安定基金先行墊付，並於墊付後由基金主管機關通知應負擔者限期繳納，屆期不繳納移送強制執行。

三、外籍勞工的管理

來台工作的越南、菲律賓、印尼、泰國及蒙古等地勞工，因各自有其不同語言、宗教、文化、飲食等特性的差異與禁忌（例如為什麼菲律賓勞工不愛吃稀飯？越南勞工看到冰過再加熱的剩菜飯就皺眉頭？為什麼和印尼、泰國外勞握手或遞物不可用右手？），再加上他們離鄉背井的情愁，及對新環境的適應問題，多少會造成他們生活上的不便。因此，雇主在聘僱前，不妨先瞭解他們當地的文化與禁忌後，再選擇合適的人選，聘僱後也應多瞭解他們的個性與風俗，給予他們可以抒發、解放的方式與空間。

(一)宗教信仰

泰國人多為南傳佛教的信徒，因為相信紋身能平安、逢凶化吉，故男子多喜歡紋身；菲律賓人絕大部分人信奉天主教，一生只能結一次婚，若是分居，則終身不得再有合法婚姻關係。在星期天，菲律賓人通常都要到教堂望彌撒。印尼有90%以上的人信奉回教，按照回教教義的規定，每

位回教徒每日都必須朝西方麥加方向膜拜五次，而且在膜拜前必須先洗手、洗腳、洗臉且穿戴必須整齊，女子更要戴上頭巾，只能露出臉頰。而越南因鄰近廣東、廣西，長期受到中國儒家思想的影響，不管是宗教信仰、生活、習慣或是風俗節慶（端午、中秋、農曆年）都和台灣十分相似。

(二)飲食習慣

在飲食上，包括泰國人、印尼人、越南人，在飲食上最大的特色就是「辣」，而菲律賓人的飲食特色是「酸」。同時，印尼人因受宗教信仰影響，大部分人都不吃豬肉與田雞，但有些峇里島人吃豬肉，不吃牛肉；在齋戒月（Ramadan）中，比較嚴格的回教徒，從太陽升起直到日落都不吃東西。在台灣，早餐最常吃的稀飯，在菲律賓的傳統是家中有人過世才吃的（**範例12-10**）。

(三)休閒活動

泰國人非常喜歡藤球運動，菲律賓人喜歡籃球。菲律賓、印尼和越南的勞工，假日則多喜歡到知名的景點和朋友聚會、聊天。

(四)溝通方式

雇主若是發生問題要指證或要跟外勞溝通的話，盡量用理性、溫和的態度，不要太激動、聲音太大，這樣容易造成外勞有被罵的感覺，嚴重的甚至還會覺得受到屈辱。例如泰國人認為「頭」是個人最神聖的地方，是不可以隨便被別人觸摸的；印尼人認為「左手」是用來擦拭髒物，因此在給錢或握手時，會盡量避免使用左手，這些是該國的生活禁忌。

雇主在僱用外勞時，必須對外勞當地的文化差異有所瞭解，並多多給予關懷及尊重，抱持將心比心、善意對待的心態與雙向溝通，以避免引發的勞雇糾紛，造成勞雇之間的困擾（台北市勞工局，2002：9-13）。

範例12-10

民事和解 逼印傭吃豬肉 女老闆緩刑

台北縣服裝廠老闆娘張○琳逼三名印尼外傭吃豬肉案，板橋地院宣判，法官審理認為，張女自恃雇主身分，藉扣薪資強逼印傭吃豬肉，人權觀念薄弱，但考量犯後態度良好，且已達成和解，因此判六個月徒刑，得易科罰金，緩刑二年，但為了讓張女建立正確法治觀念，能尊重他人信仰，命張女應向公庫支付六萬元；全案仍可上訴。

張○琳透過委任律師表示，她不曉得穆斯林宗教禁忌，造成如此大的社會風波，十分抱歉，原則上不會提起上訴。

判決書指出，四十八歲的張○於97年9月間，利用親友當人頭申請蘇娃蒂、娃西娜、塔西等三名二十多歲的印尼籍看護工來台，但實際上卻安排到泰山鄉的工廠工作，並以「不吃就扣薪100到500元」為由，逼三名印傭吃豬肉，被板檢依強制罪起訴並求刑八個月，還引發國際媒體大幅報導。

張○琳向法官坦承犯行，上個月（7月）16日以賠償三名外傭每人十五萬元達成民事和解。本（8）月10日，當初寫信求救的外傭娃西娜及塔西，分別向法官表示願意原諒雇主。

資料來源：王定傳，〈民事和解 逼印傭吃豬肉 女老闆緩刑〉，《自由時報》（2010/08/28）。

第四節 全球化勞資關係的作法

自1980年代中期以來，面對國內外經濟情勢與投資環境的變化，台商赴海外投資逐漸增加，從早期的東南亞到晚近的大陸地區，甚至在遙遠陌生的非洲、中東和中南美洲都能看到台商前往海外投資之身影。

前往海外投資的台商需要考量的問題非常繁雜，從初期的評估投資

地點、選擇合作對象、瞭解當地政經文化，到後來的招募及培訓相關人才、熟悉當地法令規章、調整管理制度等等，都要事先慎重規劃，並借重一些已在海外投資成功的企業所累積的經驗傳承，尤其是台商與在當地聘僱的勞工之間的勞資關係的互動的典範案例為榜樣。

一、憶聲電子公司

憶聲電子公司設廠於大陸深圳寶安地區，可視為是台商以合作方式進行中國大陸投資的典型案例。員工大多來自中國大陸不同省份，在管理上則要透過生產線的適度規劃，盡量避免員工因為同鄉關係而自成許多小團體、搞派系，無端造成管理上的許多困難。另一方面，加強員工福利措施，並且遵守勞動規定，因此多年來，憶聲電子在當地工廠的勞工管理上相當順利（**法規12-2**）。

法規12-2 大陸《勞動合同法》規定的工會權責	
條文	內容
第4條	用人單位應當依法建立和完善勞動規章制度，保障勞動者享有勞動權利、履行勞動義務。 用人單位在制定、修改或者決定有關勞動報酬、工作時間、休息休假、勞動安全衛生、保險福利、職工培訓、勞動紀律以及勞動定額管理等直接涉及勞動者切身利益的規章制度或者重大事項時，應當經職工代表大會或者全體職工討論，提出方案和意見，與工會或者職工代表平等協商確定。 在規章制度和重大事項決定實施過程中，工會或者職工認為不適當的，有權向用人單位提出，通過協商予以修改完善。 用人單位應當將直接涉及勞動者切身利益的規章制度和重大事項決定公示，或者告知勞動者。
第6條	工會應當幫助、指導勞動者與用人單位依法訂立和履行勞動合同，並與用人單位建立集體協商機制，維護勞動者的合法權益。
第43條	用人單位單方解除勞動合同，應當事先將理由通知工會。用人單位違反法律、行政法規規定或者勞動合同約定的，工會有權要求用人單位糾正。用人單位應當研究工會的意見，並將處理結果書面通知工會。

（續）法規12-2　大陸《勞動合同法》規定的工會權責	
第51條	集體合同由工會代表企業職工一方與用人單位訂立；尚未建立工會的用人單位，由上級工會指導勞動者推舉的代表與用人單位訂立。
第56條	用人單位違反集體合同，侵犯職工勞動權益的，工會可以依法要求。用人單位承擔責任；因履行集體合同發生爭議，經協商解決不成的，工會可以依法申請仲裁、提起訴訟。
第64條	被派遣勞動者有權在勞務派遣單位或者用工單位依法參加或者組織工會，維護自身的合法權益。
第78條	工會依法維護勞動者的合法權益，對用人單位履行勞動合同、集體合同的情況進行監督。用人單位違反勞動法律、法規和勞動合同、集體合同的，工會有權提出意見或者要求糾正；勞動者申請仲裁、提起訴訟的，工會依法給予支援和幫助。

資料來源：《中華人民共和國勞動合同法》（2008年1月1日施行）。

　　憶聲電子認為，在長期壓低人力成本之下，其實多數勞工處在極度壓抑的情緒當中，如果有心人士稍加煽動，極易引發內部管理問題，因此合理的福利支出，對於企業和員工都是有利的（經濟部投資業務處，2004：40-47）。

二、永信集團

　　永信集團為典型家族企業對外投資成功之模式，其營運項目有藥品、保健食品、醫學美容及保養品、診斷試劑、居家護理產品及藥品原料等，其全球布局大致分為台灣、中國大陸、東南亞及歐美等四大塊。1989年底在馬來西亞的雪蘭莪州（Selangor）購地建廠（範例12-11）。

　　一般而言，馬來西亞工人生活態度比較輕鬆，不過加班仍然相當常見，雖然加班成本相對較高，幾乎是薪水的一倍，不過因為當地底薪偏低，仍在公司成本可負擔的範圍內。

　　在工資方面，採取月薪制度，但為降低員工流動率，工廠採取出勤補助、加班費補助等誘因，亦即每天來上班勞工則可享有「日補助金」，每個月還有「全勤獎金」，金額都很優厚，但如果目標沒有達成，就只能領基本工資。因為薪資水準差異大，因此出勤的情況改善很多，生產流程也較順暢。

範例12-11

永信藥品公司勞資溝通管道

- 公司規章、作業標準書
- Outlook信箱
- 人力資源管理系統公布欄
- 各部門業務聯繫函
- 各部門會議
- 部務會議（人事評議委員會）
- 職工福利委員會
- 提案制度
- KM（智識管理）文件管理系統
- Outlook功用資料夾
- 廠區布告欄
- 新進人員職前教育訓練
- 勞資會議
- 勞工安全衛生委員會
- 勞工退休金監督委員會
- 新進人員到職前家庭訪問

資料來源：永信藥品公司（2009），〈勞資關係溝通管道分享〉簡報資料。

　　為了建立企業文化，特別針對業務人員設計統一的衣著標準，包括上班時一定要打領帶、穿著白色上衣、駕駛白色車子，為了就是留給客戶良好的印象。不過初期要推行這樣的觀念並不順利，加上馬來西亞因氣候炎熱，當地人並沒有打領帶的習慣，也不喜歡打領帶，因此規定難以落實，於是公司想盡辦法，包括舉辦打領帶比賽，送領帶等各種花招，使員工瞭解形象的統一對企業發展的重要性（經濟部投資業務處，2004：50-57）。

　　以上所述台商海外投資的個案（大陸地區、馬來西亞），是這二家企業無私的智慧結晶的公開，對有興趣或已在海外投資的其他企業，在營造勞資和諧的作法上，值得加以借鏡與學習（**範例12-12**）。

台商海外投資個案經驗彙總表

企業名稱	產業別	投資地區	經營策略
自然美	美容服務業	中國大陸	・初期產品以適合華人使用之「民族品牌」為行銷重點。 ・透過免費培訓及製作免費教學錄影帶等手法推銷產品及塑造品牌形象。 ・改變行銷方式，迎合當地消費習慣。 ・創業初期免收加盟金，快速布建通路體系。
建大工業	橡膠業		・以外銷培植內銷，逐步擴大生產規模。 ・選定中高階新車市場為目標，補修市場次之。 ・近年來與國際大廠Cooper密切合作，對於技術水準和品牌形象助益很大。
元祖食品	食品業		・進入中國時機早，不斷調整產品項目，引領市場消費習慣。 ・轉移台灣多項服務觀念，品牌形象迅速建立。 ・後期開放加盟系統，加強通路布建。 ・對加盟者要求嚴格，維持品牌形象。
憶聲電子	電子資訊業		・深圳廠研發團隊素質優秀，致力新產品開發，成功度過產品轉型期。 ・強調制度管理，權責分明。 ・海外據點採利潤中心制，各有專長。 ・重視培訓，落實就地育才。
永信藥品	製藥業	馬來西亞	・採取「快樂經商」的態度，放下身段，改變業務人員觀念，培養當地市場行銷尖兵。 ・透過內部挖角，培養高階主管。 ・透過家庭訪問找出具有潛力的人才
連勝皮包	皮包業	泰國	・董事長率先學習泰語，融入地方文化。 ・不走壓低價格路線，以挑戰高難度產品自我期許。 ・持續培養當地人才，落實在地化管理。 ・增加越南投資，朝區域分工模式發展。
南橋化工	食品及化工業		・深入當地文化，落實本土化。 ・善用當地香米原料及人力資源，成功開發米果產品並行銷歐美。 ・積極參加食品展，開拓市場。

企業名稱	產業別	投資地區	經營策略
信統電機	電機業	越南	・延續台灣零件內製化策略，以掌握產品品質及交貨期。 ・聘用中國大陸幹部赴越南進行中階幹部之訓練，有效整合各地資源。 ・中央集權式管理，在海外成功複製母公司管理文化。 ・創立工廠語言，紀律嚴明。
美德醫療	醫療紡織品業	菲律賓	・配合貿易優惠，定位為製造基地。 ・經營團隊由許多國家人士組成，並結合當地美式文化，企業國際化基礎穩固。 ・逐步打入醫療後勤服務與諮詢領域。
光陽工業	機車製造業	印尼	・適時調整產銷策略，從中國大陸導入CUB國民車種，逐漸開拓當地市場。 ・複製協力生產網絡，迅速建立產能。 ・行銷網路逐漸形成，依不同等級廣布於各大城市。 ・以印尼作為拓銷東協市場的基地。
巨大機械	自行車業	荷蘭	・避開與通勤及休閒車之正面競爭，開拓歐洲登山車新市場。 ・荷蘭廠負責35％後段製程，65％零件由亞洲供應，能降低成本並快速回應消費者需求。 ・積極贊助歐洲重大運動比賽，提升知名度。
上銀科技	精密零件業	德國	・集團研發重鎮，扮演引進技術與專業人才窗口。 ・當地自行管理，擁有高度自主權。 ・與領導廠商策略同盟，發揮產品互補功能。 ・跨文化管理，因地制宜。
台萬工業	自行車零件業	捷克	・慎選及利用合併廠商的競爭優勢，取得知名品牌，成功打入歐洲市場。 ・通路建立後，增加產品種類；同時銷售其他品牌的商品，增加通路的價值。 ・適時調整管理方向，因地制宜，營運逐漸上軌道。
喬山健康科技	運動器材業	美國	・自創三個市場區隔之品牌，並不斷開發新產品。 ・聘用美籍幹部擔任品牌經理，掌握市場動態，搭配兩岸生產分工，快速回應市場變化。 ・美籍幹部互相引介，吸引人才，使全球布局逐漸趨向完整。 ・績效稽核與高額獎勵雙管齊下，目標管理奏效。

企業名稱	產業別	投資地區	經營策略
American Lighting	電器及家具業	美國	・聘請美籍幹部負責設計與行銷，製造則在亞洲進行。 ・美國各據點採利潤中心制，強調分層負責並尊重幹部自主權。 ・採行以人性出發之五行〔歡喜心（金）、創造力（木）、無私（水）、熱量與分享（火）、回饋（土）〕經營法。
年興紡織	成衣業	尼加拉瓜	・將工作簡單化與標準化，使作業員易於操作。 ・按件計酬搭配獎金制度，提升生產效率。 ・由中國大陸和當地幹部負責中低階層勞工管理。 ・加強與工會溝通，降低勞資爭議。
聚陽實業	成衣業	薩爾瓦多	・利用菲律賓人力資源，管理薩國當地員工。 ・制訂各項獎勵制度，鼓勵員工提升生產效率。 ・透過自有工廠及策略聯盟生產廠商，進行跨國資源整合。 ・薩國成為集團跨國經營管理人才訓練基地。
飛宏科技	電子資訊業	巴西	・明確的分紅制度，激勵當地團隊積極經營，獲利表現佳。 ・技術支援來自台灣母公司，進而強化其開拓新市場能力。
富祿國際	成衣業	約旦	・約旦政府對於外勞態度開放，生產以來自中國大陸之作業員為核心。 ・約旦與中國大陸兩大族群分開管理。 ・尊重當地文化，妥善處理中東地區衝突事件對於員工的影響。
台全電機	電機業	印度	・引進日商占有10%之股權，以防後續發生經營權之爭。 ・台全負責提供技術支援，當地市場經營與生產管理則交由合資對象負責。 ・延伸生產項目，充分利用產能。
阿瘦皮鞋	製鞋業	澳洲	・配合澳洲氣候及澳洲人之體型特質，積極調整產品設計。 ・順應當地消費文化，提升品牌知名度。 ・台籍幹部輪流派駐當地，進行經驗傳承，移植阿瘦文化。 ・高額績效獎金鼓勵台籍幹部。 ・調整人力結構，提高當地全職員工比重。

資料來源：經濟部投資業務處（2004），《台商海外投資經驗彙編》，經濟部出版，頁179-189。

結　語

　　在企業社會責任架構下，企業經二百餘年的唯利運作，有重新省思其定位的機會與機制。當企業成為全球經濟、政治、社會主角握有大量資源時，企業主更應該進一步省思如何創造更好的社區、社會、世界的願景與使命為己任，而企業社會責任正是企業尋求人類更高價值與理想的窗口。同時，在全球化的競爭下，跨國企業需要的人才，是不僅要語言能力佳，更要有國際觀（心態、習慣），才能在跨國界的企業環境中發揮工作效率。培養具有國際觀與拓展視野的幹部，都是長期且複雜的任務，企業為永續發展，必須克服這些挑戰，始克有成（胡憲倫、許家偉、林伯維，2009：18）。

第十三章
勞資爭議案例

> 我實在覺得很嘔，為什麼我們年紀這麼大了，還要臥鐵軌，睡街頭。
>
> ──一位年資十九年的聯福製衣廠女工說的話

　　自1987年7月15日政府解除在台灣地區實行長達三十五年的《台灣省戒嚴令》以來，由於罷工權的開放與勞工意識的覺醒，勞工運動在社會力量的推波助瀾之下蓬勃發展，勞資爭議亦隨著勞動條件、生產要素、經濟環境和社會結構等急速變遷，呈現多元與多樣的面貌，而勞資爭議事件，如果處理不當或者放縱不理，則其演變可能影響社會秩序、經濟發展，尤其對勞資雙方可能會造成相當程度的傷害（**表13-1**）。

表13-1　台灣地區勞工運動大事紀要（1978-1996年）

年份	（月份）勞工運動大事紀要
1978	杜邦工會以怠工方式向其跨國投資的母公司爭取每週工作五天。
1984	5月，台灣勞工法律支援會成立（體制外勞工運動團體）。
	6月，海山煤礦災變。
	8月，《勞動基準法》公布施行。
1986	首次出現的勞資爭議，大多發生在1986-1987年間，工人要求雇主遵守《勞動基準法》有關最低勞動條件的規定，其中以要求補發逾時加班費為最。
1987	7月，政府宣布解嚴。大型企業，尤其是國營企業的勞工，要求落實勞動三權。
	12月，工黨成立（勞工階級為訴求對象）。
1988	1月，裕隆汽車發放年終獎金爭議。
	2月，桃園客運司機進行解嚴後第一次罷工，要求提高加班費及年終獎金。
	5月1日，一千四百名火車駕駛員休假罷工。
	5月1日，高雄客運司機第一次罷工。
	6月，新營客運司機第一次罷工。
	7月，中國石油公司工會發動首次國營事業勞工走上街頭抗爭。
	7月，台灣勞工法律支援會改名為台灣勞工運動支援會。
	7月，苗栗汽車客運工會爭取調薪引發罷駛事件（交付仲裁後達成和解）。
	8月，新竹市私立南門綜合醫院進行台灣第一次醫護人員罷工。
	10月，新光紡織士林廠關廠，引發勞工長期抗爭行動。
	10月，新營客運司機第二次罷工（交付仲裁後達成和解）。
	12月，工黨分裂，勞動黨成立。
1989	1月，豐原客運司機罷工。
	2月，台灣航勤公司台北分公司勞資爭議（交付仲裁後達成和解）。
	2月，高雄客運司機第二次罷工。

（續）表13-1　台灣地區勞工運動大事紀要（1978-1996年）

年份	（月份）勞工運動大事紀要
	2月，台達化學工業公司勞資爭議（交付仲裁後達成和解）。
	5月，遠東紡織公司新埔化纖總廠罷工事件。
	9月，台灣航勤公司高雄分公司勞資爭議（交付仲裁，做出裁決書）。
	10月，桃園棉益紡織廠員工為追討積欠加班費，遭資方資遣。
	12月，高雄加工出口區安強、十全美鞋業關廠事件。
1990	3月，桃園棉益紡織廠關廠。
1992	台灣勞工運動支援會再度改名為台灣勞工陣線（簡稱勞陣）。
	6月，基隆汽車客運工會為維護工作權引發罷駛事件（交付仲裁，做出裁決書）。
	9月，宜蘭汽車客運勞資爭議（公司改組）。
	12月，台塑關渡、三峽廠關廠勞資爭議。
1993	4月，圓山大飯店資遣員工爭議。
	6月，克林登電子公司關廠歇業爭議。
	7月，開放申請引進外籍勞工。
	12月，中興紡織淡水廠遷廠大陸勞資爭議。
1994	3月，長榮重工新竹廠員工要求優惠資遣。
	4月，台北縣產業公會成立，獲得所在地行政機關的「從寬認定」。
	6月，中華工程約僱員工因民營化被集體解僱抗爭事件。
	6月，自立報系易主，發生勞資爭議。
	7月，長榮重工中壢廠要求公司讓工會幹部復職。
	6-8月，自立晚報易主，勞資爭議白熱化，勞資對立，晚報首版開天窗。
	9月，益華紡織善化廠員工要求優惠資遣。
1995	5月，正大尼龍（新店）員工爭取勞動條件之改善與薪資調整爭議。
	7月，羽田機械（員林）員工要求工資與資遣費。
	11月，東菱電子（新莊）員工要求工資、資遣費和退休金。
1996	1月，正大尼龍結束長達二百五十天罷工活動，勞方求償一億七千萬元終止與所有參與罷工員工之勞動契約。
	8月，聯福製衣廠員工要求工資及資遣費。
	12月，《勞動基準法》一體適用修法通過，服務業勞工納入保障。
	12月31日，關廠拿不到積欠工資、資遣費或退休金的勞工，夜宿台北火車站。

參考來源：台灣勞工陣線網站；Greg J. Bamber、Russell D. Lansbury、Joseph S. Lee著，李誠等譯（2000），《比較勞資關係》，華泰文化出版，頁347-348；范雅鈞（2009），〈戰後台灣公營事業工會檔案之價值與運用〉，《檔案季刊》8卷1期（2009/03），頁32-47；林俊益（1994/05/21），「勞資爭議處理制度前瞻系列專題講座：從商務仲裁談勞資爭議仲裁」講義；林宗弘、鄭力軒、徐千惠、廖郁毓、林良榮、廖偉程（2000），《打拼為尊嚴——大同工會奮鬥史（台灣工運團體發展的簡介）》，台灣勞工陣線出版，頁202-203。

第一節　遠紡新埔化纖總廠（罷工事件）

　　震撼全台的工潮全都發生在1988年，除了該年初，由遠東紡織公司新埔化纖廠工會領頭的年終獎金工潮外，還有1月間的亞洲水泥工會抗爭事件、4月間台灣汽車公司勞工成立工會而進行的一連串抗爭事件、7月間苗栗客運工會的大罷工事件（莊夢林，2005：52-53）。

　　遠東紡織公司新埔化纖廠（簡稱遠化）其前身為亞東化纖公司，於1979年被遠東集團併購，工廠坐落在新竹縣新埔鄉。

遠化工會的崛起

　　遠化員工於1975年第一次向新竹縣政府提出申請成立工會未果；第二次申請時遭逢資方「撤簽」壓力，人數遂未達標準；直至1977年才依法成立工會。第一屆工會選舉結果，理監事成員為勞資雙方各半，但資方對工會的控制較大。

　　當時工會幹部羅○○、徐○○等人開始摸索與資方周旋的方式，並逐漸掌握諸如工資或年終獎金方面的權益論述。在1986年的工會理監事改選中，勞方獲得全部席位，並獲得勞工法律支援會（勞支會）幹部汪○○與律師郭○○之助，開始發展一個懂得法律和談判技巧與組織運作的成熟工會。

罷工基金

　　1987年8月5日（解嚴後三週），遠化工會以會員代表大會決議的形式，通過兩項台灣工運史上空前的創舉：罷工基金與組成兄弟工會。罷工基金是作為一旦發生罷工時，維持會員生活所需資金。雖然罷工基金的決議獲得通過，但未執行，主因是工會向來依賴廠方從薪資中預扣工會會費，而廠方則拒絕代收罷工基金。

兄弟工會的成立

兄弟工會共有九個會員工會組成，工會章程中有一條言明：「當兄弟工會的任何成員面臨勞資爭議，此成員可要求其他會員的救助，其他會員不得拒絕。」這是台灣工運史上第一次出現「同情性罷工」的想法。

罷工導火線

罷工的導火線發生在1989年3月1日，遠化發布人事調動案，調動二十二名員工，其中該廠會計室管理師徐○○（工會主要領導成員之一）改調至台北聯合採購中心擔任科長（職位調升、薪資調高約三千元、台北公司備有宿舍），徐員以家庭為由，提出不要調離該廠區工作，在廠方答覆調動合理後，徐員拒不到任新職，揭開了後續的罷工序幕。工會乃在4月3日召開會議，申請調解。

4月14日，新竹縣政府調解委員會達成兩項調解協議：資方基於業務需要調動徐○○，並無違反勞動契約，徐○○應到新職工作，徐○○如不同意調職，應循司法途徑解決；該廠嗣後如在人事異動上而有適合徐○○職務時，建議資方優先調回廠區工作，但工會拒絕接受調解內容。

4月24日，工會又召開會員大會，達成建議修改工作規則與調回徐○○的決議，並宣布若資方未於三日內回應，將進入罷工程序。

4月28日，工會向縣政府申請於5月8日召開會員大會表決罷工（5月3日，新竹縣政府回覆工會，在未與事業單位協商前，會員大會「不宜召開」為由拒絕報備）。4月29日，因徐○○無故連續曠職三日以上，資方依據《勞動基準法》與工作規則的規定，予以免職。

罷工事件始末

5月9日，工會再度申請召開會員大會，新竹縣政府同意工會於5月17日召開，惟應注意仍適用的《非常時期農礦工商管理條例》第11條的規定：「指定各企業之員工，不得罷市、罷工或怠工。」違反第11條罷工者

處七年以下有期徒刑，得並科一千元以下罰金，怠工或煽動怠工者，處一年以下有期徒刑或拘役（民國83年02月07日本條例廢止）。

(一)部分員工罷工階段（5月11日至5月16日計六天）

5月11日，協調會再度破裂，資方當晚以「煽動非法罷工」、「唆使他人違抗上級」解僱工會常務理事羅○○與曾○○。消息傳出後，當天夜班員工聚集廠房外抗議，隔天的早班員工也予以響應，生產線幾近癱瘓。同時，大量保全人員與鎮暴警察進駐廠區。

5月13日，工會召開會員大會議決罷工投票。5月14日，會員投票結果出爐（1,278票贊成，59票反對，廢票11票），工會正式取得罷工權，並期限廠方在二十四小時內就訂定團體協約、修改未經工會同意的工作規則部分條文，及同意羅○○、曾○○、徐○○三人復職與工會談判，否則將採無限期罷工。這時，新竹縣政府也宣布罷工不具法律效力。

對於工會的談判要求，資方在5月15日表示，徐○○、羅○○與曾○○已遭解僱，喪失會員資格，因此不可能與他們會面。當天中午十二點，工會正式拉起戰後台灣的第一條罷工封鎖線。鎮暴警察進駐廠區。5月16日，鎮暴警察開始強力驅離，爆發衝突。

5月16日，員工出勤工作者已降為七成，外界聲援人士更站在抗爭最前線，加以農盟發動的「516」遊行抗議隊伍於台北市遊行後，轉至該廠與勞方會合，共同對抗資方，其聲勢亦隨之壯大逼人，並因強硬圍堵工廠門口，致資方原料、產品運輸困難而造成嚴重衝突與流血事件，資方乃於當日下午九時宣布部分停工。

(二)工廠全面停工階段（5月17日至5月24日計八天）

以原料、產品運輸出入困難，復以工人進廠受阻，廠方於人力嚴重欠缺下，迫於5月17日宣告全面停工，並決定採取法律途徑，向勞方索求損失賠償；一方面，廠方下游之衛星工廠員工，極度不滿工會所為，乃揚言組織抗衡團體與圍堵工廠之勞工對抗，以維生計，而資方之包商亦表示將與工會對抗。

5月21日，數十個勞工團體集結遠化，聲援罷工行動。同時工會宣布接受縣府的調解方案（讓徐○○復職，羅○○、曾○○二人則另行研

商），並要求先談判再復工。

5月23日，資方展開「愛廠復工簽署運動」，號召員工回廠工作，並聲稱不追究其在罷工期間的行為，使得勞方分裂成「復工」與「罷工」兩派，隔街開罵而瓦解了後續工會的罷工行動。

5月25日，罷工終止，遠化全面復工，運作正常，歷經兩個半月的勞資爭議行為正式劃下休止符（行政院勞工委員會勞資關係處編，1996：32-42）。

復工之後

遠化復工後，資方一方面對工會的積極份子予以約談、記過與拆班（將原屬同班的員工拆散至不同班別），一方面增加外包，由於外包工論件計酬，導致其後生產線工人的工作量大增。這些措施使得許多工會的積極份子離職而去。此外羅○○等九人事後因「煽動罷工」，依《非常時期農礦工商管理條例》遭到起訴（**範例13-1**）。

範例13-1

遠紡化纖新埔總廠罷工行事曆

日期（1989年）	資方	工會（勞工）	政府
3月1日	工會幹部徐○○被公司命令調職。		
4月1日			勞資爭議調解不成。
4月15日		遠東化纖工會舉行說明會，表示對原調職案的不滿。	
4月22日	勞資雙方相互發函警告。		
4月24日		工會召開臨時會員代表大會。	
4月29日	徐○○遭免職。		
5月1日		工會申請召開會員大會，準備罷工投票。	

日期（1989年）	資方	工會（勞工）	政府
5月2日		工會常務理事羅○○在工廠舉行定時說明會，徐○○到廠上班被拒。	
5月5日		工會將罷工選票送新竹縣政府要求蓋章。	
5月6日			新竹縣政府拒絕蓋章，退回原案。
5月8日	遠東化纖總廠稱發生三次火爆衝突，已成立調查委員會展開調查，將依法追訴，並予適當懲處。	工會召開會員大會，投票表決是否罷工受阻，並爆發激烈衝突，工會會員前往縣政府抗議。	新竹縣縣長陳進興應允邀集勞資雙方協商，平息紛爭。勞委會指遠東化纖勞資爭議依法不得罷工。
5月11日	遠東化纖總廠緊急人評會，決議將工會常務理事羅○○及理事曾○○二人依《勞動基準法》與《工會法》相關規定予以解僱。		遠東化纖勞資爭議案，新竹縣政府協調未果。
5月12日	對於遠東化纖員工的持續罷工，廠方將依法以曠職論。	羅○○、曾○○二人拒收解僱金。遠東化纖廠勞工集體罷工靜坐抗議，廠方解僱羅○○、曾○○二人。	勞委會表示重視遠化總廠勞資爭議事件，調查資方解僱理由是否合法，並呼籲雙方遵守有關法令規範。
5月13日	遠東化纖表示對停工損失將追訴，而工會開會理由及過程與不合法令，應屬無效。未上班員工占20%左右，遠東化纖向紡織品外銷拓展會要求給予聲援。	工會召開臨時會員大會，進行罷工投票。	行政院勞委會希望遠東化纖員工莫擴大事端，而勞資爭議事件宜由當地主管機關全權處理。新竹縣政府針對工會提前開會，縣政府對工會未依會議程序進行決議事項，依勞委會解釋令對該項會議及其紀錄不予備查。

日期（1989年）	資方	工會（勞工）	政府
5月14日	遠東化纖指工會召開臨時大會不合法，並聲稱公司將依法追究損失。	遠東化纖勞工投票逾半數贊成罷工，同意無限期罷工行動（贊成1,278票，反對59票，廢票11票）。	新竹縣政府指遠化工會投票罷工開會與表決均不具法律效力。行政院勞委會表示政府一定依法處理遠東化纖勞資糾紛。解僱工會幹部是否是適法，新竹縣政府官員表示存疑。
5月15日	遠東化纖指此次罷工事件純係外力介入導致。遠東集團董事長徐旭東重申不向暴力低頭，籲請政府快速行使公權力解決。	工會宣布罷工，勞資雙方陷入緊張情勢。台灣省人造纖維產業工會認為遠化工會罷工合法。遠東化纖罷工風暴歷經多次衝突，五人受傷。	新竹縣議會成立調解小組，雙方互不讓步，協商破裂。經濟部次長王建煊關切此案，表示不希望事態擴大。勞委會提出合法罷工行為之書面說明，並呼籲勞資雙方依法及本諸理性，儘早化解糾紛。檢方則表示將密切注意發展，如有違法將依法偵辦。經濟部工業局密切注意原料供應，萬一不足將自國外調度。
5月16日	工廠因值班人力不足停工。資方認為罷工不合法，調職令與解職令恕難收回，並聲稱將依法追訴損失。	工會改採二十四小時干擾圍廠戰術，夜以繼日進行長期抗爭，並表示將控告廠方傷害。工會讓步，接受檢方勸告不再堵門，提出口頭條件希望化解爭端。	新竹縣政府召開勞資協調會，成果不佳。警方一度強制驅散，造成五人受傷，對峙出現情緒失控現象，引發爭端。
5月17日	勞資爭議陷入僵局，工廠被迫全線停工，總廠長表示痛心，公	工會搭棚準備長期圍堵工廠。	新竹縣縣長陳進興赴遠化廠瞭解狀況後，與檢察官、警方人員

日期（1989年）	資方	工會（勞工）	政府
	司決定在近日內提出民事、刑事訴訟。		研商對策，擬定依法排除圍堵。 陳履安電請許水德設法促警政單位協助復工。 針對新竹縣政府所引用法令，趙守博認為罷工須叫停。 針對遠化罷工人員行為，檢調單位完成蒐證。
5月18日	資方召開廠務會議，研討停工後一切善後事宜。	遠東化纖總廠全面停工，抗爭會員全部撤離。	台灣省政府勞工處建議新竹縣政府依法交付仲裁，蓄意鼓動之第三者將以現行犯論處。
5月19日	遠化勞資陷入長期抗爭，雙方無意申請調解。		勞委會針對遠化勞資爭議案，希望勞資雙方主動向新竹縣政府申請調解。
5月20日		遠化勞資各自尋求外援，工會醞釀在廠外發動示威，羅○○拜訪澄社成員，請求解決糾紛。 工會行文縣府，強調工會13日召開會員大會及議決罷工案完全合法。	新竹縣政府強調完全依法行事，不會改變非法罷工判定。 全國總工會謝理事長表示將向資方施壓與和談，亦盼勞方站在法理保護自己。
5月21日	遠化雙方展開宣傳戰，廠長呼籲員工儘快尋求返廠復工。	全省工運團體齊聚遠化新埔廠大門，警方三度舉牌制止其活動。	
5月22日	遠化控告工會十一人妨害秩序、妨害自由等罪名。	遠化員工陳情要求新竹縣政府執行公權力，促廠方復工。羅○○呼籲支持工會，遭員工報以噓聲。	工會引用司研會決議，指罷工完全合法。勞委會認為工會曲解法令。 新竹縣政府要求勞資

日期（1989年）	資方	工會（勞工）	政府
		遠化停工，員工生活陷於困窘，擬成立自救會。	雙方提出爭議申訴理由。 台灣省議會受理遠東化纖工會陳情案，組專案小組深入調查。
5月23日		主張復工、罷工兩派成員隔街開罵、拉扯，工會內鬨惡化。	紡織業向各部會請願，法務部長蕭天讚通知檢方依法處理，經濟部次長王建煊全力支持復工，勞委會趙守博希望勞資理性解決爭端。
5月25日	遠東化纖員工示威要求復工，廠方宣布於晨間八時起復工。		

資料來源：夏林清、鄭村棋（1992），〈站在罷工第一線：由行動主體的角度看1989年遠化5月罷工抗爭的發生及影響〉，《台灣社會研究月刊》第13期，頁66；引自：洪士程（2006），《台灣勞工運動》，華立圖書出版，頁336-339。

　　此事件既是1987-1989年間台灣工潮的高峰，同時也是尾聲。遠化罷工失敗後，台灣工運進入了一段相對萎縮的時期（維基百科，網站：zh.wikipedia.org/wiki/1989年遠東化纖罷工事件）。

第二節　聯福製衣廠（關廠女工臥軌事件）

　　1996年12月20日，一個陽光燦爛的冬日午後，王姓司機駕駛台鐵第2179次南下電聯車離開桃園車站沒有多久，司機看到了三百多位身穿黑衣的中年女工占據了桃園醫院前永豐路的平交道，她們排成兩路縱隊坐在鐵軌上，絲毫沒有閃躲來車的意圖。駕駛員很機警地將電聯車緊急煞住，這一場景就是台灣地區勞資爭議抗爭中最驚心動魄的聯福製衣廠的一群「走頭無路」的女工，在老闆惡意關廠，投訴無門下，用血淚控訴的臥軌抗爭事件（**範例13-2**）。

範例 13-2

聯福製衣廠女工臥軌抗爭事件

1996年12月20日，一個陽光燦爛的冬日午後。

駕駛台鐵第2179次，從基隆南下新竹的電聯車的王姓司機，剛駛離桃園站沒有多久，他看到了難以置信的景象，三百多位身穿黑衣的中年女性占據著省立桃園醫院（按：現易名為「行政院衛生署桃園醫院」）前永豐路的平交道，她們排成兩路縱隊坐在鐵軌上，絲毫沒有閃躲的意圖。司機很快地將電聯車緊急煞住，這時一名彪形大漢帶著大隊人馬開始緩緩走向電聯車，前頭還有一幅黑底白字的大旗，上面寫著「正常管道、此路不通」。

在那天下午，火車中斷了一個多小時，旁邊的公路也回堵了兩個小時。如果說縱貫線鐵路與台一省道是交通的大動脈，那一刻，島嶼的心跳暫停了，全台灣的耳朵都豎立起來，靜靜地聆聽著女工們的血淚控訴。

在這場驚心動魄的抗爭中，主角是走投無路的聯福製衣廠女工，她們的老闆惡性關廠，欠錢不還，他們的父母官束手無策，只會互踢皮球。帶領她們臥軌抗爭的人，是工運的沙場老將曾茂興（按：曾茂興因參與關廠工人聯福自救會臥軌行動，以公共危險罪首謀而被判刑十個月，2000年09月23日入獄服刑，2000年12月10日獲特赦出獄）。

資料來源：何明修（2008），《工運第一悍將——曾茂興傳》，南華大學社科院出版，頁8-9。

針線悲情

坐落在桃園縣八德鄉的聯福製衣公司，是台灣有名的老字號工廠，極盛時期的員工將近三千人，曾經賺取了不少的外匯。然而好景不常，台

幣升值，資方開始轉往工資低廉的泰國與南非設廠，並先後關閉了其關係企業的聯友、聯大製衣公司，這些勞工雖抗爭自救，結果是資方一毛錢也沒付。

1996年8月中旬，聯福製衣廠員工一如往常地來上班，卻發現公布欄上貼著一張「9月15日暫時關廠」的公告。資方片面宣布關廠，三百多名女工，在奉獻了大半生青春歲月後，突然發現自己失業了，又得不到任何法定的退休金、資遣費。她們乃成立了自救會，並密集前往桃園縣政府、勞委會、立法院陳情。資方被迫出面後，在多次的調解中，勞資雙方曾一度達成了協議，資方承諾會籌錢發放一億八千多萬的資遣費與退休金，但是事後卻跳票了，李董事長因持有南非護照，在個人脫產後隨即離開了台灣。

勞工眼看著期待可領到的資遣費與退休金落空後，卻又發現資方從1984年起即未提撥工資墊償基金及勞工退休準備金，導致她們在失業後還領不到應得的補貼。

成立自救會

雖然勞資雙方在勞委會介入協調過程中，資方同意以出售土地所有錢發放資遣費、退休金，惟因土地、廠房無法迅速出售，勞工眼見求償無門，又因無力繳付巨額假扣押擔保金及訴訟費用給法院，自救會乃展開了長期抗爭之路。

臥軌抗爭

12月20日是勞資雙方約定資遣費要一次給付的最後期限，在當日早上的說明會上，勞委會官員表示職權有限，愛莫能助下結束了會議。自救會成員在當天下午二點，隨即採取集體臥軌，以阻礙鐵路交通之激烈抗爭方式，來表達心中悲憤之情，結果是八十餘人被判刑，而資方則早已將資金移往海外置產了。

撿垃圾抗爭

臥軌事件後的翌年（1997年）2月2日，聯福製衣廠自救會又準備在桃園的南崁交流道舉行「失業勞工、環保義工、高速公路撿垃圾」行動，但因警方採取堵住自救會所搭乘的遊覽車門出口，不讓成員下車，使得自救會成員乃轉到楊梅交流道下車。結果，在斜風細雨的寒冬中，一夥失業人哀悽地撿著垃圾，也阻擋了匝道的交通秩序。

臥軌與撿垃圾的抗爭，促使政府當局決議，今後企業申請上市、上櫃、增資及對外投資，必須先解決勞資糾紛才准於審核（何明修，2008：120-125）。

抗爭落空

聯福製衣廠四百多名員工，從1996年12月起，因一毛錢也都沒領到，部分失業勞工乃輪流住在廠區內生活。其廠房、土地經桃園地方法院在2008年11月拍定，在同年11月21日強制點交給買主，讓不少頭髮斑白的聯福製衣廠員工，十二年抗爭落空，含淚離去，其中一位已經八十四歲老員工趙○○難過地說，豈止「心酸」二字（曾增勳，2008）。

第三節　中國金屬化工公司（暫緩加薪的溝通）

1971年，設址在新北市金山區的中國金屬化工公司，它是一家生廠氧化鈦的工廠。對這家公司，無論是化學專門知識或經營管理方面都由日方負責，白永傳先生掛名董事長，但幾乎不參與公司運作。

公害與人事管理問題併發

這家工廠的作業，運用的是所謂的「硫酸法」。它用硫酸把從馬來西亞進口的一種叫ORE的鈦礦砂溶化後製成產品，於是造成水污染問題而引起台北縣政府環保局的注意，經常被課罰金；另外，還有煙害的問題，

因煙害所引致的農作物歉收，每年都以賠償金的方式與農友協議解決。這樣一年復一年的捱過了十年光陰，還不致演變到勒令停業的地步。

不意其他各方面還是問題叢生，例如日本技師無法做好管理，台籍菁英欠缺現場經驗，使得產量不增反減，公司不賺錢反賠錢，但工資成本卻年年增加，員工又不時發出要求加薪的要求。

某日，白董事長獲悉日籍總經理又具名公布了加薪的告示，他乃要求總經理和廠長先取下加薪的告示，不料，他們異口同聲的說：「董事長，這麼一來，工廠會被迫罷工，說不定連職員級的人都會辭職哩！」

員工溝通渠道與講詞

白董事長為了想要解決這一漫無止境的加薪之道，莫過於先要瞭解所以引致這種狀況的原因，所以一有加薪傳聞，董事長便派人（顧問會計師）蒐集、檢討了有關管理不善的相關資訊後，再約定時間面對面與員工溝通。

是日早上，董事長先巡視工廠，巡視所見，看到全廠毫無整理、整頓。下午四時召集全員集合於講堂後，董事長先把他帶來的統計資料放大表格貼示看板後，開口說道：「大家辛苦了！我今天是為了要拜託大家而來的，這個工廠是我們賴於生活的地方，怎麼樣用我們的力量好好讓工廠有更好的發展，貢獻勞資雙方的利益，帶給地方繁榮，讓這個工廠能成為提供我們永續幸福的地方。那麼為了這個理想的實現，我們來找出還可以更加改進的各個環節，然後，讓我們團結一致來改善，來成就，這就是我來要拜託大家的。」

舉例說明暫緩加薪理由

接著董事長導入了主題，說道：「據我所知，很長一段時間以來，我們工廠每個月的工資金額和生產量剛好成反比，統計數字上非常明白顯示出工資增加，產量反而減少這個事實。今天我和五、六位各部門主管一起巡視了工廠。總而言之，整個作業場所極端髒亂，諸如各個馬達的機台周圍都在漏油，且機台和馬達都可看到厚厚的油漬和灰塵，不見有擦拭過

的痕跡；菸蒂丟滿在各個工廠角落；又髒又油膩的擦布隨處亂丟在地；生滿鏽的螺絲、螺絲起子被丟棄在牆角……同時，我也發現兩大不合理又不公平的現象。其一，我想是輪值第三班的人，在值班的時候，用包裝袋鋪床睡覺，這樣也在領取工資，我有證據，各位怎麼想？……再來，請大家看看這個統計表，有些人有二十四小時、三十二小時、四十小時的連續加班，來領取加成計算的工資……如此的不合理、不公平，我想除了我們工廠以外，不可能有第二家了。在這種情形下，這一次的加薪要求無異是要置公司於死地。……今天，我就是為此而來，揭示板上有總經理具名的加薪公告，我現在宣示，這個加薪告示暫時取消，延緩到適當時機！懇求大家配合。從現在起，一直到工廠改善，由我來前線指揮，請大家明天起，我和大家，我們團結一起，給工廠來個大開刀，把腐肉割掉，重新營造一個健全的工廠，賺更多的利益，不但加薪，希望年終獎金加二倍、三倍，讓我們努力。」約一小時後散會，員工乃各回各的工作崗位去做事了。

　　第二天，並沒有發生先前總經理和廠長警告會產生勞資爭議的情況。相反的，無一人請假不來，生氣蓬勃的來上班。

實施生產獎勵措施而後加薪

　　自從董事長跟員工溝通後，工廠氣象一新。為了獎勵員工，便發給台灣的吉祥物「紅龜粿」。產量增加了，每個月增加十公噸、二十公噸、三十公噸的，一年多下來，從原本的月產量一百五十公噸增加到二百五十公噸。一方面工人的排班正常化了，就整個工廠而言，產量增加，工資的支出卻減低，於是取消用「紅龜粿」獎勵的方法，而實現了相當程度的加薪。

　　由於全世界的氧化鈦產量大增，消費需求反而趨緩，價格大跌，招致每月虧損，陷入無法經營的境地。中國金屬化工自1971年創廠，1994年全面停止運作時，就必須面對資遣員工問題的協商，最後以優於《勞動基準法》的資遣條件與工會代表簽下發放退職金計算的決議書而圓滿解決（白永傳，2007：173-183）。

第四節　台塑麥寮六輕廠（外勞集體衝突事件）

　　所謂「外勞」，只是一個統稱，其中包括菲勞、泰勞、越勞、印尼勞工等。他們來自不同國家，民族性與風俗習慣均有很大的不同。菲勞大多信奉西方宗教，其勞工意識較強，又因其本國一般生活水準高於泰國、印尼、越南等國，且通曉英文，因而民族自尊心往往很強，泰勞不少信奉佛教，而印尼則回教文化盛行，越南勞工則可能還受到社會主義體制的影響。

　　台灣地區處理勞工運動，往往只重視勞資爭議、勞資協商，但外勞衝突還夾雜了民族與文化的問題，語言溝通不良、外勞管理制度不當、申訴制度管道不暢通、勞資糾紛仲裁的不公平，和外勞之間長期相處積怨等所導致的糾紛而複雜化。

外勞管理的問題

　　雲林縣台塑麥寮六輕廠區建廠時，它是一個比較特殊的工作環境，採取隔離式的管制區，對外勞進出廠區有一定的限制。1999年9月5日發生千餘名外勞集體衝突事件，這也是國內有史以來最大規模的外勞衝突事件。

　　六輕廠區內設有「外勞管理組」負責管理外勞事務，但對於廠區內承包商的外勞，則無法有效管理約束，外勞由承包商自行管理，而承包商為降低成本或趕工程進度等等理由，管理上較散漫，而且承包商大部分從外勞當中挑選熟諳雙語者擔任外勞管理員職務，更有部分承包商由菲籍管理員來管理泰籍勞工，而管理員的擴權，間接造成外勞彼此之間的糾紛、爭執或積壓不滿的情緒，有隨時爆發衝突的可能性。

集體衝突導火線

　　9月5日當天，同屬韓商三星公司所僱用的菲籍、泰籍外勞約

四百五十名，分成十輛遊覽車至台中市體檢，而隨行的外勞管理員只有四位。回廠時，三名泰勞搭上菲勞所乘坐的遊覽車回工地而遭菲勞毆打，埋下衝突導火線。

外勞打群架

　　該梯次體檢外勞返回六輕宿舍後，雙方互相聚眾叫罵，繼而發生肢體衝突，經管理人員制止，強令雙方握手言和，將衝突平息。未料晚間又因泰勞使用專屬菲勞使用的公共電話，導致菲勞久候不奈造成不滿的情緒，此名泰勞乃遭五名菲勞圍毆，使衝突再度發生，並擴大為三十多人的群架事件，因雙方情緒高漲，竟演變成國與國的對峙，這時外勞管理人員已無法控制混亂的場面，乃報請台塑外勞管理組處理，由於情況危急，外勞管理組乃速即聯絡當地警方前來處理。

　　警方於晚上八點許到達現場，當時在「八道宿舍區」的外勞，已聚集近千人對峙叫罵，雙方以石頭、棒棍相互丟擲，但在警方與外勞管理人員的規勸下，雙方外勞言和，衝突暫獲平息；未料當晚十一點許，在「三道宿舍區」的泰勞，經行動電話得知與菲勞衝突的訊息，竟鼓譟騷動，警力乃即刻轉往處理，部分流竄出去的泰勞，竟前往已平息之「八道宿舍區」叫囂，使得該區的衝突再起，警力不斷的支援，並配合翻譯人員再三規勸，整個衝突事件於翌日凌晨四時許獲得平息。

外勞管理之道

　　因外勞管理人員是第一線接觸的人員，語言的溝通當然很重要，但更重要的是管理人員的態度，如誠心的傾聽對談，以愛心、關心、耐心來化解摩擦，讓外勞認同管理人員的建議，將心結解開，進一步才能探討問題的癥結而加以輔導、紓解不滿情緒，另外，外勞管理人員察覺問題、開導能力、危機處理等應有敏銳的洞察力與應變能力，而事業單位並應賦予外勞管理人員職務內的實權（責任），及適度配合外勞管理人員，以建立其威信，才能發揮專業知能的實力，及時掌握機先，進而有效的化解紛爭（陳美玉，2000：38-41）。

第五節　復興航空公司（機師降薪罷駛爭議）

復興航空公司於西元1951年5月21日成立，開始經營國內不定期包機業務，爲國內最早成立的民營航空公司。1964年踏入空中廚房事業，1988年恢復國內航線營運，1995年開始服務定期國際航線，致力於提供安全、信賴、成長、承諾的優質服務。

資方片面宣布降薪

復興航空於1998年8月初突然未經協商程序，片面以一紙公函致公司全體ATR（Avions de Transport Régional）型機師調降工資，並告知自當月份起生效，降薪幅度因機師個人年資、職級而有不同，最高達42%，最低亦在19%以上。就每月工資數額言，最多者每月調降102,000元，最少者每月調降亦達22,000元之多。

嗣後歷經全體機師分別於當月多次與資方經營階層人士協商，資方均以既定政策無法更改爲由拒絕收回降薪政策。六十七位機師迫不得已，於8月24日下午五時依《勞動基準法》第14條規定，以傳眞通知復興航空公司自當日下午十一時起（按：即當日所有班機收班之後）集體終止兩造間之勞動契約關係，並請求發給資遣費。這是國內航空史上首次的「罷駛」事件，也是勞工運動史上第一次以辭職的手段來達到罷工的效果（**範例13-3**）。

政府介入調解

本爭議案件，事後經台北市政府勞工局依職權主動介入調解，雙方於8月31日達成部分協議，其要點如下：

1. 復興航空公司承諾願將勞方十二人7月份及8月24日前之薪資及飛行加給予機師，但要等辦理離職手續後給付之。
2. 復興航空公司應發給機師的服務（離職）證明書僅載明在職起迄時間及職務。

復興航空向消費者道歉啟事

　　復興航空因與部分ATR機師對薪資合理化政策無法達成共識，造成部分航班暫停、旅客權利受損，連日來引起社會大眾極度關切，並予以支持指教，身為大眾運輸一員的我們深感惶恐，在此鄭重向廣大的社會大眾致最深的歉意。

　　事實上自年初以來，復興航空即著手進行建立合理化之各項制度，同時落實飛安，努力提升第一線員工之服務品質，以達到企業永續經營並提供全體員工安定發展之工作環境。就如同社會大眾所知，復興航空數十年來在台灣的土地上成長茁壯，引進ATR、A320、A321的新機陸續加入營運，且投入心力培植優秀航運專業人才，每一位員工均為公司所重視，更何況是花費鉅資訓練培植的機師！我們肯定ATR機師在公司的價值，同時我們也有責任照顧其他二千一百名為公司打拼的員工及眷屬，在這次ATR機師集體請辭的事件中，公司表明改革的決心，雖然面臨極大的挑戰，但為了公司的永續經營，提升整體競爭力，只得拋開受創的陰影，堅持原則努力改革，相信制度合理化才會有遠景，如此二千一百名員工，才可獲得有保障的生活及發展。

　　這段時間因為暫停航線造成旅客不便之處，懇請大眾諒解。我們將繼續多方尋求解決管道，以便儘速恢復航線，以全新的面貌再出發，早日提供旅客便捷服務。復興航空再次向社會大眾與旅客致上最誠摯的歉意，同時，祈請社會大眾以疼惜復興航空的心繼續給予支持與指教。

復興航空運輸股份有限公司董事長　林嘉政　敬啟

中華民國八十七年八月二十八日

3.資遣費、應休而未休之特別休假工資等，則未達成協議（**範例13-4**）。

範例13-4

復興航空調薪爭議案解析

項目	說明
公司	復興航空公司
營運狀況	民國85、86年虧損
飛機數量	十三架七十二人座ATR螺旋槳飛機，每天約飛一百二十二個國內航班架次；另有Airbus噴射型飛機機隊。
時間	民國87年8月24～31日
爭議原因（薪資合理化）	1.87年8月中旬有四位機師有問題被命令停飛（遠因） 2.十六位自訓機師認為簽訂的勞動契約不合理（副因） 3.機師減薪幅度達30%以上，未事先與機師協商（主因）
工會組織	無
爭議類別	□權利事項　□調整事項
勞方行動	1.六十五位ATR機型機師集體辭職 2.機師宣布停飛罷駛
思索問題	1.勞方的終止勞動契約依據的是《勞動基準法》第14條第6款規定？ 2.如果終止勞動契約確實是依照《勞動基準法》第14條第6款規定而來，那麼勞方是否可以依照《勞動基準法》第17條的規定請求資遣費的給付？ 3.資遣費的計算究竟應依照未調整以前的薪資為基準？還是以資方片面決定減薪以後的薪資為基準？如果資方片面減薪的作法的確違反了勞動契約或《勞動基準法》的規定，那麼資方是否應補足差額呢？ 4.如果終止契約的行為於法不合，其對雇主所造成的損失，雇主應如何求償？ 5.無端被捲入的旅客，究竟應由誰來賠償他們的損失呢？
資方說明	飛行員薪資占所有人事成本的49%（員工二千一百人，機師約一百六十人）。過去薪資給付不太合理，自民國87年8月1日起實施新的薪資架構。
資方策略	1.採公關策略（登道歉函於各大報紙） 　‧建立合理化之各項制度，包括薪資合理化在內。 　‧落實飛安，努力提升第一線員工的服務品質。 2.拒絕與勞方妥協。

項目	說明
政府介入	勞方向台北市政府勞工局申請調解、仲裁
法規	主管機關認為情節重大有交付仲裁之必要時,得依職權交付仲裁,並通知勞資爭議當事人,亦得將該項爭議事件要求交付仲裁委員會仲裁。(《勞資爭議處理法》(民國77年06月27日修正)第24條)
調解方案	1.7月份及8月24日前之薪資及飛勤加給,在機師辦理離職手續並繳回飛行證後領取。 2.公司發給服務證明書,僅需註明在職起迄時間與職務。 3.其他雙方對於對方之主張及請求,雙方另行處理。
事件結果	1.六十五位機師有五十三位復職。 2.十二位未復職機師要求公司發給資遣費,並向法院提起訴訟。 3.資方對未復職的張姓自訓機師提出告訴,要求賠償違約金(約定機師必須在公司服務至少十五年,如果提前離職,且服務年限在五年以下者,必須賠償違約金新台幣四百萬元。張姓機師在民國86年8月簽約後,隔年就自行終止勞動合同,因此復興航空提起民事訴訟,請求張姓機師及三名保證人連帶賠償四百萬元)。 4.資方對調薪未讓步。 5.年底再舉行下年度薪資架構勞資協商。 6.最高法院在2001年2月22日駁回復興航空請求,張姓離職機師損害賠償的上訴案,判決復興航空敗訴確定。
學習重點	1.對員工生活影響面最大的薪資問題,必須慎重處理,特別是減薪部分,更需要溝通,雙方取得共識。 2.勞方欠缺協商的技巧,讓資方能各個擊破(機師不知為何而戰)。 3.機師是高收入群,未能引起社會大眾的聲援,反而造成乘客(顧客)的反感,這也是資方自始自終採用的公關策略,討好顧客的原因。 4.飛機停飛事件造成該公司被交通部縮減每日班機起降次數,營收銳減,兩敗俱傷。 5.資方對簽約未復職之機師提出訴訟案,無論輸贏,對企業形象與在職員工都造成不良之後遺症。 6.國內航空公司同意拒絕錄用此次集體請辭的機師轉業,有效制止想跳槽他就的機師回籠舊巢(此事可暗地裡做,不能明講出來,它有違《憲法》保障個人的工作權之嫌)。 7.國內各航空公司機師薪資給付架構,都採取依不同機型給付不同等級的待遇,必須有所改進,應採取「同工同酬」,決定薪資高低的是「辛苦指數」(越時區飛行、飛行時間長短、夜間飛行等考量)。

項目	說明
學習重點	8.雇主的堅持與支持改革的決心，減輕了承辦人員在協調、談判過程的壓力與顧慮。 9.勞資爭議解決之道是要「雙贏」而不是「零和」的結局。如果勞資雙方的任何一方企圖在爭議中擊敗對方，其結果通常是「兩敗俱傷」。
參考案例	八○年代的美國，曾爆發航空公司降薪的團體協約談判案例。資方面臨美國政府開放市場政策，造成過多的業者競逐這個航空運輸市場，使得許多航空公司業績衰退，利潤下降。航空公司的工會乃利用與公司談判團體協約時，主動提出減薪的要求，來換取公司不裁員的承諾，這是著名的讓步協商案例（Concession Bargaining），在當時協助許多航空公司度過了經營上的困境。

資料來源：丁志達（2001），「勞資關係改善策略與方法實務研討班」講義，中華企業管理發展中心編印。

離職機師短發薪資爭議

機師等依上揭調解方案之結論，離職機師分別於9月7日及10日至復興航空公司處辦理離職手續時，在領取7、8月份薪資時，發現資方8月份薪資並未依調解結論如數發給。全體十二人之工資均有嚴重短發現象，最多者短計102,000多元，最少者也短計22,000多元，似有違反《勞資爭議處理法》第23條規定：「勞資爭議經調解成立者，視為爭議當事人間之契約；當事人一方為勞工團體時，視為當事人間之團體協約。」（民國98年7月1日修正）之情形。

培訓違約金的爭議

此外，機師十二人中，有張姓機師等三人係由資方付費派往美國學習飛行，於出國前及學成考取機師執照後，曾兩次與資方簽訂需至少服務滿十五年，否則如提前離職即需賠償四百萬元違約金之約定，資方即以該三名機師及其連帶保證人為被告，分別提起給付違約金訴訟（陳金泉，網

站：http://www.kcchen.com.tw/law/law12.htm）。

最高法院在2001年2月22日駁回復興航空請求，張姓離職機師損害賠償的上訴案，判決復興航空敗訴確定。法院認為張姓機師是因復興航空片面減薪才終止勞動契約，應屬行使自己的合法權利，而非濫用權利，即使復興航空宣稱因此造成機師集體離職，讓公司損失高達數億元，也不可歸責於張姓機師，因此判決張姓機師與三名連帶保證人均不必賠償，而這項判決將可作為類似勞資糾紛案件的重要參考（林河名，2001）。

第六節　台灣積體電路製造公司（誤用績效管理制度離職風波）

　　台灣積體電路製造股份有限公司（簡稱台積電）於1987年在新竹科學園區成立，是全球第一家專業積體電路製造服務公司，成立至今，人才一直是台積電認為最重要的資產。

　　台積電在2000年至2001年業務曾一度急遽緊縮，但也沒有實施大幅度裁員。但是在2008年下半年，因全球經濟衰退造成台積電業務突然緊縮，為減輕勞動成本下，採取員工無薪休假方式，造成員工薪資減少。

協議離職書起風波

　　到了2009年初，台積電啟動人力精實措施，公司經營層依據「績效管理與發展」（Performance Management and Development, PMD）制度為依據，針對當年度考核結果最後段5%的員工，以個別約談方式要求簽署「協議離職書」，公司則依《勞動基準法》發給資遣費，辭退了約八百名員工。

　　由於協議離職非屬「非志願離職」，不符合申請失業給付或其他失業救助資格，因而引發離職勞工的不滿，部分離職員工乃投書媒體申訴，也有離職員工於2009年1月21日向勞動黨桃竹苗勞工服務中心諮詢如何救濟事宜，勞資爭議風暴開始醞釀。案經勞動黨桃竹苗勞工服務中心之協助，有十七位勞工於3月11日正式向新竹科學園區管理局提出勞資爭議調

解申請，使爭議進入法定程序。

成立自救會

2009年3月15日計有六十位被資遣勞工成立自救會，3月20日科管局調解失敗，自救會於3月24日轉向勞委會陳情。

2009年4月9日，百餘名自救會員工赴大直董事長宅外廣場，要求張董事長傾聽勞工心聲，並高喊「假淘汰　真裁員」、「企業巨無霸　說謊欺負人」、「慷慨捐政黨　吝嗇對員工」等口號來抗爭。抗爭過程受阻於警力的制止，但抗爭過程頗為平和。

2009年4月30日，自救會赴公司法人說明會會場要求與蔡執行長見面被拒，轉向夜宿大直董事長宅外。次日清晨，董事長夫人探視自救會員工，同意轉達員工心聲。自救會乃決定取消勞動節在凱達格蘭（總統府前）大道示威，改以推派代表向馬總統陳情，總統府指派黃參議接見協談。資方乃改派五人小組負責處理離職員工的訴求，勞資爭議進入轉折階段。2009年5月13日，公司召開處理方案說明會，並傾聽員工意見。

董事長發表影音談話

2009年5月20日資方董事長張忠謀發表影音談話，對於公司沒有適當尊重同仁的個人尊嚴，也沒有充分顧慮到在經濟不景氣下，找工作的困難，因而引起許多離職同仁的不滿，也造成許多在職同仁的不安，他表達對整個事件的開始及發展的痛心與遺憾（**範例13-5**）。

張董事長強調，裁員事件因績效管理制度被誤用而起，該制度本來是希望鼓勵表現優異同仁「更上一層樓」，對於十分努力但仍無法有稱職表現同仁，人事部門要主動為他尋求其他職務，讓他有表現機會（**範例13-6**）。

邀請離職員工返廠工作

既然這批離職員工當初是因考核制度被資遣，張董事長希望「回到當初事件發生前的狀態」，5月13日勞資協調大會，資方已向幾百位離職

範例13-5

台積電裁員事件始末

日期（2009年）	事件內容
01/21	台積電以「協議離職」方式資遣八百至一千名員工；被資遣員工沒有領到「非自願離職證明」。
01/22	總執行長蔡力行定調不裁員，但會做5%人力調整。
03/11	十七名被資遣員工到竹科管理局申請勞資調解。
04/09	台積電召開記者會，說明勞資糾紛處理結果；自救會成員包圍張忠謀董事長台北大直住家。張董事長要求展開內部檢討會議。
04/18	台積電發出簡訊，針對無法請領失業補助的員工，願意補償依《勞動基準法》規定的平均工資計算的60%及就業獎助的50%給離職員工。
04/30	自救會赴法說會現場抗議，當晚並夜宿張董事長大直住宅外。
05/01	張董事長成立五人小組，親自與自救會協商。
05/13	雙方達成協議，離職員工回任；不回任者加發關懷金。
05/20	張董事長發表影音談話，表達對整個裁員事件的開始及發展的痛心與遺憾。
06/11	張董事長與蔡總執行長聯袂召開記者會，宣布張董事長回任總執行長，而蔡力行轉任新事業發展組織部總經理。

資料來源：林宏文、林易萱（2009），〈蔡力行下台的導火線——台積電裁員事件始末〉，《今週刊》第652期（2009/06/22-06/28），頁80。

範例13-6

台積電績效評核的原則

‧參與合作

主管與部屬之間的合作關係，是使員工績效表現及潛力極大化的基礎，員工有責任盡其所能，主管也有責任提供必要的工作指導及營造良好的工作環境，使每一位員工充分發揮才能。

‧個人的責任

主管與部屬都應該在履行工作義務時，自己承擔應負的責任。在「績效管理與發

展制度」（PMD）程序中，任何一項無法達成的工作目標，雙方都需負責，而不能履行義務的一方則得承擔主要的責任。

·持續的互動及溝通

績效管理並不是一年一次的年度大戲，而是一年當中主管與部屬之間不斷持續密切溝通的過程。這個過程從設計未來的工作目標開始，還包括了發展行動計畫，適時地對部屬的工作表現提供回饋及工作教導、提供部屬需要的資源及糾正部屬的行動等。

·績效發展

員工必須很清楚自己的優勢與弱點，並且針對不足的地方，隨時運用最進步的科技及最新的知識來進行改善。同時，也得集中火力在工作中屬於最關鍵及對公司最有價值的部分。這個目標是為了使員工的潛力充分發揮，進而使公司能在競爭激烈的環境中贏得勝利。

·例外管理

台積電集中注意力在10%至20%「傑出」及「需改進、不合格」的員工上。表現好的員工希望他們表現更好，特別留意其發展；表現不好的員工，也必須投入資源給予協助及關心，不可任其自然發展到不可收拾的地步。

資料來源：台積電「績效管理與發展制度」（PMD）；引自：廖志德（1999），
〈台積電：以頂尖人才打造世界級企業的新績效制度〉，《能力雜誌》
（1999/05），頁36-37。

員工宣布「補救辦法」，邀請離職員工於6月1日返回公司復職上班。他同時特別呼籲在職同仁應全心接納這些返回公司的同仁，給予最大的關懷，大家一起繼續為公司打拚；至於不願回廠工作的同仁，除了發給資遣費外，公司還會再額外加發「關懷金」，按照職級不同發給十萬至五十萬元不等；孕婦及重大傷病者，再加發四個月薪資，希望能夠在當前嚴峻的經濟狀況下，為這些離職員工提供一些經濟上的幫助。

2009年6月16日，董事長張忠謀兼任總執行長，原總執行長蔡力行則被調往新事業組織擔任總經理，台積電的勞資爭議圓滿落幕。

裁員爭議評析

台積電以台灣晶圓加工龍頭地位，並頂著亞洲最佳雇主光環，向來都是年輕人夢寐以求的職場，未料在經濟衰退中大幅裁員，並引發勞資爭議，令人感到意外。

針對此次台積電的裁員風波，可以借鏡之處有：

1. 資方之思維，主要在規避大量資遣勞工的法律要件與程序，以及維護企業形象。如勞工同意以合意方式終止勞動契約，則資方之作法並無適法性爭議，惟因勞工認爲終止勞動契約乃資方單方意思，資方應發給「非志願離職」證明，以利申請失業給付。由於雙方對終止勞動契約之依據與方式並無共識來觀察，資方以利誘或威嚇要求勞工簽署協議離職書，顯係權利之濫用。

2. 資方以績效考核成績決定裁員對象，並以《勞動基準法》第11條第5項「勞工對於所擔任之工作確不能勝任」爲理由，進行5%的裁員。公司此舉涉及不能勝任的認定問題。勞工是否不能勝任工作應依其主客觀情況個別認定，尚非按考績相對排序決定。資方選擇以不能勝任工作爲由，顯然過於牽強而輕率，既不利於己，又傷及員工形象與情感。

3. 資方應注意《大量解僱勞工保護法》所規定的程序，以誠信協商方式辦理，不宜取巧以個別方式要求員工個別簽署「協議離職書」。

4. 至於終止勞動契約所生之資遣費或其他補償金額，資方按《勞動基準法》之規定爲最低標準給付，勞方自可要求協商提高，此乃勞資自治之範圍，無所謂好壞或對錯的問題。

5. 張董事長夫人於5月1日清晨探視夜宿在外的自救會員工，表現人性關懷與溫暖，資方並改派五人小組專責處理，重建信賴，是極佳的危機處理。5月13日之說明會及次日之會談，資方之具體與誠信表現，爲解決爭議創造有利條件，也爲5月20日張董事長談話鋪路。

6. 勞工之訴求，隨爭議情勢而修正或加碼，雖是常見之情形，但容易使資方誤解勞工得寸進尺而不願輕易答應其訴求，甚至拒絕再溝通。此一情形，從本案勞工多次不同聲明中可以看到勞工的訴求不斷增加。

7. 勞工採取「順法爭議」行爲，未見激情或暴力，使爭議留下解決空間，並贏得外界同情，值得肯定（洪清海，http://www.tpfl.org.tw/article.php?id=361）。

結　語

　　處理勞資爭議貴在事先之預防，它將使勞資爭議之嚴重性大大降低，甚至在未出現任何抗爭之前，就可以取得公平、合理之解決管道，這種預防性之勞資爭議處理機制是必須加以建立的，以促進勞資和諧，共創雙贏。

第十四章

著名企業勞資和諧典範

> 有樣學樣，無樣家己想。
>
> ——台灣諺語

　　無論是企業文化、用人理念、安全政策、員工參與、企業變革、裁員方式、人力創新、供應商行為準則等，都是勞資關係的一環，如何做？怎麼做？不妨參考一些著名企業在這些領域上的豐富成功經驗的作法，所謂「見賢思齊」加以借鏡、學習，勞資雙方必達《易經》上說的：「二人同心，其利斷金。」（譯文：兩個人志同道合，同心奮鬥，就像鋒利的刀劍一樣，可以砍斷金屬，無往不利）。

第一節　亞都麗緻大飯店（企業文化）

　　坐落在台北市民權東路、吉林路口的一家「世界傑出旅館系統」的亞都麗緻大飯店，是一間商務旅館，它秉持著人性化的管理與服務理念，客人會感受到自己所受到的尊重：從機場接機，進入大廳門房親切稱呼其姓名，接待人員引領其入座，舒適地辦理住房登記，房內有專用的信紙與名片，甚至前次住宿所要求的事物或細節，都會悉心為顧客準備好，使其不但在旅館界極富盛名，也博得眾多客戶的好口碑（**範例14-1**）。

一、微笑的文化

　　如眾所知，微笑是服務業的基本「美德」。微笑是「企業文化」，因地而異。美國服務生的微笑往往好像在提醒人該付小費；香港酒店接待人員敬語謙辭完全正確，「穿戴」微笑，有一種「法治社會」的理性；台灣旅館服務人員可以慇懃，大部分不笑；亞都人的笑顏卻有一種油然的自在，就像身上的黑西裝，舒舒坦坦，不只是合身，而是「文化」；彷彿那是他的家常服，不是制服，肢體語言與服飾渾然一體，彷彿不在「服務」，而是與友伴「相聚」，輕笑淺語間，輕易完成工作要求（林懷民，2000：7）。

範例 14-1

亞都麗緻集團福利制度

福利類別	福利事項
獎金福利	年節獎金
休假福利	隔週休二日、男性員工陪產假、女性生理假
保險福利	勞保、健保、意外險、員工／眷屬團保、員工體檢
餐飲福利	員工餐廳、誤餐費
衣著福利	員工制服
居住福利	員工宿舍
娛樂福利	員工電影、國內旅遊
補助福利	員工結婚補助、生育補助、子女教育補助、員工在職教育訓練、員工退休規劃（包括退休金及退休後之福利等）、員工及眷屬喪葬補助
其他福利	
獎金／禮品類	年終獎金、勞動節獎金／禮品、生日禮金／禮品
保險類	勞保、健保、員工團保、意外險
休閒類	國內旅遊、慶生會、社團活動
制度類	員工制服、伙食費、誤餐費、績效獎金、完整的教育訓練、順暢的升遷管道
設備類	員工宿舍、員工餐廳、圖書館
網際網路使用	請／休假制度、特休／年假

資料來源：亞都麗緻集團，網址：http://www.1111.com.tw/talents/organInfo. asp?agent=business&nNo=1260771

二、瞭解同仁心聲

　　亞都麗緻集團總裁嚴長壽認為，「人」是企業中最重要的財富，「人事室」就是公司對員工的公關部門，不但要掌握員工的工作狀況與希望，更要掌握員工的身心等種種情緒，適時地代表公司表達關懷。「瞭解同仁心聲」就是人事室重要的工作。

三、員工溝通管道

　　基本上，亞都麗緻的員工溝通有兩條正常的管道：一是透過直接主管，另一是經過程序先反應給主管，如對主管的答覆不滿意，他還是可以透過上一層的主管表達意見。但亞都麗緻強調讓主管有為部屬解決或解釋問題的第一先機，如果同仁仍不滿意，他還可以再上一層去瞭解上級主管的看法，最後總裁的門也隨時為同仁打開。

　　但是也並非每一位同仁都能習慣這種直接面對的溝通方式，因此亞都麗緻在人事室組織裡又安排了一位「人事資訊專員」，這位專員可能本身就曾是公司基層同仁的一份子，且大多數人緣極佳，當有同仁不願直接面對主管時，公司盼望這位人事資訊專員能是他可以懇切溝通的對象。此外，當然還有員工選出來的福利委員，以及在人事室又另備有意見箱。不論是用何種手段，最終目的都是希望能把主管訓練成一個「在乎員工心聲的好主管」。

四、重視與關懷員工

　　人事室更要盡到做公司對員工公關服務的責任。比如說員工的婚喪喜慶、生病住院，人事室都應清楚地知道並適當地報告主管。在亞都麗緻，高階主管一定要參加員工的婚喪聚會。一個高階主管可能每個月接到無數張紅白帖子，但是對當事員工來說，這卻是他一生中最重要的一個日子，他將帖子送上，也給了公司一個最好的機會來表達公司對他的重視與關懷。如果員工生病了，我們也會要求主管適時地表達關心，或一張慰問卡，或一束花，或去醫院探病。

　　亞都麗緻常將各部門的主管輪調至人事室當主管，希望每一個主管在升調的同時，也能瞭解公司是如何去照顧、如何去瞭解員工，他該怎麼樣做才能成為公司與員工之間的橋樑（嚴長壽，2000：169-170）。

第二節　星巴克公司（用人理念）

　　星巴克（Starbucks）是美國一家連鎖咖啡公司（Starbucks Corp.）的名字，1971年成立，為全球最大的咖啡連鎖店，其總部坐落美國華盛頓州（Washington）西雅圖市（Seattle）。星巴克咖啡所提供的，不光只是比一般餐廳更好的咖啡而已，同時也創造出一個共享的體驗。除了咖啡外，星巴克亦有茶、餡皮餅及蛋糕等商品。部分星巴克店甚至與超級市場、書店等異業結盟，於合作店鋪內覓地開業。

　　《紐約時報》曾報導：「如果霍華德‧舒爾茨（Howard Schultz）是星巴克這個咖啡帝國的國王，那麼員工就是他忠實的臣民。」星巴克用人的理念就是「員工第一」，他總是把員工放在首位，並對員工進行大量的投資。星巴克的使命之一，就是提供最佳的工作環境，以敬意和尊嚴來對待每一位員工。

一、以人為本的經營理念

　　星巴克是一家價值驅動的企業，信奉「以人為本」的經營理念，把員工〔星巴克對其店員的稱呼為「合夥人」（Partners）〕放在第一位，將帶來一流的顧客服務水準。換言之，有了對服務相當滿意的顧客後，自然會有良好的財務業績。

　　星巴克在挑選員工時，重視的是人的本質，最重要的是要符合星巴克的價值觀，例如熱情、樂觀、為人正直、能為自己所取得的成就和周遭夥伴的成就感到驕傲、熱愛星巴克、看重工作中的成就感等。

二、核心培訓課程

　　星巴克建立了一整套完整的在職培訓制度，使員工在公司內能夠不斷的成長，並逐步得到升遷。培訓師會告訴受訓員工說：「這個地方是人與咖啡相約的地方，我們用最好的機器、最好的咖啡、最好的員工為顧客

奉獻出最好的咖啡體驗。」這些培訓制度的建立，為星巴克招攬了大量的優秀人才，並使他們成為星巴克的「合夥人」，與星巴克並肩作戰，最終取得輝煌業績（**範例14-2**）。

三、薪資福利制度

星巴克致力於透過人力資源及全面薪酬制度來加強企業文化與價值觀。它設計了完整的薪酬激勵體系，以獨特的「豆股票」（Bean Stock）來吸引員工，激發員工的工作熱忱。舒爾茨很自豪地說：「豆股票及信任感，使得員工自動、自發地以最大熱忱對待客人，這正是星巴克的競爭優勢」。

星巴克每年都會在同業之間做一次薪資調查，其薪資標準鎖定在業界前25%的水準，同時，對那些每週工作超過二十小時的員工提供醫療保險、員工協助方案、傷殘保險，這在同行業中極為罕見。舒爾茨認為，完善的福利制度，可以提升員工的士氣，進而增強競爭力。

範例14-2

星巴克的核心訓練課程

· 有關咖啡的基本知識和更詳細的知識。
· 如何熱情地與他人分享咖啡知識和咖啡體驗。
· 準備膳食和飲料的一般知識，包括基本知識和顧客服務的高級知識。
· 為什麼星巴克是最棒的。
· 關於咖啡豆、咖啡種類、添加物、生長地區、烘焙、配送及包裝等方面的詳細知識。
· 如何以正確的模式聞咖啡和品咖啡，以及確定咖啡的味道什麼時候最佳。
· 描述咖啡的味道，喚醒對咖啡的感覺，學會使用一套全新的詞彙，熟悉咖啡的芳香、酸度、咖啡豆的大小和風味。
· 經常回答顧客提出的問題，經常談論咖啡。
· 銷售技巧。
· 領導力的訓練等。

資料來源：張希（2005），《品味咖啡香：星巴克的10堂管理課》，台北：百善書房出版，頁123-124。

1988年，星巴克引進了一項不同於別家公司的另類作法——將健康保險擴大到兼職人員。1994年，當時的美國總統比爾‧柯林頓（Bill Clinton）邀請舒爾茨訪問白宮，探討星巴克的健康保險方案。星巴克的健康保險方案，包括的內容十分廣泛，甚至連愛滋病（Acquired Immuno Deficiency Syndrome, AIDS）都包含其中。員工只需負擔25%保險費，其餘的75%由公司為其支付。

四、員工溝通管道

星巴克核心主導層做出重大決策前，會先蒐集員工的意見，然後再下結論。如果員工不支持這些決策，可填寫「評論和建議卡」。相關單位在兩週內必須對「評論卡」做出回應。

星巴克並以公開論壇的形式，告知員工最近發生的大事，解釋財務狀況，允許員工向高級管理層提問。一個跨部門的小組，在公開論壇上探討員工對工作的憂慮，並找出解決問題的方法及提交相關報告。公司還定期發布員工來信，這些信函通常是有關公司發展問題，也有員工福利及股東方案的問題。這種交流，加強了總部和基層的訊息鏈，使得星巴克總部能從基層獲得最有價值的回饋。

如果說大多數公司是員工在底層，管理者在上的金字塔組織架構，那麼星巴克推崇的則是倒金字塔組織架構，它視員工為最好的「品牌詮釋者」，員工不是生產線上的消耗品，員工與顧客之間的關係有多好，星巴克就能有多成功（張希，2005：107-131）。

 ## 第三節　杜邦公司（安全政策）

杜邦（DuPont）公司於1802年在美國特拉華州（Delaware）創立，原係以製造黑火藥起家，一向視「工安」為其最重要核心價值；創立一百年之後，才逐漸轉型為一家多元化的企業，是一個以科學為基礎的公司，在橫跨食品營養、健康保健、紡織、家居建築、電子及運輸等領域提供各種科學的解決之道，讓人們的生活更美好、更安全、更舒適，也因此成為全

球最受尊崇的企業之一（董佩真，2007：30-33）。

台灣杜邦公司成立於1968年，在2007年2月23日是桃園電子廠連續維持第一萬個安全工作日。同年亦榮獲經濟部頒發的第一屆「投資台灣最佳夥伴獎」。

一、杜邦安全政策

最早以製造火藥起家的杜邦公司，因所在產業的高風險性使然，長期以來一直認真、嚴肅地看待員工的工作安全，其安全政策即基於對全體員工福利的真摯關懷。前任公司董事長華特‧卡本德（Waart S. Carpenter）於1946年曾做如下的確切說明：

「我們杜邦公司很久以前即確認員工的安全是管理人員最關心的事，其重要性是與生產、品質和成本同等的。我們發現，在我們工廠裡對安全作業方法的維持，其利益遠大於任何在金錢方面所得到的節省，其中所涵蓋的人的價值，對雇主和社會都有很大的重要性。同時，管理人員和同仁們對於基本安全原則的接受和遵守而使人員的傷害減少至最低的程度，也是團隊努力的一種表現。這種團隊努力大有助於全公司友好合作的精神發揚光大。」（台灣杜邦公司編印：1979：2-1）所以，真正高瞻遠矚的企業，深知員工對企業的真正意義，不會為省一時的小利，忽略了更長遠的員工向心力（**範例14-3**）。

二、安全在杜邦

杜邦公司是全世界公認安全衛生管理系統做得最好的一家公司，工安績效一向名列前茅，其堅守安全第一的教訓，固然與其在「火藥生產商」階段曾經遭遇的爆炸、著火等血的教訓不無關係。該公司是全球第一家追求「零災害目標」的企業，其認為一切事故都可以避免，力求達到「零傷害、零疾病、零事故」的終極目標。安全在杜邦已經成為一種強有力的文化，滲透進員工日常工作、生活的每一個細節當中（**範例14-4**）。

範例14-3

杜邦公司的工安管理制度

1.各地區公司設有專責「環境安全部門」（Environmental Security），除監督安全規範之實施外，並協助勞工安全委員會工作。

2.各分公司所屬員工組成各種「安全委員會」，負責執行工安暨衛生照護設施。工安風險較低的辦公室，有辦公室安全、緊急應變、職業健康、駕駛安全以及製程安全等共五種委員會。工廠則視危險度不同，有六到九個不等的委員會執行不同類別的安全規定。委員會的主席，則有專責人員或最熟悉該類型行為的員工兼任，讓員工有參與感與責任感。

3.一些公司並設有「風險管理委員會」（Risk Management），要求所屬技術人員參與訓練及防護課程、參與調查工安事件或虛驚事件，結訓後又有「複習訓練」，強化學習效果。

4.工安管理包括三個層面防護網：
- 第一層是管理階層之重視及以身作則。將安全措施視為投資。
- 第二層是中下階層的不斷教育訓練，將安全視為企業團隊文化。
- 第三層則是工安幕僚部門的工作，包括規劃、設計、管考，而後由工作基層負責執行。（于樹偉口述）

5.安全績效列入年度考核中第一項被檢討的項目。如果違反了重大安全規定，近年內則不可能有升等的機會。

資料來源：黃宥寧（2007），〈工安知識累積成冊 讓員工按表操課〉，《商業周刊》1009期（2007/03/26-04/01），頁124-126；引自：許南雄（2007），《國際人力資源管理》（*International Human Resource Management*），華立圖書出版，頁323。

範例14-4

杜邦公司的安全文化

安全文化作法	基本風險的個人行為作法
・管理承諾	・人事變革管理
・政策與原則	・承包商安全管理
・整合後的組織架構	・品質保證
・責任制的直線式管理	・工作前安全檢閱
・目標、標的與方案	・機械設備完善
・個人安全	・設備之變革管理
・步驟和達成目標	・程序安全資訊
・訓練與發展	・技術變革管理
・有效溝通	・風險評估和程序危害分析
・刺激和感官知覺	・緊急事故事先規劃與意外事故防範計畫
・審核與監測	
・意外調查	

資料來源：許金和（2008），〈參加第18屆世界職業安全衛生大會紀實〉，《工業安全衛生月刊》第232期（2008/10），頁73-74。

安全對杜邦來說，幾乎是企業發展的最高指導原則，關於安全的措施與規定不勝枚舉，例如：

1. 每位員工桌上的筆筒，筆尖全部朝下，這是為了怕員工拿筆時，不慎被刺傷而做的規定。
2. 辦公室內每一張桌子的桌角都是圓滑的，公司怕員工被尖銳的桌角刮傷，特意不購買有稜角的桌子。
3. 從事化學材料製造的工廠有明文規定，只要員工嗅到異樣的化學藥品味，認為可能危害人體時，要馬上離開現場，不管這樣做是否會造成公司的財務損失。
4. 衣物不得掛在椅背上。
5. 為了防滑、防觸電，廠內的樓梯一律是木造加扶手，活動梯子採用較貴的玻璃纖維材質，而非易觸電的鋁梯。

範例 14-5

杜邦安全健康原則

· 所有的傷害及職業疾病皆可避免
· 訓練員工安全工作是管理人員的責任
· 所有的操作危害（暴露）均可加以控制
· 安全乃僱用的條件之一
· 必須澈底的訓練員工安全地工作
· 稽核是必要的
· 所有的缺失必須儘速改正
· 避免傷害事件發生是員工對公司的一大貢獻
· 人（人員）是安全與健康計畫的最主要因素
· 廠外安全是員工安全的另一個重要部分

資料來源：台灣杜邦公司網址：http://www2.dupont.com/Taiwan_Country_Site/zh_TW/our_company/social_commitment_01.html

　　杜邦以尊重員工的觀念出發加強工安，雖然付出一定的成本，然而，對企業而言，卻得到更高的回饋。員工不會因受傷而延誤工時，公司也不會花更多的成本來彌補員工的傷害（洪懿妍，2000：162-167）。

　　台灣杜邦公司在台設廠以來，除了對台灣社會的回饋，貫徹實踐安全、環保、健康、道德與人性尊重的核心價值外，在工安及環保管理上訂定嚴謹的高標準，持續締造「零傷害」之工安紀錄，更成為各界「環保工安」的楷模，值得學習（**範例14-5**）。

第四節　摩托羅拉公司（員工參與制度）

　　摩托羅拉（Motorola）公司是在1928年由保羅·嘉爾文（Paul V. Galvin）在伊利諾州（Illinois）的芝加哥市（Chicago）成立，當時的名字是「嘉爾文製造公司」，第一個產品「電池整流器」讓消費者不需再使用傳統的電池，能直接用家裡的電流來操作無線電收音機。1930年，該公司成功的將汽車無線電收音機商品化，並使用「摩托羅拉」作為品牌名字，

這個字所代表的意思是「移動中的聲音」。

　　台灣摩托羅拉公司主要負責寬頻通訊事業，在台灣的分公司並無工會組織，然而卻有多種的員工參與方式功能，透過多管齊下的參與制度適時的表達員工的意見，一但有員工問題徵兆時，便能儘快解決事情，增加員工對公司的信賴，也提升員工的滿足感（**範例14-6**）。

一、員工意見交流委員會（Employee Communication Committee）

　　員工意見交流委員會扮演著勞資雙方之間溝通橋樑，功能性質有點類似《勞動基準法》規定的「勞資會議」，提供員工對於企業經營表達意見的參與管道。其目的都是為了促進勞資雙方的瞭解，並在第一時間解決問題，更透過季刊和公司內部網路等管道的形式，讓員工發表或提出建議，而企業亦透過此方式表達公司主張，對於公司的營運、目標做一說明。

二、職工福利委員會（Employee Welfare Committee）

　　依法成立，由資方代表以及被選出的員工代表來擔任委員會成員，主要是討論有關員工福利等相關措施，其項目有生日禮金及禮物、子女教育金補助、旅遊補助、五一勞動節獎金、年終禮券、社團活動、急難救助、結婚及生育補助、伙食提供等，以留任員工；而職工福利委員會之預算，則依公司績效而決定，因此員工愈是努力投入於工作，使企業經營績效提升，福利金的提撥率就會愈高，則最大的受惠者就是員工本人。

三、跨階會議（Skip Level Meeting）

　　跨階會議為不定期辦理，係以員工表達意見為主要目的。員工對於工作上的建議，可直接與各部門處長建言討論，而不需經過員工各層主管（如領班、管理員、經理層級），以防止基層員工意見無法表達至最上層主管，造成問題無法有效儘速解決。

範例14-6

員工參與制度個案研究

項目	摩托羅拉公司	中國鋼鐵公司	中華電信公司
產業工會	1.無產業公會。 2.公司方面並不希望員工組織工會。	1.強制入會。 2.簽訂團體協約。	1.強制入會。 2.簽訂團體協約。
勞資會議	1.無勞資會議。 2.採用員工意見交流委員會形式，溝通效果良好。	1.有勞資會議。 2.溝通效果良好。	1.有勞資會議。 2.溝通效果不佳。
勞工董事	1.無勞工董事。 2.有員工優惠認股。	1.有勞工董事。 2.席位之取得是透過共同收集員工與眷屬的股東會委託書，員工所持有的股權集中後，以法人勞工董事的方式由工會推派進入董事會。 3.實質效益還算不錯。	1.有勞工董事。 2.官股達20%事業應至少有一席勞工董事，並以直選投票方式產生。 3.扮演了忠實監督者與把關工作。
福利委員會	由勞資雙方代表組成，並擁有共同決定權。	由勞資雙方代表組成，並擁有共同決定權。	由勞資雙方代表組成，並擁有共同決定權。
其他參與方式	1.階級會議。 2.圓桌會議。 3.員工契合度調查。 4.員工協助方案。 5.工作小組會議等。 6.其他依法組成委員會。	1.董事諮詢委員會。 2.勞工安全衛生委員會。 3.勞工退休準備金監督委員會。 4.獎懲評議委員會。 5.員工持股信託委員會。 6.工作場所性騷擾委員會。 7.座談會。	1.勞工董事諮詢委員會。 2.勞工安全衛生委員會。 3.退休基金管理委員會。 4.體育委員會。
勞資關係狀況	1.勞資關係和諧。 2.企業採取人力資源管理方式，讓員工即使無工會組織亦能透過其他方式進行溝通。	1.勞資關係和諧。 2.有強大的工會作為支持參與的後盾，在員工提出建議參與決策方面仍具有相當程度之影響。	1.勞資關係衝突。 2.工會常藉由團結行動，爭取員工工作權益。

資料來源：翁林聖（2007），〈企業員工參與制度之研究〉，國立政治大學勞工研究所碩士論文，頁107。

四、圓桌會議（Round Table）

不定期的採用抽籤方式，以小型會議形式，由總經理直接與員工進行訪談式的參與，或由總經理與新進員工集體會談，使員工之意見更能直接表達給企業最高管理者。

五、員工契合度調查（Employee Engagement Survey）

每兩年舉辦一次全公司網路問卷調查，除針對特定問題填寫外，公司的管理階層還被要求需針對所有員工回饋，擬定出具體行動方案，來提升員工對於公司的滿意度，以鼓舞員工工作士氣。

六、員工協助方案（Employee Assistance Program）

公司內部設有885（幫幫我）專線，專門處理員工心理諮商輔導，協助員工調適人生各階段有關個人生活與家庭上的困擾或問題，以健康的身心及正向的生活態度面對挑戰，全心投入工作，創造生產力，並提升個人生活品質的專業心理諮商服務。

七、工作小組會議

此種形式是最為普遍運用的員工參與方式，透過定期的內部工作檢討，個人報告一星期的工作概況外，對於問題也立即提出反映，立刻解決問題癥結點，而使工作順利的進行。

摩托羅拉公司在員工意見交流委員會上，亦曾有過員工提出反映，要求組織工會，但由於公司方面並不希望員工組織工會，因此實施了更多的人性化管理措施、福利制度、員工參與方式等，讓員工在不需要工會組織下亦能進行溝通，以達到保障員工的福利事項、勞動條件並提升經濟能力（翁林聖，2007：100-101）。

第五節　國際商業機器公司（變革之道）

　　在業界被稱為「藍色巨人」的國際商業機器公司（International Business Machines Corporation, IBM），總公司設在美國紐約州（New York）阿蒙克市。該公司創立時的主要業務為商用打字機，後來轉為文字處理機，然後再轉型到電腦和有關的服務，例如硬碟技術、掃描隧道顯微鏡（Scanning Tunneling Microscope, STM）、銅佈線技術、原子蝕刻技術都是IBM所發明，在發展至今已將近一個世紀，其間經歷了大大小小的危機，而變革與轉型是IBM反敗為勝的關鍵。所以談電腦的演進，不得不談IBM，談變革，同樣離不開IBM，因為IBM是電腦業革命的象徵符號。

一、衰退警訊頻傳

　　二十世紀五〇年代至八〇年代初期，世界電腦發展的歷史經歷了大型電腦和小型電腦階段。IBM在此期間一直處於堅如磐石的霸主地位。八〇年代初期至九〇年代中期，個人電腦與網路時代來臨，儘管IBM率先推出了個人電腦，但是，由於外部的激烈競爭與內部的管理機制問題，IBM逐漸褪去了昔日的光環。面對瞬息萬變的市場，IBM集權化的組織結構和官僚化的管理模式，已不再能很好地適應市場的新變化。同時，其主要產品的市場占有率和公司的股票價格也出現下跌趨勢。這一切都顯示著IBM正處在巨大的衰落中（**範例14-7**）。

　　從純收入來看，IBM在1990年盈利超過六十億美元，而1991年卻一下子虧損近三十億美元，1992年虧損五十億美元，而1993年負債高達一百六十億美元，有四萬五千名員工被遣散。路・葛斯納（Louis V. Gerstner Jr.）臨危授命，在1993年空降出任IBM的董事長兼執行長重任。他採取了一系列非常人所能想像的變革措施，重新調整企業文化，成功地轉型為以科技為導向的資訊服務公司，在2002年他退休時，IBM獲利八十億美元。這一經驗不僅在IBM發展史上意義重大，即便是在世界企業發展史上也屬非常精彩的一筆！

範例14-7

IBM企業困難加劇的程度因應對策

類別	競爭壓力	未達利潤目標	利潤不足／單位利潤乏善可陳	出現虧損（整體企業）
財務行動	控制／減少 ・單位轉調 ・使用顧問 ・廣泛的訓練	控制／減少 ・公司外部會議 ・顧問 ・廣泛的訓練	停止 ・公司外部會議 ・顧問 ・廣泛的訓練	・減少或停發股利
主管方案（長期性）	・計畫設限	・限制各種獎勵的提高	・暫停特殊紅利 ・暫停各類獎勵	・減薪
工作時間	自願性 ・兼職 ・減少加班	鼓勵 ・請假停止加班 ・自願降低工時	・部分工時不給薪 ・減少每週工時	・不給薪 ・暫時解僱
待遇及福利	・暫停經濟性調薪，縮減範圍、規模／時間 ・放慢範圍調整的速度，控制升遷	・設福利上限（退休者） ・限制獎勵 ・強迫休假 ・暫停認股計畫	・停止津貼 ・強迫休假 ・暫停加薪 ・削減非法律的費用 ・減薪（暫時） ・擴大共享利益	・捐出紅利（包括退休人員） ・減薪（長期性） ・修訂退休金計畫 ・員工支付所有福利費用 ・終止退休金計畫
工作力結構	・減少非正式僱用人員 ・人員調動／重新訓練 ・控制人員僱用	・鼓勵 ・請假 ・停止加班 ・自願降低工時	・停止非正式人員 ・凍結僱用	・解僱正式員工

資料來源：昆・米爾斯（D. Quinn Mills）、布魯斯・弗力森（G. Bruce Friesen）著，王雅音譯（1998），《浴火重生：IBM的過去、現在與未來剖析》，遠流出版，頁106-107。

二、IBM變革之道

　　《時代週刊》報導，IBM的企業精神是有史以來無人堪與匹敵的，沒有任何一家企業會像IBM這樣給世界產業和人類生活方式帶來和即將帶來

如此巨大的影響。它的成功取決於關鍵時刻敢於銳意創新、變革。

　　IBM之所以能成功克服危機，將其傳奇不斷延續下去，歸結起來，其原因有：重新定位、組織改造、業務重組、產品變革、服務方式、客戶關係管理和文化轉型等七項，其中變革成功的關鍵就是績效管理制度和獎酬制度的變革。

(一)績效管理制度的變革

　　IBM實施新的「個人績效承諾」績效管理制度，把員工績效分成四級，第一級前15%，第二級是65%，第三級是20%，第四級是0%。為什麼第四級是訂為0%呢？因為在公司還沒有把員工評分為第四級之前，他已經被迫出局了。IBM很重視績效最好的前20%的員工，這些員工調薪幅度可以非常高，也享有股票選擇權（Stock Options）和各種訓練機會。

(二)獎酬制度的變革

◆變革前薪酬制度的特色

　　變革前的IBM對於薪酬的看法非常僵化，這主要源於湯瑪士‧華生二世（Thomas Watson Jr.）的管理哲學。

1.所有層級的薪酬，主要由薪資構成。紅利、認股權或績效獎金少之又少。

2.薪酬差異很小：
　(1)除了考核不理想的員工，所有的員工通常每年一律加薪。
　(2)高階員工和比較低階的員工之間每年的調薪金額差距很小。
　(3)加薪金額落在那一年平均值的很小範圍內。比方說，如果預算增加5%，則實際的加薪金額介於4%和6%之間。
　(4)只要屬於同一薪級各種技能的員工（如軟硬體工程師、業務員、財務專業人員）待遇相同，不管外界對某種技能需求比較高。

3.公司十分重視福利。退休金、醫療福利、員工專用鄉村俱樂部、終身僱用承諾、優異的教育訓練機會，全是美國企業中數一數二的。

◆變革後薪酬制度的特色

　　葛斯納將獎酬制度改爲績效導向並與市場連結；公司定期做市場薪資調查，瞭解外面市場上業務行銷、技術服務及後勤支援等三種人員的薪資行情，並制定三張不同的薪資結構表，隨時追蹤與調整內部的相關制度。

1. 新制度依績效敘薪，而不是看忠誠度或年資；薪酬制度強調差異化，總薪酬視市場狀況而有差異；加薪幅度視個人的績效和市場的給付金額而有差異；員工拿到的紅利，因爲組織的績效和個人的貢獻而有差異；根據個人的關鍵技能，以及流失人才於競爭對手的風險，授與的認股權也有所差異。

2. 實施認股權計畫：對IBM的員工認股權計畫，葛斯納也做了如下變動：

   (1)認股權首次授與數萬IBM員工，以便有助於凝聚注意力於共同的目標上。

   (2)股票薪酬調整爲高階主管待遇的最大部分，壓低每年現金薪酬相對於股價升值潛力的比重。

   (3)IBM高階主管，除非同時拿出自己的錢出來購買並持有公司的股票，否則他們得不到認股權。

　　變革前IBM的福利制度是配合終身僱用承諾而設計的，比方說，絕大部分的退休福利，是服務三十年所累積的。變革後的IBM已沒辦法保障終身僱用的承諾，因此IBM對員工無微不至的福利減少了，但是經由變更薪酬計畫、購買股票和認股計畫、根據績效調薪等種種辦法，每位員工遠比從前更有機會分享公司經營成功的果實（Louis V. Gerstner Jr.著，羅耀宗譯，2003：126-135）。

　　謀事在人，成事在天，謀事是成功的前提。IBM謀之以道，求之以方，改革終獲成功。在這場扭轉乾坤、重塑輝煌的艱鉅改革中，決勝力量就是變革。

第六節　安捷倫科技公司（人性化裁員）

　　安捷倫科技（Agilent Technologies）公司的前身，原是隸屬於惠普（Hewlett-Packard, HP）科技旗下的一個事業群，在1999年從惠普分割獨立後，該公司是全球領先的測試測量公司，其總部設在美國加利福尼亞州（California）的帕羅阿托市（Palo Alto）。

一、培植企業文化

　　自從安捷倫從惠普分離後，安捷倫在惠普的基礎上，一直努力為員工營造一種平等而富有人情味的工作環境，並將其融入自己新塑造的企業文化和價值觀內。以創新和奉獻、信任、尊重和團隊合作、誠實正直、速度、專注、勇於承擔責任，構成了安捷倫企業文化的核心內容。

　　安捷倫曾經在全球裁員八千人，但幾乎沒有引起任何震盪，最主要是得益於其企業文化的保障，秉持著它一貫公開、公正的原則，實現了高度透明，重視與員工的溝通，確保員工離開公司，也可以感受到安捷倫對員工的尊重（周勇、鄧濤，2003：34-35）。

二、一則感人的裁員故事

　　裁員，處理得好，可以讓企業獲得重生，處理不好，則可能震垮人心！關於安捷倫公司裁員的感人故事被寫進入了《財富》和《商業周刊》，儘管曾歷經困境，但這家公司仍然年年被評為「最佳雇主」。

　　2001年全球景氣低迷，該公司的財務狀況也每況愈下，為了節省開支，公司只能痛下心決定裁員八千名員工，但這些員工對公司幾乎毫無怨言，仍堅持工作到最後一刻。例如在當年10月，有一位女工程師綺麗兒·韋斯，在三週前接到裁員通知，她不但沒有把離任前的幾天花在更新個人簡歷，或伺機窺探電腦資料上，而是工作更加努力，在上班的最後一天，她還加班到晚上九點半，將所有事情交代完畢後，才依依難捨地離開了工

作崗位。《財富》雜誌的調查人員寫下的這段評語：「那是因為這家公司在經營順利的時候尊重員工，在經營困難的時候又幫助員工，才使得它能順利裁員，且員工願意賣力工作沒有怨言，使得該公司的裁員，非但沒有造成員工對立和品牌形象損失，反而贏得了良好的聲譽。」

三、裁員前的溝通

安捷倫公司在整個裁員過程中，溝通就占據了三分之二的時間。員工們從電子郵件、每週出版兩期的InfoSparks（內部刊物）以及「咖啡談話」（內部定期召開的員工會議，在會議上經理們向員工發布消息並集體討論對策）中得到關於公司目前面臨的形勢，需要採取的措施和原因。而且，在正式裁員之前，安捷倫公司曾經兩次試圖透過減薪等方法解決問題（其中一般員工減薪5%、高階經理減薪10%）。當最後經營當局不得不做出裁員的決定時，首席執行長納德‧巴恩霍特（Ned Barnholt）則打破了傳統，在向華爾街彙報業績前，動用了公司內部的播音系統，希望員工們從他這裡得到裁員的消息，而不是從「消費者新聞與商業頻道」（Consumer News and Business Channel, CNBC）得到消息（這一點充分體現了公司與員工是一家人，公司尊重員工的尊嚴和感受）。講話中，巴恩霍特首先感謝員工為削減成本而降低工資所做的貢獻，接著他陳述了公司經營惡化的狀況，詳細說明將有多少人丟掉工作，這一裁員數字由何而來，以及這一「痛苦」的過程將如何進行。他說：「這是我的職業生涯中最艱難的一次決策，但是我們實在是別無選擇。」（程建剛，2009：48-50）。

四、進行裁員

安捷倫公司要求所有主管，確保所有被裁撤員工都由直屬主管那裡得知消息。首席執行長納德‧巴恩霍特送三千位主管接受一天的訓練，透過角色扮演來學習如何不傷感情地請員工離開。在經濟上，公司補償被裁員工三個月的薪水，並透過各種方式協助這批員工在其他公司找到新工作。這些作法讓離職員工體諒到了公司的難處，心裡也感覺很溫暖

（《EMBA世界經理文摘》186期，頁24-25）。

　　被減薪留任的員工能共體時艱，被解聘的人也可以體會公司難處，因此儘管到頭來仍得分道揚鑣，但員工依然感覺自己受到公司重視與尊重。所以，《財富》雜誌調查人員最後的評語是：「印象深刻的是，安捷倫科技公司的員工很推崇公司管理的透明度，感覺自己受到了尊重」（張海洋，2002）。

　　安捷倫科技公司的裁員例子證明，就算到了必須分手的時候，公司和員工不一定需要反目成仇。

 ## 第七節　台灣松下電器公司（創新勞資制度）

　　坐落在新北市中和區的台灣松下電器公司（Panasonic Taiwan Co., Ltd.）創立於1962年，一直致力於實踐「貫徹為產業人的本份，圖謀社會生活的改善與提高，以期貢獻世界文化生活的進展」之經營理念，為提供受到顧客喜愛的產品而不斷努力。

　　台灣松下電器公司在創新勞資制度，實施了「大哥哥、大姊姊組織」、「照顧員工為己任」等措施。

一、大哥哥、大姊姊組織

　　台灣松下的「大哥哥」、「大姊姊」制度曾獨步台灣企業界，英文縮寫為「BSC」組織，推出之後，對於穩定人事、凝聚員工向心力等方面發揮了莫大功能。

　　BS是英文Big Sister的縮寫，也就是「大姊」的意思，成立於1972年4月；BC是英文Big Companion，可解釋為「大哥」，成立於1978年4月。兩者合併稱為「BSC組織」，就是「大哥哥、大姊姊」之意，用來協助新進員工早日適應公司環境。

　　成立BSC組織，其用意在於實現「以廠為家」、「以廠為校」的目標，希望員工在相互關懷照顧的實際行動中，涵育成熟人格，並因此提高素質士氣，增進良好的人際關係，建立明朗的工作環境。

　　BS和BC都是員工自己推選出來的，任期一年，在正式擔任BS和BC
之前，還必須接受短期訓練，內容包括BSC精神、助人方法及團體活動觀
摩與研習等。

　　BSC的責任，於公是輔導新進員工瞭解工廠作業情況，幫助他們儘快
熟悉工作及適應環境，以減少工作上的障礙，並藉這個制度提升士氣，增
加生產力；於私則是瞭解員工工作背景，在他們遭遇困難時，主動伸出援
手去幫助他們。

二、照顧員工為己任

　　1965年台灣松下成立「產業工會」，推動組訓及福利制度。1966年
10月，成立「職工福利委員會」，目的在鼓勵員工參加正當休閒活動，增
進身心健康，照顧員工生活，提高工作意願，達成全員經營目標，並使員
工安定生活，促進勞資團結。

　　1984年，台灣松下在新北市三峽白雞（地名），購買7,226坪（三
甲）土地，作為職工福利委員會休閒中心，規劃森林步道、各式各樣悠閒
的軟硬設施，包括小木屋、露營烤肉區、山訓設備、花園，以提供員工及
其眷屬方便的活動娛樂空間（鄭秋霜，2006：92-97）。

　　除上述福利特色之外，福委會也經常舉辦各項語文、才藝班、團康
活動、藝文比賽，並鼓勵員工籌組社團，號召同好組成俱樂部，從各項鉅
細靡遺的安排來鞏固台灣松下成為福利設施模範業者（行政院勞工委員
會，1994：133）。

 ## 第八節　華普飛機引擎科技公司（人力創新）

　　坐落在桃園縣觀音工業區的華普飛機引擎科技公司（Asian
Compressor Technology Services Co., Ltd.），為我國唯一航空商用發動機
壓縮器組件專業維修廠，因有效提升競爭力的培訓制度，獲得勞委會舉辦
的2008人力創新獎「事業單位」團體獎與「標竿領導人」個人獎。

　　華普公司之人力資源政策，在企業文化與經營理念方面，它明確提

出公司願景、營運目標、營運計畫、營運策略及長期發展目標，俾讓員工能有所依循，逐步去實現。

一、實施工作崗位訓練

華普公司在員工技術職涯途徑的提升方面，特別設立了工作職能矩陣管理制度、工作職能差距分析與技術晉升評鑑辦法，並對其員工實施工作崗位訓練（On-the-Job Training, OJT），讓其員工本職專長得以持續向上發展，成為長期推動公司業務成長的趨動力。

二、內部講師培育計畫

華普公司委由主管人員來栽培具有潛力的員工，開發其專業技能與傳授上課技巧，並進行合格講師的評鑑，為公司累積眾多的無形資產。

三、溝通管道的建立

華普公司在內部員工與公司管理階層之間的溝通管道，先後設計了一對一教導、跨級懇談、焦點團體、員工溝通大會、視訊網路、導師計畫、內部通告、熱線電話、電子郵件等多元管道外，並提供員工抱怨的申訴管道，以及改善提案的獎勵制度。

在員工滿意度度調查及策略上，華普公司經常性辦理員工士氣與滿意度調查，定期持續追蹤與改善。其主要的重點有：

1. 建立健全的員工溝通體系及整體薪酬獎勵制度，幫助員工瞭解公司的營運方針及運作步驟。
2. 建立年度員工滿意度調查來驗證改善成效，並對需要改進事項持續進行追蹤。
3. 透過有系統的溝通宣導，來改善員工對公司整體營運的滿意度。

四、鼓勵員工進修

華普公司為鼓勵員工利用課外時間進修，充實自我的專業領域，允諾員工進修後，只要能取得大學或碩士學位，都可獲贈美國普惠母公司美國聯合科技（UTC）公司贈予的價值新台幣六萬八千元的股票，藉此激勵員工力爭上游。

華普公司總經理戴如卓（Dev Rudra）堅信，讓客戶喜悅的第一堂課，就是擁有快樂的員工（Happy Employees Make Happy Customers），唯有由快樂員工所組成的工作團隊，才能製造出最好品質的產品給客戶，這就是讓客戶喜悅必修的第二堂課（Human heart (spirit) good quality......）（行政院勞工委員會編，2008：75-81、151-157）。

第九節　紐巴倫公司（供應商行為準則）

紐巴倫（New Balance）公司1906年在美國麻塞諸塞州（Massachusetts）波士頓市（Boston）創立，專門替腳型特殊者縫製運動鞋，至今唯一在美國當地製造運動鞋的傳統品牌，其產品在1993年在台灣上市。

一、核心精神

紐巴倫公司的企業核心精神包括下列幾項：

(一)高標準道德規範

不打擊同業，不做不合法的事情，堅持高標準的道德規範，是紐巴倫的道德規範的要求。

(二)100%顧客滿意度

顧客滿意度包括內部顧客和外部顧客。「顧客第一」、「顧客永遠是對的」一直是紐巴倫努力的目標，更涵蓋於廠商、客戶、同事之間的合作關係，都是一種服務。

(三)團隊合作

　　紐巴倫相信一個人成功並不代表是一個企業的成功，公司所有人員的努力，才能讓品牌、企業持續成功。

二、使命

　　紐巴倫秉持社會道德責任，成爲高科技、高品質知識界運動與休閒用品的領導者。

三、經營目標與核心理念

　　「成爲世界領先名牌鞋及服裝製造商」是紐巴倫公司的經營目標。爲了實現這一目標，大家團結一致，盡職盡責，始終堅持「團隊合作、客戶至上、忠誠敬業」的核心理念。

四、供應廠商行爲準則

　　紐巴倫公司供應廠商行爲準則規範，有下列幾項要點：

1. 供應商行爲準則是紐巴倫公司對供應商最基本的期望。
2. 期望供應商保證其產品是沒有剝削行爲和不安全生產條件下製造的。
3. 供應商行爲準則表達了紐巴倫公司的承諾，即公司只和能夠共同遵守公平、安全的用工承諾的製造商和供應商進行商業往來。
4. 如果發生故意不遵從「紐巴倫（New Balance）供應廠商行爲準則」的情況，公司將依照供應廠商對「紐巴倫（New Balance）供應廠商行爲準則」的承諾認可終止，或拒絕與供應廠商重新訂立供應合同（**範例14-8**）。

New Balance供應廠商行為準則

New Balance供應廠商行為準則是NB公司對供應廠商最基本的期望。NB公司期望供應廠商保證其產品。

New Balance供應廠商行為準則表達了NB公司的承諾，即我們只和能夠共同遵守公平、安全的供應廠商往來。

遵循當地法律（Compliance with Local Laws）

New Balance供應廠商行為準則中的各項條款與當地適用的法律法規保持一致。所有供應廠商都必須遵守所在國當地的法律法規。

童工（Child Labor）

· 禁止招用未滿十六週歲（有些國家法律允許十五週歲）的童工，或者雖然大於十六週歲，但仍低於製造廠商所在國所規定的完成義務教育年齡的未成年人。

· 所有工廠應保存有正式的檔案紀錄，以便查證每位員工的出生日期。

· 所有的供應廠商必須遵守當地的未成年工僱用管理規定。這些規定應包括當地勞工法律規定的工作種類、工作時間以及勞動強度。

騷擾或虐待（Harassment or Abuse）

· 員工必須得到尊重平等對待和禮遇。員工在工作場所不應受到任何的身體虐待、語言虐待、性騷擾或心理上的恐嚇等。

· 禁止對員工進行體罰。

· 強迫性要求，威脅、辱罵或呵斥的行為都不會被允許。

健康與安全（Health and Safety）

供應廠商必須參照OSHA的標準（美國職業安全與衛生署，Occupational Safety and Health Administration, OSHA），為員工提供一個安全衛生的工作條件和環境，避免工傷事故。

無歧視（Nondiscrimination）

· 供應廠商必須營造一個公平、無歧視的工作環境。

· 員工的錄用、提升和工資待遇，必須依據工作能力而定，不應以性別、種族、社會等級、婚姻狀況、宗教或文化信仰而定。

· 不允許對員工進行入職前或在職懷孕檢查。

· 不得因政治背景或社會團體的原因歧視員工。

工資待遇（Wages and Benefits）

· 供應廠商必須按月準時發放員工工資，支付的工資不得低於當地法律規定或等同於當地行業界的水準，工廠還必須向員工提供所有法律規定的福利補助。

· 供應廠商不應出於懲罰的目地剋扣員工的工資。

· 供應廠商不得假借學徒工的名義剋扣員工工資。

工作時間（Work Hours）

· 作為正常業務動作的一部分，供應廠商不得要求員工在正常工作週內工作時間累計超過六十小時，即便有些國家沒有法律限制工作時間。

· 必須保證員工每週至少休息一天（連續的二十四小時）。

· 供應廠商不得要求員工將工作帶回家或帶到工廠以外的地方做。

· 所有的工作時間必須有書面的紀錄，並根據需要隨時可以向NB的相關人員提供查驗。

加班（Overtime）

· 在特殊情況下，需要延長工作時間超過當地法定每週工作時間的（四十八小時或更短），必須按照當地法律有關規定支付加班加點工資。

· 在那些沒有法律規定加班補償的國家，付給員工的加班工資應參照當地行業的標準。加班工資不得低於正常工作小時的工資。

· 供應廠商必須控制加班加點作業，以保證生產效率，產品品質，維護員工的權益。

結社自由（Freedom of Association）

供應廠商應尊重員工自行選擇合法地組織工會和社團的權利，包括集體談判的權利。在一些當地法律限制進行自由結社的地方，供應廠商不得限制員工選擇合法地參加社團的權利，並建立一個有效的體系來確保能與員工進行公開的溝通。

強迫勞動（Forced Labor）

· 禁止工廠使用任何強迫性的勞工，例如監獄在押人員、契約勞工、債務勞工或其他。

· 供應廠商禁止對工人拒絕加班進行懲罰。

· 不得以任何理由限制工人離開工作場所。

環境條件（Environmental Conditions）

所有的廠商都應遵守當地的環境保護的法律法規。製造商、分包商和材料供應商必須保證遵守所在國當地的法律法規。

分包商（Subcontractors）

· 該行為準則也同樣適用於New Balance供應廠商的所有分包商。

· 供應廠商有責任確保分包商遵守「紐巴倫（New Balance）供應廠商行為準則」。沒有New Balance事先認可的分包商，不得向New Balance提供商業服務。

資料來源：曾勝雄（2005），《全球投資與企業社會責任高峰論壇：社會守法稽核》，台灣亞洲基金會印（3-4），頁12-24。

結 語

　　勞資關係如車之兩輪，鳥之兩翼，相輔相成，通力合作，以展其能；勞資關係之運作間或有背，當力求減少衝突之點，擴大合作之面，以善其功。

附　錄

附錄1　《勞動基準法》之內涵

一、勞動契約

1.凡適用《勞動基準法》之事業單位，其與勞工間依勞動契約成立勞動關係。

2.勞動契約，分為定期契約及不定期契約。臨時性、短期性、季節性及特定性工作得為定期契約；有繼續性工作應為不定期契約。

3.定期契約屆滿後，有下列情形之一者，視為不定期契約：

・勞工繼續工作而雇主不即表示反對意思者。

・雖經另訂新約，惟其前後勞動契約之工作期間超過90日，前後契約間斷期間未超過30日者。

前項規定於特定性或季節性之定期工作不適用之。

4.定期契約屆滿後或不定期契約因故停止履行後，未滿3個月而訂定新約或繼續履行原約時，勞工前後工作年資，應合併計算。

二、工資

1.工資是勞工因工作而獲得之報酬，雇主應全額、定期、直接給付，不得預扣勞工工資作為違約金或賠償費用。雇主給付勞工之工資不得因性別而有差別待遇。

2.工資由勞雇雙方議定之，但不得低於基本工資。

三、工時

勞工每日正常工作時間不得超過8小時，每2週工作總時數不得超過84小時。另雇主徵得勞工同意得延長工作時間，其連同正常工時每日不得超過12小時，每月延長工作時間總時數不得超過46小時，但如遇天災事變或突發事件有例外規定。

四、加班費

1.雇主延長勞工工作時間者，其延長工作時間之工資：

・延長工作時間在2小時以內者，按平日每小時工資額加給1/3以上。

・再延長工作時間在2小時以內者，按平日每小時工資額加給2/3以上。

2.勞工於延長工作時間後，如同意選擇補休而放棄領取加班費，固為法所
　不禁，惟有關補休標準等事宜亦當由勞雇雙方自行協商決定。

五、例假

勞工每7日中應有1日之休息，作為例假。事業單位如非因天災、事變或突
發事件，不得使勞工於例假日工作。

六、休假

1.依《勞動基準法》第37條暨同法施行細則第23條所定之紀念日、勞動節
　日及其他中央主管機關規定應放假之日，均應休假。雇主如徵得勞工同
　意於休假日工作者，工資應加倍發給。
2.惟雇主如徵得勞工同意將休假日調移於工作日以達週休2日。調移後之
　原休假日（紀念節日之當日）已成為工作日，勞工於該日出勤工作，不
　生加倍發給工資問題。

七、週休二日出勤工作

如勞資雙方約定之工時為2週84小時，但比照行政機關辦公日曆出勤（每
日工作8小時、週休二日、休假日10日），則週休二日之假日可能為不須
出勤之「休息日」、例假或是調移之國定假日。此時，勞工出勤工作工資
如何發給，應視該日之性質而定：
1.該日如係《勞動基準法》第36條規定之例假，事業單位如非因同法第40條
　所列天災、事變或突發事件等法定原因，縱使勞工同意，亦不得使勞工在
　該假日工作。事業單位違反上開法令規定，除應依法處理並督責改進外，
　如勞工已有於例假日出勤之事實，其當日出勤之工資，仍應加倍發給。
2.該日若為不須工作之休息日，未逾法定正常工作總時數者，工資由勞資
　雙方協商定之；逾法定正常工作總時數者，應依《勞動基準法》第24條
　規定給與延長工作時間工資。
3.又該日如係調移《勞動基準法》第37條之休假日而來者，工資應加倍發
　給。

八、特別休假

1.勞工在同一雇主或事業單位，繼續工作滿一定期間，每年應依規定給予
　特別休假。
2.特別休假日期應由勞雇雙方協商排定之，並應於勞動契約有效期間為之。

3.當勞動契約終止時，勞工尚未休完之特別休假如係勞工應休能休而不休者，則非屬可歸責於雇主之原因，雇主可不發給未休完特別休假日數之工資。反之如係可歸責於雇主之原因時，雇主應發給未休完特別休假日數之工資。

九、請假

勞工如因有婚、喪、事、疾病等因素可依《勞工請假規則》請假，惟勞工請假規則係最低標準，事業單位如有較優之規定，自可從其規定。

十、女工

1.女性勞工於分娩前後，應停止工作，給予產假8星期；妊娠3個月以上流產者，應停止工作，給予產假4星期。女工受僱工作在6個月以上者，產假期間工資照給；未滿6個月者減半發給。

2.依《性別工作平等法》第15條規定，女性受僱者妊娠2個月以上未滿3個月流產或妊娠未滿2個月流產者，可依該法第15條規定請1星期及5日之產假，雇主不得拒絕。惟產假期間薪資之計算，依相關法令之規定。

3.受僱者依規定請產假時，機關不得視為缺勤而影響其全勤獎金、考績或為其他不利之處分。

4.子女未滿1歲須女工親自哺乳者，於休息時間外，雇主應每日另給哺乳時間2次，每次以30分鐘為度。哺乳時間，視為工作時間。

十一、職業災害補償

勞工因遭遇職業災害或罹患職業病，而致疾病、傷害、殘廢或死亡時，雇主應給予其必需之工資及醫療、殘廢或死亡補償。

十二、工作年資

勞工工作年資自受僱之日起算，以服務同一事業者為限；依《勞動基準法施行細則》第5條規定，適用《勞動基準法》前已在同一事業單位工作之年資合併計算。故勞工於適用《勞動基準法》前之年資，如未有中斷之情形，於適用《勞動基準法》後其年資應自受僱日起算。

十三、契約之終止事由

1.不定期勞動契約及尚未屆期之定期勞動契約得因法定事由或勞資雙方合意而終止：

・雇主欲單方終止勞動契約時，須有《勞動基準法》第11條至第13條但書規定之情況。

・雇主依《勞動基準法》第11條、第13條但書規定終止契約，或勞工依《勞動基準法》第14條第1項規定終止契約時，雇主應發給勞工資遣費。

2. 勞動契約終止時，由於契約附隨之忠誠義務，故勞工於離職時應與雇主就相關工作事宜辦妥離職交接手續。另依《勞動基準法》第19條規定，勞工請求雇主發給服務證明書時，雇主不得拒絕。

十四、資遣費

1. 定期契約：期滿離職者，雇主無須發給勞工資遣費。

2. 不定期契約：勞工適用《勞動基準法》前的年資，依當時適用的法令規定或其自訂的規定計算。適用《勞動基準法》後的年資，則依所選擇適用之勞工退休金制度不同而異：

・勞工退休金舊制

在同一雇主之事業單位繼續工作，每滿1年發給相當1個月平均工資之資遣費。依前項計算之剩餘月數，或工作未滿1年者，以1個月計。

・勞工退休金新制

適用《勞工退休金條例》後之工作年資，資遣費由雇主按其工作年資，每滿1年發給1/2個月之平均工資，未滿1年之畸零工作年資，以其實際工作日數按月、年比例計算，最高以發給6個月平均工資為限。

十五、退休金

1. 退休條件：勞工如符合《勞動基準法》第53條規定，工作15年以上年滿55歲，或工作25年以上，或工作10年以上年滿60歲者，即得自請退休；勞工如符合《勞動基準法》第54條第1項，年滿65歲，或心神喪失或身體殘廢不堪勝任工作之強制退休要件，雇主得依法強制勞工退休。

2. 給予標準：勞工適用《勞動基準法》前的年資，依當時適用的法令規定或其自訂的規定計算。適用《勞動基準法》後的年資，則依所選擇適用之勞工退休金制度不同而異：

· 勞工退休金舊制

按其工作年資，每滿1年給與2個基數。但超過15年之工作年資，每滿1年給與1個基數，最高總數以45個基數為限。未滿半年者以半年計；滿半年者以1年計。

雇主強制退休之勞工，其心神喪失或身體殘廢係因執行職務所致者，依前開規定加給百分之二十。

· 勞工退休金新制

雇主應按月不低於勞工每月工資6%，為其提繳退休金，另勞工個人也可以在6%的範圍內，自願提繳退休金。勞工年滿60歲，即得向勞保局請領退休金。但依《勞工退休金條例》提繳退休金之年資滿15年以上，得請領月退休金；提繳年資未滿15年者，得應請領一次退休金。

資料來源：行政院勞工委員會編印（2009），〈勞動基準法權益簡介〉。

附錄2　員工工作行為規範守則

壹、宗旨

1.1.本公司遵循政府法令執行各項政策，以有效經營，取得合法利潤。公司有照顧員工的義務，也有要求員工提供服務的權利。全體員工應遵守本工作行為規範守則之規定，不得涉及非法、不道德的行為，遵循敬業樂群的工作倫理。

1.2.員工在職期間應堅持合理、合法的行為規範。

1.3.各部門主管在其所轄管理範圍內應負責管理部屬遵守本守則。

貳、適用範圍

2.1全體員工

參、定義

3.1.員工

本工作行為規範所稱「員工」，包括：正式錄用員工（含主管）暨臨時契約人員。

3.2.贈禮與款待

包括：任何金錢、款待、折扣、餽贈，或個人未來就職機會的承諾等有形或無形的利益。

肆、一般規範

4.1.公司與員工彼此的關係，必須以崇高的道德標準及合法的行為做基礎。這些行為規範在公司的政策、規章和所有主管與部屬關係中充分顯示。

4.2.員工不得利用在公司之職權，意圖達成一己之私利，員工無論身居何種職位，無論有無報酬，均應力求避免利用職權，圖利自己、家屬、親友或有商務、財務往來之他人，並不得意圖利用職權從其他員工處獲致任何方式的勞務利益。

4.3.員工的甄選、派職、晉升時，公司視其員工本人的能力是否符合工作要求為主，並根據對公司的貢獻、遵守公司政策、規定等事實表現，

一視同仁，公平、合理的對待每一位員工。

4.4.如果某一員工面臨與公司利益相抵觸之虞時，必須立即將事情的前因後果，坦承告訴其直屬主管，就公司利益與個人利益衝突之行為予以評斷，並報告總經理後，據此決定需採取何種適當的處置。

4.5.主管與部屬的關係

　4.5.1.主管對其部屬的行為是否合乎本守則，應負責提供正確的資料與指導，如有疑慮，應負責向上級主管報告。主管人員必須遵守下列事項：

　　4.5.1.1.熟悉並掌理員工涉及之相關規定與辦法，並確保有關人員都能瞭解其真諦與標準，並貫徹實施。

　　4.5.1.2.熟知擔任主管所應負的道德上與法律上的責任。

4.6.非主管職位的人員

　4.6.1.非主管職位的人員必須遵從主管指示，竭盡所能去完成工作指派。

　4.6.2.非主管職位的人員必須遵守下列事項：

　　4.6.2.1.瞭解本守則，並應用於主管所指派的工作上。

　　4.6.2.2.在執行此守則時，如有疑問時，應主動向其直屬主管探求解答資料。

　　4.6.2.3.瞭解違反法律、規章或行為規範的後果。

伍、政策內容

5.1.親屬的僱用

公司對應徵工作者，均給予平等的評量。若有血親或姻親關係的人員亦可為公司所僱用，但將被安排在不同的工作單位或無管理上下隸屬的關係的職位。如果有此種親屬關係存在，當事人應有告知其直屬主管的義務，並由部門主管會同管理部門研究該關係是否會造成利益衝突及採取適當的安善處理方法。

5.2.贈禮與款待

原則上，公司禁止饋贈、接受禮物或款待，除因地方性的習俗，需收受禮物或禮金（例如：結婚送賀禮、宴客；小孩滿月送賀禮、送油飯、蛋糕；親屬喪事送奠儀等）。

　5.2.1.公司給予禮物與款待規範

參考下列條件，以判斷是否以公司名義得給予顧客、經銷商和供應

商禮物與款待：

5.2.1.1.符合一般認為可接受的商業常規。

5.2.1.2.事先經公司內部上級主管批准。

5.2.1.3.饋贈、接受禮物或款待的價值有限，不致被誤解為對某一方案構成影響或提供報酬。

5.2.1.4.不違反現行法律和一般公認可接受的道德標準。

5.2.1.5.公開場合揭示事實真相，不致損害公司信譽。

5.2.1.6.不致對顧客、經銷商和供應商有不當的影響，並且對於顧客、經銷商和供應商本身接受的法規不互相抵觸。

5.2.2.員工對禮物與款待之接受規範

5.2.2.1.員工應避免與公司有商務關係的機構或個人處獲得禮物、饋贈、折扣和其他類似的饋贈。

5.2.2.2.員工不得接受與公司有商務關係的機構或個人任何回扣、賞金、報酬、貸款（依契約所定的從銀行或金融機構所獲之貸款除外）、暫借款或任何有價證券、物品。

5.2.2.3.員工不可接受過當的禮物或其他報酬，以致影響正常的商務關係。

5.2.2.4.員工或其家屬收到禮物或報酬如屬過當（價值與次數均應顧及），則應將該項禮物送還贈送者並回信婉謝，且以書面報告其直屬主管。

5.2.2.5.不得接受現金、即刻可變現的黃金、股票等。

5.2.3.酬謝款待

5.2.3.1.員工不得接受與公司有商務關係的機構或個人過當的各項款待，例如：代付私人或公司應付的差旅費。

5.2.3.2.某些商業往來的禮貌，例如：支付開會後午晚餐費用等類似的商業禮貌是可允許的。

5.2.4.員工與各供應商之利益關係

5.2.4.1.與公司有往來的各供應商，不允許因員工個人利益關係而有所影響。

5.2.4.2.員工不得與本公司有往來的各供應商處，獲取財務利潤或發生密切的組合關係。

5.2.4.3.員工在未獲得公司當局批准前，不得擔任與本公司有商務往來

機構（含公司的競爭廠商）的董事、監察人、顧問等。

5.2.5.與其他外界商務關係

5.2.5.1.公司所有員工均能憚精竭智、慎思明辨、廉潔不苟、奉公守法，執行公司所賦予之職責，並以公司之最大利益為前提提供服務。

5.2.5.2.員工不得再接受其他公司之聘僱，提供專業性服務。

5.2.5.3.員工業餘從事副業時，不得妨礙正常工作時間或工作上需要加班趕工的時間和臨時需要執行所指派工作。

5.2.5.4.凡曾在公司服務之員工，在其離職貳年內，公司概不接受已成為公司供應廠商，或以個人身分向公司推展業務。但此一規定不適用被資遣、退休、勞動契約到期或經公司同意轉到關係企業工作者。凡新成立之商務機構僱用剛從公司離職的員工時，原則上，公司不向其採購物料、設備，除非等到該員工離職後二年。

5.2.5.5.僱用曾在政府機構任職的員工，應查明該員工與政府任用時之間相關之約定或限制。

5.2.5.6.任何足以損害公司利益的不當的行為，其發生無論經由任何第三者，例如：配偶、眷屬，或其他人員與機構所致，其後果視同員工本人所為。

5.3.洩漏公司機密

5.3.1.員工不得將可能影響公司利益的財產資料，例如：研究發展計畫、產品製程資料、設備、銷貨成本、財務報表、購料廠商、規章、員工名冊等洩漏給予外人及同業競爭者。

5.3.2.員工未經管理部門書面同意，不得將公司其他員工人事資料（組織表、職等、職稱、薪資、電話號碼）給予任何外人或機構。

5.3.3.本公司所有的研究、工程、實驗室、生產、財務等部門工作區嚴禁任何外人入內參觀，除非事前向管理單位申請，經會知相關單位主管同意後，始能入內參觀。

5.4.擅用公司資料或利用職務營私舞弊

5.4.1.員工不得利用在公司服務機會，非法獲取公司內部機密資料，營私舞弊，例如：出賣公司資料。

5.4.2.對公司有意採購之不動產或其他任何財產，暗中取得產權，營私圖

利。

5.4.3.利用公司內部機密資料提供給予其他企業使用。

5.5.公司財產、會議記錄、資金維護

維護公司財產、會議記錄、資金免於損失及防止盜竊爲員工的責任。公司的財產只能用之於公，不能假公濟私，若未經授權批准，不得擅自變賣或讓渡。

5.6.著作權的保護

除非經著作權法或使用許可外，嚴禁員工擅自盜印、分發或使用有版權印刷之物品、影片、錄影帶、光碟片、智慧財產權或公司重要文件；亦禁止員工未經公司許可使用公司智慧財產、專利等，或讓非公司員工使用公司軟體設施。

5.7.員工參加外界活動

公司是社會團體的一份子，公司將視財務狀況，參與社會、社區有意義的活動贊助。公司也鼓勵員工業餘休假時，主動參與社會福利活動，但必須以個人公民身分參加，不得以公司名義代表參加。當員工欲服務公職或競選公職時，必須經由其主管轉報總經理，其目的是避免員工身任公職時與在公司任職有所衝突。同時，員工欲服務公職或競選公職時，不得使用公司的資源，例如：文具用品、郵票、寄信服務、使用電話與傳眞、網際網路及要求公司的其他員工幫助等。

陸、附則

6.1.員工應以書面簽字證明將遵行本守則所規定之各項行爲規範及應負的責任。

6.2.員工凡未將上述所列各情況做適當報告甚至僞造報告，或違反本守則之規定將受到適當的懲罰，包括：停職、解僱，甚至於公司將訴求法律制裁的行爲。

資料來源：丁志達（2008），「人事制度規章設計方法研習班」講義，中華企業管理發展中心編印。

附錄3　競業禁止相關規定

法規名稱	條文	內容
《民法》 （民國99年05月26日修正）	第17條第2項	自由之限制，以不背於公共秩序或善良風俗者為限。
	第250條	當事人得約定債務人於債務不履行時，應支付違約金。 違約金，除當事人另有訂定外，視為因不履行而生損害之賠償總額。其約定如債務人不於適當時期或不依適當方法履行債務時，即須支付違約金者，債權人除得請求履行債務外，違約金視為因不於適當時期或不依適當方法履行債務所生損害之賠償總額。
	第251條	債務已為一部履行者，法院得比照債權人因一部履行所受之利益，減少違約金。
	第252條	約定之違約金額過高者，法院得減至相當之數額。
	第562條	經理人或代辦商，非得其商號之允許，不得為自己或第三人經營與其所辦理之同類事業，亦不得為同類事業公司無限責任之股東。
《營業秘密法》 （民國85年 01月17日公布）	第2條	本法所稱營業秘密，係指方法、技術、製程、配方、程式、設計或其他可用於生產、銷售或經營之資訊，而符合左列要件者： 一、非一般涉及該類資訊之人所知者。 二、因其秘密性而具有實際或潛在之經濟價值者。 三、所有人已採取合理之保密措施者。
	第10條	有左列情形之一者，為侵害營業秘密。 一、以不正當方法取得營業秘密者。 二、知悉或因重大過失而不知其為前款之營業秘密，而取得、使用或洩漏者。 三、取得營業秘密後，知悉或因重大過失而不知其為第一款之營業秘密，而使用或洩漏者。

法規名稱	條文	內容
《營業秘密法》 （民國85年 01月 17日公布）	第10條	四、因法律行為取得營業秘密，而以不正當方法使用或洩漏者。 五、依法令有守營業秘密之義務，而使用或無故洩漏者。 前項所稱之不正當方法，係指竊盜、詐欺、脅迫、賄賂、擅自重製、違反保密義務、引誘他人違反其保密義務或其他類似方法。
	第11條第1項	營業秘密受侵害時，被害人得請求排除之，有侵害之虞者，得請求防止之。
	第12條	因故意或過失不法侵害他人之營業秘密者，負損害賠償責任。數人共同不法侵害者，連帶負賠償責任。 前項之損害賠償請求權，自請求權人知有行為及賠償義務人時起，二年間不行使而消滅；自行為時起，逾十年者亦同。
《公平交易法》 （民國99年06月 09日修正）	第19條第1項 及其第五款	有左列各款行為之一，而有限制競爭或妨礙公平競爭之虞者，事業不得為之： 五、以脅迫、利誘或其他不正當方法，獲取他事業之產銷機密、交易相對人資料或其他有關技術秘密之行為。
《公司法》 （民國98年05月 27日修正）	第29條	公司得依章程規定置經理人，其委任、解任及報酬，依下列規定定之。但公司章程有較高規定者，從其規定： 一、無限公司、兩合公司須有全體無限責任股東過半數同意。 二、有限公司須有全體股東過半數同意。 三、股份有限公司應由董事會以董事過半數之出席，及出席董事過半數同意之決議行之。 公司有第一百五十六條第七項之情形者，專案核定之主管機關應要求參與政府專案紓困方案之公司提具自救計畫，並得限制其發給經理人報酬或為其他必要之處置或限制；其辦法，由中央主管機關定之。 經理人應在國內有住所或居所。

法規名稱	條文	內容
《公司法》（民國98年05月27日修正）	第32條	經理人不得兼任其他營利事業之經理人，並不得自營或爲他人經營同類之業務。但經依第二十九條第一項規定之方式同意者，不在此限。
	第54條第2、3項	執行業務之股東，不得爲自己或他人爲與公司同類營業之行爲。（第2項） 執行業務之股東違反前項規定時，其他股東得以過半數之決議，將其爲自己或他人所爲行爲之所得，作爲公司之所得。但自所得產生後逾一年者，不在此限。（第3項）
	第209條第1、5項	董事爲自己或他人爲屬於公司營業範圍內之行爲，應對股東會說明其行爲之重要內容並取得其許可。（第1項） 董事違反第一項之規定，爲自己或他人爲該行爲時，股東會得以決議，將該行爲之所得視爲公司之所得。但自所得產生後逾一年者，不在此限。（第5項）
《刑法》（民國100年01月26日修正）	第317條	依法令或契約有守因業務知悉或持有工商秘密之義務，而無故洩漏之者，處一年以下有期徒刑、拘役或一千元以下罰金。
台北高等法院判決		台北高等法院87年度勞工上字第18號判決（部分摘錄）： 營業秘密乃指未經公開或非普遍爲大衆所共知的知識或技術，且事業所有人對該秘密有保密之意思，及事業由於擁有該項營業秘密，致競爭者具有更強的競爭力。

參考資料：行政院勞工委員會勞資關係處編印（2003），《簽訂競業禁止參考手冊》，行政院勞工委員會出版，頁38-41。整理：丁志達。

附錄4　（單位全銜）工作規則樣本

第一章　總則

第一條（訂立目的）

　　○○股份有限公司（以下簡稱本公司）為明確規定勞資雙方之權利義務，健全現代經營管理制度，促使勞雇雙方同心協力，並謀事業發展，特依勞動基準法及相關法令訂定本規則。

第二條（適用範圍）

　　凡受本公司僱用從事工作獲致工資之員工均適用之。

第二章　受僱與解僱

第三條（報到手續）

　　新進員工於接到通知後，應依規定之到職日至本公司辦理報到手續，逾期視為自動放棄，該通知因而失其效力，報到時應繳驗下列文件：
一、報到通知書。
二、本公司所定人事資料卡。
三、繳驗有關證件及國民身分證（核對後發還）。
四、其他本公司要求之文件。

第四條（勞動契約）

　　本公司因業務需要，僱用員工時，得與員工簽訂定期契約或不定期契約。
　　前項定期契約及不定期契約，依勞動基準法相關規定認定之。

第五條（工作年資計算）

　　員工工作年資之採計方式規定如下：
一、定期契約屆滿後或不定期契約因故停止履行後，未滿三個月而訂定新約或繼續履行原約時，員工前後工作年資，應合併計算。
二、員工工作年資以服務本公司為限，並自受僱當日起算。適用勞動基準法前已在本公司工作之年資合併計算。

三、受本公司調動之工作年資，其年資由本公司續予承認，並應予合併計算。

第六條（新進試用）

本公司得與新進員工約定試用，試用期間＿＿天，但具特殊技能、專長、經歷，經專案簽准者，不在此限。試用合格者依規定正式僱用之。考核成績不合格者，即停止僱用，並依第七條、第九條、第十條及第十一條等相關規定辦理，工資發放至停止僱用日為止。

第七條（經預告終止勞動契約）

非有下列情事之一者，本公司不得預告員工終止勞動契約：

一、歇業或轉讓時。

二、虧損或業務緊縮時。

三、不可抗力暫停工作在一個月以上時。

四、業務性質變更，有減少員工之必要，又無適當工作可供安置時。

五、員工對於所擔任之工作確不能勝任時。

第八條（終止契約限制期間之例外）

員工在產假期間或職業災害醫療期間，本公司不得終止契約。但若本公司遭天災、事變或其他不可抗力致事業不能繼續者，得報主管機關核定後辦理資遣，其符合退休要件者，應發給退休金。

第九條（資遣預告）

依第七條或前條但書規定終止勞動契約時，預告期間如下：

一、繼續工作三個月以上一年未滿者，於十日前預告之。

二、繼續工作一年以上三年未滿者，於二十日前預告之。

三、繼續工作三年以上者，於三十日前預告之。

員工於接到前項預告後，為另謀工作，得於工作時間請假外出。其請假時數，每星期不得超過二日之工作時間，請假期間之工資照給。

本公司未依第一項規定期間預告而終止契約時，應發給預告期間之工資。

本公司員工離職時，應依第一項規定期間提出預告。

第十條（發放資遣費）

凡依第六條、第七條或第八條但書規定終止勞動契約之員工，除依規定予

以預告或未及預告，而依規定發給預告期間之工資外，應於離職日起三十日內依下列規定發給資遣費：

一、適用勞動基準法前之工作年資，其資遣費給與標準如依其當時應適用之法令規定計算；當時無法令可資適用者，依本公司自訂之規定或勞雇雙方之協商計算之。

（※貴公司針對適用勞基法前之年資如有資遣費給付辦法，請將辦法列出）

二、適用勞動基準法退休金制度之工作年資，其資遣費給與標準如下：

(一)在本公司繼續工作，每滿一年發給相當於一個月平均工資的資遣費。

(二)工作未滿一年者，以比例計給之。未滿一個月者以一個月計。

三、適用勞工退休金條例（勞退新制）退休金制度之工作年資，資遣費給與標準如下：

(一)依勞工退休金條例選擇繼續適用勞動基準法退休金規定或保留適用勞工退休金條例前之工作年資，資遣費依本條第一項第一款及第二款規定發給。

(二)適用勞工退休金條例退休金規定後之工作年資，於勞動契約依勞動基準法第十一條、第十三條但書、第十四條、第二十條或

(二)職業災害勞工保護法第二十三條、第二十四條規定終止時，其資遣費由本公司按其工作年資，每滿一年發給二分之一個月之平均工資，未滿一年者，以比例計給；最高以發給六個月平均工資為限，不適用本條第一項第二款之規定。

本條資遣費之發給，不適用於第十一條，自動辭職核准或定期勞動契約期滿離職之員工。

第十一條（不經預告終止勞動契約，解僱原因）

凡本公司員工有下列情形之一者，本公司得不經預告終止契約：

一、於訂立勞動契約時為虛偽意思表示，使本公司誤信而有受損害之虞。

二、對於本公司雇主，雇主家屬、雇主代理人或其他共同工作之員工，實施暴行或有重大侮辱之行為。

三、受有期徒刑以上刑之宣告確定，而未諭知緩刑或未准易科罰金。

四、故意損耗機器、工具或其他本公司所有之物品，或故意洩漏本公司技

術上、營業上之秘密致本公司受有損害。

五、無正當理由繼續曠工三日，或一個月內曠工達六日。

六、違反勞動契約或工作規則，情節重大。

本公司依前項第一款、第二款、第四款至第六款規定終止契約者，於自知悉其情形之日起，三十日內爲之。

第十二條（離職手續）

員工離職者，應依本公司規定辦妥離職移交手續。

第十三條（服務證明書）

勞動契約終止時，經員工之請求，本公司應發給服務證明書。

第十四條（調動）

本公司因企業經營上需要，於不違背勞動契約，且對員工薪資及其他勞動條件不作不利之變更，得依員工之體能及技術調整員工之職務或工作地點，其年資合併計算；員工有正當理由時，得申請覆議。

員工之調動工作地點過遠，本公司應予以必要之協助。

第十五條（調職移交手續）

員工接到調任之「人事通知單」，應於＿＿日（※期限請貴公司自訂）內辦妥調職移交手續（經另行指定移交日期者除外），就任新職。

（※貴公司如有離職金規定請列出）

第三章　工資、津貼及獎金

第十六條（工資之議定）

員工之工資由本公司與員工議定之。但員工在正常工作時間內所得之報酬，不得低於基本工資。

第十七條（工資定義）

工資，指員工因工作而獲得之報酬；包括工資、薪金及按計時、計日、計月、計件以現金或實物等方式給付之獎金、津貼及其他名義之經常性給與。

第十八條（工資計算及發放時間）

本公司之工資計算方法，依需要得採計時制、計日制、計月制、計件制。

員工工資之給付，除法令另有規定或與員工另有約定外，全額直接給付員

工。

給付員工工資，經員工同意發放時間如下，如遇例假或休假則（□提前□順延）：

□每月一次：於每月＿＿＿日發放（□前月□當月□次月）之工資。

□每月二次：於每月＿＿＿日發放（□前月□當月□次月）＿＿＿日至（□前月□當月□次月）＿＿＿日之工資、每月＿＿＿日發放（□前月□當月□次月）＿＿＿日至（□前月□當月□次月）＿＿＿日之工資。

□其他：＿＿＿＿＿＿＿＿＿＿＿＿＿＿＿＿＿＿＿

第十九條（延長工時及停止假期工作之工資加給標準）

正常工作日延長工時工資發給：

本公司延長員工工作時間者，其延長工作時間之工資依下列標準加給之：

一、延長工作時間在二小時以內者，按平日每小時工資額加給三分之一以上。

二、再延長工作時間在二小時以內者，按平日每小時工資額加給三分之二以上。

三、因天災、事變或突發事件，延長工作時間者，按平日每小時工資額加倍發給之。

停止假期工資發給：

一、因業務需要，本公司經員工同意於休假日工作者，工資加倍發給。

二、因天災、事變或突發事件，本公司認有繼續工作之必要者，得停止例假日、休假日。但停止假期之工資應加倍發給，並應於事後補假休息。

第二十條 （津貼及獎金）

（※貴公司如有年終獎金或分配紅利、年節獎金、各種名義之津貼及生產、效率、全勤等或其他名義之激勵性獎金給與，請列出發放之條件、標準及期間等規定）

第四章　工作時間、休息、休假、請假

第二十一條（工作時間）

員工正常工作時間每日不超過八小時，每二週不超過八十四小時。

　　本公司得視實際需要，依勞動基準法第三十條第二項、第三項及第三十條之一等規定實施彈性工時。

　　（※其中勞動基準法第三十條第三項及第三十條之一之規定，須符合中央主管機關所指定之行業始可實施）

　　子女未滿一歲須員工親自哺乳者，除規定之休息時間外，本公司將每日另給哺乳時間二次，每次以三十分鐘爲度，哺乳時間，視爲工作時間。

　　員工爲撫育未滿三歲子女，得請求下列所定事項之一：

　　一、每天減少工作時間一小時；減少之工作時間，不得請求報酬。

　　二、調整工作時間。

　　員工爲前二項哺乳時間、減少或調整工時之請求時，本公司不得拒絕或視爲缺勤而影響其全勤獎金、考績或爲其他不利之處分。

第二十二條（延長工作時間）

　　本公司有使員工在正常工作時間以外工作之必要者，經勞資會議同意後，得將工作時間延長之。

　　（※貴公司有工會組織者，前項內容應修改爲「本公司有使員工在正常工作時間以外工作之必要者，本公司經工會同意後，得將工作時間延長之」）

　　前項延長員工之工作時間連同正常工作時間，一日不得超過十二小時。延長之工作時間，一個月不得超過四十六小時。

　　因天災、事變或突發事件，本公司有使員工在正常工作時間以外工作之必要者，得將工作時間延長之。但應於延長開始後二十四小時內報當地主管機關備查。延長之工作時間，應於事後補給員工以適當之休息。

　　（※貴公司有工會組織者，前項內容應修改爲「因天災、事變或突發事件，本公司有使員工在正常工作時間以外工作之必要者，得將工作時間延長之。但應於延長開始後二十四小時內通知工會；延長之工作時間，應於事後補給員工以適當之休息」）

　　員工得因健康或其他正當理由，不接受正常工作時間以外之工作。

第二十三條（加班指派）

　　本公司依第二十二條辦理後，因工作需要加班時，加班人員應填寫「加班單」，經權責主管核准後交加班人員憑以加班。

第二十四條（休息時間）

員工繼續工作四小時，至少應有三十分鐘之休息。但實行輪班制或其工作有連續性或緊急性者，本公司得在工作時間內，另行調配其休息時間。

第二十五條（例假日）

員工每七日中至少應有一日之休息，作為例假，工資照給。

第二十六條（休假日）

員工於紀念日、勞動節日及其他中央主管機關規定應放假之日，均予休假，工資照給。包括：

一、紀念日如下：

　　(一)中華民國開國紀念日（元月一日）。

　　(二)和平紀念日（二月二十八日）。

　　(三)革命先烈紀念日（三月二十九日）。

　　(四)孔子誕辰紀念日（九月二十八日）。

　　(五)國慶日（十月十日）。

　　(六)先總統　蔣公誕辰紀念日（十月三十一日）。

　　(七)國父誕辰紀念日（十一月十二日）。

　　(八)行憲紀念日（十二月二十五日）。

二、勞動節日指五月一日勞動節。

三、中央主管機關規定應放假之日如下：

　　(一)中華民國開國紀念日之翌日（元月二日）。

　　(二)春節（農曆正月初一、初二、初三）。

　　(三)婦女節、兒童節合併假日（民族掃墓節前一日）。

　　(四)民族掃墓節（農曆清明節為準）。

　　(五)端午節（農曆五月五日）。

　　(六)中秋節（農曆八月十五日）。

　　(七)農曆除夕。

　　(八)臺灣光復節（十月二十五日）。

　　(九)其他經中央主管機關指定者。

前開休假日經勞雇雙方協商同意後，得酌作調移。

第二十七條（特別休假）

員工於本公司繼續工作滿一定期間者，每年均依下列規定給予特別休假：

一、一年以上三年未滿者七日。

二、三年以上五年未滿者十日。

三、五年以上十年未滿者十四日。

四、十年以上者，每一年加給一日，加至三十日為止。

前項員工之工作年資自受僱當日起算；特別休假日期應由本公司與員工協商排定之；因年度終結或終止契約而未休，且可歸責於本公司者，其應休未休之日數，由本公司發給工資。

第二十八條（休假日工作）

第二十五條所定之例假，第二十六條所定之休假及第二十七條所定之特別休假，工資照給。本公司經徵得員工同意於第二十六條及第二十七條之休假日工作者，工資加倍發給。

第二十九條（停止假期）

因天災、事變或突發事件，本公司認為有繼續工作之必要時，得停止第二十五條至第二十七條所定員工之假期。但停止假期之工資，加倍發給，並應於事後補假休息。

第三十條（給假及育嬰留職停薪規定）

（※貴公司可自訂優於法令之給假規定）

員工因婚、喪、疾病或其他正當理由請假，假別分為婚假、事假、家庭照顧假、普通傷病假、生理假、喪假、公傷病假、產假、公假及陪產假等十種。准假日數及工資給付如下：

一、婚假：員工結婚者給予婚假八日，工資照給。

二、事假：員工因事必須親自處理者，得請事假；一年內合計不得超過十四日。事假期間不給工資。

三、普通傷病假：員工因普通傷害、疾病或生理原因必須治療或休養者，得依下列規定請普通傷病假，請假連續____日（※期限請貴公司自訂）（含）以上者，須附繳醫療證明。（普通傷病假一年內合計未超過三十日部分，工資折半發給，其領有勞工保險普通傷病給付未達工資半數者，由本公司補足之）

(一)未住院者，一年內合計不得超過三十日。

(二)住院者，二年內合計不得超過一年。

(三)未住院傷病假與住院傷病假，二年內合計不得超過一年。

普通傷病假超過前款規定之期限，經以事假或特別休假抵充後仍未痊癒者，經本公司同意得予留職停薪。逾期未癒者得予資遣，其符合退休要件者，應發給退休金。

四、生理假：女性員工因生理日致工作有困難者，每月得請生理假一日，其請假日數併入病假計算。生理假薪資之計算，依病假規定辦理。

五、喪假：工資照給。員工喪假得依習俗於百日內分次申請。

(一)父母、養父母、繼父母、配偶喪亡者，給予喪假八日。

(二)（外）祖父母、子女、配偶之父母、配偶之養父母或繼父母喪亡者，給予喪假六日。

(三)兄弟姊妹、配偶之（外）祖父母喪亡者，給予喪假三日。

六、公傷病假：員工因職業災害而致殘廢、傷害或疾病者，其治療、休養期間，給予公傷病假。

七、產假：

(一)女性員工分娩前後，應停止工作，給予產假八星期。

(二)妊娠三個月以上流產者，應停止工作，給予產假四星期。

(三)第一目、第二目規定之女性員工受僱工作在六個月以上者，停止工作期間工資照給，未滿六個月者減半發給。

(四)妊娠二個月以上未滿三個月流產者，應停止工作，給予產假一星期。

(五)妊娠未滿二個月流產者，應停止工作，給予產假五日。

(六)女性員工請產假須提出證明文件。

八、陪產假：員工於其配偶分娩時，於分娩日前後共五日中，擇三日休假；遇假日不另給假。陪產假工資照給。

九、家庭照顧假：員工於其家庭成員預防接種、發生嚴重之疾病或其他重大事故須親自照顧時，得請家庭照顧假；其請假日數併入事假計算，全年以七日為限。家庭照顧假薪資之計算，依事假規定辦理。

十、公假：員工有依法令規定應給公假情事者，依實際需要天數給予公假，工資照給。

員工請特別休假、婚假、喪假、公傷病假、公假、產假者，仍發給全勤獎

金。

員工任職滿一年後，於每一子女滿三歲前，得申請育嬰留職停薪，期間至該子女滿三歲止，但不得逾二年。同時撫育子女二人以上者，其育嬰留職停薪期間應合併計算，最長以最幼子女受撫育二年為限。

員工申請生理假、育嬰留職停薪、家庭照顧假、陪產假、產假時，本公司不得拒絕或視為缺勤而影響其全勤獎金、考績或為其他不利之處分。

第三十一條（請假手續）

員工因故必須請假者，應事先填寫請假單經核定後方可離開工作崗位或不出勤；如遇急病或臨時重大事故，得於＿＿日內委託同事、家屬、親友或以電話、傳真、E-mail、限時函件報告單位主管，代辦請假手續。如需補述理由或提供證明，當事人應於＿＿日內提送，其工作單位按權責核定之。

第三十二條（請假日數計算）

員工事假及普通傷病假全年總日數的計算，均自每年一月一日起至同年十二月三十一日止。

（※貴公司如有另定會計年度者，員工事假及普通傷病假全年總日數，得依其會計年度計算）

第三十三條（請假計算單位）

請假之最小單位＿＿假以＿＿（日、半日、時）計。

請普通傷病假超過三十日以上之期間，如遇例假日、紀念日、勞動節日及由中央主管機關規定應放假之日，併計於請假期間內。

第五章　退休

第三十四條（自請退休）

員工有下列情形之一者，得自請退休：

一、工作十五年以上年滿五十五歲者。

二、工作二十五年以上者。

三、工作十年以上年滿六十歲者。

（※貴公司可自訂優於勞動基準法之員工提前退休辦法，但須向勞工行政主管機關報備）

第三十五條（強制退休）

員工非有下列情形之一者，本公司不得強制其退休：

一、年滿六十五歲者。

二、心神喪失或身體殘廢不堪勝任工作者。

前項第一款所規定之年齡，對於擔任具有危險、堅強體力等特殊性質之工作者，本公司得報請中央主管機關核准調整，但不得少於五十五歲。

第三十六條（退休金給與標準）

員工退休金給與標準如下：

適用勞動基準法前後之工作年資，其退休金給與標準依勞動基準法第八十四條之二及第五十五條計給。

適用勞動基準法前之工作年資，其退休金給與標準如下：

（※貴公司針對適用勞基法前之年資如有應適用之法令規定或自訂之退休金給付辦法，請將辦法列出。如貴公司係於九十四年七月一日後方適用勞基法，本條第一款之項目得予刪除，不予規範）

依勞工退休金條例選擇繼續適用勞動基準法退休金規定或保留適用勞工退休金條例前之工作年資，其退休金依前二款規定發給。

適用勞動基準法退休金規定且依第三十四條第一項第二款規定強制退休之員工，其心神喪失或身體殘廢係因執行職務所致者，依前款規定加給百分之二十。

適用勞工退休金條例退休金規定之員工，本公司按月提繳其工資6%之金額至勞工個人之退休金專戶。

（※貴公司如於九十四年七月一日後方適用勞基法，則　貴公司員工適用勞基法後之年資，退休金之發給均適用勞工退休金條例之規定，貴公司於本款僅須規定「自○○年○○月○○日本公司適用勞基法之日起，本公司按月提繳其薪資＿＿＿%（不得低於6%）之金額至勞工個人之退休金專戶。」本條第三、四款之項目得予刪除，不予規範）

第三十七條（退休金給付）

本公司應給付員工適用勞動基準法退休金規定之退休金，自員工退休之日起三十日內給付之。

433

第三十八條（退休金請求時效）

員工請領退休金之權利，自退休之次月起，因五年間不行使而消滅。

第六章　女工

第三十九條（女工夜間工作保護）

本公司不得使女性員工於午後十時至翌晨六時之時間內工作。但經勞資會議同意後，且符合下列各款規定者，不在此限：

（※貴公司有工會組織者，前項內容應修改為「本公司不得使女性員工於午後十時至翌晨六時之時間內工作。但經工會同意後，且符合下列各款規定者，不在此限」）

一、提供必要之安全衛生設施。

二、無大眾運輸工具可資運用時，提供交通工具或安排女工宿舍。

女性員工因健康或其他正當理由，不能於午後十時至翌晨六時之時間內工作者，本公司不得強制其工作。

第一項規定，於因天災、事變或突發事件，本公司必須使女性員工於午後十時至翌晨六時之時間內工作時，不適用之。

第一項但書及前項規定，於妊娠或哺乳期間之女性員工，不適用之。

第四十條（分娩前後的保護）

女性員工在妊娠期間，本公司若有較為輕易之工作，得申請改調，本公司不得拒絕，且不得減少其工資。

第七章　考勤、考核、獎懲、升遷

第四十一條（遲到早退）

員工應準時上、下班，並依規定按時打卡（簽到）。有關遲到、早退、曠工（職）規定如下：

一、員工逾規定上班時間＿＿分鐘以內出勤者，視為遲到。但偶發事件經單位主管核准當日補請假者，視為請假。

二、於規定下班時間前＿＿分鐘以內無故擅離工作場所者，視為早退。

三、未經辦理請假手續或假滿未經續假，而無故擅不出勤者，以曠工（職）論。

四、在工作時間內未經准許或辦理請假手續，無故擅離工作場所或外出

者，該缺勤期間以曠工（職）論。

第四十二條（考核對象）

本公司為激勵士氣，確保工作精進，得視需要辦理年度員工考核（績）。

第四十三條（獎懲及升遷）

本公司為激勵士氣，確保工作精進，得視員工表現辦理員工獎懲及升遷。

（※貴公司得自訂獎懲及升遷規定，其中懲戒規定應具體明確且應符合懲戒相當原則、公平原則，不得有權利濫用）

第八章　職業災害補償及撫卹

第四十四條（職業災害補償）

員工因遭遇職業災害而致死亡、殘廢、傷害或疾病時，本公司應依下列規定予以補償。但如同一事故，依勞工保險條例或其他法令規定，已由本公司支付費用補償者，本公司得予以抵充之：

一、員工受傷或罹患職業病時，本公司應補償其必需之醫療費用。職業病之種類及其醫療範圍，依勞工保險條例有關之規定。

二、員工在醫療中不能工作時，本公司應按其原領工資數額予以補償。但醫療期間屆滿二年仍未能痊癒，經指定之醫院診斷，審定喪失原有工作能力，且不合本條第三款之殘廢給付標準者，本公司得一次給付四十個月之平均工資後，免除此項工資補償責任。

三、員工經治療終止後，經指定之醫院診斷，審定其身體遺存殘廢者，本公司應按其平均工資及其殘廢程度，一次給予殘廢補償。殘廢補償標準，依勞工保險條例有關之規定。

四、員工遭遇職業災害或罹患職業病而死亡時，本公司除給與五個月平均工資之喪葬費外，並應一次給與其遺屬四十個月平均工資之死亡補償。其遺屬受領死亡補償之順位如下：

(一)配偶及子女。

(二)父母。

(三)祖父母。

(四)孫子女。

(五)兄弟、姐妹。

第四十五條（職業災害補償抵充）

本公司依前條規定給付之補償金額，得抵充就同一事故所生損害之賠償金額。

第四十六條（職業災害補償請求時效）

第四十四條之受領補償權，自得受領之日起，因二年間不行使而消滅。

受領補償之權利，不因員工離職而受影響，且不得讓與、抵銷、扣押或擔保。

第四十七條（撫卹）

（※請貴公司明定撫卹規定）

第九章　福利措施與安全衛生

第四十八條（勞工保險及全民健康保險）

員工均由本公司依法令規定辦理勞工保險及全民健康保險，並依相關法令享有保險給付權利。對於同仁生育、傷病、殘廢、老年、死亡等之給付，亦由本公司依「勞工保險條例」、「全民健康保險法」，由本公司辦理轉請勞保局及健保局給付。

第四十九條（員工福利）

爲辦理員工福利事項，本公司依「職工福利金條例」規定提撥福利金。

（※貴公司如有其他福利規定，請列出）

第五十條（安全衛生）

本公司依法辦理安全衛生工作，員工應遵照相關規定配合辦理。

第十章　其他

第五十一條（勞資會議）

本公司爲協調勞資關係，增進彼此瞭解，促進勞資合作，提高工作效率，依「勞資會議實施辦法」舉辦勞資會議。定期開會，相互溝通意見，勞雇雙方應本和諧誠信原則，協商解決問題。

第五十二條（員工申訴性騷擾處理制度）

員工於工作場所遇有性騷擾時，可向＿＿＿＿＿＿＿（請明定部門／人員）申訴。

申訴專線電話：_____（請明定）

申訴專用傳眞：_____（請明定）

申訴專用信箱或電子信箱：_____（請明定）

本公司得視管理需求另設「員工申訴處理制度」。

（※貴公司如設有申訴制度，請列出）

（※僱用三十人以上公司應訂定性騷擾防治措施、申訴及懲戒辦法，並在公開場所公開揭示）

第五十三條（補充規定）

本規則若有法令修改、未盡事宜或涉及員工其他權利義務事項，本公司得視實際需要，按照有關法令規定辦理之。

第五十四條（實施）

本規則報請主管機關核備後公告施行，修正時亦同。

資料來源：行政院勞工委員會編（2009/05），《工作規則參考手冊》，行政院勞工委員會印。

附錄5 工作規則審核要點

內容	依據法令	審核注意事項
訂立事項一：工作時間、休息、休假、國定紀念日、特別休假及繼續性工作之輪班方法。		
(一)工作時間 1.每日正常工作時間及每週工作總時數。	本法（以下未特別指出法名稱者均同）第三十條第一項、第二項、第三項及第三十條之一	每日正常工作時間不得超過八小時，每二週工作總時數不得超過八十四小時。
2.依第二項、第三項改分配於其他日之工作時間。		分配之工作時間每日不得超過二小時，童工不適用。
3.每日工作時間開始及終了時刻。		不必與曆定週日相符。
4.每週之開始及終了日。		
5.延長工作時間。	第三十二條	條件及程序須符合規定。 坑內工作有特殊規定。
6.童工工作時間。	第四十七條、第四十八條	童工每日工作有八小時限制。 童工夜班限制。
7.女工工作時間在夜間者。	第四十九條、第三十條之一	條件及程序應符規定。
8.高溫作業、精密作業、重體力工作、高架作業、異常氣壓作業等工作時間。	《勞工安全衛生法》第九條及有關規定	必要時得聯繫勞工檢查機構以增瞭解。
(二)休息 1.休息時間開始時刻及終了時刻。	第三十五條	
2.另行調配休息時間者之調配規定。		注意法定休息時數之立法精神及調配理由。
(三)例假 1.例假排定方式。	第三十六條	每七日中至少應有一日之休息。

內容	依據法令	審核注意事項
2.停止例假時，補休及工資 　加倍發給規定。	第四十條	應具備合法條件。
(四)紀念日、勞動節日等		
1.應放假之日期。	第三十七條	日期應明定。
2.停止休假時工資給付標 　準及補休規定。	第三十九條、第四十 條	停止休假之理由及處理程序。
(五)特別休假		
1.特別休假日數計算方法。	第三十八條	應依據年資起算日期計算特別 休假。
2.休假日期排定方式或勞 　工申請手續。		
3.停止特別休假之補假及 　工資加發規定。	第三十九條、第四十 條、第四十一條	停止之理由及程序。
4.勞工不願特別休假及未 　休完之特別休假工資加 　發規定。	第三十九條	
(六)女工分娩假期		
1.分娩假期計算。	《性別工作平等法》 第十五條	
2.分娩假期工資給付規定。	第五十條	
(七)請假		
1.各種假期日數。	第四十三條。《性別 工作平等法》第十四 條、第十六條、第 二十條	均應明示。並不少於規定標 準。
2.工資給付規定。		
3.請假手續。		
(八)繼續性工作之輪班方法		
1.每班次之起訖時間及人 　員輪班方法。	第三十四條	與法定正常工作時間及例假符 合。
2.交班接班事項。		晝夜班輪換規定。
訂立事項二：工資之標準、計算方法及發放日期		
(一)工資額標準 1.工資額。	第二十一條	基本工資由行政院勞工委員 會發布。勞雇雙方議定之工資 不得低於基本工資。採議定原 則，男女同工同酬。

內容	依據法令	審核注意事項
2.男女工資規定。	第二十五條	
(二)工資計算方法		
1.計月、計日、計時、計件及計算方法。		得以文字或列表或公式表示，須明確。
2.項目名稱。		逐項明示。
3.工資調整事項。		注意合理性、制度化。
(三)工資發放事項	第二十二條 第二十三條	發放日期，通貨或實物。
(四)工資其他事項		
1.延長工作時間工資給付標準。		計算基準額及比例加給。
(1)平常情形者。	第二十四條	
(2)天災、事變或突發情形者。	第三十二條第三項	
2.假日工作工資		
(1)平常情形者。	第三十九條	計算基準額、加倍發給事後應補假休息。
(2)天災、事變或突發情形者。	第四十條	
3.女工分娩假工資。	第五十條	
訂立事項三：延長工作時間		
(一)季節性、換班、準備、補充性工作之原因	第三十二條第一項及第二項	條件及程序應符合規定。注意女工之特殊規定。
(二)天災、事變或突發事件之原因	第三十二條第三項	規定補休方法。
(三)因公眾生活便利或其他特殊原因	第三十三條	條件及程序應符合規定。另《勞工安全衛生法》第九條及有關規定須一併注意。童工工作時間不得延長。仍應注意本法精神。
訂立事項四：津貼及獎金		
(一)年終獎金或分配紅利 1.在盈餘中所占比例。 2.勞工獲得之條件及計算方法。	第二十九條	須明確具體。具客觀標準。

內容	依據法令	審核注意事項
3.發放期間。		
(二)年節獎金		數額分配規定應具體。
(三)各種名義之津貼數額及 發給條件		是否具工資性質及扣、發規定。
(四)生產、效率、全勤等或 其他名義之激勵性獎金 給與		是否具工資性質及扣、發規定。 全勤獎金之計算應以義務工作日為基礎。
訂立事項五：應遵守之紀律		
(一)法定紀律事項	第十二條第一項第一至第三款、第五款、第六款	應明確具體，不超過法定範圍。
(二)約定之紀律事項 1.忠誠義務遵守事項。 2.工作場所秩序事項。 3.事業單位信用、名譽及業務機密維護事項。 4.勞雇雙方共同利益之維護事項。 5.專任義務（經雇主同意兼職者不限）。		依勞、資合作原則、促進事業發展規定必要之管理制度： 一、無損勞工人格尊嚴。 二、勞工在工作場所外個人行為以不受干預為原則。 三、本勞雇互敬、合作精神。 四、合於一般社會規範。 五、重要規定應特加明示。
訂立事項六：考勤、請假、獎懲、升遷		
(一)考勤事項 1.出勤、退勤考核標準。 2.勤惰考核通知方式。 (二)請假事項及假期內工資 規定 (三)獎懲事項 1.獎懲等級區分規定。 2.事實與獎懲等級配合規定。 3.獎懲換算及抵銷規定。 (四)升遷事項	第四十三條	以打卡、簽到（退）等有具體記錄方式為宜。 以激勵其發揮敬業精神為主。 不應低於規定標準。 懲罰內容應不含解僱處分。

內容	依據法令	審核注意事項
1.職務調升事項。 2.職務平調事項。 3.職務降調事項。		以尊重勞方意願為原則。懲罰性降調應依具體規定及事實，並考慮其能力。
(五)勞工申訴報告事項	第七十四條	具體處理規定。
訂立事項七：受僱、解僱、資遣、離職及退休		
(一)受僱事項 1.招僱勞工之方式與條件。 2.受僱勞工報到手續。		所定條件不得有違《背就業服務法》或歧視特定對象不當情形。《勞動基準法施行細則》刪除試用期間規定後，勞僱關係之適用即回歸本法之規範，試用期之長短及該期間之勞動條件，可由勞資雙方依工作特性在不違背法令規範及契約誠信原則下自由約定。
(二)解僱事項 1.解僱原因 　(1)違反法定紀律事項。	第十二條第一項第一至第三款、第五款、第六款	注意對一般社會規範之合理性及具體性。與勞動契約間應有平衡關係。
(2)違反約定紀律事項情節重大者。	第十二條第四款	
2.勞工申訴報告事項。	第七十四條	具體處理規定。
(三)資遣事項 1.資遣原因。	第十一條、第十三條但書	注意具體事項及合理性。
2.資遣費發給。	第十七條、第八十四條之二、第二條第一項第四款。《勞工退休金條例》第十一條第二項、第十二條第一項	注意勞工適用之退休金制度。
3.預告期間。	第十六條	
4.服務證明書發給。	第十九條	

內容	依據法令	審核注意事項
(四)離職事項 1.離職原因 　(1)歸因於雇主事由。 　(2)勞工本身意願。 2.歸責雇主因素離職應有 　資遣費。 3.服務證明書之發給。 (五)退休規定事項	 第十四條第一項 第十五條 第十四條第四項規定 準用第十七條 第十九條 第六章有關部分及 第八十四條之二。 《勞工退休金條例》 第六條、第十一條第 二項、第十四條、第 三十六條	 注意具體事項及合理性。 注意契約終止後權益補償規 定，有無符合平衡原則。 注意勞工適用之退休金制度。
訂立事項八：災害傷病補償及撫卹		
(一)職業災害補償 (二)一般災害撫卹	第五十九條 第七十條	應符合規定。 應具體、明確訂定。
訂立事項九：福利措施		
(一)依法辦理事項 (二)自辦福利措施	《職工福利金條例》	應符合規定。 具體規定。
訂立事項十：勞雇雙方應遵守勞工安全衛生規定		
(一)勞方應遵守規定事項及 　其特別重要者 (二)雇方對前項配合措施	《勞工安全衛生法》 及有關規定	特別重要規定得引為解僱依據 者應列出，其他可列為單項工 作規則。 配合措施應與要求勞方遵守者 互相一致，特別是設備、費用 方面。
訂立事項十一：勞雇雙方溝通意見加強合作之方法		
(一)法定溝通合作事項 1.勞工申訴處理制度。 2.勞資會議。 (二)自定溝通合作事項	 第七十四條 第八十三條	
訂立事項十二：其他		
(一)建立適當之工作環境	第八條	

內容	依據法令	審核注意事項
(二)加強勞雇關係事項 1.工作改進激勵事項。 2.考績表揚。 3.團體活動。	第一條	
(三)有關技術生事項	第八章有關部分	

資料來源：《工作規則審核要點》，行政院勞工委員會中華民國99年01月20日勞動1字第0980131041號函修正發布。

附錄6　（單位全銜）員工手冊樣本

一、僱用方針

公司的人員僱用，是以公平、公開的方式進行招募，遴選符合該職位要求之合適人才。一般新進同仁試用期以三個月爲原則，在試用期間，經考核不合格者，將終止僱用關係。

公司在遇有職位出缺時，對內公布出缺的職位類別與任職資格條件，凡有興趣轉職的同仁，在現職服務兩年以上，且經現職主管同意者，可於限期內向人力資源處提出申請。

二、識別證

本公司同仁進入公司／工廠時，均應佩帶識別證，以茲識別。

因業務接洽需要，訪客進入公司／工廠時，均需在警衛室辦妥登記手續，憑個人證明文件換發貴賓證。

同仁進出公司／工廠時，因安全需要，請配合警衛人員之檢查工作。

三、工作時間

1.正常班作息

　上午八點上班至下午五點下班，中午休息一小時（含午餐時間），每週工作五日。

2.中夜班

　下午四時上班，凌晨一時下班，休息半小時（含晚餐時間），每週工作五日。

3.大夜班

　晚上十時上班，早晨六點三十分下班，休息半小時（含宵夜時間），每週工作五日。

4.遲到、早退、曠工

　上班時間五分鐘後至十五分以內到班者爲遲到。

　上班時間十五分以後到班者均以曠工半日論。

　因偶發事件，經核准補假者，以請假辦理。

四、績效考核

本公司績效考核的目標，在透過有效的績效評量，以提升同仁的效能。績效考核結果用在同仁訓練、升遷、調薪等計畫。同仁在考績年度內有功過紀錄時，則視情況酌予增減考績等第。

正式考績係由主管針對同仁工作目標達成的程度作評估，以改善工作績效，策勵未來。考核的內容係由主管與同仁面對面雙向溝通，就個人的績效作定期、整體性的檢討，並評估同仁優缺點與擬定改善計畫。

五、薪資管理

本公司薪資管理旨在提高生產力，並維持內部的公平性與對外競爭性。薪資以公平、合理為原則，按工作繁簡難易、職責輕重、所需專業技能，及對公司貢獻等訂定。新進同仁依其職位、職責、工作經驗、能力及教育程度核定起薪。

同仁當月份之薪資，固定在當月二十五日直接匯入同仁指定之郵局帳戶。遇星期例假日或國定假日則提前一日匯入。

薪資採保密政策。請同仁尊重私人隱私權，不要打聽他人的薪資，同時也不要將自己的薪資資料透露給他人知道。

六、晉升

同仁晉升以能力為原則，必須參考過去的工作績效與未來的發展潛力，且在工作職責上有明顯的擴大。同仁晉升至工程師時，需先接受至少五十六小時之必備相關工程訓練課程；晉升至管理職時，需先接受至少五十六小時之專業管理訓練課程，及跨不同職能或部門之工作經驗。

七、公司利益與專有資料的維護

為避免個人與公司間利益衝突的發生，以及對公司機密資訊的不當使用，每位同仁皆具有法律及道德上的責任，須遵守以下規則：

1. 公司所屬的任何機密資訊，同仁無論在職期間或離職後，不得洩漏或擅自利用機密資訊予他人。
2. 同仁不得與公司之競爭者、顧客或供應廠商從事任何非公司指派的工作或職務。
3. 同仁不得利用公司的設施、財產或上班的時間來從事個人的事務，以圖本人或他人之利益。

4.除辦理公司業務外，同仁不得對外擅用公司的名義，以圖本人或他人之
　利益。

5.同仁或其親屬不得直接或間接自公司的競爭者、顧客或供應廠商擁有財
　物上的利益（如未上市股票或金錢上的往來等）

6.同仁或其家人不得接受或給予公司之競爭者、顧客或供應廠商金錢（含
　金錢之類的禮物）或其他利益。但僅具象徵價值或廣告性質的小禮物、
　紀念品，經該處主管同意者，不在此限。

7.同仁不得有意採取或允許任何行動，使公司負擔或支付不符合公司政策
　或標準的費用。

8.凡在本公司任職期間，將公司之專有資料洩漏者，均將接受嚴重處分，
　其情節重大，經查有實證者，可構成立即解僱處分，其已離職者，依法
　追訴。

八、智慧財產權

1.本公司同仁均應尊重智慧財產權，切勿在公司所屬的個人電腦上使用任
　何未經合法授權之軟體。

2.同仁在公司服務期間，因公司業務關係所研究發展出來之發明、創作、
　改進事宜、資料、電腦軟體程序等，其智慧財產權屬公司所有。不論在
　職期間或離職後，同仁均不得私自對外公開發表或出版，也不得授權給
　他人使用、公開發表或出版。

3.同仁在公司服務期間，因公司業務關係而獲取或完成的所有有關本公司
　或其他業務往來相關企業／機構之資訊、資料、電腦軟體程式、專門技
　術或業務機密等，不論在職期間或離職後，同仁均不得洩漏、公開發表
　或出版，也不得授權給他人使用、公開發表或出版。

同仁離職時，不得帶走任何與上述2.、3.項中的任何文件與資料。

同仁若違反以上情事，致公司損失時，須接受公司處罰，並負完全法律責
任。

九、年終（中）獎金

本公司每年一月及七月所發之年終（中）獎金，發給在本公司繼續服務滿
半年以上，工作並無過失，並於十二月三十一日、六月三十日仍在職之
同仁。凡本公司同仁在一月一日、七月一日以前離職者，均無該項年終
（中）獎金。

新進同仁第一次領取年終（中）獎金，將於其繼續服務本公司半年後發放。在工作未滿半年前離職者，不發給年終（中）獎金。此項年終（中）獎金之發放計算，係以其十二月三十一日、六月三十日當日之本薪為基準，按比例計算。

十、加班

土城廠同仁必須事先填寫加班申請單，經主管批准。進出廠均需刷卡，以便計算加班時數。經核對加班單與刷卡紀錄後，結算加班費。

在土城廠外加班之同仁，必須事先填寫加班申請單，經主管批准後，始能結算加班費。

十一、訓練與發展

內部訓練包括有新進人員訓練、部門內在職訓練、專業訓練、管理訓練、海外訓練等。

外部訓練是指派同仁至公司外受訓。須於兩週前填妥「國內受訓申請書」，經部門經理、處長及人力資源處核准。外訓學費由公司補助。

國內在職進修適用於在本公司任職兩年以上，且連續兩年考績優良的同仁。

同仁所參加的訓練課程及其訓練結果，皆記錄在個人檔案內，作為同仁職涯發展的參考。

十二、特別休假

凡同仁在本公服務滿一年以上均給予特別休假。

工作一年以上五年未滿者十日。

工作五年以上未滿十年者十五日。

工作十年以上者，每一年加給一日，加至三十日為止。

當年度未休完之特別休假，可在每年十二月中旬前，經部門主管核准，申請延期休假至次年十月三十一日前使用，逾期不予保留。

同仁請特別休假須事先與主管討論安排日期，並經主管核准。

十三、颱風停工

颱風過境時，如新北市或台北市政府透過傳播媒體通報轄區內機關全天停止辦公時，本公司日班同仁即比照辦理，當日停止上班。夜班同仁是否上班，亦比照新北市或台北市政府透過傳播媒體，於颱風過境當日發布的

「晚間停止辦公通報」辦理。

新北市或台北市政府未發布轄區內機關停止辦公時，則同仁均須照常上班，但居住新北市、台北市以外地區之同仁，於居住地區政府機關發布「當地當日停止辦公之通報」時，該同仁可比照辦理，停止上班。

颱風過境時，本公司停止上班期間防颱聯絡中心設於警衛室，聯絡電話××分機××。

客戶服務及工程測試部門之同仁，於颱風過境時，是否上班，比照當地政府之「該轄區機關停止上班」通報辦理。

為維護公司資產之安全及處理突發事件，上述規定不適用於須留守或執勤同仁，如警衛、水電維護之人員等，仍須照常上班。

十四、離職手續

同仁離職，應事先以書面向直屬主管提出離職之申請：

工作一年未滿者，於十天前。

工作一年以上三年未滿者，於二十日前。

工作三年以上者，於三十日前。

離職申請單須親自至人力資源處申領。人資處將指派專人負責與離職者面談。

離職生效日為員工實際來公司上班最後一天之次日。

同仁辦理離職，其最後實際來公司上班日以前之特別休假，因辭職而未休者，其應休未休之日數由公司折合本薪發給。

同仁向直屬主管提出離職申請後至離職生效日前，不得申請事假或特別休假。病假則須附有全民健保特約醫院證明書。

同仁依規定辦妥離職手續後，發給在公司服務證明書。

十五、停薪留職

同仁有下列情事之一者，可申請停薪留職：

1.普通傷病假超過三十日未痊癒，須繼續治療，有健保特約醫院診斷證明，經本公司醫師認可屬實，由部門主管及人資處核可者，停薪留職期間以一年為限。

2.應徵（召）入營服役期間在一個月以上，有徵（召）集令證明者。停薪留職期間依兵役法及相關法令規定辦理。退伍後二個月內申請復職，逾期視為放棄。

3.因不可抗力須親自處理,有足夠充分證明之文件,經部門主管審核確能保留其原職位,並經人資處核轉總經理特准者。停薪留職期間以二個月為限,逾期未復職者,視為離職。

停薪留職依政府法令之規定,係指保留同仁停薪留職前在本公司之原職位及服務年資等,但停薪留職期間不得併計年資。

申請停薪留職之同仁,於其離職時,必須填妥離職申請書,辦妥各項離職手續暨結算薪資。

停薪留職不適用被資遣、開除或自本公司退休之同仁及臨時人員。

十六、獎懲規定

特殊獎勵分為特殊成就獎、優異成就獎及傑出成就獎。依特殊努力及對公司貢獻程度的不同而予於獎勵,最高獎勵金可獲得新台幣壹拾伍萬元。

一般獎勵分為:嘉獎、記功、大功、獎金。

一般懲罰分為四種:申誡、記過、大過、降級。

嚴重影響公司聲譽及運作且情節重大,經查證屬實或有具體事證者,得不經預告,逕於解僱。

在同一年度內所有功過,經抵銷並列入年終(中)獎金之增減。其增減之標準如下:

嘉獎與申誡增減全年年終(中)獎金新台幣二千元並列入考績。

記功與記過增減全年年終(中)獎金新台幣四千元並列入考績。

大功與大過增減全年年終(中)獎金新台幣六千元並列入考績。

十七、退休規定(退休舊制)

為保障同仁退休後的生活,員工退休準備金由公司依法按月提撥存入政府指定之中央信託局。

退休資格如下:

1.自願退休:工作十五年以上年滿五十五歲者,或二十五年以上者,或工作十年以上年滿六十歲者。

2.強迫退休:年滿六十五歲者,或心神喪失,或身體殘廢不堪勝任工作者。

十八、退休規定(退休新制)

依據《勞工退休金條例》規定符合該條例之同仁,本公司每月為同仁提繳

工資百分之六，撥入個人退休金帳戶內。

十九、員工福利

(一)勞工保險

同仁自到職日起均加保勞工保險，享有現金給付（含生育給付、傷病給付、殘廢給付、老年給付、死亡給付）。其保費由公司負擔70%，個人負擔20%，政府負擔10%。

(二)全民健保

同仁自到職日起均加保全民健康保險，享有醫療給付保險。其保費由公司負擔60%，個人負擔30%，政府負擔10%。

同仁可自由選擇是否為其眷屬在公司內加入全民健康保險。

(三)團體綜合保險

公司為照顧員工，特別規劃員工團體綜合保險。有團體壽險、團體意外險及住院醫療險三種保障。個人保費完全由公司負擔。

公司為增進同仁眷屬的保險福利，特別提供同人眷屬住院醫療險。凡員工配偶及子女均得參加保險，其保費由公司負擔2/3，同仁負擔1/3。

(四)醫務室

本公司聘請專業醫師一位。每日門診時間為中午12：30至下午15：00，並聘請專業護士為同仁服務。

(五)伙食

公司在每個工作日供應土城廠之同仁免費的午餐。午餐時間係採分批進餐方式。各部門員工請依照公告之規定時間前往用餐。

工作日加班者，下午三時前請至人資處領取餐券；假日加班者，須於放假日前一日之上班日下午15：30前領取餐券。

(六)交通車

本公司目前租有十一部交通車接送員工上下班。交通車行駛路線涵蓋：大台北地區、中永和、土城、三峽、桃園、中壢等地。

(七)職工福利委員會提供的福利項目

1.年度自強旅遊：每年補助舉辦員工年度旅遊活動。

2.三節禮券：逢五一勞動節、中秋節、農曆新年，發給每位同仁提貨單乙張。

3.生日禮物：逢同仁生日當月份發給生日禮券乙張。

4.福利社：設於餐廳地下樓，販賣飲料及點心等。

5.圖書室：設於餐廳地下樓。開放時間為上班日11：40至12：40。有各類期刊、雜誌及書籍供同仁借閱。

6.社團活動：目前公司社團有：籃球社、網球社、羽球社、乒乓球社、登山社、長青社、愛樂社、電影社、壘球社、保齡球社、游泳社等。

7.年終晚會：每年年終時，於台北地區的大飯店舉行全公司員工之年終晚會。內容有餐會、員工才藝表演及摸彩活動。

8.員工子女獎助學金：依照「員工及子女教育獎助金辦法」，檢附成績單正、副本，於公告期間內申請。

(八)慰問補助暨急難貸款辦法

同仁須在公司服務滿半年以上，始得請領各項慰問補助及貸款，且須在事實發生後三個月內提出有關證明文件向福委會申請，逾期視同棄權。

1.結婚補助：同仁本人結婚，由福委會致贈賀禮。

2.生育補助：同仁本人或配偶分娩，由福委會致贈賀禮。

3.傷病住院補助：同仁本人因傷病住院三日（含）以上，由福委會致送慰問金。同一病因在三個月內斷續住院，以申請一次為限。

4.喪亡：同仁本人、父母、配偶或子女身故，由福委會致奠儀。

5.急難救助：同仁本人現有自用住宅發生意外事故，如震災、火災、水災、風災等，致使其房屋全毀或半毀遭受嚴重損失，持有證明文件，經福委會審核認定，確實造成其家庭生計困難者，得由福委會酌予致送救助金。

同仁因普通傷病停薪留職三個月以上，家庭生計困難者，由福委會致送救助金。

6.急難貸款：同仁或其家庭發生重大事故而致其家庭生計困難，經部門經理認可者，得向福委會申請急難貸款。於申請貸款核准之次月起，平均分十個月由薪資內攤還。

(九)在職亡故員工遺族暨在職殘廢退職員工之特別照顧

1.生活補助給予標準

服務年資未滿五年者，自亡故或殘廢退職日起，按月給予遺族或員

　　工本人半薪，期間以六個月爲限。

　　服務年資滿五年以上未滿十年者，自亡故或殘廢退職日起，按月給予遺族或員工本人半薪，期間以十二個月爲限。

　　服務年資滿十年以上者，自亡故或殘廢退職日起，按月給予遺族或員工本人半薪，期間以二十四個月爲限。

2.子女教育補助標準

　　爲協助員工子女接受大專教育，教育補助費分爲學費、雜費及生活費三項。

　　本辦法所謂子女係指婚生子女未婚者，或員工生前／殘廢前已認養子女未婚者，且須戶政機關登記有案者。

　　就讀國外大專院校之教育補助費，以國內爲基準，酌予補助。

3.本辦法所稱員工之遺族僅限配偶、未婚子女、父母。

資料來源：台灣國際標準電子公司；引自：丁志達（2008），「人事制度與規章撰寫認證班」講義，國際專業管理亞太年會台灣辦事處編印。

附錄7　性騷擾防治措施申訴及調查處理辦法

一、○○商業銀行（以下稱本行）爲防治、處理性騷擾事件，提供免於性騷擾之工作、服務環境及保護被害人之權益，特依據性騷擾防治法第七條及性別工作平等法第十三條訂定本辦法。
本辦法應公開揭示。

二、依性騷擾防治法所稱性騷擾，係指性侵害犯罪以外，對他人實施違反其意願而與性或性別有關之行爲，且有下列情形之一者：

(一)以該他人順服或拒絕該行爲，作爲其獲得、喪失或減損與工作、教育、訓練、服務、計畫、活動有關權益之條件。

(二)以展示或播送文字、圖畫、聲音、影像或其他物品之方式，或以歧視、侮辱之言行，或以他法，而有損害他人人格尊嚴，或造成使人心生畏怖、感受敵意或冒犯之情境，或不當影響其工作、教育、訓練、服務、計畫、活動或正常生活之進行。

依性別工作平等法所稱性騷擾，係指下列各款情形之一：

(一)受僱者於執行職務時，任何人以性要求、具有性意味或性別歧視之言詞或行爲，對其造成敵意性、脅迫性或冒犯性之工作環境，致侵犯或干擾其人格尊嚴、人身自由或影響其工作表現。

(二)雇主對受僱者或求職者爲明示或暗示之性要求、具有性意味或性別歧視之言詞或行爲，作爲勞務契約成立、存續、變更或分發、配置、報酬、考績、升遷、降調、獎懲等之交換條件。

三、爲防治性騷擾，本行定期舉辦或鼓勵員工參與性侵害及性騷擾防治相關教育訓練，並於員工在職訓練中，納入性別平權及性騷擾防治相關課程。經本行同意參加者，將給予公差登記及經費補助。

四、爲利申訴及處理性騷擾事件，本行應設置專線電話、傳眞、專用信箱或電子信箱，並將相關資訊公開揭示。

五、本行設「性騷擾申訴處理委員會」處理性騷擾申訴事件，由人力資源處擔任受理及處理性騷擾事件之事務單位。

六、性騷擾之申訴，被害人或其法定代理人應自事件發生之日起一年內以書面或言詞提出。其以言詞爲之者，受理之人員或單位應作成紀錄，

經向申訴人朗讀或使其閱覽，確認其內容無誤後，由其簽名或蓋章。

申訴書或言詞作成之紀錄，應載明下列事項：

(一)申訴人之姓名、性別、年齡、身分證統一編號或護照號碼、服務或就學之單位及職稱、住所或居所、聯絡電話。

(二)有法定代理人者，其姓名、性別、年齡、身分證統一編號或護照號碼、職業、住所或居所、聯絡電話。

(三)有委任代理人者，其姓名、性別、年齡、身分證統一編號或護照號碼、職業、住所或居所、聯絡電話，並檢附委任書。

(四)申訴之事實內容及相關證據。

(五)申訴之年月日。

申訴書或言詞作成之紀錄不合前項規定，而其情形可補正者，應通知申訴人於十四日內補正。

性騷擾事件之加害人非屬本行員工者，本行於接獲申訴時，仍應採取適當之緊急處理，並應於七日內將申訴書及相關資料移送加害人所在地主管機關。

七、申訴事件有下列各款情形之一者，應不予受理：

(一)申訴書或言詞作成之紀錄，未於前條第三項所定期限內補正者。

(二)同一事件已調查完畢，並將調查結果函復當事人者。

不受理性騷擾申訴時，應於申訴或移送到達二十日內以書面通知當事人，如係屬性騷擾防治法所稱之性騷擾事件，並應副知主管機關。

八、本行「性騷擾申訴處理委員會」接獲申訴後處理程序如下：

(一)性騷擾申訴事件應自接獲申訴或移送申訴事件到達七日內開始調查，並於二個月內調查完成，必要時得延長一個月。

(二)調查過程應保護當事人之隱私，調查結束後，並應作成調查報告書，提委員會決議。

(三)性騷擾申訴事件決議成立者，應作成懲處及其他適當處理之建議，並予以追蹤、考核及監督，避免再度性侵害、性騷擾或報復情事發生，但經證實有誣告之事實者，亦得對申訴人為適當之懲處。

(四)申訴決議應載明理由及再申訴期限，並以書面通知當事人，如係屬性騷擾防治法所稱之性騷擾事件，並應副知台北市政府社會局。

(五)再申訴之期限為調查通知到達次日起三十日內,且再申訴機關為臺北市性騷擾防治委員會。

九、本行「性騷擾申訴處理委員會」之組織規定如下:

(一)本委員會置委員九人,除主管人事之副總經理擔任主任委員及人力資源處主管為當然委員外,其餘委員由董事長指定之,其中女性委員比例不得少於二分之一。

(二)主任委員為本委員會會議主席,主席因故無法主持會議時,得指定委員代理之。

(三)委員任期為兩年,期滿得連任,任期內出缺時,繼任委員任期至原任任期屆滿之日為止。

(四)本委員會應有全體委員二分之一以上出席始得開會,有出席委員過半數之同意始得作成決議,可否同數時,取決於主席。

十、本行調查性騷擾事件時,應依照下列調查原則為之:

(一)性騷擾事件之調查,應以不公開之方式為之,並保護當事人之隱私及人格法益。

(二)性騷擾事件之調查應秉持客觀、公正、專業原則,給予當事人充分陳述意見及答辯之機會。

(三)被害人之陳述明確,已無詢問必要者,應避免重複詢問。

(四)性騷擾事件之調查,得通知當事人及關係人到場說明,並得邀請相關學識經驗者協助。

(五)性騷擾事件之當事人或證人有權力不對等之情形時,應避免其對質。

(六)調查人員因調查之必要,得於不違反保密義務範圍內另作成書面資料,交由當事人閱覽或告以要旨。

(七)處理性騷擾事件之所有人員,對於當事人之姓名或其他足以辨識身分之資料,除有調查必要或基於公共安全之考量者外,應予保密。

(八)性騷擾事件調查過程中,得視當事人之身心狀況,主動轉介或提供心理輔導及法律協助。

(九)對於在性騷擾事件申訴、調查、偵察或審理程序中,為申訴、告訴、告發、提起訴訟、作證、提供協助或其他參與行為之人,不得為不當之差別待遇。

十一、本行處理性騷擾申訴事件之所有人員，違反前條第一項(七)款者，
　　　主任委員應終止其參與，且得視其情節依相關規定予以懲處及追究
　　　相關責任，並解除其選、聘任。

十二、申訴人或其授權代理人得於「性騷擾申訴處理委員會」作成決定
　　　前，以書面撤回其申訴；其經撤回者，不得就同一事由再為申訴。

十三、性騷擾事件之申訴調查，有下列情形之一，調查人員應自行迴避：

　　　(一)本人或其配偶、前配偶、四親等內之血親或三親等內之姻親或
　　　　　曾有此關係者為事件之當事人時。

　　　(二)本人或其配偶、前配偶，就該事件與當事人有共同權利人或共
　　　　　同義務人之關係者。

　　　(三)現為或曾為該事件當事人之代理人、輔佐人者。

　　　(四)於該事件，曾為證人、鑑定人者。

　　　性騷擾事件申訴之調查人員有下列情形之一者，當事人得申請迴
　　　避：

　　　(一)有前項所定之情形而不自行迴避者。

　　　(二)有具體事實，足認其執行調查有偏頗之虞者。

　　　前項申請，應舉其原因及事實，向性騷擾申訴處理委員會為之，並
　　　應為適當之釋明；被申請迴避之調查人員，對於該申請得提出意見
　　　書。

　　　被申請迴避之調查人員在性騷擾申訴處理委員會就該申請事件為准
　　　駁前，應停止調查工作。但有急迫情形，仍應為必要處置。

　　　調查人員有第一項所定情形不自行迴避，而未經當事人申請迴避
　　　者，應由該性騷擾申訴處理委員會命其迴避。

十四、本行受僱人、負責人利用執行職務之便，對他人為性騷擾，被害人
　　　若依性騷擾防治法第九條第二項後段請求回復名譽之適當處分，受
　　　僱人、負責人對被害人為回復名譽之適當處分時，　本行應提供適
　　　當之協助。

十五、本辦法經董事長核定後施行，修正時亦同。

資料來源：第一商業銀行網站：http://www.firstbank.com.tw/A4.3.0.12.html。

附錄8　積欠工資墊償基金墊償業務問與答

問：申請積欠工資墊償應具備哪些書件？

答：一、事業單位所在地的勞工行政主管機關就下列事項所開具之證明文件：

　　　1. 事業單位或事業單位之分支機構已註銷、撤銷或廢止工廠、商業或營利事業登記，經主管機關開具之證明。

　　　2. 事業單位或事業單位之分支機構已終止生產、營業、倒閉、解散，經事業單位或事業單位之分支機構所在地縣市政府勞工行政主管機關依歇業事實認定之證明。

　　二、積欠工資墊償申請書（一式二份）。

　　三、積欠工資墊償名冊（一式二份）。

　　四、積欠工資墊償收據（每位申請人一張）。

　　五、積欠工資墊償勞工代表委託書及附冊一份。

問：申請積欠工資墊償有哪些必備條件？

答：1. 當事業單位因歇業、清算或宣告破產有積欠勞工工資的事實，經勞工向雇主請求而仍不能獲得清償。事業單位若只是處於停工狀態，尚有復工的可能時，因不屬於歇業、清算或宣告破產情況，勞工此時還不可以申請墊償積欠工資。

　　2. 事業單位如未有提繳積欠工資墊償基金，則勞工不可以申請積欠工資墊償。雇主若欠繳部分月數之積欠工資墊償基金，但在勞工申請積欠工資墊償時已補繳所欠繳的基金者，仍可獲得全額墊償。

問：積欠工資墊償基金申請墊償期間如何？

答：積欠工資墊償基金的墊償範圍為事業單位發生歇業、清算或宣告破產前六個月內，本於勞動契約所積欠的工資。而六個月之計算，係自雇主歇業、清算或宣告破產當日起向前逆算之。例：某事業單位自98年9月10日歇業，則勞工可申請墊償期間應為98年3月10日到98年9月9日止所積欠的工資。

問：積欠工資墊償基金申請墊償對象如何？

答：《勞動基準法》第2條第1項所謂受雇主僱用從事工作獲致工資者才可申請墊償，事業單位的負責人或與事業單位具委任關係的人員，及承攬契約與訓練契約人員均不可申請墊償。例如：公司之法定代理人或股份有限公司的董事、監察人因與事業單位具委任關係，不是《勞動基準法》第2條第1項所稱的勞工均不可申請墊償。

問：積欠工資墊償基金申請墊償金額如何？

答：《勞動基準法》第2條第3項所謂工資的定義係勞工因工作而獲得之報酬。不符合本定義的給付，則不屬墊償基金墊償範圍，不予墊償。

墊償金額係按實際工資金額墊償。例如：所謂因工作而獲得之報酬包括工資、薪金、按計時、計日、計月、計件以現金或實物等方式給付之獎金、津貼及其他任何名義之經常性給與均屬工資墊償範圍。而《勞動基準法施行細則》第10條所列舉的各款給與，則不屬於工資墊償範圍。

問：申請積欠工資墊償基金的程序應如何辦理？

答：1.同一事業單位的勞工請求積欠工資墊償，以一次共同申請為原則，勞工應共同推定代表人，代表申請。

2.向勞工保險局或事業單位所在地的縣市政府勞工主管機關索取「積欠工資墊償申請書」、「積欠工資墊償名冊」、「積欠工資墊償收據」、「勞工代表委託書」等空白書表，或至勞工保險局網站（http://www.bli.gov.tw）詳閱或下載書表索取及範例，依式填具並請雇主簽章證明。

3.如勞工係因事業單位（含分支機構）歇業而申請墊償時，需請事業單位所在地的縣市政府勞工主管機關就下列事項做查證並開立證明公文：已註銷或撤銷工廠、商業或營利事業登記，或確已終止生產、營業、倒閉或解散。

4.以上書表及證明文件備齊後，即連同積欠工資期間的「出勤記錄」、「薪資帳冊」、「身分證正反面影本」一起送勞工保險局（10013台北市羅斯福路1段4號）申請之。

問：申請墊償積欠工資核定後如何發給？

答：一律由勞工保險局直接轉帳匯款至申請人指定之金融機構帳戶，如勞工死亡時，依《勞動基準法》第59條第4款規定之遺屬順位領取，無遺屬者，

撤銷其墊償，遺屬順位如下：1.配偶及子女；2.父母；3.祖父母；4.孫子女；5.兄弟姊妹。

問：申請積欠工資墊償核定時間要多久？

答：勞工保險局應自收件日起三十日內核定，如需會同當地主管機關或勞工檢查機構派員調查該事業單位有關簿冊、憑證及其他文件後核辦者，得延長十五日。

問：勞工申請墊償積欠工資，或勞工保險局核定墊償後勞工未領取，是否有時效之規定？

答：適用《民法》第126條請求權因五年間不行使而消滅。

問：勞工獲得積欠工資墊償後，要不要繳納稅捐？

答：勞工保險局於墊付勞工工資時，應依法代為扣繳薪資所得稅；雇主或清算人或破產管理人償還墊款時，不再重複扣繳。

問：墊償工資後雇主要不要歸還？

答：勞工保險局依規定墊償勞工工資後，得以自己名義，代位行使優先受清償權，依法向雇主或清算人或破產管理人請求於限期內償還墊款。

資料來源：積欠工資墊償基金業務簡介，行政院勞工委員會勞工保險局網址：http://www.bli.gov.tw。

附錄9　勞工退休金月提繳工資分級表

中華民國九十九年十二月十四日行政院勞工委員會勞動4字第0990132131號公告修正發布，自一百年一月一日施行

級距	級	實際工資	月提繳工資	級距	級	實際工資	月提繳工資
第1組	1	1,500元以下	1,500元	第7組	36	45,801元至48,200元	48,200元
	2	1,501元至3,000元	3,000元		37	48,201元至50,600元	50,600元
	3	3,001元至4,500元	4,500元		38	50,601元至53,000元	53,000元
	4	4,501元至6,000元	6,000元		39	53,001元至55,400元	55,400元
	5	6,001元至7,500元	7,500元		40	55,401元至57,800元	57,800元
第2組	6	7,501元至8,700元	8,700元	第8組	41	57,801元至60,800元	60,800元
	7	8,701元至9,900元	9,900元		42	60,801元至63,800元	63,800元
	8	9,901元至11,100元	11,100元		43	63,801元至66,800元	66,800元
	9	11,101元至12,540元	12,540元		44	66,801元至69,800元	69,800元
	10	12,541元至13,500元	13,500元		45	69,801元至72,800元	72,800元
第3組	11	13,501元至15,840元	15,840元	第9組	46	72,801元至76,500元	76,500元
	12	15,841元至16,500元	16,500元		47	76,501元至80,200元	80,200元
	13	16,501元至17,280元	17,280元		48	80,201元至83,900元	83,900元
	14	17,281元至17,880元	17,880元		49	83,901元至87,600元	87,600元
	15	17,881元至18,300元	18,300元	第10組	50	87,601元至92,100元	92,100元
	16	18,301元至19,200元	19,200元		51	92,101元至96,600元	96,600元
	17	19,201元至20,100元	20,100元		52	96,601元至101,100元	101,100元
	18	20,101元至21,000元	21,000元		53	101,101元至105,600元	105,600元
	19	21,001元至21,900元	21,900元		54	105,601元至110,100元	110,100元
	20	21,901元至22,800元	22,800元	第11組	55	110,101元至115,500元	115,500元
第4組	21	22,801元至24,000元	24,000元		56	115,501元至120,900元	120,900元
	22	24,001元至25,200元	25,200元		57	120,901元至126,300元	126,300元
	23	25,201元至26,400元	26,400元		58	126,301元至131,700元	131,700元
	24	26,401元至27,600元	27,600元		59	131,701元至137,100元	137,100元
	25	27,601元至28,800元	28,800元		60	137,101元至142,500元	142,500元
第5組	26	28,801元至30,300元	30,300元		61	142,501元至147,900元	147,900元
	27	30,301元至31,800元	31,800元		62	147,901元以上	150,000元

	28	31,801元至33,300元	33,300元	
	29	33,301元至34,800元	34,800元	
	30	34,801元至36,300元	36,300元	
第6組	31	36,301元至38,200元	38,200元	備註：本表月提繳工資金額以新臺幣元為單位，
	32	38,201元至40,100元	40,100元	月提繳工資金額角以下四捨五入。
	33	40,101元至42,000元	42,000元	
	34	42,001元至43,900元	43,900元	
	35	43,901元至45,800元	45,800元	

資料來源：行政院勞工委員會勞工保險局。

附錄10　勞工保險投保薪資分級表

勞工保險投保薪資分級表			中華民國99年12月14日行政院勞工委員會勞保2字第0990140529號公告修正發布，自100年1月1日施行
投保薪資等級	月薪資總額（實物給付應折現金計算）	月投保薪資	日投保薪資
第1級	17,880元以下	17,880元	596元
第2級	17,881元至18,300元	18,300元	610元
第3級	18,301元至19,200元	19,200元	640元
第4級	19,201元至20,100元	20,100元	670元
第5級	20,101元至21,000元	21,000元	700元
第6級	21,001元至21,900元	21,900元	730元
第7級	21,901元至22,800元	22,800元	760元
第8級	22,801元至24,000元	24,000元	800元
第9級	24,001元至25,200元	25,200元	840元
第10級	25,201元至26,400元	26,400元	880元
第11級	26,401元至27,600元	27,600元	920元
第12級	27,601元至28,800元	28,800元	960元
第13級	28,801元至30,300元	30,300元	1,010元
第14級	30,301元至31,800元	31,800元	1,060元
第15級	31,801元至33,300元	33,300元	1,110元
第16級	33,301元至34,800元	34,800元	1,160元
第17級	34,801元至36,300元	36,300元	1,210元
第18級	36,301元至38,200元	38,200元	1,273元
第19級	38,201元至40,100元	40,100元	1,337元
第20級	40,101元至42,000元	42,000元	1,400元
第21級	42,001元以上	43,900元	1,463元

備註	一、職業訓練機構受訓者及童工之薪資報酬未達基本工資者，其月投保薪資分12,540元（12,540元以下者）、13,500元（12,541元至13,500元）、15,840元（13,501元至15,840元）、16,500元（15,841元至16,500元）及17,280元（16,501元至17,280元）五級，其餘年滿十六歲以上被保險人之月投保薪資，應依本表所適用之等級覈實申報。 二、部分工時勞工保險被保險人之薪資報酬未達基本工資者，其月投保薪資下限爲11,100元，其薪資總額超過11,100元者，應依前項規定覈實申報。 三、依身心障礙者權益保障法規定之庇護性就業身心障礙者被保險人之薪資報酬未達基本工資者，其月投保薪資分6,000元（6,000元以下）、7,500元（6,001元至7,500元）、8,700元（7,501元至8,700元）、9,900元（8,701元至9,900元）、11,100元（9,901元至11,100元），其薪資總額超過11,100元者，應依第一項規定覈實申報。 四、本表投保薪資金額以新臺幣元爲單位，日投保薪資金額角以下四捨五入。

資料來源：行政院勞工委員會勞工保險局。

附錄11　勞工保險普通事故現金給付

給付項目	請領資格	給付標準
生育給付	1.被保險人參加保險滿二百八十日後分娩者。 2.被保險人參加保險滿一百八十一日後早產者。 ※早產之定義：妊娠大於二十週，小於三十七週生產者；或胎兒出生時體重大於五百公克，少於二千五百公克者。	按被保險人分娩或早產當月起前六個月（含當月）平均月投保薪資一次給與生育給付三十日（不論係單胎或多胞胎分娩，均爲給付生育給付三十日）。
傷病給付	1.被保險人遭遇普通傷害或普通疾病住院診療，以致未能取得原有薪資，正在治療中者，自住院之第四日起至出院日止，發給普通傷害補助費或普通疾病補助費。 2.被保險人因執行職務而致傷害或職業病不能工作，以致未能取得原有薪資，正在治療中者，自不能工作之第四日起，發給職業傷害補償費或職業病補償費。	1.普通傷害補助費及普通疾病補助費，均按被保險人遭受傷害或罹患疾病之當月起前六個月平均月投保薪資之50%，自住院之第四日起至出院日止發給（皆僅限住院診療期間始得請領，門診及在家療養期間不在給付範圍），以六個月爲限。但傷病事故前參加保險之年資合計已滿一年者，增加給付六個月，連前六個月，共計一年。 2.職業傷害補償費及職業病補償費，均按被保險人遭受傷害或罹患職業病當月起前六個月之平均月投保薪資之70%，自不能工作之第四日起發給；如經過一年尙未痊癒者，減爲平均月投保薪資之半數，但以一年爲限，前後合計共二年。
失能給付	被保險人遭遇傷害或罹患疾病，經治療後，症狀固定，再行治療仍不能期待其治療效果，經全民健康保險特約醫院診斷爲永久失能，並符合失能給付標準規定者。 1.失能年金： 　符合失能給付標準附表「失能狀	按失能給付標準及其附表所定之失能項目、失能等級及給付日數審核辦理。 1.失能給付標準內容： 　依身體失能部位不同計分：精神、神經、眼、耳、鼻、口、胸腹部臟器、軀幹、頭臉頸、皮膚、上肢、

給付項目	請領資格	給付標準
失能給付	態」欄列有「終身無工作能力」者，共計二十項。 2.失能一次金： (1)失能程度符合失能給付標準附表規定，但未達「終身無工作能力」者，共計二百項。 (2)失能程度已達「終身無工作能力」，且於98年1月1日勞保年金施行前有保險年資者，亦得選擇一次請領失能給付。	下肢等十二個失能種類、二百二十個失能項目、十五個失能等級。 2.平均月投保薪資及平均日投保薪資之計算： (1)失能年金：按加保期間最高六十個月之月投保薪資平均計算。 (2)失能一次金（含職業傷病失能補償一次金）：按發生保險事故（即診斷永久失能之日）之當月起前六個月之月投保薪資平均計算；平均日投保薪資＝平均月投保薪資÷30。
老年給付	98年1月1日勞保年金施行後，老年給付有三種請領方式： 1.老年年金給付。 2.老年一次金給付。 3.一次請領老年給付。 ※符合「老年年金」或「老年一次金」給付請領要件者，如於98年1月1日勞保年金施行前有保險年資且符合規定者，亦得選擇「一次請領老年給付」。 ※98年1月1日勞保年金施行後初次參加勞工保險者，僅得申請「老年年金」或「老年一次金」給付，不得再選擇一次請領老年給付。 (1)年滿六十歲，保險年資合計滿十五年，並辦理離職退保者。 (2)擔任具有危險、堅強體力等特殊性質之工作合計滿十五年，年滿五十五歲，並辦理離職退保者。 ◎老年一次金給付： 年滿六十歲，保險年資合計未滿十五年，並辦理離職退保者。 ◎一次請領老年給付： 被保險人於98年1月1日勞保年金施行前有保險年資者，於符合下列規定之一時，得選擇一次請領老年給	1.老年年金給付： 依下列二種方式擇優發給。 (1)平均月投保薪資×年資×0.775%+3,000元 (2)平均月投保薪資×年資×1.55% ※「平均月投保薪資」按加保期間最高六十個月之月投保薪資平均計算。 ※減給老年年金： 未達老年年金給付請領年齡而提前請領者，以五年為限，每提前一年按給付金額減給4%，最多提前五年減給20%。 ※展延老年年金： 符合老年年金給付請領年齡而延後請領者，每延後一年按給付金額增給4%，最多增給20%。 不論是「展延老年年金」或是「減給老年年金」，只要您於符合老年年金請領年齡之當月提出申請，年金金額不增給也不減給。 如果延後（提前）請領期間未滿一年，就會依照您延後（提前）請領的實際月數按比例計算，以計算至小數第二位為止，小數第二位以下四捨五入。

給付項目	請領資格	給付標準
老年給付	付： (1)參加保險之年資合計滿一年，年滿六十歲或女性被保險人年滿五十五歲退職者。 (2)參加保險之年資合計滿十五年，年滿五十五歲退職者。 (3)在同一投保單位參加保險之年資合計滿二十五年退職者。 (4)參加保險之年資合計滿二十五年，年滿五十歲退職者。 (5)擔任具有危險、堅強體力等特殊性質之工作合計滿五年，年滿五十五歲退職者。 (6)轉投軍人保險、公教人員保險，符合《勞工保險條例》第76條保留勞保年資規定退職者。	※勞保年資未滿十五年的勞工，如果合併國保年資達十五年，於六十五歲時得依勞保實際年資請領勞保老年年金；另依國保年資請領國保老年年金。 2.老年一次金給付： 　保險年資合計每滿一年，按其平均月投保薪資發給一個月。保險年資未滿一年者，依其實際加保月數按比例計算；未滿三十日者，以一個月計算。逾六十歲以後之保險年資，最多以五年計。 ※「平均月投保薪資」按加保期間最高六十個月之月投保薪資平均計算。 3.一次請領老年給付： 　(1)保險年資合計每滿一年，按其平均月投保薪資發給一個月；保險年資合計超過十五年者，超過部分，每滿一年發給二個月，最高以四十五個月爲限。被保險人逾六十歲繼續工作者，其逾六十歲以後之保險年資，最多以五年計，合併六十歲以前之一次請領老年給付，最高以五十個月爲限。 　(2)保險年資未滿一年者，依其實際加保月數按比例計算；未滿三十日者，以一個月計算。 ※「平均月投保薪資」按退保當月起前三年之實際月投保薪資平均計算。
死亡給付	本人死亡給付	1.喪葬津貼： 　(1)請領資格及給付標準： 　　平均月投保薪資按被保險人死亡當月（含當月）起前六個月之實際月投保薪資平均計算。

給付項目	請領資格	給付標準
死亡給付		(2)被保險人在保險有效期間死亡時，由支出殯葬費之人請領喪葬津貼五個月。 (3)被保險人死亡，其遺屬不符合請領遺屬年金給付或遺屬津貼條件，或無遺屬者，由支出殯葬費之人請領十個月喪葬津貼。 2.遺屬津貼： (1)請領資格： 　被保險人於98年1月1日勞保年金施行前有保險年資者，在保險有效期間死亡，遺有配偶、子女、父母、祖父母、受被保險人生前扶養之孫子女或兄弟、姊妹者得選擇一次請領遺屬津貼。 (2)給付標準： 　平均月投保薪資按被保險人死亡當月（含當月）起前六個月之實際月投保薪資平均計算。 ①普通傷病死亡： ・參加保險年資合計未滿一年者，發給十個月。 ・參加保險年資合計已滿一年而未滿二年者，發給二十個月。 ・參加保險年資合計已滿二年者，發給三十個月。 ②因職業傷害或罹患職業病死亡： ・不論保險年資，一律發給四十個月遺屬津貼。 (3)受領遺屬津貼之順序如下： ①配偶及子女。②父母。③祖父母。④受被保險人扶養之孫子女。⑤受被保險人扶養之兄弟、姊妹。 ※所稱父母、子女係指生身父母、養父母、婚生子女（包括依民法規定

給付項目	請領資格	給付標準
死亡給付		視爲婚生子女者），或已依法收養並辦妥戶籍登記滿六個月之養子女而言。養子女不得請領生身父母之遺屬津貼。 3.遺屬年金： (1)請領資格： 　①被保險人在保險有效期間死亡者。 　②被保險人退保，於領取失能年金給付或老年年金給付期間死亡者（申請書得免經投保單位蓋章）。 　③保險年資滿十五年，並符合《勞工保險條例》第58條第2項各款所定請領老年給付資格，於未領取老年給付前死亡者（申請書得免經投保單位蓋章）。 (2)給付標準： 　①「被保險人在保險有效期間死亡」者： 　　平均月投保薪資×年資×1.55%。 　②「被保險人退保，於領取失能年金給付或老年年金給付期間死亡」者，有下列二種選擇： 　　・遺屬年金：依失能年金或老年年金給付標準計算後金額之半數發給。 　　・被保險人於98年1月1日勞保年金施行前有保險年資者，遺屬如果不想領遺屬年金，亦得選擇一次請領「老年給付或失能給付再扣除已領年金給付總額之差額」。 　③「保險年資滿十五年，並符合《勞工保險條例》第58條第2項各款所定請領老年給付資格

給付項目	請領資格	給付標準
死亡給付		，於未領取老年給付前死亡」者，有下列二種選擇： ・遺屬年金：依老年年金給付標準計算後金額之半數發給。 ・被保險人於98年1月1日勞保年金施行前有保險年資者，遺屬如果不想領遺屬年金，亦得選擇一次請領老年給付。 ④前述計算後之給付金額不足新臺幣三千元者，按新臺幣三千元發給。 ⑤發生職災致死亡者，除發給年金外，另加發十個月職災死亡補償一次金。 ⑥遺屬加計：同一順序遺屬有二人以上時，每多一人加發25%，最多加計50%。
	失蹤津貼	被保險人如為漁業生產勞動者或航空、航海員工或坑內工，於漁業、航空、航海或坑內作業中，遭遇意外事故致失蹤時，自失蹤之日起，按其失蹤之當月起前六個月平均月投保薪資70%，給付失蹤津貼，於每滿三個月之期末給付一次，至生還之前一日或失蹤滿一年之前一日或受死亡宣告判決確定死亡之前一日止。
	家屬死亡給付 被保險人於保險有效期間，其父母、配偶或子女死亡時，得請領喪葬津貼。所稱父母、子女、係指生身父母、養父母、婚生子女（包括依民法規定視為婚生子女者），或已依法收養之養子女而言。	按其家屬死亡之當月（含）起前六個月之被保險人平均月投保薪資，依下列標準發給： 1.父母或配偶死亡時，發給三個月。 2.年滿十二歲之子女死亡時，發給二‧五個月。 3.未滿十二歲之子女死亡時，發給一‧五個月。

資料來源：行政院勞工委員會勞工保險局網站：http://www.bli.gov.tw；製表：丁志達。

附錄12　執行勞動檢查業務所依據之重要法規

類別	法規名稱	生效日期
一、勞動條件相關法規		
勞動基準法		98年4月22日修正公布
勞動基準法施行細則		98年2月27日修正發布
性別工作平等法		100年01月05日修正公布
性別工作平等法施行細則		97年7月11日發布
勞工請假規則		94年6月8日修正發布
勞工退休準備金提撥及管理辦法		94年1月19日修正發布
勞工退休金條例		96年7月4日修正公布
勞工退休金條例施行細則		98年11月24日修正發布
二、勞工安全衛生相關法規		
勞工安全衛生法		91年6月12日修正公布
勞工安全衛生法施行細則		98年10月13日修正發布
勞工安全衛生設施規則		98年10月13日修正發布
營造安全衛生設施標準		96年10月2日修正發布
勞工安全衛生組織管理及自動檢查辦法		98年2月5日修正發布
勞工安全衛生教育訓練規則		98年9月7日修正發布
勞工健康保護規則		94年2月18日修正發布
勞工作業環境測定實施辦法		98年12月16日修正發布
機械器具型式檢定實施辦法		98年9月8日修正發布
危險性機械及設備安全檢查規則		96年8月9日修正發布
機械器具安全防護標準		98年5月13日行修正發布
辦理勞工體格及健康檢查指定醫療機構辦法		97年5月30日修正發布
危險物與有害物標示及通識規則		96年10月19日發布
危險物及有害物通識規則		88年6月29日修正發布
起重升降機具安全規則		97年5月8日修正發布
壓力容器安全檢查構造標準		97年11月7日發布
鍋爐及壓力容器安全規則		96年8月13日修正發布
高壓氣體勞工安全規則		87年6月30日修正發布
高架作業勞工保護措施標準		86年5月7日修正發布
工業安全衛生標示設置準則		87年4月29日修正發布

類別	法規名稱	生效日期
	特定化學物質危害預防標準	97年7月31日修正發布
	四烷基鉛中毒預防規則	87年6月30日修正發布
	有機溶劑中毒預防規則	92年12月31日修正發布
	鉛中毒預防規則	91年12月30日修正發布
	粉塵危害預防標準	92年12月31日修正發布
	缺氧症預防規則	87年6月10日修正發布
	固定式起重機安全檢查構造標準	94年5月12日發布
	移動式起重機安全檢查構造標準	94年5月12日發布
	升降機安全檢查構造標準	94年2月20日發布
	吊籠安全檢查構造標準	94年5月12日發布
	人字臂起重桿安全檢查構造標準	73年9月12日內政部發布
	既有危險性機械及設備安全檢查規則	95年1月11日會發布
	異常氣壓危害預防標準	84年10月28日修正發布
	勞工作業環境空氣中有害物容許濃度標準	92年12月31日修正發布
	精密作業勞工視機能保護設施標準	85年7月3日修正發布
	重體力勞動作業勞工保護措施標準	87年4月15日修正發布
	高溫作業勞工作息時間標準	87年3月25日修正發布
	童工女工禁止從事危險性或有害性工作認定標準	80年11月27日發布
	職業疾病鑑定委員會組織規程	88年12月8日修正發布
	工業用機器人危害預防標準	87年6月30日修正發布
	林場安全衛生設施規則	87年6月10日修正發布
	碼頭裝卸安全衛生設施標準	80年12月2日修正發布
	礦場勞工衛生設施標準	87年6月30日修正發布
	船舶清艙解體勞工安全規則	89年12月27日修正發布
	輔導事業單位及有關團體促進勞工安全衛生獎助辦法	90年12月19日修正發布
	勞工安全衛生諮詢委員會設置辦法	82年7月21日修正發布
三、勞動檢查相關法規		
	勞動檢查法	91年5月29日修正公布
	勞動檢查法施行細則	91年12月31日修正發布
	直轄市勞動檢查機構組織準則	90年3月7日修正發布
	勞動檢查員遴用及專業訓練辦法	91年1月2日修正發布
	勞動檢查員執行職務迴避辦法	91年1月9日修正發布
	危險性工作場所審查暨檢查辦法	94年6月10日修正發布

類別	法規名稱	生效日期
	危險性機械及設備檢查費收費標準	96年6月11日發布
	危險性設備內部檢查延長期限或替代檢查審查注意事項	92年9月30日發布
	勞工申訴公告書格式	82年5月31日公告發布
	危險性機械或設備代行檢查機構管理規則	97年12月31日修正發布
	勞動檢查法第28條所定勞工有立即發生危險之虞認定標準	94年6月10日修正發布
四、其他相關法規		
	職業災害勞工保護法	91年4月28日施行
	勞工保險條例	98年11月25日修正公布
	就業保險法	100年4月27日修正公布
	職工福利金條例	92年1月29日修正公布
	就業服務法	98年5月13日修正公布
	團體協約法	97年1月9日修正公布
	勞資爭議處理法	98年7月1日修正公布
	工會法	99年6月3日修正公布
	大量解僱勞工保護法	97年5月23日公布施行

資料來源：98年勞動檢查年報（2000/07）；製表：丁志達。

附錄13　勞工安全衛生工作守則

前言

　　現代工業大量生產及連續製造過程中，因設備上的缺陷或人為的疏忽所造成的意外事件時有所聞，基於安全是本公司僱用條件之一，我們確認適當的防範，高度的安全警覺將可使意外事件減少到最低程度。員工的安全是公司管理當局最為關心的事，其重要性是與生產、品質與成本同等的。所有人員的傷害是可以防止的，每位員工都負有防止人員受到傷害的責任。

　　各工業國家均頒布各種職業安全健康法規以保障員工的生命與生活，進而積極增加生產，減少資產與工時之損失。

　　本公司鑑於員工安全健康的重要性，全面推行維護員工安全健康的措施，並且為使全體員工便於查考，特別將有關安全、健康與環保方面常用的一些規則和程度等資料編輯在一起，編印「勞工安全衛生工作規則」，唯以篇幅有限，內容難免掛一漏萬，全體員工必須同時遵照各種作業的詳細作業程序，以確保個人的安全與健康。

壹、安全衛生責任

一、主管人員安全衛生責任

1. 熟悉所屬範圍內之作業程序、安全衛生工作守則及有關法令，以身作則，教導並監督部屬共同遵行。
2. 提供並維持安全的工作場所與安全的作業程序。
3. 防範任何災害可能之發生，對所屬人員不安全動作或不安全狀況，須立即糾正與追蹤。
4. 對新進及調職人員應訓練教導必要的安全規則，及危險事項防範辦法。
5. 隨時注意所屬人員之精神、體力狀況是否能勝任工作。
6. 隨時與安全衛生業務主管人員聯繫及合作，維持員工對安全的興趣，並不斷改善工作的安全和衛生。
7. 發生意外事故，應立即將傷患送醫，主動調查、報告、分析原因，謀求改善以防止再發生。

二、勞工安全衛生主管責任

1. 釐訂職業災害防止計畫，並指導有關部門實施。
2. 規劃督導事業單位各部門之勞工安全衛生管理。
3. 規劃、督導與檢查並記錄於安全衛生日誌。
4. 指揮、監督勞工安全衛生管理人員實施巡視、重點檢查及作業環境測定。
5. 規劃及實施勞工安全衛生教育及訓練。
6. 規劃勞工健康檢查並實施健康管理。
7. 實施職業災害調查、報告及辦理職業災害統計。
8. 向雇主提供有關勞工安全衛生管理建議及資料。
9. 其他有關勞工安全衛生事項。

三、個人安全責任

1. 遵守安全衛生工作規則、確保個人安全。
2. 維持安全的工作場所及遵守安全的作業程序。
3. 保持良好的身體狀況。
4. 主動積極參與安全衛生的活動。
5. 如有意外事故發生，無論任何輕微的傷害，均應立即向主管人員報告。

貳、一般安全衛生守則

1. 發生任何輕重傷害，均應立即就醫，並報告主管。
2. 嚴守各種安全標示，作業程序及區域安全規則。
3. 禁止擅自啓動、修理或使用各種動力設備。
4. 禁止將菸蒂、菸灰、火柴等投至菸灰缸以外之處。
5. 未經准許，禁止攀登任何機器或設施。
6. 個人安全保護具，應按規定穿戴。
7. 發現任何不安全狀況，立即報告主管，並且採取改正措施。
8. 保持工作區域環境之整齊清潔。
9. 除逃避立即性危險外，廠內禁止奔跑。
10. 禁止在廠內從事有違安全之惡作劇。
11. 禁止以拋擲方式傳遞物品。
12. 上下樓梯，手扶欄杆，一步一階，並且不可在樓梯上停留交談。
13. 熟知工作區域之緊急疏散路線。

參、各種作業安全衛生規則

一、車輛安全規則

1. 廠內車輛行駛最高速率為時速二十公里。
2. 倒車時操作人員必須確認後面無人，必要時並按鳴喇叭。
3. 動力設備加油時必先熄火。
4. 起動車輛開始前進時，必須確定前面無阻礙物。
5. 車輛不得駛出規定路線，未經許可不得駛進限制地區。
6. 所有搭乘公務汽車、卡車人員必須繫安全帶及肩帶。
7. 貨車尾板必須關上，除非所載貨品超出尾部時，在此狀況下必須綁一紅色旗子或十二吋平方之紅布於車子尾部，以明示超長貨品。
8. 貨車停在斜坡或碼頭上下貨時，車輛務必用輪擋擋住輪胎以免滑動。
9. 所有駕駛人員務必遵守交通號誌與指示。
10. 非經許可不得載搭便車者。
11. 乘客不得將身體的任何部位伸出車外。
12. 人員從貨車尾部上下車時必須特別小心。
13. 因需要同時運送人員及物料裝備時，這些物品必須固定安置好以免傷及人員。
14. 車輛起動行進前人員必須坐好。
15. 載運圓桶時必須豎立放置固定，以免滾動。
16. 車輛在廠內發生事故時，駕駛人員須立即報告其主管。
17. 廠內發生交通事故時，即使車輛為員工本人所有，也應立即報告，並填寫報告。

二、機器操作安全守則

(一)射出成型機
1. 操作前必須先檢查各項機件，及安全裝置是否正常。
2. 非操作人員，不得擅自操作。
3. 不得用手去碰觸機器轉動的部分。
4. 遵守機台上的操作指示及上鎖程序。
5. 射料或清機時，必須帶上安全面罩。

(二)切針機

1.使用機器時，必須先檢點安全罩及其他安全設施。

2.嚴禁將手指伸於切刀下。

3.機器故障時，非指定人員，不得擅自修理，修理必須先將機器停止，上鎖並掛上「修理中」的標示牌。

(三)烘乾機

1.取料時必須戴手套。

2.清料時必須將電源關掉。

(四)碎料機

1.使用前應將機器內部清理乾淨。

2.禁止將手伸入加料孔。

3.勿過量加料。

4.拆蓋清理機器前先關掉電源。

5.機器運轉時必須戴上耳罩（塞）。

(五)車床銑床

1.操作時必須戴安全鏡或面罩，以防碎屑傷及眼睛。

2.機台旋轉時不得戴手套，以防被捲傷。

3.操作人員袖口不可寬鬆，袖口應扣好。

4.車床、銑床旋轉時不可用手接觸工作物或車刀、銑刀。

5.車床、銑床工作時不得離開或坐下休息。

6.清理機器時必先停車，應用刷子清掃或用吸塵器吸除，不可用口吹或手撥，也不可用破布揩除碎屑，以防被捲入發生傷害。

7.工作物伸出車床兩端太長時，應有防護措施以免傷人。

8.工作物應確實夾牢，各種工具不得放在床面或刀架台上，以免開車時掉落傷人。

9.注意切削物之隔離，以免灼傷。

(六)磨床及砂輪

1.磨輪上的安全防護罩，不得取下或掀開。

2.使用前應先檢查砂輪有無裂痕，是否平衡等，有疑問時應立即報告主管。

3.砂輪新安裝後應先試轉三分鐘，如一切正常方可正式使用，試轉時人員應站在安全位置上，不可在迴轉之正面站立。

4.不得在砂輪兩側磨削工具，並不可過度加壓力於砂輪，以免發生破

損。停工前先關掉冷卻劑以維砂輪平衡。

5.研磨時應將工作物扶架盡量靠近砂輪，最大距離不得超過1/8吋，以免工作物被夾入砂輪與扶架之間。

(七)放電加工

1.工作物在加工中不得伸手觸摸，以免觸電。

2.工作母機四周地面如有油水沾濕，隨時擦乾，以免滑倒。

3.應注意通風，隨時維持空氣新鮮。

4.工作進行中如遇故障，應先關掉電源，否則不得觸摸線路。

(八)熱處理

1.熱處理後，風冷中之工作物應有標示及適當防護措施，以免觸及燙傷。

2.開爐時應載防高溫面罩及手套。

3.淬火時應使用適當之工具夾持紅熱之工作物。

4.淬火時應打開抽風設備。

5.淬火油溫不得過高以免著火。

6.工作人應熟悉熱處理室放置的滅火器之使用方法，並定期檢查該滅火器隨時備用。

(九)沖床

1.每次開動機器時必須檢查安全罩上連鎖自動停車之水銀安全開關是否安裝好。

2.換裝原料及調整沖模及沖床時必須遵守上鎖程序關掉壓縮氣源及總電源開關。

3.沖床運轉工作時不可將頭或手接近沖床或沖模作檢查或調整，若必要時必須遵照上鎖程序關掉電源，待沖床完全靜止方可工作。

4.每次換裝模子或檢修沖床後，各種螺絲必須鎖緊，開車前必須複檢一次，沖床台面及沖模之間不可留置工具及螺絲釘等物，以免開車時拋出傷人。

5.非沖床專業人員不得靠近沖床，更嚴禁試開機器。

6.沖床作業區噪音超過九十分貝者一律戴耳罩或耳塞。

三、手工具使用安全守則

1.所有的工具無論私人的或公司的，使用前必須先檢查，若工具情況不良，便不可使用。

2.使用鎚子來釘釘子，不可擅自使用其他工具。

3.工具必須妥善管理、保養。

4.只有適合用於工作需要之尺寸型態的螺絲起子才可使用。

5.敲打易脫裂之工作物，應戴上安全眼鏡或面罩。

6.不可使用沒有手柄之銼刀。

7.不可以不正確的方法使用起子或開啟工具，否則滑脫時會刺傷手部。

8.鬆散、尖銳或凸出的工具，如尺規、剪刀、起子、鑿子等隨身攜帶時要裝布套子裡或包覆起來。

9.工作時使用適合的工具，並要確定該工具情況良好。

10.磨銳利工具時，手不得直接握住磨石。

11.工具如接近電源時必須有適當的絕緣保護措施。

12.只有鈍口的剪刀准於一般用途，不得利用剪刀當刀片使用。

四、電器安全守則

1.非指定工作人員不得擅自修理電氣線路及電氣設備，如有故障應立即切斷電源，報告單位主管並通知電工修理。

2.手潮濕時不可接觸電氣設備。

3.保險絲熔斷時，應請電工換修，不可使用銅線代替保險絲。

4.如遇突然停電應將機器開關關掉，不可奔跑喧譁。

5.電路裝配、增設，必須經廠務維護部主管人員核准並嚴格檢查該裝置是否合於安全規定。

6.廠內高壓設備應有明顯的警告標牌，不得擅自接近，以免發生觸電危險事項。

五、有機溶劑安全守則

1.有些有機溶劑是極易燃燒，因此在使用時不可吸菸、生火或產生靜電火花，附近應備有滅火器。凡存放於工作區域內之有機溶劑必須裝在經許可之安全容器裡。

2.避免有機溶劑接觸肌膚，因它會溶解皮膚上的油脂，而使皮膚粗糙裂開，甚至會發炎。在有機溶劑裡清洗機件時必須戴手套、面罩或護目鏡。

3.有機溶劑發火燃燒時，應根據「物料安全資料表」內滅火方式滅火，滅火人員並應依據該表採取適當的防護措施。

4.使用有機溶劑時應在通風良好的地點，避免吸入其蒸氣。

5.若衣服被有機溶劑濺濕，應立即換除。

6.若有機溶劑濺及肌膚，趕快用清水、肥皂洗滌。

7.任何有機溶劑的容器上，均應貼上有明顯的標誌識別。

8.如有人員中毒，應迅速將其移離危險地區，立刻施行人工呼吸並送醫治療。

六、倉庫儲存工作守則

1.倉庫內嚴禁煙火。

2.物料存放，不得妨礙任何緊急需要之設備，如急救設備、交通道、出入口、電氣開關、太平門等。

3.物料堆積不可過高，以免搬運困難或傾倒，堆積物料與天花板至少應保持一呎半以上之距離。

4.物料堆積要規則，排列整齊、穩妥，不可突出通道上。

5.取用堆積物料時，應由上而下順序拿取，不可由下部抽取以免傾倒，必須使用梯子，非經核准不得攀登料架取料。

6.圓形物料堆積時應用木塊楔墊，以免滾動。

7.危險物品易燃物等應貯存於特別設計之倉庫內，並注意照明、通風，切忌放在強烈陽光下。

8.油類、溶劑及其液體應隨時將蓋子蓋好，溢漏時應按程序清理避免污染環境。

9.儲存較重大器材時，應使其重量均勻分布於地面。

七、物料搬運工作守則

1.搬運前先注意物品之大小、重量及形狀，若超出個人負荷能力時，應利用工具或請人幫忙。

2.察看物品有無破裂或尖銳突出部分，必要時先除去突出部分。

3.搬運物品時應兩腳站穩兩手握緊物品，手面及物品不可沾油污，以免滑落。

4.提起或放下物品時利用腿部及雙手力量，避免使用腰力。

5.切勿讓所搬運的物品阻礙行進視線。

6.搬運長條物品時應扛在肩上並將前端提高以免撞到其他人員。

7.兩人以上共同搬運物品時應行動一致，其中應有一人指揮。

8.使用手推車搬運時，物品應穩妥平衡放置，保持重心於底部，不得滑落，物品高度不得妨礙操作人員之視線。

9.手推車人員應注意控制車輛保持車身平衡，不可推車跑步，僅在狹窄空間處小轉彎時才可拉車倒退，轉彎時應注意行人及物品。

10.手推車要經常檢查、保養。

11.手推車不用時應放置於指定地點，不可隨便停放，以免妨礙行人安全。

12.經指定合格人員時才能操作機動車輛搬運物。

13.操作人員應遵守交通規則及堆高機作業規則。

八、堆高車操作安全守則

1.只有經授權有堆高車駕照之操作人員才准操作堆高車。

2.人員嚴禁搭乘堆高車。

3.操作堆高車時必須穿安全鞋及戴安全帽。

4.事先查看堆高車之堆高載重量與所要載送物品重量作一比較，千萬不可超過堆高車之最大載重量，每部堆高車應標明該車之載重量。

5.事先檢查所要載重物品之穩固性，以免運送中落下，假若物品不穩，應安置在墊板上再運送。

6.除非正在使用叉腳上下貨品，否則堆高車在運送中兩個叉腳應僅保持離地面四吋或必要的安全高度，不可過高。

7.要經常注視行駛方向，在死角、門口、交叉道或太平門區域駕駛要特別小心，必要時應停車，或按鳴喇叭。

8.盡量保持在走道右邊行駛，接近行人和視界不良時不得按鳴喇叭。

9.非經核准並有適當的安全措施不得在未經核准的路線或崎嶇不平的地面操作堆高車。

10.不可用損壞或破裂之墊板。

11.不准在斜坡上調頭或轉大彎。載重時在斜坡上行駛時不論上坡或下坡叉子都朝斜坡的上方，反之空車時叉子朝斜坡下方。

12.停放堆高車時，兩個叉腳必須降至最低位置平放於地面或墊板之下，不可將叉腳伸出通道，以免發生絆倒之危險。

13.手部潮濕或油滑時操作堆高車是非常危險的，要經常保持車輪、方向盤、雙手及手套之乾淨清潔。

14.妨礙駕駛或嬉鬧是絕對禁止的。

15.非經准許，不可用堆高車推或拉物品。

16.舉高叉腳上負載物前，必須檢查該區域上方有無障礙物。

17.裝（卸）貨碼頭板墊必須足夠承載堆高車及負載物的合併重量。

18.堆車進入貨櫃前必須檢查其地板之安全性，有人在內時不得駛入。

19.在堆放及取下物品時，行人不可靠近堆高車。

20.操作不良時察覺車況有異時應立即報告主管。

九、噪音環境工作守則

1.在噪音量超過九十分貝以上的地區或作業的工作人員，必須佩戴耳塞或耳罩，主管人員應嚴格要求。

2.患有精神官能症及聽力有障礙者不得從事高噪音作業。

3.在噪音量超過八十五分貝以上的地區或作業的工作人員，每年定期實施特殊健康檢查一次，檢查結果如發現聽力有異常，應立即採取保護聽力的措施。

4.在高噪音區工作人員有任何關於噪音工作環境之問題得立即與勞工安全衛生管理人員洽商。

十、消防工作守則

1.凡有禁止煙火警告標牌處，每位員工均應確實遵守。

2.從事電焊、氣焊或使用易燃物品時嚴禁吸菸。

3.易燃物品及油料等必須有適當之化學品標示並且要存放在指定地點，設有專人嚴加管制並嚴加禁止煙火。

4.滅火器消防栓及其他滅火器設備設置在明顯的地點，其周圍不得堆放物品，太平門應保持暢通。

5.每一地區應掛有緊急疏散路線圖，員工應熟悉其疏散路線及太平門位置。

6.每位員工應熟悉各式滅火器使用法，發現火苗時立即報告並迅速撲滅，若火勢不能控制時，遵守緊急措施，並通知附近消防隊協助。

7.太平門須向外開，不得上鎖。

十一、墜落災害防止

(一)人體墜落防止

1.工作場所之開口部分，應設圍欄或擋板等安全措施。

　2.高度在二公尺以上之作業場所，若因遭強風、大雨等惡劣氣候致員工有墜落危險時，應停止作業。

　3.高度在二公尺以上之作業場所，員工有墜落之虞者，應構築施工架或其他安全措施。施工架應有適當之護欄。

　4.高度超過一‧五公尺以上之場所作業時，應設置員工安全上下設備。

　5.使用之移動梯，應適合下列規定：

　　(1)構造要堅固。

　　(2)梯子之材質不得有顯著之損害、腐蝕等。

　　(3)寬度應在三十公分以上。

　　(4)應安置防止溜滑或其他轉動之必要設備。

　6.有墜落危險之場所，閒人禁止進入。

(二)物體墜落防止

　1.經核准自高度在三公尺以上之場所投下物體，有可能造成員工災害者，應設置適當之圍欄及承受設備，並派人監視。

　2.物體墜落有引起員工災害之虞之工作場所，應設置有防止物體墜落之設備，員工應戴用安全帽等防護具。

肆、一般衛生守則與急救須知

一、個人衛生守則

　1.養成良好的衛生習慣，注意飲食起居。

　2.早餐不可忽略，平日多攝取水分、新鮮蔬菜、水果等。

　3.用餐前，工作後應養成洗手習慣。

　4.嚴禁在工作現場吃東西。

　5.要有充分的睡眠與休息，在家時不可醉酒、打牌而影響睡眠。

　6.工作休息時間可到廠房外面走動，舒鬆筋骨，呼吸新鮮空氣，並遠望綠色植物以恢復疲勞，調節視機能。

　7.工作中若身體不舒服，務必報告主管後到醫務室休息治療，不可勉強工作。

　8.每位員工應接受公司安排之各種定期預防注射或體格檢查。

　9.季節變化時宜注意衣服穿著以免受寒。

　10.若發現有妨礙大眾健康之設施之人員（如患傳染病）時，應立即報告

主管或通知勞工安全衛生管理人員，以便設法解決。

二、急救須知

1. 急救是指給予遭受意外傷害或急病患者之立即性和臨時性的照料，以減輕患者痛苦，防止傷勢惡化，協助挽救生命，直到醫生的診治。
2. 急救人員要鎮靜不可驚慌失措，並儘速通知專業救護人員來處理。
3. 急救時要注意下列程序：
   (1) 維持呼吸。
   (2) 預防嚴重失血。
   (3) 預防續受損傷。
   (4) 預防休克。
   (5) 立即請醫生。
4. 每位員工應接受公司定期救護訓練講習與操作。
5. 常見的意外傷害急救：

種類	造成原因	急救方法
頭部受傷	1. 交通事故 2. 重物擊中 3. 跌倒 4. 踫撞	1. 使患者平臥，頭部墊高，臉偏向一側 2. 保持頭部安寧，切勿動搖 3. 最好冷敷頭及頸部 4. 若有出血應即止血 5. 緊急送醫
嚴重外傷	1. 交通事故 2. 機械傷害 3. 切傷 4. 跌傷	1. 止血 2. 注意休克 3. 避免傷口污染 4. 緊急送醫
骨折	1. 交通事故 2. 機械傷害 3. 跌倒 4. 炮彈擊傷	1. 固定患處兩端關節 2. 冷敷痛處 3. 注意休克 4. 若有出血應先止血 5. 若骨骼已突出，不要推回 6. 儘速送醫
灼傷	1. 火災 2. 不慎燒傷 3. 不慎燙傷	1. 立刻用水沖洗或浸入乾淨冷水中 2. 表皮紅腫或稍微起泡的，以乾淨布料敷蓋（不要弄破水泡）送醫診治

種類	造成原因	急救方法
灼傷		3.表皮嚴重損傷，傷及內部組織，或灼傷範圍較大者以乾淨衣物、被單、毛毯包裹，緊急送醫；注意休克
溺水	1.游泳不慎 2.失足落水 3.乘船失事	1.設法救出水面（非救生員不要下水施救） 2.清除口中異物，使患者腹中之水吐出 3.必要時施以人工呼吸，心臟按摩 4.注意保暖 5.緊急送醫
煤氣中毒	1.煤氣外洩 2.煤氣燃燒不全	1.打開窗戶，關閉煤氣開關 2.患者抬至通風處 3.施予人工呼吸 4.緊急送醫
昏倒	1.過度恐懼、興奮、悲傷或憂慮 2.目睹受傷或流血 3.過度疲勞或站立過久 4.在通風不良場所過久	1.使患者平躺，頭部放低 2.鬆開衣襟 3.送醫診治

6.常見的緊急疾病急救：

(1)心臟病：患者曾接受治療，協助其服用醫師處方之藥物；未經治療者，設法求醫，但不要運送病人。昏暈時最好平躺，抬高雙腳，若呼吸急促須抬高頭部、胸部。必要時予以心臟按摩，人工呼吸。

(2)中風（腦溢血）：立刻設法求醫，但未經醫師指示，不要移動病人，或給予任何飲食。保持病人平臥，若呼吸困難，將臉偏向一側使口中分泌物流出。

7.主要急救技術：

(1)止血法：

直接加壓法：將乾淨布料敷蓋傷口，用手加壓後送醫治療。

(2)止血帶法：

❶將止血帶置於傷口上方，繞手臂兩圈打一個半結。

❷將木棒置半結上打一全結。

❸旋轉木棒至血流停止爲止。

❹以止血帶尾端固定木棒。

※注意事項：

1.危及生命的大量出血，無法以他法止住時，才用此法。

2.臨時可用平滑約五公分寬物件製成止血帶，但勿用繩子、粗索、吊帶。

3.間隔十五至二十分鐘鬆開十五秒。

---

(3)休克處置法

❶使患者平躺，腳墊高二十至三十公分。呼吸困難，頸部受傷或腳墊高覺得不適者不必墊高。

❷呼吸困難者，頭部墊高。

❸設法保暖，但不可過暖出汗。

❹未經醫生許可，不予飲食。

❺緊急送醫。

(4)骨折固定法

用夾板固定患處兩端關節，以減少震動，夾板必須超出兩端關節，無夾板時以硬板、竹板或折疊的報紙代替。

(5)人工呼吸

口對口法：

❶清除口中異物。

❷將下顎拉出。

❸施救者吸入大量空氣。

❹用力吹入患者口中。

❺讓患者呼出空氣。

❻繼續進行至醫護人員到達。

❼成人每分鐘十二次，兒童十六次。

壓背舉臂法：

❶清除口中異物。

❷患者俯臥，頭偏向一側，雙手交叉，施救者單膝跪於患者頭側。

❸雙手置患者背部。

❹上身前傾，徐徐對患者施以壓力，至雙臂成垂直狀。

❺施救者雙手置於患者上臂。

❻將患者兩臂向上向後拉，直至施救者感到有抵抗力時止。

❼繼續進行至醫護人員到達。

❽成人每分鐘十二次，兒童十六次。

心臟按摩：

❶施救者雙手疊放在病人胸骨下部心窩上方。

❷手指上翹，以上半身力量迅速下壓三至五公分。

❸停留半秒，迅速放鬆。

❹一次人工呼吸，配合作五下心臟按摩。

8.傷患搬運

傷患搬運有單人搬運，雙人搬運，八人搬運和擔架搬運等，視傷患狀況決定使用何種搬運法。

9.急救項目很多，為使每位員工能瞭解各項急救的步驟與方法，公司經常印發各種急救資料，希全體員工平時務必多閱讀並熟記，以備緊急時之用。

資料來源：台灣杜邦股份有限公司。

附錄14　職員意見調查

本調查的目的是徵詢你個人的看法。你的意見將用做改進A集團的訊息傳達方針與實踐。

你的答案是絕對保密和不記名的

填妥的問卷送到一所研究機構——MK——進行分析。該機構不會把任何可能導致你的個人見解被認出的資料向A集團內任何一人透露。

回答方法

本調查並非測驗，因此答案沒有對錯之分。我們只要求你誠實地選出你認為最能代表你的意見的答案。

每個問題都附有粗黑體印出的指示，指導你如何回答。通常的做法是在和你的意見最接近的那個答案旁邊的方格內打勾，在回答某些問題時，你可能需要另外填上一個答案。方格旁的號碼只供電腦分析用，因此毋須理會這些號碼。

定義

由於這次調查在多個國家內進行，因此我們在形容各種事物時，都盡量採用統一的名稱。請你在回答問卷時根據以下定義作答：

「A集團」表示整個公司組織架構。

「你的公司」表示你服務的那一家個別公司。

「直接上司」表示你直接對他負責上司，即你的監督者，經理或部門主管。

「高級經理」表示在你服務的那一家個別公司或A集團機構內職務比你高兩級或兩級以上的人。

問卷

回答本問卷約需時四十五分鐘。

假如你無法回答其中一個，請繼續回答下一題。

問卷填妥後，請盡量在一週內按指示交回。

謝謝合作。

第一部分——訊息傳遞與資訊

1.資訊的提供

就你常得到的那些有關A集團的資訊而言，你覺得自己的消息靈通程度如何？

任選其一，並在方格內打勾

知悉全部消息	1	(10)
消息相當靈通	2	
只得到有限的資訊	3	
少有資訊	4	
沒有意見	5	

2.資訊的可信程度

一般來說，你認爲所得到的有關A集團的資訊的可信度如何？

任選其一，並在方格內打勾

始終可信	1	(11)
通常可信	2	
半數可信	3	
少有可信	4	
全不可信	5	
沒有意見	6	

3.訊息傳遞的管道

(甲)你從什麼地方得知整個A集團的最新資料？

(乙)你會採取哪種方式得到這些消息？

可選擇多項答案，並在方格內打勾

	(甲)		(乙)	
小組會議（＊1）	1	(12)	1	(14)
一般通告及備忘錄	2		2	
直接上司	3		3	
高級管理人員	4		4	
A集團Link	5		5	
A集團HQ Flash	6		6	
A集團News	7		7	
電子通訊	8		8	
機構內部雜誌／業務通訊	9		9	
外界報刊及電視	0	(13)	0	(15)
道聽塗說或小道消息	1		1	

工會代表	2		2
公司布告欄	3		3
A集團年度報告	4		4
自己公司的年度報告	5		5
其他A集團公司的年度報告	6		6
A集團人員來訪	7		7
會議	8		8
訓練課程	9		9
研討會	0		0
宣傳刊物	X		X
廣告	Y		Y

（＊）「小組會議」包括一切及你的同事與你的直接上司舉行的定期會議，如職員會議和部門會議等。

4.A集團的資訊

請回答
(甲)就以下各項而言，你所得到的資訊是否足夠？
(乙)對你尤其重要的三項。

	(甲) 任擇其一，並在方格內打勾				(乙)請選擇三個答案並在方格內打勾	
	太多	足夠	太少		最重要	
A集團的財務效益	1	2	3	(16)	1	(30)
你所服務公司的財務效益	1	2	3	(17)	2	
A集團的政策與未來的策略	1	2	3	(18)	3	
你所服務公司的業務計畫	1	2	3	(19)	4	
A集團屬下其他公司的動態	1	2	3	(20)	5	
A集團體制上的改變	1	2	3	(21)	6	
國外客戶	1	2	3	(22)	7	
你所服務公司的客戶	1	2	3	(23)	8	
你所屬產品小組的表現	1	2	3	(24)	9	
你所屬產品小組的策略和業務計畫	1	2	3	(25)	0	
A集團名人錄	1	2	3	(26)	1	(31)
A集團的研究	1	2	3	(27)	2	
新產品的研究與發展	1	2	3	(28)	3	
競爭者的動態	1	2	3	(29)	4	

5.有關刊物的閱讀情況

請先閱讀左欄的句子，然後在右方橫列的各刊物中，選擇最適當的方格，並打勾。

	A集團 Link		A集團 HQ Flash		A集團 News		機構內 部刊物 ／業務 通訊		僅與本 人所屬 產品小 組有關 的刊物	
沒有收到	1	(32)	1	(33)	1	(34)	1	(35)	1	(36)
約略讀過	2		2		2		2		2	
讀過其中一部分	3		3		3		3		3	
讀過其中大部分	4		4		4		4		4	
讀過全部刊物	5		5		5		5		5	

6.刊物的收集

請在適當的方格內打勾，表示希望在你所看到的刊物中，有更詳細的專題報導。

	A集團 Link		A集團 HQ Flash		A集團 News		機構內 部刊物 ／業務 通訊		僅與本 人所屬 產品小 組有關 的刊物	
新產品	1	(37)	1	(38)	1	(39)	1	(40)	1	(41)
訓練機會	2		2		2		2		2	
勞資關係	3		3		3		3		3	
人物動態	4		4		4		4		4	
最新市場	5		5		5		5		5	
競爭者動態	6		6		6		6		6	
整個A集團的動態	7		7		7		7		7	
其他（請填寫）	8		8		8		8		8	
沒有特別的專題 目前的已經足夠	9		9		9		9		9	
不知道	0		0		0		0		0	

第二部分──有關A集團的問題

7.A集團的策略

(甲)你認為A集團在以下各方面有多強？

請為以下各方面評分，最高為五分。

五分表示你認為A集團在這方面很強，一分表示在這方面特別弱。

(乙)哪一方面對A集團日後的成功極為重要，請按重要性依次排列。「1」表示最重要的一項，其餘類推。

	(甲) 請給予評分	(乙) 請列出重要程度
財務業績	……(42)	……(48)
顧客服務	……(43)	……(49)
精益求精的決心	……(44)	……(50)
技術上的領導地位	……(45)	……(51)
創新能力	……(46)	……(52)
在國際市場上的領導地位	……(47)	……(53)

8.A集團的方式

你對「A集團的方式」熟悉嗎？

擇其一，並在方格內打勾

非常熟悉	1	(54)
頗熟悉	2	
不甚熟悉	3	
一無所知	4	

9.A集團的基本特質

以下列出的是各種被視為對一家公司極為重要的特質。

(甲)就任何一家你有機會服務的公司而言，你認為哪些特質對你的重要性如何？

(乙)這些描述用於A集團是否恰當？

	請在每行中，任擇其一，並在方格內打勾 (甲)是否重要？				請在每行中，任擇其一，並在方格內打勾 (乙)是否恰當？			
	絕不重要	相當重要	絕對重要		絕不恰當	相當恰當	絕對恰當	
・由先進技術專家領導的	1	2	3	(55)	1	2	3	(67)
・由瞭解顧客的人領導的	1	2	3	(56)	1	2	3	(68)
・鼓勵大家對自己工作負責	1	2	3	(57)	1	2	3	(69)
・鼓勵互相協助和合作的精神	1	2	3	(58)	1	2	3	(70)
・決策前，它會先考慮世界各分公司的需要	1	2	3	(59)	1	2	3	(71)
・按照每一家當地公司的實際需要來作決定	1	2	3	(60)	1	2	3	(72)
・經營範圍令它有能力靈活地應付變化多端的市場	1	2	3	(61)	1	2	3	(73)

· 把日常文書和官僚作風減至最低	1	2	3	(62)	1	2	3	(74)
· 企業鼓吹在整個企業內建立起統一的企業文化	1	2	3	(63)	1	2	3	(75)
· 承認整個組織內每一家公司都有其特性	1	2	3	(64)	1	2	3	(76)
· 在整個組織內均有效率極高的管理系統和控制方式	1	2	3	(65)	1	2	3	(77)
· 極重視人際交流和互相信任	1	2	3	(66)	1	2	3	(78)

10.目標

你同意下列說法嗎？

請在每行中，任擇其一，並在方格內打勾

	極同意	略表同意	不肯定	不同意	極不同意	
· 我清楚我的工作目標	1	2	3	4	5	(10)
· 我有足夠的訊息讓我知道自己的進展	1	2	3	4	5	(11)
· 我清楚我服務的公司的「目標」	1	2	3	4	5	(12)
· 我有足夠的訊息讓我知道公司能否達成這些目標	1	2	3	4	5	(13)
· 我清楚A集團的「目標」	1	2	3	4	5	(14)
· 我有足夠的訊息讓我知道公司的進展	1	2	3	4	5	(15)

第三部分——形象與聲譽

11.你所服務的公司

你最認同哪一家公司？例如你和朋友交談時，你會說你是受僱哪一家公司呢？

請填上該公司名稱……………………………………………………………(16)～(21)

12.A集團的國籍

就你個人而言，
(甲)今日A集團是：
(乙)A集團在將來應成為：

任擇其一，並在方格內打勾

	（甲）		（乙）	
·總部設於歐洲的公司	1	⑵⑵	1	⑵⑶
·一國營公司	2		2	
·一家法國公司	3		3	
·一家荷蘭公司	4		4	
·一家全球性公司	5		5	
·一家美國公司	6		6	
·其他（請回答）_____	7		7	

13.其他公司的國籍

(甲)有些公司被視為跨國公司，有些其他公司被視為歐洲公司，還有些公司被視為來自某國家的公司。

你認為用以下哪一項來形容左欄的每一家公司才最恰當？

(乙)對於哪些你相信最適宜形容來自某一個國家的公司（左方哪些有＊記號，並已於方格內打勾），請於下列右方的國家中，在適當的方格內打勾。

	（甲）任擇其一，並在方格內打勾					（乙）如來自某一國家，於下列方格內打勾								
	跨國公司	歐洲公司	某一國家	不知道		美國	法國	德國	瑞典	荷蘭	日本	其他	英國	
IBM	1	2	3＊	4	⑵⑷	1	2	3	4	5	6	7	8	⑶⑵
AT&T	1	2	3＊	4	⑵⑸	1	2	3	4	5	6	7	8	⑶⑶
富士通	1	2	3＊	4	⑵⑹	1	2	3	4	5	6	7	8	⑶⑷
ITT	1	2	3＊	4	⑵⑺	1	2	3	4	5	6	7	8	⑶⑸
愛立信	1	2	3＊	4	⑵⑻	1	2	3	4	5	6	7	8	⑶⑹
西門子	1	2	3＊	4	⑵⑼	1	2	3	4	5	6	7	8	⑶⑺
NEC	1	2	3＊	4	⑶⑴	1	2	3	4	5	6	7	8	⑶⑻
北方電訊	1	2	3＊	4	⑶⑴	1	2	3	4	5	6	7	8	⑶⑼

14.供應商的種類

(甲)用以下哪一項來描述今日的A集團最為恰當？

(乙)你認為用以下哪一項來形容A集團將來應爭取的身分最為恰當？

請在每欄內，任擇其一，並在方格內打勾

	（甲）		（乙）	
·基本上是一家電信局供應商	1	⑷⑴	1	⑷⑴
·以各類顧客為對象之供應商	2		2	

15.產品

就你所知，A集團供應以下哪些商品？

可選擇多項，並於方格內打勾

項目	編號	
・電腦	1	(42)
・數據終端機	2	
・公共電話交換機	3	
・智慧網路	4	
・Cenbrex	5	
・個人立體音響器材	6	
・寬頻網路	7	
・整體化數位服務網路產品	8	
・辦公室電話系統／專用自動小型交換機	9	
・光纖	0	
・通訊電纜	1	(43)
・海底電纜	2	
・人造衛星通訊系統	3	
・軟體	4	
・電視機	5	
・微波傳輸系統	6	
・電子零件	7	
・蜂巢式無電線	8	
・雷達及空中導航系統	9	
・錄影機	0	
・鐵路訊號設備	1	(44)
・防禦通訊系統	2	
・網路安裝服務	3	
・雷射唱機	4	
・電傳	5	
・傳真	6	
・真空產品	7	
・能源電纜	8	
・軟體工程服務	9	
・影像傳輸	0	
・電話機	X	

16.競爭對手

在與你有關的業務上，你認為哪些公司是A集團的主要對手？
請填上公司的名稱：_____

_____

_____

_____

_____(45)～(50)

17.A集團的質量

你認為在以下各方面，A集團與其競爭者相比，誰的表現較佳？
請為A公司評分，以十分為滿分
十分表示你認為A集團在哪方面的表現遠勝於競爭對手。
一分表示你認為A集團在哪方面的表現遠遜於競爭對手。

請予評分

業務遍及世界各地………………………………………………………(51)
產品及服務水準極高………………………………………………………(52)
設計能應付未來通訊發展的先進系統及電纜技術…………………………(53)
在設計通訊系統和電纜時首先考慮顧客的需要……………………………(54)
擁有專門研究通訊系統和電纜的專家………………………………………(55)
僱用當地人才，使商業上的合作更順利，並且使顧客享受到更佳服務………(56)
系統設計靈活，能適應個別需求和各國不同的標準………………………(57)
大量投資在研究與發展未來通訊系統和電纜技術…………………………(58)

18.A集團的形象

你對A集團的意見是……

請在適當的方格內打勾

	是	不是	不知道	
・幹勁十足？	1	2	3	(60)
・保守？	1	2	3	(61)
・被動？	1	2	3	(62)
・朝氣蓬勃？	1	2	3	(63)
・採取守勢？	1	2	3	(64)
・勇於創新？	1	2	3	(65)
・實事求是？	1	2	3	(66)
・國際性？	1	2	3	(67)
・高效率？	1	2	3	(68)
・自大的？	1	2	3	(69)
・呆板的？	1	2	3	(70)
・有冒險精神？	1	2	3	(71)

・可靠的？	1	2	3	(72)
・優柔寡斷？	1	2	3	(73)
・無微不至？	1	2	3	(74)
・一家自豪的公司？	1	2	3	(75)
・不把競爭者放在眼裡？	1	2	3	(76)
・官僚作風盛行？	1	2	3	(77)

第四部分——與管理部門的溝通

19.與管理人員的接觸

以下職員每隔多久會和你聯絡一次，討論有關工作的任何問題？

在每行中任擇其一，並在方格內打勾

	每天	每週	每月	偶然	從不	
你的直屬經理或主管 （你直接對他負責的上司）	1	2	3	4	5	(10)
你另一級的經理 （你的經理的經理）	1	2	3	4	5	(11)
更高級的經理 （比你的經理的經理更高級的上司）	1	2	3	4	5	(12)

20.與管理人員接觸的頻繁程度

你和他們之間的溝通能令你工作順利嗎？

在每行中任擇其一，並在方格內打勾

	太多接觸	適當接觸	太少接觸	
你的直屬經理或主管 （你直接對他負責的上司）	1	2	3	(13)
另一級的經理 （你的經理的經理）	1	2	3	(14)
更高級的經理 （比你的經理的經理更高級的經理）	1	2	3	(15)

第五部分——向上級傳達訊息

21.機會和效果

(甲)管理部門在給予機會讓你評論與你的工作有關的事宜上，表現如何？

(乙)他們考慮你的意見嗎？

	每行中，任擇其一， (甲)給予機會			(乙)重視程度	
非常好	1	(16)		1	(17)
尚可	2			2	
普通	3			3	
不太好	4			4	
非常差	5			5	

22.向上級傳達訊息的途徑

請列出：(甲)你向管理部門表達意見最「常用」的方法
(乙)三個你認為有效的方法

	可選擇多個答案， 並在方格內打勾			請選擇三個答案， 並在方格內打勾	
透過直屬經理或主管	1	(18)		1	(19)
透過職員代表或工會代表	2			2	
經管理人員適時表達意見	3			3	
直接致各經理的函件或備忘錄	4			4	
投書A. Link等刊物	5			5	
管理人員出席的各類會議	6			6	
正式地透過社交接觸表達意見	7			7	
透過類似的調查問卷	8			8	
在訓練過程中	9			9	
透過參加項目小組或特別任務小組	0			0	
透過建議制度	X			X	
透過小組彙報	Y			Y	

第六部分——參與程度

23.個人的參與程度

你對A集團的工作和業務的參與程度如何？

請在適當方格內打勾

我實在不感興趣……那不過是工作吧！	1	(20)
我有興趣知道公司的動態，但不想跟A集團的事務扯上太密切的關係	2	
我有興趣知道公司的動態，也希望跟A集團的事務保持更密切的聯繫	3	
我有興趣知道公司的動態，而目前我已經參與A集團的事務	4	

24.為A集團工作

以下列出的是A集團的職位所能提供的各類事物。

(甲)你對這些構成你的「工作」的每一個因素滿意嗎？

(乙)你認為哪五項對你的「士氣」最為重要？

	在每行中，任擇其一，並在方格內打勾				請選擇五項，並在方格內打勾	
	滿意	普通	不滿意		對士氣最為重要	
薪資	1	2	3	(21)	1	(37)
福利條件好（指薪資以外的）	1	2	3	(22)	2	
工作受到長期保障	1	2	3	(23)	3	
任職於哪一個成功的機構	1	2	3	(24)	4	
工作性質多樣化	1	2	3	(25)	5	
訓練機會	1	2	3	(26)	6	
升遷機會	1	2	3	(27)	7	
與有專業知識的經理共事	1	2	3	(28)	8	
與你所尊重的經理共事	1	2	3	(29)	9	
自己的專業／技能受到尊重	1	2	3	(30)	0	
身為一個國際性小組的成員	1	2	3	(31)	1	(38)
有機會發揮主動性	1	2	3	(32)	2	
可以為這個機構作出貢獻	1	2	3	(33)	3	
能參與決策	1	2	3	(34)	4	
有自我發展的機會	1	2	3	(35)	5	
有一份國際性的事業	1	2	3	(36)	6	

25.你對機構內的訊息傳遞有什麼意見嗎？你希望在A集團內看到哪方面的改進？

(39)～(40)空白

第七部分——背景資料

這部分是用來協助我們分析調查結果，希望藉此使大家的意見都能受到重視。

你的資料是絕對保密和不記名的。

我們不會進行任何會令個別回答問卷的人被認出的分析。

26.公司名稱

你在A集團的哪一家公司任職？

請填上……………………………………………………⑷～⑷

27.公司所在地

你所服務公司的所在地？

請填上……………………………………………………⑸～⑸

28.進入公司的時間

你是否於1987年1月，A集團正式誕生前／後進入本公司

請在適當方格內打勾

於1987年1月前進入	1	⑸
於1987年1月後進入	2	

29.專業階段

以下哪一項適合用來形容你的階級？

請在適當方格內打勾

高級管理人員	1	⑸
中級管理人員	2	
初級管理人員	3	
非管理人員……技術人員	4	
非管理人員……文書人員	5	
非管理人員……體力勞動者	6	

30.工作類別

你的工作類別？

請在適當方格內打勾

商業部／營業部／市場部	1	⑸
行政部／財政部／人事部	2	
生產部／製造部	3	
工程部／研發部	4	
其他_____	5	

31.你需要負責直接監督／管理其他人嗎？

請在適當方格內打勾

是　　　　　　　　　1　　⑸

否　　　　　　　　　2

32.與客戶接觸

在你的日常工作中，是否需要與顧客面對面接觸？

請在適當方格內打勾

是　　　　　　　　　1　　⑸⑹

否　　　　　　　　　2

33.你屬於哪個業務團體？

請在適當方格內打勾

A集團網路系統組　　　　　1　　⑸⑺

A集團無線電，太空及防禦組　2

A集團電纜組　　　　　　　3

A集團業務系統組　　　　　4

A集團網路工程及安裝組　　5

其他（請填上）＿＿＿＿＿　6

謝謝您填寫這份問卷，請依說明擲回人力資源部。

資料來源：某大跨國電訊集團。

附錄15　企業併購下勞工權益保障法源

法規	條文內容
勞動基準法	事業單位改組或轉讓時，除新舊雇主商定留用之勞工外，其餘勞工應依第十六條規定期間預告終止契約，並應依第十七條規定發給勞工資遣費。其留用勞工之工作年資，應由新雇主繼續予以承認。（第20條）
企業併購法	（勞工退休準備金之移轉） 公司進行合併時，消滅公司提撥之勞工退休準備金，於支付未留用或不同意留用勞工之退休金後，得支付資遣費；所餘款項，應自公司勞工退休準備金監督委員會專戶移轉至合併後存續公司或新設公司之勞工退休準備金監督委員會專戶。（第15條第1項） 公司進行收購財產或分割而移轉全部或一部營業者，讓與公司或被分割公司提撥之勞工退休準備金，於支付未留用或不同意留用勞工之退休金後，得支付資遣費；所餘款項，應按隨同該營業或財產一併移轉勞工之比例，移轉至受讓公司之勞工退休準備金監督委員會專戶。（第15條第2項） 前二項之消滅公司、讓與公司或被分割公司應負支付未留用或不同意留用勞工之退休金及資遣費之責，其餘全數或按比例移轉勞工退休準備金至存續公司、受讓公司之勞工退休準備金監督委員會專戶前，應提撥之勞工退休準備金，應達到勞工法令相關規定申請暫停提撥之數額。（第15條第3項）
	（商定留用之勞工之通知） 併購後存續公司、新設公司或受讓公司應於併購基準日三十日前，以書面載明勞動條件通知新舊雇主商定留用之勞工。該受通知之勞工，應於受通知日起十日內，以書面通知新雇主是否同意留用，屆期未為通知者，視為同意留用。（第16條第1項） 前項同意留用之勞工，因個人因素不願留任時，不得請求雇主給予資遣費。（第16條第2項）
	（留用人員年資計算） 留用勞工於併購前在消滅公司、讓與公司或被分割公司之工作年資，併購後存續公司、新設公司或受讓公司應予以承認。（第16條第3項）

法規	條文內容
企業併購法	（未留用勞工的資遣費給付） 公司進行併購，未留用或不同意留用之勞工，應由併購前之雇主終止勞動契約，並依勞動基準法第十六條規定期間預告終止或支付預告期間工資，並依同法規定發給勞工退休金或資遣費。（第17條）

資料來源：丁志達（2009），「裁減資遣之作業實務班」講義，中華民國勞資關係協進會編印。

附錄16　企業人力精簡的法律規範條文

法規	條文	內容
勞動基準法（民國98年04月22日修正）	第11條	非有左列情形之一者，雇主不得預告勞工終止勞動契約： 一、歇業或轉讓時。 二、虧損或業務緊縮時。 三、不可抗力暫停工作在一個月以上時。 四、業務性質變更，有減少勞工之必要，又無適當工作可供安置時。 五、勞工對於所擔任之工作確不能勝任時。
	第13條	勞工在第五十條規定之停止工作期間或第五十九條規定之醫療期間，雇主不得終止契約。但雇主因天災、事變或其他不可抗力致事業不能繼續，經報主管機關核定者，不在此限。
	第16條	雇主依第十一條或第十三條但書規定終止勞動契約者，其預告期間依左列各款之規定： 一、繼續工作三個月以上一年未滿者，於十日前預告之。 二、繼續工作一年以上三年未滿者，於二十日前預告之。 三、繼續工作三年以上者，於三十日前預告之。 勞工於接到前項預告後，為另謀工作得於工作時間請假外出。其請假時數，每星期不得超過二日之工作時間，請假期間之工資照給。 雇主未依第一項規定期間預告而終止契約者，應給付預告期間之工資。
	第17條	雇主依前條終止勞動契約者，應依左列規定發給勞工資遣費： 一、在同一雇主之事業單位繼續工作，每滿一年發給相當於一個月平均工資之資遣費。 二、依前款計算之剩餘月數，或工作未滿一年者，以比例計給之。未滿一個月者以一個月計。
	第20條	事業單位改組或轉讓時，除新舊雇主商定留用之勞工外，其餘勞工應依第十六條規定期間預告終止契約，並應依第

法規	條文	內容
勞動基準法（民國98年04月22日修正）		十七條規定發給勞工資遣費。其留用勞工之工作年資，應由新雇主繼續予以承認。
	第50條	女工分娩前後，應停止工作，給予產假八星期；妊娠三個月以上流產者，應停止工作，給予產假四星期。 前項女工受僱工作在六個月以上者，停止工作期間工資照給；未滿六個月者減半發給。
	第59條	勞工因遭遇職業災害而致死亡、殘廢、傷害或疾病時，雇主應依左列規定予以補償。但如同一事故，依勞工保險條例或其他法令規定，已由雇主支付費用補償者，雇主得予以抵充之： 一、勞工受傷或罹患職業病時，雇主應補償其必需之醫療費用。職業病之種類及其醫療範圍，依勞工保險條例有關之規定。 二、勞工在醫療中不能工作時，雇主應按其原領工資數額予以補償。但醫療期間屆滿二年仍未能痊癒，經指定之醫院診斷，審定為喪失原有工作能力，且不合第三款之殘廢給付標準者，雇主得一次給付四十個月之平均工資後，免除此項工資補償責任。 三、勞工經治療終止後，經指定之醫院診斷，審定其身體遺存殘廢者，雇主應按其平均工資及其殘廢程度，一次給予殘廢補償。殘廢補償標準，依勞工保險條例有關之規定。 四、勞工遭遇職業傷害或罹患職業病而死亡時，雇主除給與五個月平均工資之喪葬費外，並應一次給與其遺屬四十個月平均工資之死亡補償。 其遺屬受領死亡補償之順位如左： (一)配偶及子女。 (二)父母。 (三)祖父母。 (四)孫子女。 (五)兄弟姐妹。
	第84-2條	勞工工作年資自受僱之日起算，適用本法前之工作年資，其資遣費及退休金給與標準，依其當時應適用之法令規定

法規	條文	內容
勞動基準法（民國98年04月22日修正）		計算；當時無法令可資適用者，依各該事業單位自訂之規定或勞雇雙方之協商計算之。適用本法後之工作年資，其資遣費及退休金給與標準，依第十七條及第五十五條規定計算。
勞動基準法施行細則（民國98年02月27日修正）	第8條	依本法第十七條、第八十四條之二規定計算之資遣費，應於終止勞動契約三十日內發給。
大量解僱勞工保護法（民國97年05月23日修正）	第2條	本法所稱大量解僱勞工，指事業單位有勞動基準法第十一條所定各款情形之一、或因併購、改組而解僱勞工，且有下列情形之一： 一、同一事業單位之同一廠場僱用勞工人數未滿三十人者，於六十日內解僱勞工逾十人。 二、同一事業單位之同一廠場僱用勞工人數在三十人以上未滿二百人者，於六十日內解僱勞工逾所僱用勞工人數三分之一或單日逾二十人。 三、同一事業單位之同一廠場僱用勞工人數在二百人以上未滿五百人者，於六十日內解僱勞工逾所僱用勞工人數四分之一或單日逾五十人。 四、同一事業單位僱用勞工人數在五百人以上者，於六十日內解僱勞工逾所僱用勞工人數五分之一。 前項各款僱用及解僱勞工人數之計算，不包含就業服務法第四十六條所定之定期契約勞工。
勞工退休金條例（民國96年07月04日修正）	第11條	本條例施行前已適用勞動基準法之勞工，於本條例施行後，仍服務於同一事業單位而選擇適用本條例之退休金制度者，其適用本條例前之工作年資，應予保留。 前項保留之工作年資，於勞動契約依勞動基準法第十一條、第十三條但書、第十四條、第二十條、第五十三條、第五十四條或職業災害勞工保護法第二十三條、第二十四條規定終止時，雇主應依各法規定，以契約終止時之平均工資，計給該保留年資之資遣費或退休金，並於終止勞動契約後三十日內發給。

法規	條文	內容
勞工退休金條例（民國96年07月04日修正）		第一項保留之工作年資，於勞動契約存續期間，勞雇雙方約定以不低於勞動基準法第五十五條及第八十四條之二規定之給與標準結清者，從其約定。 公營事業之公務員兼具勞工身分者，於民營化之日，其移轉民營前年資，依民營化前原適用之退休相關法令領取退休金。但留用人員應停止其領受月退休金及相關權利，至離職時恢復。
	第12條	勞工適用本條例之退休金制度者，適用本條例後之工作年資，於勞動契約依勞動基準法第十一條、第十三條但書、第十四條、第二十條或職業災害勞工保護法第二十三條、第二十四條規定終止時，其資遣費由雇主按其工作年資，每滿一年發給二分之一個月之平均工資，未滿一年者，以比例計給；最高以發給六個月平均工資為限，不適用勞動基準法第十七條之規定。 依前項規定計算之資遣費，應於終止勞動契約後三十日內發給。 選擇繼續適用勞動基準法退休金規定之勞工，其資遣費依同法第十七條規定發給。
就業服務法（民國98年05月13日修正）	第23條	中央主管機關於經濟不景氣致大量失業時，得鼓勵雇主協商工會或勞工，循縮減工作時間、調整薪資、辦理教育訓練等方式，以避免裁減員工；並得視實際需要，加強實施職業訓練或採取創造臨時就業機會、辦理創業貸款利息補貼等輔導措施；必要時，應發給相關津貼或補助金，促進其就業。 前項利息補貼、津貼與補助金之申請資格條件、項目、方式、期間、經費來源及其他應遵行事項之辦法，由中央主管機關定之。
	第33條	雇主資遣員工時，應於員工離職之十日前，將被資遣員工之姓名、性別、年齡、住址、電話、擔任工作、資遣事由及需否就業輔導等事項，列冊通報當地主管機關及公立就業服務機構。但其資遣係因天災、事變或其他不可抗力之情事所致者，應自被資遣員工離職之日起三日內為之。 公立就業服務機構接獲前項通報資料後，應依被資遣人員之志願、工作能力，協助其再就業。

法規	條文	內容
就業保險法（民國100年04月27日修正）	第11條	本保險各種保險給付之請領條件如下： 一、失業給付：被保險人於非自願離職辦理退保當日前三年內，保險年資合計滿一年以上，具有工作能力及繼續工作意願，向公立就業服務機構辦理求職登記，自求職登記之日起十四日內仍無法推介就業或安排職業訓練。 二、提早就業獎助津貼：符合失業給付請領條件，於失業給付請領期限屆滿前受僱工作，並參加本保險三個月以上。 三、職業訓練生活津貼：被保險人非自願離職，向公立就業服務機構辦理求職登記，經公立就業服務機構安排參加全日制職業訓練。 四、育嬰留職停薪津貼：被保險人之保險年資合計滿一年以上，子女滿三歲前，依性別工作平等法之規定，辦理育嬰留職停薪。 被保險人因定期契約屆滿離職，逾一個月未能就業，且離職前一年內，契約期間合計滿六個月以上者，視為非自願離職，並準用前項之規定。 本法所稱非自願離職，指被保險人因投保單位關廠、遷廠、休業、解散、破產宣告離職；或因勞動基準法第十一條、第十三條但書、第十四條及第二十條規定各款情事之一離職。
	第16條	失業給付按申請人離職辦理本保險退保之當月起前六個月平均月投保薪資百分之六十按月發給，最長發給六個月。但申請人離職辦理本保險退保時已年滿四十五歲或領有社政主管機關核發之身心障礙證明者，最長發給九個月。（第1項）
	第20條	失業給付自向公立就業服務機構辦理求職登記之第十五日起算。 職業訓練生活津貼自受訓之日起算。
	第21條	投保單位故意為不合本法規定之人員辦理參加保險手續，領取保險給付者，保險人應通知限期返還，屆期未返還者，依法移送強制執行。

法規	條文	內容
就業保險法（民國100年04月27日修正）	第25條	被保險人於離職退保後二年內，應檢附離職或定期契約證明文件及國民身分證或其他足資證明身分之證件，親自向公立就業服務機構辦理求職登記、申請失業認定及接受就業諮詢，並填寫失業認定、失業給付申請書及給付收據。（第1項） 公立就業服務機構受理求職登記後，應辦理就業諮詢，並自求職登記之日起十四日內推介就業或安排職業訓練。未能於該十四日內推介就業或安排職業訓練時，公立就業服務機構應於翌日完成失業認定，並轉請保險人核發失業給付。（第2項） 第一項離職證明文件，指由投保單位或直轄市、縣（市）主管機關發給之證明；其取得有困難者，得經公立就業服務機構之同意，以書面釋明理由代替之。（第3項） 前項文件或書面，應載明申請人姓名、投保單位名稱及離職原因。（第4項） 申請人未檢齊第一項規定文件者，應於七日內補正；屆期未補正者，視爲未申請。（第5項）
勞工保險條例（民國98年04月22日修正）	第9-1條	被保險人參加保險，年資合計滿十五年，被裁減資遣而自願繼續參加勞工保險者，由原投保單位爲其辦理參加普通事故保險，至符合請領老年給付之日止。（第1項） 前項被保險人繼續參加勞工保險及保險給付辦法，由中央主管機關定之。（第2項）
職工福利金條例（民國92年01月29日修正）	第9-1條	工廠、礦場或其他企業組織因解散或受破產宣告而結束經營者，所提撥之職工福利金，應由職工福利委員會妥議處理方式，陳報主管官署備查後發給職工。（第1項） 工廠、礦場或其他企業組織變更組織而仍繼續經營，或爲合併而其原有職工留任於存續組織者，所提撥之職工福利金，應視變動後留任職工比率，留備續辦職工福利事業之用，其餘職工福利金，應由職工福利委員會妥議處理方式，陳報主管官署備查後發給離職職工。（第2項） 前二項規定，於職工福利委員會登記爲財團法人者，適用之。（第3項）

法規	條文	內容
職業災害勞工保護法（民國90年10月31日修正）	第23條	非有下列情形之一者，雇主不得預告終止與職業災害勞工之勞動契約： 一、歇業或重大虧損，報經主管機關核定者。 二、職業災害勞工經醫療終止後，經公立醫療機構認定心神喪失或身體殘廢不堪勝任工作者。 三、因天災、事變或其他不可抗力因素，致事業不能繼續經營，報經主管機關核定者。
	第24條	有下列情形之一者，職業災害勞工得終止勞動契約： 一、經公立醫療機構認定心神喪失或身體殘廢不堪勝任工作者。 二、事業單位改組或轉讓，致事業單位消滅者。 三、雇主未依第二十七條規定辦理者。 四、對雇主依第二十七條規定安置之工作未能達成協議者。
	第25條	雇主依第二十三條第一項第一款、第三款，或勞工依第二十四條第二款至第四款規定終止勞動契約者，雇主應依勞動基準法之規定，發給勞工資遣費。（第1項） 雇主依第二十三條第一項第二款，或勞工依第二十四條第一款規定終止勞動契約者，雇主應依勞動基準法之規定，發給勞工退休金。（第2項） 前二項請求權與勞動基準法規定之資遣費，退休金請求權，職業災害勞工應擇一行使。
	第26條	雇主依第二十三條第一項規定預告終止與職業災害勞工之勞動契約時，準用勞動基準法規定預告勞工。（第1項） 職業災害勞工依第二十四條第一款規定終止勞動契約時，準用勞動基準法規定預告雇主。（第2項）
被裁減資遣被保險人繼續參加勞工保險及保險給付辦法（民國97年12月25日修正）	第3條	被裁減資遣之被保險人自願續保者，應於離職退保之當日由原投保單位辦理續保手續。但投保單位未於離職退保當日為其辦理續保或依前條規定由有關團體代辦者，應於被保險人離職退保之當日起二年內辦理續保手續。（第1項） 被裁減資遣之被保險人於離職退保之當日起二年內，有再受僱從事工作後又離職退保情形者，其續保規定如下： 一、被保險人再離職退保事由不符合本條例第九條之一第一項規定者，得以前被裁減資遣身分辦理續保。

法規	條文	內容
被裁減資遣被保險人繼續參加勞工保險及保險給付辦法（民國97年12月25日修正）		二、被保險人再離職退保事由符合本條例第九條之一第一項規定者，得選擇其中之一被裁減資遣身分辦理續保。（第2項） 前二項保險效力之開始，自續保申請書送達保險人或郵寄之翌日起算。郵寄者，以原寄郵局郵戳為準。（第3項）
	第4條	辦理被裁減資遣之被保險人續保時，應檢附裁減資遣證明文件或地方主管機關之證明文件或協商紀錄影本辦理。 原投保單位因歇業、解散、破產宣告或其他原因結束營業者，應檢附結束營業相關證明文件辦理續保，無法取具證明者，由保險人依事實認定之。
勞工安全衛生法（民國91年06月12日修正）	第30條	勞工如發現事業單位違反本法或有關安全衛生之規定時，得向雇主、主管機關或檢查機構申訴。（第1項） 雇主於六個月內若無充分之理由，不得對前項申訴之勞工予以解僱、調職或其他不利之處分。（第2項）
《性別工作平等法》（民國100年01月05日修正）	第16條	受僱者任職滿一年後，於每一子女滿三歲前，得申請育嬰留職停薪，期間至該子女滿三歲止，但不得逾二年。同時撫育子女二人以上者，其育嬰留職停薪期間應合併計算，最長以最幼子女受撫育二年為限。（第1項） 受僱者於育嬰留職停薪期間，得繼續參加原有之社會保險，原由雇主負擔之保險費，免予繳納；原由受僱者負擔之保險費，得遞延三年繳納。（第2項） 育嬰留職停薪津貼之發放，另以法律定之。（第3項） 育嬰留職停薪實施辦法，由中央主管機關定之。（第4項）
	第17條	前條受僱者於育嬰留職停薪期滿後，申請復職時，除有下列情形之一，並經主管機關同意者外，雇主不得拒絕： 一、歇業、虧損或業務緊縮者。 二、雇主依法變更組織、解散或轉讓者。 三、不可抗力暫停工作在一個月以上者。 四、業務性質變更，有減少受僱者之必要，又無適當工作可供安置者。（第1項） 雇主因前項各款原因未能使受僱者復職時，應於三十日前通知之，並應依法定標準發給資遣費或退休金。（第2項）

法規	條文	內容
企業併購法（民國93年05月05日修正）	第15條	公司進行合併時，消滅公司提撥之勞工退休準備金，於支付未留用或不同意留用勞工之退休金後，得支付資遣費；所餘款項，應自公司勞工退休準備金監督委員會專戶移轉至合併後存續公司或新設公司之勞工退休準備金監督委員會專戶。（第1項） 公司進行收購財產或分割而移轉全部或一部營業者，讓與公司或被分割公司提撥之勞工退休準備金，於支付未留用或不同意留用勞工之退休金後，得支付資遣費；所餘款項，應按隨同該營業或財產一併移轉勞工之比例，移轉至受讓公司之勞工退休準備金監督委員會專戶。（第2項） 前二項之消滅公司、讓與公司或被分割公司應負支付未留用或不同意留用勞工之退休金及資遣費之責，其餘全數或按比例移轉勞工退休準備金至存續公司、受讓公司之勞工退休準備金監督委員會專戶前，應提撥之勞工退休準備金，應達到勞工法令相關規定申請暫停提撥之數額。（第3項）
	第16條	併購後存續公司、新設公司或受讓公司應於併購基準日三十日前，以書面載明勞動條件通知新舊雇主商定留用之勞工。該受通知之勞工，應於受通知日起十日內，以書面通知新雇主是否同意留用，屆期未為通知者，視為同意留用。（第1項） 前項同意留用之勞工，因個人因素不願留任時，不得請求雇主給予資遣費。（第2項） 留用勞工於併購前在消滅公司、讓與公司或被分割公司之工作年資，併購後存續公司、新設公司或受讓公司應予以承認。（第3項）
	第17條	公司進行併購，未留用或不同意留用之勞工，應由併購前之雇主終止勞動契約，並依勞動基準法第十六條規定期間預告終止或支付預告期間工資，並依同法規定發給勞工退休金或資遣費。

法規	條文	內容
所得稅法（民國100年01月26日修正）	第14條	第九類：退職所得：凡個人領取之退休金、資遣費、退職金、離職金、終身俸、非屬保險給付之養老金及依勞工退休金條例規定辦理年金保險之保險給付等所得。但個人歷年自薪資所得中自行繳付之儲金或依勞工退休金條例規定提繳之年金保險費，於提繳年度已計入薪資所得課稅部分及其孳息，不在此限： 一、一次領取者，其所得額之計算方式如下： 　(一)一次領取總額在十五萬元乘以退職服務年資之金額以下者，所得額為零。 　(二)超過十五萬元乘以退職服務年資之金額，未達三十萬元乘以退職服務年資之金額部分，以其半數為所得額。 　(三)超過三十萬元乘以退職服務年資之金額部分，全數為所得額。 　退職服務年資之尾數未滿六個月者，以半年計；滿六個月者，以一年計。 二、分期領取者，以全年領取總額，減除六十五萬元後之餘額為所得額。 三、兼領一次退職所得及分期退職所得者，前二款規定可減除之金額，應依其領取一次及分期退職所得之比例分別計算之。

參考資料：丁志達（2009），「裁減資遣之作業實務」講義，中華民國勞資關係協進會編印。

名詞解釋

A

愛滋病（Acquired Immune Deficiency Syndrome, AIDS）
後天免疫缺乏症候群，一種破壞身體免疫系統的疾病，因而導致病人對一般疾病的抵抗力減弱，容易致命。

調整事項之勞資爭議（Adjustment Disputes）
它指勞資雙方當事人對於勞動條件主張繼續維持或變更之爭議。

酗酒（Alcoholism）
酗酒是一種疾病，它所表現的特徵是不節制地飲酒，干擾了正常的生活模式。

年薪制（Annual Salary System）
它是指以企業的一個生產週期（即以年度為單位）確定經營者的報酬，並視其經營成果發放風險收入的工資制度。通常包括基本收入（基本薪資）和效益收入（風險收入）兩部分。

反托拉斯法（Antitrust Laws）
反托拉斯法或稱競爭法，是阻止「反競爭行為」和「不公平商業行為」的法律。此法將某些被認為會傷害商業環境和消費者權益的行為定為非法，政府機關裡的競業管理監督部門負責監管反托拉斯法，他們可能還要負責監管和消費者保護相關的法律。

仲裁（Arbitration）
它是指談判的雙方將爭議的問題交給第三方，由第三方來做出裁決，是解決爭議的一種方式。

態度調查（Attitude Survey）
它指一種著重瞭解員工對他們自己的工作和對企業的感受和信念的專門性的調查，包括員工所執行的工作、主管監督、工作環境、工作時間彈性、升遷機會、訓練與發展機會、薪資制度等。

B

福利（Benefit）

它係指企業給予員工的一種非直接的財務獎賞。

杯葛（Boycott）

它係指工會會員勸說一般消費者或廠商，拒絕購買雇主所生產之產品或與之進行商業交易。

企業倫理（Business Ethics）

它係指企業中所有成員所應當共同遵循的企業工作行為守則，以及企業團體的群眾規範。

C

集體協商（Collective Bargaining）

它指在一個特定期間，工會代表與資方代表就有關工作條件（工資、工時）等進行協商的過程，但是雙方不能強迫要求任何一方做出讓步或妥協。

薪酬（Compensation）

它指組織對於員工提供服務所給予的報酬，可分為內在報酬、外在報酬。

競爭力（Competitiveness）

企業在產業中維持或增加市場占有率的能力。

電腦倫理（Computer Ethics）

它是在原來的倫理議題中，抽出與電腦技術發展有關的部分。

調解（Conciliation）

它是一種經由第三方試圖說服意見不同的爭議雙方繼續談判，以便尋求一個自願解決方案的努力，以解決勞資爭議的方法，其主要目的在幫助爭議雙方達成協議。

內容理論（Content Theory）

它係在於確任工作的動機或需求，以及說明需求之間是否有先後順序。例如升遷、薪資、工作安全感、認同及獎勵等。代表此類激勵理論的，

計有馬斯洛的需求層級理論（Need Hierarchy Theory）、赫茲伯格的雙因素理論（Two-Factor Theroy）及阿爾德佛的三種需求理論（Three Needs Theory）。

企業箴言（Corporate Motto）

企業用以激勵員工、發人深省的管理名言或管理名句，以體現企業的核心目標和價值。

企業文化（Corporate Culture）

它指一家企業體內所有有關的規章制度、組織架構、經營策略、作業流程、領導團隊、資訊系統、人際關係等內涵，經年累月累積所形成的企業運作模式。

企業願景（Corporate Vision）

它是指企業戰略家對企業前景和發展方向一個高度概括的描述。由企業核心理念（核心價值觀、核心目的）和對未來的展望（未來十至二十年的遠大目標和對目標的生動描述）構成。

企業社會責任（Corporate Social Responsibility, CSR）

它係指雇主有義務按照社會所期望的目標和價值來制定政策、進行決策或採取某些行動。

同業工會（Craft Union）

它指會員都從事同一類型的工作，並通常運用同樣的技能和受到同樣培訓的工會類型。

文化（Culture）

它指影響一個特殊人群的價值觀、信仰和行為方式的社會性力量。

D

紀律（Discipline）

它係指培養強制貫徹遵守企業規則習慣的一種方式，並顯示組織內真正團隊工作的程度。

開除（Discharge）

它指因工作者怠惰、行為不檢，或違反企業工作規則情節重大等原因，為

雇主所辭退者。

裁員（Downsizing）

它指減少企業員工的人數。

E

員工協助方案（Employee Assistance Program, EAPs）

它是一種由公司資助的計畫，對存在情緒上（沮喪、焦慮、壓力）、身體上（醫療、心智健康）和其他方面（酗酒與吸毒、財務問題、家庭婚姻）問題的員工提供諮詢和其他各種幫助的計畫。

員工關係（Employee Relations）

它指雇主與員工間之勞動關係。它包括勞動法令之遵循和諮商、工作規則、員工手冊、工會管理、勞資協商、員工意見與態度調查（例如工作滿意度、組織承諾、工作投入、離職傾向、組織氣候知覺等）、員工參與制度的設計、離退管理、員工心理諮商等服務，以確保勞資雙贏並創造最高的員工生產力。

雇主（Employer）

謂僱用勞工之事業主、事業經營之負責人或代表事業主處理有關勞工事務之人。

僱用契約（Employment Contracts）

它指列入了詳細規定條款的勞資協議的合同。

企業變革（Enterprise Transformation）

它指的是策略、結構、制度、技術、人員、領導風格與企業文化快速而大幅的改變，無論是組織精簡、組織重整、策略改變、組織再設計，或是涉及組織文化或典範型塑的改造重生，都是變革的內涵，只是形式不同。

同工同酬（Equal Pay for Equal Work）

它指從事相類似的工作量和工作質等，應有相等的報酬。

人因工學（Ergonomics）

它是一種研究人類與任務裝備、工具及物理環境的相互作用的學問。

倫理議題（Ethical Issue）
它是指任何一個群體在追求自己的目標時所產生的行爲，對其他群體之實質上的影響。

倫理學（Ethics）
它指的是研究性格、風俗或習慣的學問。

離職面談（Exit Interview）
它指爲向那些即將離開企業的員工瞭解他們決定離職的眞正原因所進行的談話。

F

彈性福利計畫（Flexible Benefit Plan）
它指容許員工從企業設立的各種福利中選擇他們所喜歡的福利項目的福利計畫。

G

全球化（Globalization）
它指企業意圖將其銷售與製造等活動推廣延伸至新的海外市場。

全球性企業（Global Organization）
它指一家企業將分布在許多地區的公司機構聯合爲一體，作爲一個整體性的全球企業來經營。

申訴（Grievance）
它指公開指控對勞動契約條款的曲解、濫用和違法行爲。

申訴仲裁（Grievance Arbitration）
它指由第三方來對因勞動契約的不同解釋而引起的爭議進行裁決的一種手段。

H

健康（Health）

它指體力的、精神的和情緒的綜合安好狀況。

人力資源（Human Resource）

它指企業內所有與員工有關的資源，包括員工的能力、知識、技術、態度與激勵。

人力資源管理（Human Resource Management）

它指在企業內部進行正規的制度設計，以保證使員工的才幹充分地、有效地用於實現企業的各種組織的目標。

I

國際勞工組織（International Labour Organization, ILO）

國際勞工組織是處理勞工問題的聯合國專門機構。它的總部在瑞士的日內瓦，訓練中心位於義大利都靈（Torino），現有會員國一百七十五個。制定的《國際勞工公約》是國際勞工標準，以公約或建議書形式由國際勞工大會通過，從1919年到1998年國際勞工大會共通過了近二百條公約和近二百項建議書，對批准的成員國具有約束力。

工業關係（Industrial Relations）

它指組織管理中的專業領域，較偏重探討製造業部門的工會化，體力勞動經濟領域之現象。

產業工會（Industrial Union）

它指會員由同一產業員工所組成的工會。

內部行銷（Internal Marketing）

它係指企業將運用於外部顧客的行銷手法，轉而運用在內部員工身上，並將員工視為「內部顧客」。基本上，內部行銷的基本精神在於重視員工，尊重員工，並以員工滿意為其主要努力目標之一。

J

工作輪替（Job Rotation）
它指員工從一個工作轉換到另一個工作，以拓展工作經驗。

工作滿意（Job Satisfaction）
它係指工作者心理與生理兩方面對環境因素的滿足感受，亦即工作者對工作情境的主觀反應。

K

知識、技術和能力（Knowledge, Skills and Ability, KSA）
這是綜合能力，它包括擁有的知識瞭解、經驗，以及未來發展的潛力。

L

勞資爭議（Labor-Management Disputes）
它指雇主與勞工或勞工團體因勞動條件而發生的利益和經濟上的衝突。一般而言，可分為權利事項及調整事項之勞資爭議。

勞資關係（Labor-Management Relations）
它是勞方與資方之間交互的行為關係，其主要目的在於加強勞資合作，進而提升工作效率，以謀求雙方的共同利益。

勞工政策（Labor Policy）
它乃是國家為謀求社會及經濟之發展，國民福祉之增進，在勞工問題方面所制定的政策性基本主張和施政方針。

工會（Labor Union）
它指勞工為維護或改善其勞動條件，保障其經濟利益所組成的團體。

停工（Lockout）
它指資方關閉企業以阻止工會成員上班工作。

M

維持因素（Maintenance Factors）

通常指衛生因素，即一種必須提供足夠品質來避免員工不滿足的工作環境。例如薪資、工作安全、工作狀況、公司地位、人際關係等。

參與管理（Management by Participation）

參與管理基本的意義是給予組織成員對於相關問題有積極參與的機會。對於內部成員來說，由於參與決策的緣故，使得工作本身不那麼單調乏味，在心理層次也會覺得工作賦予的多樣性而獲得較大的成就感。

大量生產模式（Mass Production）

大量生產模式亦稱量產，起源於十九世紀末至二十世紀六〇年代。第一次世界大戰結束後，市場對產品數量的需求劇增，以美國企業為代表的大批量式生產方式逐漸取代以歐洲企業為代表的手工單件生產方式。

調停（Mediation）

它乃是一種經由中立的第三方對勞資談判雙方給予協助，並提出解決問題的建議，來調處勞資爭議的方法，但此一建議對爭議雙方並無拘束力。

明尼蘇達問卷（Minnesota Job Description Questionnaire）

它是工作分析方法的一種，主要從工作者主管的回答來分析。

使命宣言（Mission Statement）

它就是企業的立業宗旨以及經營理念，它有如一個人的座右銘，是企業存在目標、價值以及達到目標的手段。

激勵（Motivation）

它係指組織透過設計適當的外部獎酬形式和工作環境，以一定的行為規範和懲罰性措施，藉由信息溝通，來激發、引導、保持和規範組織成員的行為，以有效地實現組織及其成員個人目標的系統活動。

激勵因素（Motivation Factors）

它是一種直接與工作執行的真實本質，並與工作滿足感相關的工作環境，例如成就、賞識、職責、工作本身、成長的機會等。當雇主無法提供這些足夠品質的因素時，員工不會產生工作滿足感；而當雇主提供足夠品質的因素時，他們則會產生滿足感和高度的工作績效。

N

競業禁止條款協議（Non-Compete Agreement）

它是指事業單位為保護其商業機密、營業利益或維持其競爭的優勢，要求特定人與其約定於在職期間或離職後之一定期間、區域內，不得經營、受僱或經營與其相同或類似之業務工作而言。

O

職業安全衛生署（Occupational Health and Safety Administration, OSHA）

它乃隸屬於美國聯邦政府機構之一，負責擬定與執行與工作場所之安全有關規章。

經濟合作暨發展組織（Organization for Economic Co-operation and Development, OECD）

OECD成立於1961年，總部設於法國巴黎。成立的目的是二次世界大戰後在協助歐洲重建之馬歇爾計畫下，執行美國及加拿大所提供的援助。它是一國際經貿論壇，強調跨國政府之間的經濟合作與發展，惟並無強制約束其會員的權力。

專業的代工廠（Original Equipment Manufacturer, OEM）

接受客戶完全指定，按原圖設計代工製造。

原始設計製造商（Original Design Manufacturer, ODM）

它指由採購方委託製造方，由製造方從設計到生產一手包辦，而由採購方負責銷售的生產方式，採購方通常會授權其品牌，允許製造方生產貼有該品牌的產品。

P

參與管理（Participative Management）

組織內員工有權參與其工作相關的決策。換言之，即由勞方代表及資方代表在共同利害關係領域中一起決定企業機能的行為。

糾察（Picketing）

它係指在工作場所舉標語牌，宣告勞資雙方正處爭議期間，並說服勞工不要進入工廠工作，以阻止破壞罷工之行爲。

政策（Policy）

它指一個預先建立的指引，在做決策時可以提供方向。

程序理論（Process Theory）

它係敘述有關激勵、指揮、維持及停止行爲的過程，主要是在明確敘述變相交互作用，及影響他人產生某種行爲的方法。代表此理論的有亞當斯的公平理論（Equity Theory）及佛洛姆的期望理論（Expectancy Theory）。

爭議行爲（Protesting Activities）

它指勞資爭議當事人爲達成其主張，所爲之罷工或其他阻礙事業正常運作及與之對抗之行爲。

心理契約（Psychological Contract）

它是企業和員工雙方在環境不確定性、信息不完全性和有限理性等三方面限制的情況下，就相互關係中自己必須爲對方付出什麼，同時對方又必須爲自己付出什麼的一種主觀心理約定。

Q

品管圈（Quality Circles）

它指一群員工自願定期與組長等主管開會來找出生產的問題及建議的解答。

工作生活品質（Quality of Work Life, QWL）

藉由勞工和雇主的共同努力，以改善員工的工作生活。它主要指與個人工作有關的幸福及在工作中所經驗的獎勵、滿足與壓力規避等的程度。

R

齋戒月（Ramadan）

穆斯林的齋戒月是伊斯蘭曆法的第九個月，阿拉伯人稱之爲Ramadan，視爲一年中的聖月。全球穆斯林在這一個月中白天禁食，整日有特別的禱告

及誦讀古蘭經。

企業再造（Re-engineering）

組織再造（就是「另起灶爐」）。它指企業程序再思考與急遽性的再設計，以達成成本、品質、服務及速度等績效方面達成之急遽改進。

信度（Reliability）

一個甄選測驗所提供的結果，與應徵者實際表現結果之間的符合程度。

報復（Retaliation）

它指雇主採取行動來懲罰那些行使合法權利的員工。

退休（Retirement）

它係指因為年齡、疾病或工作年資而引起自願或非自願性僱用契約關係的終止。

權利事項之勞資爭議（Rights Disputes）

它指勞資雙方當事人基於法令、團體協約、勞動契約之規定所為權利義務之爭議。

S

怠工（Sabotage）

它係指勞工根據工會之指示，以不正規的工作態度集體以較遲緩之工作方式作業而降低產量或服務內容。

安全（Safety）

它指保護員工免於相關工作意外而造成的傷害。

性騷擾（Sexual Harassment）

它指以性目的為導向但為對方所不情願的各種行為，它使員工屈從於不利的就業條件或造成一種敵意的工作環境。

占據（Sit-in）

它係指勞動者不離開工作場所，亦不為勞務提供之狀況。

社會責任（Social Responsibility）

它指企業透過各種的事業活動，對利害關係群創造、提供價值，贏得信賴，促進企業與社會全體永續的成長。

利害關係群（Stakeholders）

它指企業營運的結果會對他們（股東、員工、客戶、社區）造成影響，而且他們的想法與作法也會對企業營運造成影響的一些人。

罷工（Strike）

它係指工會成員所為暫時拒絕提供勞務，以此讓資方在協商過程中造成極大壓力而進行的停工。

策略（Strategic）

策略是執行與對手不同的活動，或用不同的方式來執行類似的活動。

刻板印象（Stereotype）

刻板印象是由希臘字stereo而來，意指堅固的、刻板的，和type意指字或字體合而成為stereotype，用以形容由堅固的刻板鑄成的字模，將這個字帶入社會科學研究領域中，就是因為它具有不易改變的特質，無論是有事實根據或沒有根據的，刻板印象一旦形成，通常能長久持續下去。

股票期權（Stock Option）

它指以一定的價格在約定日期買入或賣出股票的權利，公司賦予內部員工以一個預先設定好的價格（優惠價格），在將來購買一定數量公司股票的權利。但在合同期內，期權不可轉讓，也不能得到股息。

亞健康（Sub-health）

它指人在身體、心理和社會環境等方面表現初步適應，介於健康與疾病之間的臨界狀態。

倖存者綜合症（Survivor Syndrome）

它指的是在公司裁員風潮過後在職者會出現的一些身心特徵。

血汗工廠（Sweatshop）

它指不尊重工人，剝奪工人基本工作權利和待遇，或使工人在危險的、不衛生的工作場所工作的工廠（或機構）。

凡爾賽和約（The Versailles Peace Treaty）

凡爾賽和約的全名是《協約國和參戰各國對德和約》，是第一次世界大戰後，戰勝國（協約國）對戰敗國（同盟國）的和約。協約國和同盟國於1918年11月11日宣布停火，經過巴黎和會長達六個月的談判後，於1919年6月28日在巴黎的凡爾賽宮簽署條約，標誌著第一次世界大戰正式結束，

在得到國際聯盟的承認後，於1920年1月20日正式生效。

X理論（Theory X）

X理論把人的行為視為機器，需要外力作用才能產生，因此，管理者會趨向於設定嚴格的規章制度，以減低員工對工作的消極性。

Y理論（Theory Y）

Y理論把人視為一個有機的系統，其行為不但受外力影響，而且也受內力影響。因此，管理者會趨向於對員工授予更大的權力，讓員工有更大的發揮機會，以激發員工對工作的積極性。

全面品質管理（Total Quality Management）

全面品質管理就是「止於至善」。它指組織內的成員對組織追求卓越的承諾，強調由團隊持續追求改進的過程，以達到卓越的境界。

人員流失（Turnover）

它指員工離開企業而其職位空缺又必須找人接替的過程。

U

不當勞動行為（Unfair Labor Practice）

不當勞動行為的概念，始於美國1935年的華格納法案（The Wagner Act，又稱「全國勞資關係法」）。它係指雇主意圖破壞或弱化工會活動所採取的不公平行為。國外用這個法律概念來防範雇主以不正當之手段打壓勞工，以保護勞工或工會的權益。

工會（Union）

它係指由勞工組成的，旨在透過集體行動來促進其成員利益的正式合作組織（團體）。

V

效度（Validity）

一種測驗能實際反應出該測驗之設計目標的程度。

願景（Vision）

它概括了企業的未來目標、使命及核心價值，是企業哲學中最核心的內

容,是企業最終希望實現的圖景。

W

《威瑪憲法》（德文：Weimarer Verfassung）

它是德國威瑪共和國時期（1919-1933年）的憲法,作爲德國歷史上的第一部付諸實施的民主憲法,它建立起了一個議會民主制和聯邦制的共和國。現今的德意志聯邦共和國憲法《德國基本法》仍保留著《威瑪憲法》的部分章節。

健康計畫（Wellness Programs）

它是一種由公司實施的計畫,用於預防疾病並提高員工的健康。

書面警告（Written Warnings）

通常是積極紀律管理的第二個步驟（第一個步驟是口頭警告）,並且將成爲員工不良紀錄的存底,在勞資爭議訴訟時的有利證據之一。

勞工（Worker）

謂受雇主僱用從事工作獲致工資者。

接管（Work-in）

它係指排除雇主的指揮而自行經營企業,此舉顯然已違反私有財產制之行爲,自屬違法。

黃狗契約（Yellow-dog Contract）

它是工會所創造的術語,指的是勞工與雇主之間的一個協議,即是雇主規定勞工不得參加工會作爲就業的一個條件。

參考文獻

書籍部分

第一章

行政院勞工委員會彙編（1990），《勞工教育教材(二)：勞工立法》，台北縣政
　　府印。

林大鈞（1994），《勞工政策與勞工法論》，台北：華泰文化出版。

徐卿廉（2001），《90年度勞動權益新知講座手冊：勞動基準法釋論及勞資爭議
　　案例分析》，台北市政府勞工局勞工教育中心編印（2001/08/02）。

陳繼盛（1981），《勞資關係》，台北：正中書局。

黃英忠、曹國雄、黃同圳、張火燦、王秉鈞（1998），《人力資源管理》，台
　　北：華泰文化出版。

衛民、許繼峰編著（1999），《勞資關係與爭議問題》，台北：國立空中大學印
　　行。

第二章

吳成豐（2002），《企業倫理的實踐》，台北：前程企業管理。

英國雅特楊資深管理顧問師群著（1989），《管理者手冊》（*The Managers
　　Handbook*），台北：中華企業管理發展中心。

徐木蘭、張國偉（2006），《產業發展與管理：新思維與新方法──企業倫理之
　　概念演進與研究趨勢》，台北：世新大學。

泰倫斯‧迪爾（Terrence E. Deal）、艾倫‧甘迺迪（Allan A. Kennedy）著，江玲
　　譯（1987），《塑造企業文化：企業傑出的動力》（*Corporate Cultures*），
　　台北：經濟與生活出版。

張文隆（2010），《當責》（*Accountability*），台北：中國生產力中心。

張希（2005），《品味咖啡香：星巴克的10堂管理課》，台北：百善書房出版。

張忠謀（2000），《他們怎麼贏的──標竿企業風雲錄：傳統價值應再復活》，
　　台北：天下雜誌發行。

黃麗秋（2010），〈喚起員工高峰體驗：員工關係4大黃金守則〉，《能力雜
　　誌》總號657期（2010/11）。

衛民、許繼峰編著（1999），《勞資關係與爭議問題》，台北：國立空中大學印行。

銳智（2006），《聯合利華全攻略》，深圳：海天出版社。

第三章

行政院勞工委員會勞資關係處編印（2003），《簽訂競業禁止參考手冊》，行政院勞工委員會出版。

張曉春（1987），《勞力勞心集》，台北：時報文化出版。

蘇珊・布羅克（Susan L. Brock），薩莉・卡貝爾（Sally R. Cabbell）著，孫經緯譯（2001），《如何編寫員工須知》，上海：上海財經大學。

第四章

劉梅君（2006），《防制就業歧視案例實錄4：從人權角度看就業歧視之觀念》，台北縣政府勞工局編印。

潘秀菊（2006），《防制就業歧視案例實錄4：職場就業歧視之認識——以階級歧視為主軸》，台北縣政府勞工局編印。

鄭津津（2008），《防制就業歧視案例實錄6：我國就業歧視年齡判定標準之建立》，台北縣政府勞工局出版。

鄭津津（2010），《杜絕職場性騷擾宣傳手冊：工作場所性騷擾的定義類型與迷思的釐清》，台北縣政府勞工局編印（2010/11）。

第六章

Gary Dessler著，方世榮譯（2001），《現代人力資源管理》（*Human Resource Management*），台北：台灣培生教育出版。

台灣省政府勞工處（1995），《推動勞工安全衛生工作實務手冊》，台灣省政府勞工處編印。

李文元（1981），《廠礦安全衛生自動檢查》，內政部勞工司印製。

趙守博（1992），《勞工政策與勞工問題》，台北：中國生產力中心。

蔡家銘（1995），《現代安全管理》，〈謝深山序〉，台北：揚智文化出版。

第七章

高寶華（2000），《勞資會議宣導手冊》，台北縣政府勞工局編印，頁3。

台北縣政府勞工局編印（2010），《勞資會議宣導手冊》，台北縣政府勞工局出版。

葉匡時（2000），《他們怎麼贏的——標竿企業風雲錄：辦公室新心靈契約》，

台北：天下雜誌發行。

第八章

Mike Deblieux著，林瑞唐譯（1997），《檔案化紀律管理》（*Documents Discipline*），台北：商智文化事業。

Morey Stettner著，袁世珮譯（2002），《新經理人管理技巧──立即上手》（*Skills for New Managers*），美商麥格羅‧希爾國際出版。

中山大學企業管理學系著（2007），《管理學整合觀點與創新思維》，前程文化事業出版。

蕭富峰（2000），《內部行銷》，天下遠見出版。

第九章

John P. Kotter等著，周旭華譯（2005），《變革》，〈領導變革：為何轉型未竟其功？〉（第一章），天下遠見出版。

司徒達賢（1999），《企業強權──捷克‧威爾許再造奇異之道》，〈讓大型組織青春常駐〉（推薦序），美商麥格羅‧希爾國際出版。

徐木蘭（2000），《變革》，〈揭開「變革」的奧妙〉（導讀），天下遠見出版。

徐聯恩（1996），《企業變革系列研究》，台北：華泰文化出版。

第十章

衛民、許繼峰著（2006），《勞資關係：平衡效率與公平》，前程文化事業出版，頁125。

H. T. Graham & R. Bennett著，創意力編譯組譯（1995），《人力資源管理(二)：實務規劃》，台北：創意力文化事業。

行政院勞工委員會編印（1994），《勞資關係叢書之十四：簽訂團體協約實務手冊》。

陸京士（1978），《工會組織與任務》，〈劉昆祥序〉，中國文化學院勞工研究所編印。

衛民、許繼峰編著（1999），《勞資關係與爭議問題》，台北：空中大學印行。

第十一章

Greg J. Bamber、Russell D. Lansbury、Joseph S. Lee著，李誠等譯（2000），《比較勞資關係》，台北：華泰文化出版。

丁志達（2008），《人力資源管理》，台北：揚智文化出版。

林宗弘、鄭力軒、徐千惠、廖郁毓、林良榮、廖偉程（2000），《打拚為尊嚴——大同工會奮鬥史》，台灣勞工陣線出版。

邱清輝（1989），《處理勞資爭議策略與技巧研討會實錄：勞資爭議過程中政府、企業主、管理階層及勞方所應扮演的角色》，經濟部中小企業處編印。

高寶華（2008），《勞資爭議類型化個案選輯（第五輯）》，〈序〉，台北縣政府勞工局編印。

許卓司（1998），《處理勞資爭議策略與技巧研討會實錄：勞資爭議過程中政府、企業主、管理階層及勞方所應扮演的角色》，經濟部中小企業處編印。

陳伸賢（1999），《行政院勞工委員會88年下半年及89年度勞資爭議調解及仲裁委員會研習會手冊：勞資爭議處理模式及勞資爭議處理技巧與實務運作》，行政院勞工委員會中部辦公室編印。

陳彰儀（1999），《組織心理學》，台北：心理出版社。

陳繼盛（1998），《處理勞資爭議策略與技巧研討會實錄：解決勞資爭議的制度設計》，經濟部中小企業處編印。

黃良志等著（2007），《人力資源管理：理論與實務》，台北：華泰文化出版。

戴國良（2008），《人力資源管理：企業實務導向與本土個案實例》，台中：鼎茂圖書出版。

第十二章

台北市勞工局出版（2002），《台北市外籍勞工宣導手冊》。

國立台灣大學商學研究所編（2006），張忠謀主講，《台灣奇蹟推手：孫運璿先生管理講座紀念文集第一輯／企業三基石——願景、價值與策略》，台北：國立台灣大學出版中心出版。

郭啓臨（2005），《人在中國：外資企業勞動人事法令》，台中：鼎茂圖書出版。

經濟部投資業務處（2004），《台商海外投資經驗彙編》，經濟部出版。

第十三章

白永傳（2007），《感恩的一生：白永傳回憶錄》，自印。

行政院勞工委員會勞資關係處編（1996），《勞資爭議處理實例解說：○○紡織股份有限公司○○化纖總廠勞資爭議》，行政院勞工委員會出版。

何明修（2008），《工運第一悍將——曾茂興傳》，嘉義：南華大學社科院出版。

第十四章

Louis V. Gerstner Jr.著，羅耀宗譯（2003），《誰說大象不會跳舞：葛斯納親撰 IBM成功關鍵》，台北：時報文化出版。

台灣杜邦公司編印（1979），《台灣杜邦公司中壢廠員工手冊》。

行政院勞工委員會（1994），《績優企業福利制度系列專輯：台灣松下公司》，行政院勞工委員會編印。

行政院勞工委員會編（2008），《2008人力創新獎：人力創新擁抱全球》，行政院勞工委員會出版。

林懷民（2000），《總裁獅子心》，〈代序：獅子的領帶〉，台北：平安文化出版。

洪懿妍（2000），《他們怎麼贏的——標竿企業風雲錄：台灣杜邦：安全也可以創造利潤》，台北：天下雜誌發行。

張希（2005），《品味咖啡香：星巴克的10堂管理課》，台北：百善書房出版。

鄭秋霜（2006），《大家的國際牌——洪建全的事業志業》，國際電化商品公司出版。

嚴長壽（2000），《總裁獅子心》，台北：平安文化出版。

參考文章

第一章

洪瑞清（1999），〈行政院勞工委員會88年下半年及89年度勞資爭議調解及仲裁委員會研習會手冊：談勞動基準法〉，行政勞委會中部辦公室編印。

丁志達（1985），〈我對勞動基準法的認識〉，《中國勞工月刊》第828期（1985/09/16）。

潘世偉（2005），〈從工業關係到僱用關係：勞動關係研究之變遷與發展〉，財團法人國家政策研究基金會國政研究報告（2005/06/29）。

張火燦（1995），〈勞資關係的理論與模式〉，《勞工行政雜誌》第91期（2005/11/15）。

第二章

方翊倫（1986），〈我國勞動者工作倫理之研究〉，《勞工研究季刊》第85期。

張忠謀主講，王任琦、羅宏旭、郭秋鈴整理（1998），〈企業願景 凝聚員工認同感〉，《工商時報》（1998/09/24）。

陳清彬、賴才棱、曾節貞（2000），〈願景之建構〉，《台糖通訊》107卷3期

（2000/08/01）。

陳少傑（2005），〈企業文化讓同仁更凝聚〉，《震旦月刊》第408期
　　（2005/07/05）。

陳珮馨（2008），〈避開勞資爭議先打預防針〉，《經濟日報》（2008/01/24
　　A14企管副刊）。

第三章

Thomas S. Pavone, Jr撰文，洪家瑩譯（1989），〈經營管理的六法權書──員工
　　手冊〉，《現代管理月刊》第142期（1988/11/15）。

李永然（1989），〈共享權利與義務：勞資雙方僱傭關係的促進與協調〉，《管
　　理雜誌》第178期（1989/04）。

陳興華（2008），〈中小企業員工手冊編制「四步法」〉，《HR經理人雜誌》
　　總字第278期（2008/06下半月）。

綜合報導（1999），〈新保證人制度　衝擊人事管理〉，《經濟日報》
　　（1999/04/03 5版）。

第四章

台北市政府勞工局編印（2008），〈兩性工作平等之懷孕歧視篇〉文宣資料。

台北縣政府勞工局編印（2010），〈拒絕就業歧視從你我做起〉。

李祖舜（2009），〈家有嬰兒　勞工夫妻可領1年津貼〉，《聯合報》
　　（2009/04/01 A1版）。

焦興鎧（2007），〈就業服務法增訂防制就業歧視禁止項目之探討〉，《就業安
　　全》半年刊（2007/07）。

編輯部（2002），〈管理集短篇：裁員減薪，為何仍受歡迎？〉，《EMBA世界
　　經理文摘》186期。

第六章

人事處（2002），〈勞工法令：職業災害勞工保護法〉，《味丹人季刊》第36
　　期。

行政院勞工委員會編（2009），〈工安專輯：揪出危險因子 雇主用心寫下零災
　　害〉，《聯合報》（2009/07/23）財經／教育AA版。

黃宥寧（2007），〈工安知識累積成冊　讓員工按表操課〉，《商業周刊》第
　　1009期（2007/03/26-04/01）。

賴盈如（2008），〈員工健康企業福氣啦！〉，《經濟日報》（2008/11/11）14版。

第七章

王遐昌講述、趙政岷整理（2001），《工商時報》（2001/06/28 34版 經營知識）。

李蘭芬（2001），〈打造高成就感文化〉，《EMBA世界經理文摘》182期。

杜豔華（2007），〈改進員工關係，從滿意度調查開始〉，《人力資源HR經理人雜誌》總第266期（2007年12月下半月）。

第八章

林文政、龐寶璽（2004），〈從內部行銷談人力資源管理〉，《就業情報雜誌》334期（2004/02）。

徐敏（2003），〈EAP，誰真的需要你？〉，《財智雜誌》總第228期（2003/09下半月刊）。

陳小華（2009），〈全面激勵模型：讓員工自己激勵自己〉，《人力資源HR經理人雜誌》總第292期（2009/01下半月）。

楊國樞（1986），〈員工心理〉，《台灣國際標準電子公司簡訊雜誌》第18期（1986/08）。

豪伯（1988），〈「胡蘿蔔」的誘惑：員工獎賞制度〉，《現代管理月刊》第141期（1988/10/15）。

第九章

杉大（2009），〈稻盛和夫的經營智慧〉，《企業管理雜誌》總第335期（2009/07）。

段兆德（2009），〈EAP：讓被裁員工平靜而體面地離開〉，《人力資源HR經理人雜誌》總第294期（2009年2月下半月）。

編輯部（2009），〈不裁員，還能怎麼辦？〉，《EMBA世界經理文摘》第270期（2009/02）。

第十章

方素惠（1990），譯自Working Woman，〈人與環境：談判十招〉，《天下雜誌》（1990年11月1日出版）。

王厚誠（2010），〈建構工會新發展——工會法修正重點〉，《石油勞工》第397期（2010/09-10）。

本刊（2009），〈專訪台灣石油工會新任王明輝理事長〉，《石油通訊》第692期（2009/04）。

第十一章

行政院勞工委員會勞資關係處（2010），〈勞資爭議處理法制之變革〉，推動建構企業內勞資爭議處理機制培訓班講義，中華民國勞資關係協進會編印。（2010/11/08）。

侯英豪（1988），〈從復興航空的勞資爭議看我國的勞資爭議處理制度〉，《勞資關係月刊》第17卷第7期。

本刊（2009），〈從抗爭轉變到永無止境的勞資對話——參訪新加坡職工總會等心得分享〉，《聯工月刊》第234期（2009/03/31）2版。

第十二章

胡憲倫、許家偉、林伯維（2009），〈企業競逐永續浪潮的新趨勢——策略性企業社會責任〉，《永續產業發展雙月刊》第44期（2009/06）。

馬財專、余珮瑩（2008），〈我國產業外勞生活與工作之管理〉，《就業安全半年刊》（2008年12月）。

第十三章

莊夢林（2005），〈台灣工人運動20年〉，《南風窗》（2005/15 上半月）。

林河名（2001），〈片面減薪造成機師請辭 復興航空索賠敗訴〉，《聯合報》（2001/02/23）。

曾增勳（2008），〈聯福製衣廠惡性倒閉 員工抗爭12年落空〉，《聯合報》（2008/11/22）。

第十四章

周勇、鄧濤（2003），〈最佳雇主的致勝秘訣〉，《人力資源雜誌》（2003/08）。

張海洋（2002），〈《財富》選出全美最值得工作百家公司〉，《環球時報》（2002年2月4日）。

程建剛（2009），〈理性裁員，感性運作〉，《人力資源管理雜誌》總第291期（2009年1月份上半月）。

董佩真（2007），〈外商最佳模範生——台灣是杜邦投資全球的跳板〉，《國際投資季刊》第32期（2007/07/15）。

網路資料

第四章

黃昭元，〈懷孕歧視檢討——台北市就業歧視評議委員會案件分析〉，第三

屆全國婦女國是會議論文集，網址：http://taiwan.yam.org.tw/nwc3/papers/forum512.htm

行政院勞工委員會職業訓練局身心障礙者就業開門網站雇主專區http://opendoor.evta.gov.tw/sub.aspx?p=0000007&a=0000140

第七章

郭吉仁，〈如何建立員工申訴制度〉，台灣婦女資訊網http://taiwan.yam.org.tw/nwc/nwc3/papers/forum531.htm

勞資事務研究：員工申訴管道，財團法人中華勞資事務基金會網站http://fclma.org/ShowPost/1510.aspx

第八章

張媛甯，〈內部行銷的核心理念及其在高等教育機構變革管理上之應用——以推動教師績效評核方案為例〉，網站：http://hrm.nsysu.edu.tw/projects/sum-project/89-14-2.doc

第十章

魏千峰，〈團體協約之撰寫與履行〉，網站：http://twdwu.twd.gov.tw/title/title.asp

第十三章

洪清海，〈台積電勞資爭議之探討〉，台灣總工會網站http://www.tpfl.org.tw/article.php?id=361

陳金泉，〈雇主片面減薪之法律效果：以復興航空機師勞資爭議案為例〉，網站：http://www.kcchen.com.tw/law/law12.htm

維基百科，〈1989年遠東化纖罷工事件〉，網站：http://zh.wikipedia.org/wiki/1989年遠東化纖罷工事件

講義部分

第五章

黃秋桂（2001），「勞動基準法及實務介紹」，台北縣政府90年度勞動基準法及工作規則研習會講義。

第九章

古茂松（2003），「大量解僱勞工保護法宣導會：勞工梯次」講義，行政院勞工委員會主辦。

陳金泉（2008），「裁減資遣處理實務班」講義，中華民國勞資關係協進會編印。

第十三章

陳美玉（2000），「88年下半年及89年度私立就業服務機構從業人員研習會講義：台塑麥寮六輕廠外勞集體衝突事件報告」，行政院勞工委員會中部辦公處編印。

碩士論文

第七章

邱麗家（2006），〈內部稽核人員人格特質、工作特性與工作滿意度關係之研究──以成就動機為中介變項〉，國立中山大學人力資源管理研究所碩士班在職專班碩士論文。

第八章

吳雅婷（2007），〈工作滿意、就業機會認知與離職意圖〉，國立高雄師範大學人力與知識管理研究所碩士論文。

第九章

王建華（2008），〈人力資源單位在企業變革中所扮演角色之個案研究〉，國立中山大學人力資源管理研究所碩士在職專班碩士論文。

第十章

劉政彥（2008），〈工會集體行動策略分析──以中華電信工會為例〉，國立政治大學勞工研究所碩士論文。

第十四章

翁林聖（2007），〈企業員工參與制度之研究〉，國立政治大學勞工研究所碩士論文。